Ces gens du Moyen Âge

ROBERT FOSSIER

Ces gens du Moyen Âge

ÉDITIONS FRANCE LOISIRS

Édition du Club France Loisirs,
avec l'autorisation des Éditions Fayard

Éditions France Loisirs,
123, boulevard de Grenelle, Paris
www.franceloisirs.com

ISBN : 978-2-298-01536-2

Avant-propos

« Nous autres, gens du Moyen Âge, savons tout cela », fait dire à l'un de ses personnages un auteur du siècle passé. Cette phrase burlesque était destinée à faire sourire les lettrés ; mais les autres ? Ceux pour qui le « Moyen Âge » est une vaste plaine aux contours incertains, où la mémoire collective fait s'agiter des rois, des moines, des chevaliers, des marchands, entre une cathédrale et un château à donjon, tous baignant, hommes et femmes, dans une atmosphère de violence, de piété et de fêtes, une atmosphère « moyenâgeuse ». Tous ceux qui battent l'estrade sous nos yeux, politiques, journalistes et gens des médias, y puisent, en général dans l'ignorance, de quoi asséner des jugements péremptoires et hâtifs. Laissons-leur, comme au répertoire du Châtelet, « moyenâgeux » et disons « médiéval » ou « temps médiévaux », ce qui est la même chose mais sans contenu méprisant.

Voici plusieurs décennies, Lucien Febvre, et Fernand Braudel après lui quoique avec moins d'agressivité, se gaussaient fort de ceux qui prétendaient approcher et décrire ces hommes et ces femmes, changeants et multiples au long d'un millénaire. Ils convenaient bien, comme Marc Bloch l'avait une fois pour toutes établi, que le territoire de l'histoire était la condition humaine, l'homme ou les hommes en société ; mais ils estimaient que c'était pure fiction que de chercher un prototype immuable au cours d'un si long temps, et que l'« homme médiéval » n'existait pas. Pourtant, c'est ce dernier titre que Jacques Le Goff donna, voici une vingtaine d'années, à un essai qu'il tenta, avec dix savants de renom. Mais il sut esquiver la généralisation d'un modèle, en choisissant de passer en revue, comme dans une galerie, de simples « types sociaux » : le moine, le guerrier, le citadin, l'homme des champs, l'intellectuel, l'artiste, le marchand, le saint, le marginal... et la femme en sa famille. Ces portraits puisaient leur art et leur couleur dans tout ce que faisaient couler l'économique et le social, les gestes et l'imaginaire, les systèmes de représentation et d'encadrement. Il s'en dégageait une typologie médiévale dans des cadres spécifiques, accessibles aux modernes que nous sommes, des éléments également pour comprendre un peu des problèmes qui nous assaillent aujourd'hui.

Cette approche n'est pas la mienne. D'ailleurs, pourquoi continuer ou même reprendre cette fresque, en donnant d'autres « types d'hommes », ou en apportant nuances et nouveautés ? Un tel travail, secteur par secteur, serait interminable, fastidieux et de peu de profit ; en outre, il échapperait largement à mes compétences. En revanche, je suis frappé que, dans ce travail ou d'autres plus modestes dans leur ambition, il apparaisse à l'évidence, sans que les auteurs des recherches en semblent surpris, que tous ces hommes, et de toutes origines, mangent, dorment, marchent, défèquent, copulent et, même, pensent de la même manière que nous : nous mangeons également avec nos doigts, cachons notre sexe, en faisons cependant un usage identique, nous protégeons si possible de la pluie, rions ou poussons des cris, et cela au temps de Charlemagne, de Saint Louis ou de Napoléon. Naturellement, je sais bien ce que sont les contingences du quotidien ou d'une époque, le poids de la pensée ou celui de la mode ; mais à le regarder dans sa vie ordinaire, hier comme aujourd'hui, l'homme n'est qu'un mammifère bipède qui a besoin d'oxygène, d'eau, de calcium et de protéines pour subsister sur la partie émergée d'une boule de fer et de nickel, recouverte d'eau salée pour les trois quarts de sa surface et, sur le reste, occupée par un océan végétal que peuplent des milliards d'autres espèces. Il n'y est, en somme, qu'une « bête humaine ». C'est elle qui m'intéresse, et Lucien Febvre avait bien tort de croire que dix ou douze siècles pouvaient changer tout cela.

À lire ces propos qu'il jugerait provocants, le lecteur s'anime peut-être de quelque courroux ; mais la gêne qu'il ressentirait alors illustrerait à merveille mon discours. Cette réticence, en effet, montrerait qu'il ne parvient pas à se déprendre de l'idée de fond qui soutient sa réflexion : l'homme est un être d'exception, parce qu'il a été voulu par l'Esprit divin ou, si l'on rejette ce postulat commode, parce qu'il est un animal doué de qualités supérieures. Pourtant, qui ne voit que sa vie est sans cesse menacée par le liquide, le végétal, l'animal qui l'assiègent, qu'elle est un combat incessant pour ne pas périr, et que peut-être, dans la longue, très longue histoire de notre planète, son passage ne marquera pas plus que ne le fit celui des cœlacanthes ou des dinosaures, voici des centaines de millions d'années. Soyons donc plus modestes, et cessons de nous examiner avec complaisance.

En tentant ainsi d'ébranler des « certitudes », mon espoir est seulement de mener le lecteur éventuel jusqu'à s'interroger sur elles, quitte à y revenir, naturellement, si elles se révèlent meilleures. Je ne me dissimule pas qu'il y a dans ce propos quelque faiblesse. La principale est que l'être que je vais essayer de décrire dans son corps, son âme, son cerveau, son environnement, cet être je suis obligé de l'insérer dans un cadre qui est celui de mes sources, du moins celles que je peux maîtriser. Je n'ai aucune compétence pour prétendre décrire à cette occasion le fellah pharaonique ou le moine tibétain, et pas davantage le courtisan de Versailles ou le mineur de *Germinal*. Il n'y a que les temps médiévaux où je me sens quelque peu à l'aise ; par profession, j'ai eu, certes, à fréquenter l'hoplite athénien ou le cuirassier de Reichshoffen, mais l'espace d'un court moment. Or le « Moyen Âge » a des spécificités, comme toute autre étape de l'aventure humaine : je ne pourrai les cacher, apaisant ainsi le courroux posthume de Lucien Febvre. Encore faut-il s'entendre sur « Moyen Âge », expression universitaire inventée par Guizot ou même Bossuet. Une tranche de temps où l'économie et la société ont certains traits bien marqués, le « féodalisme » de Marx ? Mais, vraiment, mange-t-on « féodal » ? Un temps où triomphe un christianisme militant et général ? Mais le « mal des ardents » est-il un effet de l'Évangile de saint Jean ? Brisons là ; cette querelle serait oiseuse. Ma documentation et, d'ailleurs, la plupart des travaux de recherche que je vais piller, ou dont je me recommande, se placent entre Charlemagne et François Ier ; et, même, je ferai le choix, comme tous les autres et avec les mêmes arguments discutables, de la période XIIe-XIVe siècle, celle des « banquets » et des défilés « moyenâgeux » organisés par des municipalités besogneuses. Pis encore : je choisirai largement mes exemples en France, et en France du Nord parce qu'elle m'est plus familière.

Je n'en ai pas fini avec cette tentative pour désamorcer de faciles critiques. L'homme dont je vais parler n'est ni un chevalier, ni un moine, ni un évêque, ni un « grand », guère davantage un bourgeois, un marchand, un seigneur ou un lettré. C'est un homme que préoccupent la pluie, le loup et le vin, le coffre, le fœtus ou encore le feu, la hache, le voisin, le serment, le Salut, tout ce dont on ne nous parle qu'à l'occasion ou par prétérition, au travers du prisme déformant des institutions politiques, des hiérarchies sociales, des règles juridiques ou des préceptes de la foi. On ne trouvera donc ici ni exposé économique, ni tableau des techniques, ni luttes des classes ; seulement un pauvre homme de tous les jours.

Un dernier mot : j'ai emprunté à peu près tout aux autres, et je ne les cite pas. Mais, comme on dit dans les remerciements bâclés, ils se reconnaîtront d'eux-mêmes. Ici et là j'ai ajouté quelques aperçus de mon cru, sur le poids de ce qui est « naturel », et sur la « misère » de l'homme. J'en prends la responsabilité, comme de tout ce qui est résumé, simplification ou mépris des nuances chronologiques ou géographiques, qui hérisseront certainement les « spécialistes ». Mais c'est le prix dont se paie tout pillage.

Ai-je bien fixé mon but ? Il me reste à l'atteindre.

PREMIÈRE PARTIE

L'HOMME ET LE MONDE

Voici donc un être animé, vivant normalement dans un milieu aérien, essentiellement composé d'oxygène, d'azote et d'hydrogène. Il appartient à l'ordre des vertébrés, et c'est un mammifère au cycle de reproduction régulier, normalement assuré par l'union de deux sexes. Connaître son origine et les étapes de son évolution serait indispensable pour suivre par quelles voies sa « pensée » a peu à peu asservi une partie, une toute petite partie, de la Création. Aujourd'hui, même ceux, parmi les hommes, qui ont la modestie ou l'humilité nécessaires pour tenter une approche de cette question hésitent et se querellent : brandissant mandibules et coccyx, ils s'opposent, dans une profonde nuit qu'épaissit toute découverte nouvelle, et parmi des centaines de millions d'années, pour essayer de discerner comment l'on est passé d'un chimpanzé marginal à Sigmund Freud.

Les hommes du Moyen Âge ne se posaient aucune question de cette sorte, pas plus que ceux des siècles qui suivirent, et quasi jusqu'à nos jours : l'homme est une création voulue par l'Être suprême au terme de la formation du monde, comme un couronnement de son œuvre et à son image. La femme suivit de peu, comme une sorte de correctif à ce qui pourtant, au départ, aurait dû être parfait. Dans une telle conception, l'origine de l'homme ne pose aucun problème et ce qu'on lui trouve de fâcheux ne peut être que punition de Dieu pour quelque originel péché ? Voire !

1

L'homme nu

Que le lecteur veuille bien à présent – exercice difficile j'en conviens – s'abstraire un temps des schémas de tradition, et qu'il tente de décrire et d'évaluer l'être humain.

Une créature fragile

Un être disgracié

Ce titre choquera sans doute ; mais il est le fruit d'observations archéologiques, textuelles, physiques, j'allais dire zoologiques : corps retrouvés saisis intacts dans la glace ou la tourbe, momies de saints hommes ou de grands personnages, squelettes, entiers ou non, que livrent les nécropoles, reliques de vêtements ou d'outils ; les lieux, les dates, les conditions de conservation ne sont que détails anecdotiques. De ces restes indiscutables, l'iconographie, peinte ou sculptée, ne se différenciera que par le souci de valoriser un détail : gestes, tailles, regards. Raisonnablement, les variations avec nos contemporains sont négligeables : peut-être alors une taille plus modeste, si l'on en juge par l'équipement de la vie quotidienne, mais une vigueur musculaire plus grande qu'illustrent les exploits surprenants du guerrier ou du bûcheron. Question d'alimentation ? Ou peut-être de genre de vie ? Et d'ailleurs, au cimetière, qui saura distinguer le tibia d'un serf vigoureux de celui d'un seigneur malade ?

Cessons donc de nous contempler avec ravissement depuis des millénaires, le sexe féminin plus encore que l'autre. Et disons brutalement que l'homme est un être laid et faible. Certes, on pourra accorder quelque grâce à des courbes ou à des rondeurs, du moins selon nos critères de beauté, naturellement ; mais que d'éléments corporels disgracieux, voire ridicules : nos pieds et leurs doigts inutiles, nos oreilles recroquevillées et immobiles, notre tête beaucoup trop petite pour le reste du corps (ce que les sculpteurs grecs, amis de l'harmonie, tentaient de corriger), le sexe de l'homme ou les seins de la femme ! Pure question d'esthétique ? Mais il y a bien pis : bipède et plantigrade, l'homme marche, court et saute beaucoup moins bien que les quadrupèdes ; ses membres antérieurs sont très atrophiés et d'une faiblesse à faire rire tout carnassier ; ses ongles ne servent à rien, et guère davantage ce qui reste de sa denture ; sa pilosité médiocre ne le met à l'abri d'aucun des caprices du ciel ; la copulation lui impose des postures grotesques, qu'il partage, il est vrai, avec bien d'autres mammifères ; l'âge venant, sa taille fléchit, ses chairs s'affaissent, ses organes le trahissent. Plus grave encore, ses sens sont d'une faiblesse accablante ; il ne voit guère loin, et pas du tout la nuit ; il ne perçoit qu'une bien faible partie des bruits ou des ondes qui l'entourent ; son odorat est complètement nul, et son sens tactile des plus médiocres. On dit aussi sa chair fade et trop salée, son odeur écœurante ; mais c'est là le point de vue d'autres animaux, ceux, justement, dont la grâce, la souplesse, le regard, la perception nous étonnent et nous charment : l'oiseau planant, le poisson au fil de l'eau, le félin prêt à bondir. Si nous cessions de nous admirer, la chose serait donc entendue : l'homme est une créature défavorisée par la Création. Et pourtant…

Et pourtant, comment nier qu'il ait imprimé sa marque profondément sur la partie émergée de la planète ? Il lui a bien fallu quelque particularité, compensant le médiocre bagage de départ. Si l'on admet qu'il s'agit d'une créature d'exception voulue par l'Esprit suprême, aucune explication n'est nécessaire ; et le Moyen Âge ne s'interrogeait nullement là-dessus : qu'il y ait, dans le monde, des Blancs, des Noirs, des Jaunes, des petits, des grands, des bons, des méchants, des génies et des sots, et même des chrétiens, des juifs et des musulmans, tout cela venait d'un dessein supérieur dont la finalité échappait à l'homme Ici-bas, et qui lui serait peut-être révélé Là-haut. En sorte qu'il n'y a pas trace en ces siècles que l'on ait cherché, et à plus forte raison trouvé, les deux critères – l'un positif, l'autre non – qui font de l'homme un cas zoologique exceptionnel ; aujourd'hui, il est bien peu d'hommes, fussent-ils de profonde conviction spirituelle, qui n'en conviennent. L'homme est le seul mammifère qui peut opposer, à l'extrémité de ses membres antérieurs, ses pouces aux autres doigts de ses mains, condition unique et indispensable à la saisie, la transformation et l'usage de l'outil ou du feu, du silex à l'ordinateur, fondement indiscutable de sa supériorité sur les autres animaux. Maître du feu, maître de l'objet, il est aussi, et en revanche, le seul parmi les mammifères, sinon tous les êtres animés, qui détruit et qui tue par haine ou par plaisir, sans y être poussé par la peur, la faim ou quelque pulsion sexuelle ; c'est le plus redoutable et le plus impitoyable des prédateurs.

Assez content de lui-même

Convaincus d'être ce que Dieu avait voulu, les hommes des siècles médiévaux ne pouvaient attribuer les laideurs et les défaillances qu'ils voyaient bien autour d'eux qu'à cette même volonté, altérant l'œuvre première. Les imperfections physiques ou morales portent les stigmates du mécontentement divin : si l'on a l'âme vile, le corps souffrant, la conscience encombrée, c'est que l'on a péché, et l'on est inévitablement « laid » ou infirme, décrit et peint comme tel. L'iconographie et la littérature profane ne laissent aucun doute : les juifs, les « Sarrasins », les estropiés sont, par principe, « laids » : faces grimaçantes, tailles difformes, disproportion des membres, lésions cutanées répugnantes, exagération de la pilosité ou de la pigmentation, nez, yeux, oreilles anormaux ou inquiétants. Par voie d'effet, ces traits ne peuvent que décourager la charité ou la compréhension. Le monde médiéval n'a guère de pitié pour le disgracié, au sens plein de ce mot : on rit des bévues de l'aveugle, on exclut les malades, on méprise les faibles ; on ne cherche à comprendre ni le juif ni l'infidèle : au mieux, on les redoute et les fuit ; au pis, on les extermine, « en poussant l'épée dans le ventre aussi loin qu'elle y peut entrer », comme disait le saint roi Louis. Non qu'un mouvement d'entraide ne puisse se voir, venant de l'Église surtout ; mais la charité n'englobe que rarement la reconnaissance d'autrui : au mieux, ce sera l'aumône d'un peu de pitié ou d'indulgence. C'est que ces marques modestes d'ouverture à l'autre sont toujours entachées de quelque retenue, voire de remords ; car ces victimes du courroux divin sont certainement des coupables, coupables de ne pas voir où est la vraie foi, ou coupables de l'avoir bafouée. Ce n'est pas par là que passera le salut, mais par une vie toute personnelle de foi et d'espérance ; mieux vaudra céder une vigne à l'Église que donner un baiser au lépreux. Le rejet n'est pas que moral ; il est aussi social. Comme l'œuvre, écrite ou peinte, s'adresse aux « gens bien », à l'aristocratie seule jusqu'au terme du XIIe siècle, également aux « bourgeois » ensuite, le chevalier lâche, le clerc pervers ou le paysan grossier seront « laids », au mieux ridicules.

L'idée du Bien et du Mal, du Beau et du Laid n'a rien d'universel. À méconnaître cette évidence, l'homme risque bien des déceptions, aujourd'hui plus encore, où nous sommes confrontés à d'autres cultures, à d'autres systèmes de pensée. Ces échelles de valeurs différentes nous exposent, et les autres aussi sans doute, à de graves erreurs d'appréciation, à des condamnations précipitées, à de redoutables désordres. Pour les chrétiens des temps médiévaux d'Occident, repliés longtemps dans un cadre géographique clos et assez homogène, celui des populations d'origine indo-européenne, celtiques, germaniques, méditerranéennes, la notion du Beau pouvait être uniforme : entre le cavalier celte et le légionnaire romain, l'Aphrodite grecque et la Vierge germanique, les nuances sont de détail ; les canons de Praxitèle ou d'Apelle sont bien proches de ceux des peintres de la Pré-Renaissance ou du gothique d'Amiens : taille dans l'ensemble inférieure à 1,75 mètre pour l'homme, tête au septième du corps, visage ovale et orbites profondes, nez proéminent mais lèvres fines, peau claire plus rose que brune, doigts effilés, pilosité moyenne mais chevelure abondante. Naturellement, je sais bien que l'on est plus grand au nord qu'au sud du continent, plus brun au sud qu'au nord, qu'il y a davantage de crânes ronds à l'ouest et au sud que vers l'est ou le nord ; mais je tiens ces nuances « ethniques » pour variantes négligeables face aux Sémites, aux Asiatiques, aux Noirs de toutes sortes. Il est frappant de constater que les prototypes chantés par les poètes d'oc et les romanciers d'oïl, ou portés sur les fresques et les miniatures, ont bien ces traits ; au point que, au mépris parfois de la réalité, on les applique indifféremment à des modèles pourtant spécifiques, mais que l'on refuse de voir.

C'est que la Beauté est celle qu'a voulue Dieu et, comme il a fait l'homme à son image, ce dernier aura ses traits physiques présumés : les Anges, le Baptiste, Jésus se ressemblent tous, comme les Vierges au cours des siècles. En sorte que l'on aboutit à une curieuse contradiction : nul n'ignore que, selon l'Écriture, c'est au milieu des Juifs qu'a voulu s'incarner le Père, que les Prophètes, les Apôtres, Paul lui-même étaient juifs, c'est-à-dire « laids » au regard des critères d'Occident ; or aucune des représentations qu'on en fait ne comporte de traits sémites, ni le Christ, ni les Douze, ni les Archanges ou les Précurseurs. Les modèles locaux ont estompé la réalité ; à moins que l'on n'ait admis que tous ne sont plus ni juifs ni laids, puisqu'ils ont su reconnaître le Messie.

Mais voit-il des nuances cependant ?

S'il sort de son univers de chrétien à la peau blanche, l'homme de ces temps perd aussitôt son esprit critique. Non qu'il ne parvienne, parfois, à trouver quelque vertu à un Saladin ou à un Avicenne, voire à un savant rabbin ; mais il n'y voit que des traits moraux. Vus du dehors, tous sont « noirs », parce que le noir est la nuit, l'inconnu, le danger : les Turcs, les Sarrasins, les Mongols ont la peau noire ; mais pas les juifs parce qu'ils ont conclu une alliance avec Dieu, tout déicides qu'ils soient. Encore tous ont-ils apparence humaine. Mais, au-delà, les êtres que sculpte l'artiste de Vézelay, qu'imagine Mandeville dans son cabinet londonien, que rencontrent Plan Carpin ou Marco Polo sur les pistes d'Asie centrale, sont monstrueux, un véritable bestiaire humain : des êtres difformes dont certaines parties du corps sont hypertrophiées ou stupéfiantes, peau, cornes, oreilles, pieds, faces « merveilleuses », fruit d'un mélange de fantasmes occidentaux et de légendes perses, indiennes ou chinoises.

Revenu dans son monde familier, le chrétien décrivant les hommes n'est pas indifférent aux nuances dont j'ai parlé, ou aveuglé par les prototypes ; mais ses observations ne sont que rarement descriptives et physiques. Le poète d'oc, le romancier d'oïl, le guerrier des sagas ou celui des « gestes » s'intéressent à la taille, à la chevelure, à la carnation ; mais ils échappent difficilement aux *topoi* : la barbe est fleurie, la chevelure d'or, les lèvres écarlates, le teint de rose, les muscles souples, la taille élancée ; et lorsque le jeune homme saute à cheval, ou que la douce pucelle tend une fleur à son amant, le cercle admiratif des « amis » n'est pas surpris et se réjouit bruyamment. Évidemment, comme on ne décrit jamais le rustique au labour ou le tisserand au métier, l'historien, comme à l'ordinaire, reste muet à leur propos. Pour que la curiosité s'affine, il faut une circonstance d'exception, comme les fabuleux exploits des compagnons de Roland ou des quêteurs du Graal, outrepassant toute vraisemblance, même avec une vigueur sportive exceptionnelle. Mais ces « tours de force », qui faisaient sans doute vibrer d'émotion la jeunesse guerrière, n'étaient peut-être destinés qu'à instruire et non à décrire.

Finalement, c'est plutôt le comportement général de l'individu qui paraît retenir l'attention. Si l'expression n'est pas abusive, on dira que le regard est sociologique et non physiologique. Si l'on note, par exemple, l'obésité d'un roi et qu'on la déplore, ce n'est pas par allusion à son régime alimentaire déséquilibré, ou par inquiétude pour sa santé ; c'est parce que la fonction, ici publique, et l'activité, ici équestre et guerrière, sont bafouées, et que l'obésité est alors un péché, une faute, une « disgrâce ». À cet égard, on prêtera beaucoup d'attention au regard. Celui-ci est le miroir de l'âme ; il témoigne des sentiments qui animent l'homme que l'on décrit ou figure, bien plus que ne le feront le geste ou le costume. Il est vrai que les contingences d'un temps peuvent faire impression sur l'artiste : on a observé qu'on ne rit guère aux temps romans sur les fresques ou les sculptures, comme si pesait sur ces temps une angoisse du présent ; l'œil est souvent exorbité, craintif, comme une sorte de reflet de ces vieilles « terreurs de l'an mil » que l'on s'efforce si violemment aujourd'hui de nier ou de travestir. La paix se lit au contraire sur les traits reposés des « Beau Dieu », ou sur les visages déridés des miniatures du XIIIe siècle. Le « sourire de Reims » n'est pas le coup de ciseau génial d'un artiste inspiré : il est celui de ses modèles.

Pourtant, il faut bien qu'un chroniqueur soucieux de « placer » ses héros leur trouve quelque spécificité. Comme il est peu attentif à la forme, il cherche un comportement où le physique soutient ou éclaire le moral. Et, sans toujours le savoir, il se rabat sur Galien ou Hippocrate : l'homme a un « tempérament », une « humeur », fruit des combinaisons inégales en son corps des quatre principes de vie reconnus par la médecine antique puis arabe : il est flegmatique, mélancolique, colérique ou sanguin. Le poète laisse aux médecins, aux *physici*, le soin d'en chercher les causes ; quant à lui, il s'intéresse aux effets, dans la vie quotidienne ou les rapports sociaux : alimentation, activités, réactions morales ou physiques, tout un éventail de vertus ou de défauts.

Un dernier domaine, aujourd'hui bien maîtrisé : le sang. Qu'il ait, en ces siècles, autant sinon plus largement coulé que de nos jours est de peu d'importance. En revanche, devant son écoulement, le spectateur d'alors paraît impavide. L'artiste multiplie les têtes coupées d'où le sang jaillit, les plaies béantes du Christ, les membres tranchés sur les champs de bataille d'où sort un flot rouge, les cuirasses qui laissent échapper des fontaines sanglantes ; le poète n'est pas en reste : crânes fendus, bras tranchés, ventres percés, et j'en passe. Est-ce ignorance, au moins partielle, du rôle du sang dans la vie ? Moindre sensibilité à la douleur que cause la plaie ? Résignation devant une fin prochaine, probable et inévitable ? Rien qui ressemble à l'émotion que provoque aujourd'hui le sang qui coule, du moins dans certaines parties du monde, heureusement celles où nous vivons, car ailleurs... Le sang n'est pas indifférent aux hommes de ces temps, mais ils y voient plutôt un élément de transmission de la vie, voire des vertus. Il se peut que soit pure invention d'un chroniqueur révulsé l'usage germanique de boire le sang du cheval de guerre abattu, afin de se pénétrer de ses qualités de courage et de force. En revanche, l'importance attachée aux cycles menstruels de la femme est évidente : premier sang conservé au foyer, publicité solennelle des relevailles, interdits sexuels durant les règles.

La sérologie a fait, aujourd'hui, assez de progrès pour que les biologistes cherchent des liens entre un groupe sanguin et l'attitude des individus qui s'y comptent, face aux agressions microbiennes ou virales. Aux temps médiévaux, on notait bien que tel homme – de haut rang seulement, hélas ! – présentait des signes d'affections qu'ignorait son voisin ; en période d'épidémie, ces faits étaient plus visibles encore : au milieu d'un foyer contaminé, certains groupes semblaient indemnes, et cela sans raison. À cet égard, le cas des pandémies pesteuses des XIVe et XVe siècles, dont je reparlerai, est frappant : des « pastilles » saines au milieu d'un océan de contagion. Malheureusement pour l'historien, ces observations étaient rarement précises ou chiffrées ; pourtant, c'est peut-être là que réside la raison des indiscutables diversités d'estimation que fait le chercheur sur le volume des pertes humaines à cette occasion. Comme nous-mêmes durant longtemps, on ignorait alors que, par exemple, les individus de groupe B sont non réceptifs au bacille de la peste, et que là où ce groupe était majoritaire, en Hongrie par exemple, le fléau ne sévissait pas ou à peine. Le brassage des groupes sanguins a pris depuis ces siècles éloignés une ampleur qui rend peu probable une estimation satisfaisante des répartitions sanguines au Moyen Âge ; les hypothèses n'ont pas manqué cependant, hasardeuses sans doute, telles celles esquissées en Grande-Bretagne pour expliquer par ce canal les mouvements de peuplement saxon, conditions et étapes, dans l'archipel.

Se connaît-il vraiment ?

Celles de nos sociétés qui se disent « évoluées » sont aujourd'hui tombées dans une sorte de culte du corps, de panique devant l'âge et de révérence envers les remèdes qui encombrent les cabinets de soins, emplissent les lieux de « remise en forme » et traînent, éventuellement, devant le prétoire les médecins dont l'art n'a pas tenu les promesses qu'on en attendait. Le monde méditerranéen, celui de l'Antiquité comme le nôtre, y est fort enclin, plus que tout autre. Mais nous disposons aujourd'hui d'un fonds de connaissances pathologiques et d'un personnel soignant de grande valeur qui dissipent, en principe, nos craintes et nos ignorances. Les historiens, entraînés depuis un siècle environ par cette vague nosologique, ont multiplié les études sur le corps médiéval, recherché les traces de maladies, sondé leurs effets psychologiques, promu même quelques-unes d'entre elles, comme la peste évidemment, à l'honneur de facteurs – démographiques d'abord, économiques et même sociaux ensuite – dans l'évolution des siècles médiévaux. Ils ont ainsi largement éclairé les maladies des grands de ce monde, les épidémies de masse, la science judéo-grecque et arabe ; ils ont répertorié les signes, écrits ou non, porté des diagnostics sérieux, brossé des évolutions. Et tout ce travail est admirable.

Admirable, mais superficiel ; car en ces temps, comme aujourd'hui, si l'on est « stressé » (le mot en ce sens date de 1953 !), assauts de la peste ou progrès brutal du sida – c'est tout un –, en fait, on ne sait rien d'un cor au pied, d'un nez qui coule ou d'un intestin paresseux, ces « petites misères » qui n'en détruisent pas moins l'harmonie corporelle. Je ne puis répondre, pour notre temps, à la question qui ouvre ce paragraphe, mais pour le Moyen Âge la réponse est catégoriquement négative. D'ailleurs, comment ces hommes auraient-ils eu accès, avant le XIIe siècle, aux traités médicaux, ceux qui arrivent, s'écrivent ou se traduisent à Cordoue, à Palerme, à Salerne, à Montpellier bientôt ? Déjà l'on n'est pas sûr que les moines, à la suite de Pierre le Vénérable au milieu du XIIe siècle, ou les princes que conseillent les *physici* aient véritablement pris conscience des exigences et des défaillances de leurs corps. Quant aux autres, comment auraient-ils osé s'interroger sur ce qui provient, évidemment, du dessein de Dieu : le mort-né, l'infirme de naissance, le malade chronique, mais aussi le sourd, l'aveugle ou le muet ? Ils sont le prix à payer à son courroux : en effet, tous sont naturellement châtiés d'un péché commis par eux ou par leurs géniteurs ; car on hérite la faute comme on hérite la macule servile. À ce jugement, il n'y a ni remède ni appel. Quant à la mort violente au combat, au coin d'un bois ou par accident, elle porte en elle une infamante condamnation : pas de confession, pas de salut.

Tout de même ! Ce quitte ou double du dogme, le chrétien l'admet assez mal : il cherche des recours, sans trop afficher de rancœur envers l'arbitraire possible venu d'En haut. Tout d'abord, il y a des intermédiaires à toucher pour fléchir la rigueur du Juge. La vénération des reliques ou les pèlerinages aux saints lieux se développent en même temps que l'influence de l'Église. Comme à l'ordinaire, du moins en Europe de l'Ouest, cette dernière sait bien capter les dévotions intéressées, dont beaucoup lui sont antérieures : petit dieu guérisseur, pierre ou source thaumaturgiques sont racolés sous l'égide d'un saint, réel ou inventé, dont les vertus sont réputées guérir ; chacun a sa « spécialité », qu'illustrent les détails de sa vie ou de son martyre : l'un soignera les boutons, l'autre la fièvre ou la douleur, et ils le pourront par des miracles que l'on recherche avidement. On s'est même interrogé sur le regain de ces cultes latéraux au XIe siècle et plus tard : peut-on y voir la prégnance de telle ou telle maladie ? En tout cas, les miracles opérés, et que décrivent avec complaisance des textes pour une fois nombreux, offrent une panoplie des affections les plus courantes : on y rencontre plus de maladies par insuffisance alimentaire que de blessures ou d'atteintes organiques. Quant à la Vierge, dont le culte bondit après 1150 sous l'aiguillon cistercien, elle intervient plutôt pour guérir l'âme que le corps : on la supplie comme mère plus que comme thaumaturge. Il est vrai que l'Église n'a jamais osé en laisser le culte se développer jusqu'à celui d'une déesse-mère, une Cybèle chrétienne ; car elle est vierge et ne peut donc être emblème de fécondité.

Le pèlerinage, l'offrande sont œuvres pies ; et les moines se réjouissent. Mais leurs prières seront-elles efficaces ? Ne vaudrait-il pas mieux s'adresser – mais secrètement, cela va de soi – à des puissances expertes en l'art d'interroger les astres, ce qui ne peut avoir qu'un effet intemporel, ou plutôt en celui de confectionner des remèdes aux limites d'une étiologie infernale ? Magiciens et sorcières sont particulièrement appréciés aujourd'hui par tous les historiens se piquant d'anthropologie ou de sociologie ; ce monde « inversé » ravit, en effet, tous les disciples, proches ou non, de Freud, de Mauss ou de Lévi-Strauss. En outre, les innombrables procès qui ont été faits, entre le XVe et le XIXe siècle, aux maîtres des forces « maléfiques » fournissent matière à d'épais commentaires ; il est vrai que nous n'avons, en général, que le dossier d'accusation. Or, au XIIIe siècle, les *exempla* des dominicains, qui les condamnent évidemment, montrent que leur place, au sein du monde rural tout au moins, est admise et capitale : pratiques gestuelles et chiropraxie, formules et invocations répétitives, rites fondés sur le végétal ou sur les vertus de l'eau. Les soins portés au corps l'emportent certainement sur ceux qui touchent l'âme, et l'Église n'admet pas que ces pratiques altèrent la volonté divine : il faut donc condamner et même brûler ceux qui prétendent se substituer à Dieu en luttant contre les maux qu'il a déchaînés. Au besoin, une couche d'accusation hérétique justifiera le bûcher pour les sorcières ; en réalité, on brûle des rebouteux plus que de mauvais esprits.

Les *exempla* dominicains, les fabliaux aussi donnent aux femmes, plutôt d'ailleurs aux vieilles femmes, un rôle d'intermédiaires entre ce monde noir et les faiblesses du corps : ce sont elles, en effet, qui semblent les plus sensibles à ces pratiques qui ont longtemps fait rire les esprits finement « scientifiques » des temps dits « modernes ». Mais aujourd'hui, déguisés en « médecine douce », phytothérapie, cures de jouvence ou autres, ces recours aux remèdes « naturels » font florès : les crèmes, onguents, tisanes, purgatifs, massages ou manipulations kinésithérapeutiques rivalisent avec les « assistances psychologiques » et les « cellules de réconfort » qu'appellent jusqu'au grotesque nos *ego* affolés. Il n'est pas jusqu'aux régimes alimentaires ou aux vertus de tel végétal qui ne s'y mêlent ; d'ailleurs, dès le Moyen Âge, la plupart des recettes de cuisine sont à trouver dans les traités de médecine.

Si les femmes sont au premier rang parce que Ève était à moitié sorcière, et que toute mère connaît les recettes pour guérir son enfant, les hommes, quant à eux, plus observateurs que traditionalistes, apporteront l'expérience que leur auront procurée leurs troupeaux et, plus rarement, leurs voyages. Une exception cependant : les Juifs. Ils vont de village en village, de rue en rue, porteurs de sachets, de fioles, d'amulettes ; ils savent examiner les urines, purger et saigner, correctement mettre des attelles, poser des ventouses et prendre le pouls. Cette science, ces pratiques, ils les ont accumulées au contact plus que millénaire des cultures méditerranéennes ou orientales. Ils ont assimilé les hypothèses synthétiques de la médecine gréco-romaine, l'expérience analytique des docteurs hindous et iraniens, et, à travers l'Islam, véhiculé leurs connaissances de communauté en communauté. Les plus doctes traduisent Avicenne et Galien, et commentent Constantin l'Africain ; ils suivent Maïmonide et enseignent Averroès. Ce sont les Juifs qui soignent, modestes copeaux de la science. Il est vrai qu'ils en ont assez vite payé le prix : puisqu'ils savent, puisqu'on les consulte à tout venant, leur sort sera scellé à leur succès ; en cas d'échec face à une épidémie, puisqu'ils la connaissaient, ce sont eux, certainement, qui l'ont déchaînée.

Pour guérir avec d'autres armes que des « recettes de bonne femme », encore faut-il connaître ce dont est fait ce corps. Inutile de l'espérer pour le commun : le soldat a vu des ventres ouverts et des blessures sanglantes ; le paysan a quelque idée du squelette des bêtes qu'il dépèce ; toutes les femmes sont gynécologues. Mais de vues d'ensemble, point ; peut-être même pas sur le rôle du cœur ou du cerveau. Même en cas d'épidémie, l'idée de la contagion, donc celle d'un agent transmetteur, n'est ni saisie ni combattue. D'ailleurs cette ignorance, que seule a vaincue la médecine populaire du XIXe siècle, n'est pas complète, car – par expérience ou intuition, comme l'on voudra – diverses actions thérapeutiques tombent juste : trépanation, cautérisation au feu, réduction de fractures, emplâtres, opiacés, garrots, ventouses, révulsifs atteignent leur but, et témoignent de quelques observations exactes sur le sang, les os, la peau. Il est vrai qu'il y faut souvent l'intervention d'un *physicus,* d'un « mire ». Ceux-là sont plus savants ; ils sont même parvenus à faire avaliser des listes de plantes médicinales dans un capitulaire de 800. Mais ils sont longtemps restés au niveau de la théorie des humeurs, celle d'Hippocrate, de Galien, d'Oribase. L'apport persan, par Salerne ou Montpellier, sur l'harmonie des fonctions organiques, sur la circulation sanguine, sur le rôle de la moelle épinière, et même sur l'idée des critères héréditaires, vient d'Espagne et des Baléares à la fin du XIIe siècle ; mais ils se heurtent aux interdits de l'Église, comme à Troyes en 1163, au Latran en 1215. L'idée de porter le scalpel dans le corps humain est condamnée ; elle est assimilée à de la « magie noire », alors même que le dépècement des cadavres d'animaux n'est pas seulement travail de boucherie, mais aussi quête de science. De quand datent les autopsies humaines ? Clandestines, sur le corps des inhumés, vers 1190 ou 1230 à Venise ; sur celui des condamnés, un peu plus tard, en Italie toujours ? L'empereur Frédéric II, comme à l'ordinaire très innovant, la conseille et la fait pratiquer en Sicile après 1240 ; passé 1290, la dissection est autorisée à Bologne ou Padoue. D'ailleurs, les savants alléchés se ruent dans les délices de la science expérimentale, plutôt en Europe du Nord notamment (ce qui vaudrait commentaire) : Albert le Grand, Neckham, Cantimpré, Bacon. Cette rupture avec l'empirisme à l'ancienne est un chapitre nouveau dans l'histoire de la pensée ; les XIVe et XVe siècles verront naître une médecine scientifique. Mais les pauvres gens, dans tout cela ?

Contre l'homme, des assauts « anormaux »

Assommés par le jargon médical qui nous donne l'illusion du savoir, nous perdons volontiers de vue la forme primitive de la maladie. Dans nos sociétés déréglées, le diagnostic populaire pointe du doigt, par exemple, l'allergie à tout et à rien, le stress, excuse pratique à tout désordre, et le virus mutant, quand ceux qui savent baissent les bras. Mais, au quotidien, le rhume, la colique, les démangeaisons, les « maux de reins » ou de tête sont notre lot commun. Nous ne les racontons pas ; comment auraient pu le faire les gens d'autrefois, dans une société plus que la nôtre assouplie aux revers du sort ? « Flux de ventre », « catarrhes », « langueur », « pestilence », « fièvres » n'ont pas de signification médicale assurée. Les infirmités de naissance ou acquises ne se soignent ni ne se discutent : le bâton pour l'invalide, la main en cornet pour le sourd, la moquerie pour les gesticulations du muet. Quant aux aveugles, on ne peut douter que les clartés vacillantes de l'âtre ou de la chandelle en aient accru le nombre ; mais leurs confusions font rire, et rien n'a été fait pour aider le myope, entre l'améthyste de Néron et la loupe de Bacon au XIIIe siècle.

Les anomalies du comportement frappent davantage : on les note chez les grands du monde, mais on n'y porte pas remède. Que d'obèses stigmatisés dans les chroniques et dont on raille l'inaptitude à chevaucher, mais non la gourmandise ! Et l'on relève avec complaisance la conscience bien vaine qu'ils en avaient, comme Louis VI et son ennemi le Conquérant se raillant l'un l'autre à ce propos. L'ivresse est, si l'on ose dire, du même tonneau : humbles ou non, beaucoup boivent trop et en perdent le sens. Ce que l'on sait d'ailleurs du volume de vin ou d'autres alcools absorbés par l'adulte des deux sexes, et de tout niveau social comme de tout âge, l'explique chez tous : de un litre à un litre et demi quotidien ; il est vrai qu'on en ignore le degré d'alcool. Du reste, dans les pays viticoles, l'opinion a toujours été indulgente à l'ivresse quand elle ne débouche pas sur une conduite déshonorante : on sait bien que Jean sans Terre buvait trop, comme son ennemi Philippe Auguste, et que les diagnostics de cirrhose du foie sont sans appel sur leurs comportements ; ou que, plus tard, Charles le Téméraire, ivre un jour sur deux, y a trouvé l'occasion de sa mort absurde. Quant à Saint Louis, d'une austère piété, qui fit fermer et vider de force les tavernes à Paris le soir, était-il obéi ailleurs ?

Manger et boire avec excès entraîne des dérèglements qu'on attribue à des faiblesses de caractère et qu'on déplore en en souriant. Les attitudes ou les pratiques sexuelles, dont je reparlerai, provoquent elles aussi des troubles qu'attise l'abus des produits aphrodisiaques. Mais, pas plus que les excès de nourriture, les effets n'en sont rangés parmi les maladies. En revanche, et sous le couvert aujourd'hui d'explications psychosomatiques, deux comportements paraissent, dès ces temps, compromettre l'harmonie hippocratique. En vérité, l'un d'entre eux est érigé à présent en fléau social : la drogue, avec ses effets psychiques, nerveux, organiques. Malheureusement, la dépossession de soi-même qu'entraîne la pratique de la drogue s'apparente, en ces temps lointains, à une soumission aux forces maléfiques ; elle est donc plutôt assimilée au péché et au vice, que l'on tait, qu'à l'accoutumance physiologique à combattre ; non dénoncée, donc non décrite, elle échappe largement à l'enquête. Pourtant, sa présence est évidente. Dans les États francs d'Orient, ou dans les terres proches de l'Islam, la mastication ou la fumigation du chanvre indien se pratiquait certainement au-delà des sectes musulmanes du Liban ou de l'Atlas. En Europe même, les poudres de pavot, récoltées en Asie, sont italiennes avant 1200 ou 1250, et passent des ballots d'« épices » aux fioles médicinales. Les visions étranges, les impressions psychédéliques, les déviations cérébrales entraînées par cette consommation échappent à la description que pourrait en faire un sujet épargné ; mais, s'il lui arrive de tenir un pinceau, ce seront les fantastiques visions de Jérôme Bosch. Cette drogue peut être absorbée sans désir d'en tirer une trouble illumination intérieure. On a aujourd'hui le sentiment qu'il faut identifier avec la drogue involontaire l'ergotisme : cette fois, nos sources sont bavardes ; car, si l'on n'a absolument pas vu alors l'origine du mal et ses remèdes, le caractère épidémique du « mal des ardents », du « feu saint Antoine » a vivement frappé les foules et ému les chroniqueurs. Attesté dès 872 dans l'Europe du Nord, au Xe siècle en France moyenne, à la fin du XIe et très amplement en France méridionale, le mal provient, sans doute possible, des effets hallucinogènes de l'ergot, champignon microscopique du type morille, invisible à l'œil et qui s'insère dans l'épi des céréales, tout particulièrement du seigle dont il contamine des champs entiers ; tout consommateur est atteint, et l'opinion y voit une contagion maléfique : vertiges, confusion, délire, puis brûlures et fièvre intenses donnent l'impression d'une drogue et d'une épidémie. De tout temps et en tout lieu, l'ergotisme, non toujours mortel, a suivi le seigle dans son recul à la fin du Moyen Âge, et capitulé devant les engrais nitriques.

De même que l'on prenait l'ergotisme pour un fléau épidémique et le hachisch pour une pratique délictueuse, de même se trompait-on sur l'origine de l'asthénie cérébrale, ce complexe d'angoisse, de paralysie, de frustration et de fatigue dont se plaignent presque tous nos contemporains, sous le nom de « tension » nerveuse (*stress*). Les termes utilisés aux temps médiévaux montrent qu'on était plutôt sensible à l'attitude d'abattement du malade qu'à sa surexcitation anormale : on dit *langor*, *stupor*, *indolentia*. Naturellement, le bruit, l'agitation, le travail abusif sont, à nos yeux, des motifs suffisants d'affaissement de la résistance nerveuse ; aux siècles médiévaux, comme leur prégnance était évidemment moindre, on s'interrogeait plutôt sur l'origine caractérielle de l'abattement. L'inactif ne peut être qu'un inutile ; d'ailleurs, pas de vacances, de loisirs, de maisons de repos. Rejeté, voire méprisé, il n'est pas un malade à soigner, un faible à soutenir. L'oisiveté est un luxe pour le puissant ou une vocation pour le moine.

La maladie qui guette

Tout de même, tous ces hommes ne sont pas boiteux, ivrognes, drogués ou abattus ; mais ils ont des maladies, comme nous – ou, plutôt, ils n'ont pas les mêmes que nous. Assez étrangement, le cancer, qui ronge notre subconscient à défaut de nos organes, n'est jamais cité ; pourtant, son principe même, qui est le dérèglement de la vie cellulaire, donc une atteinte directe aux principes d'harmonie venus de l'antique, aurait dû frapper les savants et le commun : silence ! Évidemment, quelques signes que l'on nous rapporte pourraient être, sont certainement des signes cancéreux ; le mot de *tumor* et celui même de *cancer* apparaissent, mais dans des sens de gonflement, voire de pustules. Quant à la contagion, à la métastase comme nous disons, d'un organe à un autre, elle est niée, à l'égal de la corruption d'un corps par un autre ; peut-être, pour les doctes, y a-t-il de l'Aristote là-dessous. Pas de cancer et, non moins curieusement, pas d'allusion aux voies respiratoires, car le catarrhe peut être n'importe quoi. Pourtant, le mouchoir est bien une « invention » médiévale ; mais en ces temps on ne se mouche, ni crache, ni tousse, ou du moins on ne nous le dit pas.

En définitive, l'homme vulgaire ne semble prêter attention qu'à ce qui frappe son regard : la peau ; à ce qui suscite son inquiétude : le ventre ; à ce qui lui semble un signe précurseur d'un mal à venir : la fièvre. Le « flux de ventre » est une des causes les plus souvent invoquées au moment de la mort d'un grand, et aussi d'un petit sans doute. Qu'englobe-t-il ? De simples dérangements intestinaux ou gastriques ? Au XVe siècle, on nous parle de purgation, d'emplâtres, d'huiles à boire et, avec un certain sens de la réalité, des eaux polluées qu'on a bues et de l'air vicié des rues. Mais on a conscience qu'il peut apparaître des formes graves qu'on juge alors parfois contagieuses : distingue-t-on dysenterie, typhoïde, voire scorbut ? Fièvre intense, diarrhées, soif, douleurs « malignes » sont bien notées et, assez justement, attribuées aux insectes et à l'ingestion ou au simple contact de matières souillées, de liquides impurs. Par effet, on y voit un mal contagieux parce qu'il frappe des groupes entiers vivant sans hygiène, pauvres gens des villes, soldats en campagne, paysans affamés. On va jusqu'à parler d'épidémie : on l'a noté largement au VIe siècle comme au XIIe dans les armées d'Italie, d'Aquitaine, ou bien là où sévit la famine : 30 000 morts en Angleterre en 1406 ? Mais l'énormité de ces chiffres, ou d'autres, témoigne plutôt de la peur du chroniqueur que de la réelle ampleur du mal. On saigne et purge, ce qui aggraverait plutôt la maladie ; on use d'onguents et d'herbes pilées, ce qui serait meilleur, mais ne sauvera ni Saint Louis ni Jean XXII.

La fièvre n'est qu'un symptôme, et on la remarque vite chez le malade. Mais lorsqu'elle apparaît intense, chronique, source de douleurs ou de vomissements, il faut bien y voir un mal spécifique : jaune, quarte, miliaire, suette, toutes ces manifestations que la science médicale aujourd'hui sait distinguer ne sont alors vues que comme des variantes de la « peste des marais », la malaria, le paludisme des pays chauds, humides et malsains. Il est probable qu'on a bien établi le lien entre ces diverses formes et les piqûres d'insectes venimeux ; mais le caractère répétitif des accès de fièvre ou des déficiences hépatiques n'entraîne que des soins superficiels : compresses, potions opiacées, et l'on en meurt comme tant de croisés au Levant, ou de paysans en bord des littoraux. En revanche, la grippe, d'origine virale, et que distinguent la toux, la céphalée et le caractère particulièrement aigu de la contagion, est mal individualisée : on a bien noté des passages redoutables dès 972, deux ou trois autres au XIIe siècle, davantage au XIVe ; mais rien qui montre qu'on ait su la distinguer d'une fièvre « classique », si ce n'est les crises de toux du « catarrhe ». Encore la « hoquette », dont se plaint le Bourgeois de Paris vers 1420 parce qu'elle interrompt les sermons, est-elle plutôt la coqueluche.

Un homme peut dissimuler ses douleurs, dompter sa fièvre ; il ne peut cacher les lésions de sa peau. J'ai dit plus haut l'importance, fût-elle symbolique, de cette enveloppe charnelle qui était, qui est toujours et de plus en plus, le reflet de la bonne santé, de la richesse, de la beauté physique et même morale. Poudres et crèmes doivent faire disparaître les injures de l'âge ou l'imperfection des traits. Sur ce plan, le Moyen Âge n'a aucune leçon de cosmétique à recevoir de la publicité délirante d'aujourd'hui. Malheureusement, effacer les rides et aviver le teint sont sans effet quand frappe la maladie au vu de tous. Boutons, pustules, rougeurs n'ont pas échappé au peintre, et pas seulement quand, au XVe siècle, le goût du réalisme a conduit le pinceau. Mais c'est la lèpre qui reste, dans le subconscient populaire, l'emblème du Moyen Âge. Que d'images commentées, de récits répétés sur le malade couvert de croûtes répugnantes, des écailles (*lepra* en grec) ignobles, en haillons, agitant une cliquette, et contraint de se réfugier seul dans une bauge infecte, loin de toute vie commune : de 2 à 3 % de la population, affirment doctement les historiens ; plus de 4 000 asiles pour les recevoir, vers 1300 – lazarets, maladreries, léproseries, hospices –, dans la seule France du temps ; et d'innombrables prescriptions dès le IXe siècle pour isoler l'homme soupçonné du mal, et dont on brûle la maison, les vêtements, tous les biens meubles qu'il a touchés. Pourtant, on doute amplement aujourd'hui, parce que la maladie sévit toujours en Asie et qu'on en voit mieux les diverses faces : ces contagieux vont en ville, témoignent dans des actes, reçoivent et gèrent des biens ; certains ont des fonctions en cour ou dans le commerce, jusqu'à être roi à Jérusalem comme Baudouin IV. Brusquement, la lèpre s'efface : peut-être a-t-elle cédé devant le bacille de la tuberculose, qui lui est inconciliable ; et en effet, de cette dernière, nul ne semble parler avant le XIVe siècle finissant. Il restera jusqu'au XVIIe siècle des « cagots » infréquentables, mais qui sont des proscrits plus que des malades. Que penser ? Les signes de la lèpre sont bien connus : taches dermiques en plaques, bubons et ganglions, nodules détruisant les articulations et les cartilages des mains ou du nez, poussées de fièvre, voire progressive paralysie. Mais tous ces signes, qui peuvent mener à la mort, sont loin d'être attestés partout : n'a-t-on pas alors confondu la lèpre avec des affections dermiques spectaculaires – érysipèle ou eczéma généralisés faute d'hygiène, psoriasis, nævus – dont aucune n'est contagieuse ? On peut donc se demander si la réputation désastreuse de la lèpre ne repose pas largement sur sa signification psychologique : repoussants, soumis à des pulsions sexuelles incontrôlées (ne songe-t-on pas à leur livrer Yseut ?), portant leurs fautes probables sur le visage, accusés de souiller les puits, les grains et même les bêtes, les lépreux sont les « intouchables » de l'Occident chrétien, le symbole du Mal, du

Péché, de l'Impur. Il faut donc les exclure, à l'écart des fidèles.

De toutes ces affections, il en reste une que les Anciens et les hommes du Moyen Âge n'évoquent qu'à voix basse, et qui nous frappe toujours par son caractère extranaturel. Un homme, ou une femme d'ailleurs, parle et agit normalement au milieu des autres ; brusquement, il se raidit, blêmit, s'écroule, soudain saisi de convulsions, puis d'une sorte de coma. Au bout d'une heure ou deux, il se relève et n'a aucun souvenir de cette crise : il a, manifestement, été « possédé » par l'Esprit. C'est le « haut mal », le « mal sacré » qui désigne la victime comme un instant dépositaire d'un pouvoir surhumain. Jusqu'aux progrès des sciences médicales du XIXe siècle sur les systèmes nerveux, l'épilepsie a été prise pour la marque d'une faveur divine, et le malade pour un messager de l'Au-delà. On ne le plaint, ni ne le soigne ; on le respecte et on le craint, qu'il s'agisse de César lui-même ou d'un pauvre laboureur.

La mort noire

En notre temps où la vie humaine pèse d'autant moins qu'elle est celle des pauvres ou des « sous-développés », nous réagissons différemment à l'ampleur d'un désastre démographique. D'ailleurs, nos moyens d'information, nos *médias*, prennent grand soin de nous le faire sentir : deux soldats tués par surprise, 200 morts dans un attentat ou 2 000 écrasés dans une tour effondrée, voilà qui émeut fort le monde « évolué » ; mais que 700

« indigènes » s'entre-tuent avec nos armes, ou que des milliers périssent quand la terre tremble, ne nous touche guère – c'est si loin de chez nous. Il nous faudrait donc juger à armes égales, n'user qu'avec prudence des mots qui frappent, parmi lesquels « génocide » est le plus galvaudé. Les deux abominables et stupides guerres mondiales de la première moitié du XXe siècle ont fait, en cinq ans, quelque 50 à 60 millions de morts ; c'est peu, somme toute, face aux 120 millions d'Indiens massacrés à coups d'alcool et de bacilles de la vérole et de la rougeole par les glorieux conquérants du Mexique et de l'Amérique du Sud. Il est vrai que les premiers étaient censés défendre un pays ou une idée, et que ce qui restait des autres a reçu la vraie Foi. Mais que dire des morts de la « mort noire » : les 20 à 25 millions de chrétiens gisant dans les rues, gonflés de bubons noirâtres, n'avaient rien demandé et rien reçu...

Il faut bien, en effet, s'arrêter à la peste. On a tant médité, étudié, écrit sur le fléau que je ne peux espérer dire du neuf. On sait à ce propos à peu près tout ce que nos sources ont retenu. Je ne mettrai donc en valeur que quelques aspects qu'on jugera secondaires. Tout d'abord, en ce qui concerne la nature même du fléau. La persistance de foyers pesteux, aujourd'hui encore, en Asie centrale ou orientale, a permis, depuis Yersin à la fin du XIXe siècle, une étude précise du mal ; ses deux formes contagieuses – pulmonaire, qui est mortelle à 100 %, et bubonique, dont un malade sur quatre peut espérer échapper au bout de quatre jours – n'ont ni la même gravité ni les mêmes signes extérieurs. Pour l'épidémie du XIVe siècle, mais non pour ses récurrences, c'est la première qui dut l'emporter, d'où la terreur qu'inspirait son approche, irrémissible et de quelques jours ou heures d'incubation. Or, dans la mesure où les contemporains ont noté de telles nuances, c'est la peste « noire » (le mot est du XVIe siècle seulement), celle des bubons enflammés, moins redoutable pourtant, et de surcroît immunisante pour les malades guéris, qui est le plus souvent décrite et crainte. C'est elle aussi qui revint jusqu'à la fin du XVe siècle, mais laissant de plus en plus de survivants derrière elle.

Ensuite, les conditions de la contagion. On se persuada que, à l'image d'autres maladies réputées contagieuses, le toucher du malade ou de ses habits déclenchait seul le mal. En sorte que l'usage du feu pour détruire vêtements et objets du mort était de peu d'effet ; nul n'osa aller jusqu'à l'incinération des cadavres dans une société chrétienne qui la proscrivait. Quant à l'identification des agents propagateurs, le fiasco est complet : les gens du commun s'en remettaient aux conjonctions astrales, au poison jeté par les Juifs dans les puits ou, plus simplement, à la fureur divine ; les doctes eux-mêmes, du moins ceux qui tinrent la plume, n'ont rien vu, même pas les rats véhiculant les puces contaminées, et pas davantage les piqûres de ces dernières. En sorte que toutes les mesures thérapeutiques imaginées sont l'inverse de ce qu'il aurait convenu de faire : saigner le malade, ouvrir les bubons ne pouvait qu'aggraver le mal et contaminer les soignants ; les compresses opiacées ou les emplâtres d'organes d'oiseaux n'avaient aucun effet sur l'haleine humide du malade, voie de la contagion pulmonaire. Quant à l'entassement en ville, pour fuir un foyer pesteux, c'était évidemment l'inverse qu'il eût fallu faire.

Mauvaise observation de la maladie, impuissance prophylactique, l'épidémie de 1348-1351 enlève quelque 30 % de la population occidentale. On passe trop vite sur la suite. Tout d'abord, l'historien est frappé par l'extrême inégalité régionale des dégâts : elle pose, en effet, bien des problèmes ; nos sources, pourtant assez régulièrement réparties, ignorent ce qui se passe au pays voisin. Ici et là, le mal n'a pas frappé ; aucune mesure de précaution n'étant alors envisageable (le bacille a sauté la Manche en moins de dix jours !), on a cherché des causes locales, comme l'isolement faute de routes ou de voies d'eau, ou le peu de concentration urbaine, mais les exemples contraires abondent. On tend plutôt, aujourd'hui, à dégager des résistances individuelles spécifiques : en effet, les retours de l'épidémie, vers 1372-1375, 1399-1400, 1412 et jusqu'à la fin du XVe siècle, sont moins spectaculaires, donc moins souvent notés, en dépit d'une égale virulence. Mais on a l'impression que la cause en est que les récurrences choisissent désormais leurs victimes : enfants, vieillards, femmes enceintes. Au-delà d'une certaine accoutumance, dont témoignent d'ailleurs le maintien de l'activité économique et la reprise du peuplement, certains individus peuvent avoir opposé à la contagion une disposition sérologique immunisante : j'ai rappelé plus haut que le groupe sanguin B paraît rebelle aux assauts du bacille pesteux ; sa prédominance dans les populations soit purement celtiques, soit d'origine asiatique comme les Hongrois, explique peut-être les « taches blanches » sur la carte du fléau.

Deux autres observations. Tout d'abord, si l'arrivée du fléau et sa foudroyante propagation ont frappé par leur soudaineté et provoqué des paniques irraisonnées, il s'en faut de beaucoup que l'ampleur des pertes provienne seulement de la virulence du bacille. Les contemporains ne l'ont guère noté sur le moment : ils ont cherché des conjonctions astrales défavorables, après tout peut-être en liaison avec les variations climatiques ; mais l'historien, aujourd'hui, trouve d'autres causes dans les documents d'archive : des relevés démographiques ou comptables inquiétants, une conjoncture économique altérée, une accumulation des difficultés sociales font de la période 1310-1340 une phase de dépression sur fond de calamités naturelles et de troubles politiques. Le seul document démographique précis parvenu jusqu'à nous, épave extraordinaire, est le registre de naissances et de décès du petit village bourguignon de Givry, au sud de Dijon : cet illustre document atteste une surmortalité croissante depuis 1320, même si elle bondit lors de l'arrivée du fléau. Les manifestations morbides dans l'art ou dans les conduites religieuses désaxées sont, elles aussi, antérieures à la peste ; et l'on a massacré nombre de Juifs avant ces dates. En tout cas, la peste a frappé des hommes affaiblis, voire déjà malades. Inversement, le recul progressif de la mort noire n'a pas été seulement dû à l'amoindrissement de l'acuité du bacille, mais aussi à une reprise économique et à un réveil de la génération humaine, provoquant une réoccupation des terres et des hameaux abandonnés. Dans l'ensemble de l'Occident, cette reprise se marque entre 1430 et 1480 selon les régions ; mais le mal sévira longtemps encore.

Une seconde remarque, et cette fois trop souvent gommée. C'est la relative abondance des sources qui éclaire la peste du XIVe siècle. On minimise, de ce fait, ses assauts antérieurs, ceux de l'Antiquité, et surtout celui des VIe et VIIe siècles qui a ravagé les côtes de la Méditerranée. Or, si nous n'en savons quasi rien, on s'accorde aujourd'hui à y placer le point de départ du profond et durable affaissement politique autant qu'économique ou même spirituel du flanc sud de la jeune chrétienté ; par voie d'effet, l'expansion brutale de l'islam sur des sols ruinés et des hommes affaiblis y trouve une explication. Phénomène capital dans l'histoire du monde. On doit donc se poser une question de même nature pour l'épidémie des XIVe et XVe siècles. À l'ordinaire, on se borne à souligner l'arrêt du surpeuplement relatif de l'Europe, le remaniement de l'habitat campagnard, le trouble des prix et des salaires, ce qui n'est pas forcément négatif, ou les malheurs du système seigneurial. À y mieux regarder, les bouleversements sociaux, la faim d'or, la redistribution des fortunes, qui sont les séquelles du mal, vont bien au-delà de son recul biologique : de même que la peste si sottement qualifiée de « justinienne » doit être l'un des piliers du phénomène musulman, de même celle du Moyen Âge finissant est à l'origine de l'expansion coloniale de l'Europe à partir du XVIe siècle ; la « renaissance » présumée de l'Antiquité n'a rien à voir là-dedans.

Peut-on compter ces hommes ?

Ces hommes et ces femmes dont je m'efforce de faire le tour, je n'ai pas encore tenté d'en estimer le nombre. Or, ainsi que le faisait remarquer Marc Bloch, comment juger de la vie quotidienne et de l'activité laborieuse sans disposer de cette donnée de base ? Malheureusement, ce nombre nous l'ignorons, ou plutôt nos données sont menues, éparpillées, discutables et tardives ; au moins avant le XVe siècle, elles défient toute certitude. La raison n'en est pas qu'archivistique : c'est vrai qu'ici, comme en d'autres domaines, les pertes sont énormes ; mais il y a pis : dans tous les siècles médiévaux, le chiffre n'est pas estimé à sa réelle valeur arithmétique, sinon pour le comput ecclésiastique. Cette « tournure d'esprit » a probablement des causes psychologiques, par exemple une certaine indifférence à l'exactitude comptable, que l'on ne trouve pas en d'autres cultures, notamment orientales ou sémites. Le chiffre n'a qu'une valeur de symbole : un, trois, sept, douze sont Dieu, la Trinité ou les chiffres bibliques ; quant à six et à son multiple six fois six, ils sont le signe de ce que ne peut plus compter une main, donc ce qui dépasse un entendement immédiat – qu'il s'agisse, par exemple, de morts ou de vivants, d'années d'âge ou de parenté. Ce dédain du chiffre atteint la mesure tout court : on vend « un bois », on lègue « sa terre », on donne « ce que l'on a ». Si un nombre paraît, le désespoir de l'historien subsiste, car on ne sait comment en user ; par exemple, « un bois de cent porcs » : y sont-ils vraiment ? est-ce l'appréciation de leur appétit ? Même les jeux de dés qui accompagnent tout le Moyen Âge s'abandonnent à l'intervention du hasard, donc de Dieu, et leurs sentences sont plus psychologiques que comptables. Dans le domaine que je parcours se justifie donc une indifférence à l'égard du nombre des individus, faute d'une volonté précise, fiscale par exemple. D'ailleurs, les hommes sont sans cesse en mouvement ; ils ignorent leur âge, hésitent sur leur cousinage ; en 1427 encore, on trouve des Florentins qui ne savent plus le nombre de leurs enfants. Seuls sans doute, les puissants y veillent, mais c'est par pur souci familial, fiscal ou politique, non par esprit de géométrie. Pour percer ce mur d'ignorance, le chercheur est donc bien démuni : pas de listes sérieuses, et surtout complètes, de tenanciers, d'imposables ou de requis, surtout au plat pays et avant le XVe siècle. Il faut glaner parmi les séries de témoins, dans les généalogies seigneuriales ou princières, dans les fragments de chronique, quelques morceaux d'un ensemble. D'ailleurs, même alors, que d'inconnues : les nouveau-nés ? les absents d'occasion ? les vieillards hors d'âge ou les misérables ? Quant au sexe féminin, le « mâle Moyen Âge » – pour user d'une formule parfaitement exagérée – l'écarte des textes économiques ou politiques, œuvre masculine, ou des articles de loi, qui sont asexués. Il le gomme même parfois complètement, à l'occasion de quelques phases de « machisme » qui demanderaient explication, par exemple en France du Nord entre 1100 et 1175.

Voici donc le démographe bien mal armé ; mieux cependant qu'il y a quelques décennies, où l'on se contentait d'adjectifs ou d'adverbes vagues, en se réfugiant derrière quelques documents célèbres dont la réputation venait de leur rareté même : le Domesday Book anglais du XIe siècle, tout gonflé d'incertitudes ; l'État des feux de 1328, où l'on ne sait pas ce qu'est un « feu » ; le Catasto toscan de 1427, dont il est quand même exagéré de faire un exemple. Tentons d'énumérer des questions et d'analyser des réponses. L'évolution générale d'abord : sous réserve de quelques exceptions régionales que je n'examinerai pas, la courbe est ascendante, un triplement de l'an mil à 1300 ; on ne le conteste guère. Mais il y a débat, chez les historiens, sur l'encadrement chronologique. Largement majoritaires sont ceux qui tiennent pour une poussée aux VIIe et VIIIe siècles, sinon à la fin du VIe, et pour une deuxième en fin des temps carolingiens. D'autres, dont je suis, ne voient là qu'une récupération, probablement même partielle, du recul des IIIe-Ve siècles : ils cherchent en vain des capitulaires « natalistes », et s'affligent des constatations archéologiques ambiguës et décevantes. Mais tous se retrouvent d'accord pour l'après-an mil : la crue des hommes est certaine, d'un rythme peut-être heurté, fléchissant d'ailleurs après 1250 ou 1270, avec une donnée moyenne, toute théorique évidemment, de 0,7 % de croissance annuelle ; le chiffre est bas, très inférieur aux taux de croissance de nombre de régions « en développement » d'aujourd'hui, ou encore à ceux qu'a connus notre propre pays récemment. Pas de « baby-boom » ni d'inondations de bébés, mais un mouvement d'une très remarquable durée : trois cents ans.

Voilà qui explique sans doute la relative indifférence des contemporains ; on trouve bien quelques chroniqueurs qui parlent de marée humaine, mais ce sont le plus souvent des gens de la ville, où l'afflux a probablement été plus visible : des immigrés plus que des nouveau-nés. Même dans l'aristocratie, dont on nous parle davantage, on ne voit pas se développer un sentiment de surnombre à surveiller : si l'on a longtemps bloqué le mariage des cadets, c'était pour éviter le partage des biens, non parce que la demeure seigneuriale risquait d'être encombrée. D'ailleurs, au XIIIe siècle, le verrou a sauté. Ce regard neutre sur le nombre des vivants se nourrit aussi de celui que l'on porte sur les morts. Quand on relève, en effet, les éléments d'une structure familiale, on rencontre presque partout des groupes pléthoriques : six, sept, dix enfants sont un minimum ; encore oublie-t-on souvent les filles. Un tel nombre aurait dû faire bondir le taux de croissance : s'il n'en est rien, c'est qu'il meurt au moins un tiers de ces enfants – y compris chez les grands, qui auraient pu espérer des soins plus intenses : Blanche de Castille a perdu cinq de ses treize enfants. Cette effroyable mortalité infantile a duré tout le millénaire médiéval ; elle vaudra que j'y revienne. Mais, au XVe siècle encore, les cimetières hongrois comportent 42 % de tombes d'enfants de moins de dix ans ; encore ne parlé-je pas ici des mort-nés, qui offrent une autre matière à réflexion.

On voit assez bien les causes du fléchissement des naissances à la fin des temps médiévaux : la guerre et les pratiques contraceptives n'y sont pas pour grand-chose ; les famines avant la peste ont plutôt affaibli que fauché les hommes ; le délabrement des structures familiales et ses effets sur les relations d'entraide ne sont pas à négliger. Mais on aboutit inexorablement à un constat génésique : sans qu'intervienne aucun des « trois cavaliers de l'Apocalypse » qui menacent alors le monde – la guerre, la disette et la peste –, c'est la natalité qui fléchit, ce qui, en remontant le temps, conduit l'historien à chercher ce qui l'avait fait croître. On discerne assez bien ce qui l'avait soutenue : nourriture plus riche renforçant les défenses naturelles de l'homme et faisant reculer la mortalité, notamment infantile ; évolution accélérée de la structure familiale vers le couple conjugal, isolé et géniteur ; développement de la pratique de la mise en nourrice, du fait du grand nombre de femmes pouvant allaiter l'enfant d'une autre : libérée de l'aménorrhée qui accompagne l'allaitement, la femme pouvait alors être fécondée à nouveau, les « intervalles génésiques » se réduisant d'autant. Comment être sûr qu'il n'y a pas eu là sinon une « mode », du moins une commodité, un confort, plutôt qu'une volonté « nataliste » ? Cette dernière ne se perçoit qu'au moment du développement des privilèges d'aînesse, qui provoque la recherche d'un héritier mâle, voire de son remplaçant. Mais nous sommes déjà vers 1050-1080, et dans le monde seigneurial uniquement. En sorte que ces explications que nous donnons *a posteriori* nous mènent au seuil de la cause initiale. Si l'on écarte une brusque mansuétude divine pour une partie, bien faible, de sa Création – explication qui suffisait alors, quand ce n'est pas encore aujourd'hui le cas pour certains esprits –, il faut bien se tourner vers ce qui échappe à l'homme, et revenir vers les causes « naturelles » dont j'ai déjà parlé : les historiens aujourd'hui n'esquivent pas, même en le faisant avec réticence, l'appel aux forces du climat, à l'histoire de la Terre. La phase « optimale » qu'on a observée après 900 ou 950 durera jusque vers 1280 ou 1300 ; mais les signes de basculement sont sensibles après 1150, où quelques chroniqueurs lucides ont noté les marées inattendues, les pluies croissantes, le recul d'un glacier. Mais aucun ne pouvait y voir l'effet d'un puissant mouvement des eaux océaniques proches – et je ne suis, pas plus qu'eux, en mesure de m'en expliquer ; mais je pense que c'est dans ce lent retournement de l'optimum biotique des Xe-XIIIe siècles que réside l'explication des phénomènes de stagnation démographique par lesquels j'ai ouvert ce développement.

J'ai fait quelquefois allusion au sexe féminin, malmené dans les textes ; il faudra tout à l'heure l'approcher dans sa demeure. Pour l'instant, il importe plutôt de cerner la *ratio*, c'est-à-dire le rapport numérique entre les deux sexes. Dans le monde animal, au moins pour les espèces terrestres, le mâle reproducteur est minoritaire, peut-être parce qu'il est éliminé physiquement, son office rempli ; c'est un cas bien avéré pour les insectes, par exemple, et certains mammifères. Chez les humains, les démographes s'accordent à estimer les deux sexes à égalité numérique à la naissance, sauf pulsations d'inégalité temporaire, dont l'origine nous échappe encore. Or, à l'âge adulte ou même à celui de la puberté, le sexe féminin apparaît minoritaire, particulièrement aux XIe-XIIIe siècles, dans un rapport de 80 à 90 femmes pour plus de 100 hommes. Les sources écrites – concernant, il est vrai, les couches sociales les plus favorisées – montrent bien cette chasse, j'allais dire cette « foire » à la femme, rare donc chère. On marie la fille à quinze ans, parfois on la « promet » plus tôt encore ; elle est, en effet, le noyau de la richesse familiale, le joyau qu'on monnaie. Les jeunes hommes courent les tournois, mais aussi les chemins et les fermes pour les obtenir ; les veufs évincés se rabattent, à bas prix, sur les laissées-pour-compte, après que l'Église au temps de Saint Louis a autorisé les remariages. Quant aux filles qui, passé vingt ou vingt-cinq ans, n'ont pas trouvé preneur, ou ont refusé avec succès l'issue du couvent, elles restent des domestiques, des « fileuses » (les *spinsters* d'Angleterre) sous l'autorité de leur père ou de leurs frères. Cette infériorité numérique féminine est anormale ; elle pose problème. On a invoqué le mutisme ou, plutôt, les caprices des textes : échappatoire facile. On a invoqué aussi l'infanticide systématique des plus fragiles ; mais il est techniquement absurde et ne concernerait que le haut Moyen Âge, sur lequel en réalité on ne sait rien. La surmortalité due aux suites de couches répétées et brutales – une tous les dix-huit mois en moyenne – ne toucherait évidemment pas les filles à peine nubiles ; en outre, la résistance physique du sexe dit « faible » est supérieure à celle des mâles : on le notait déjà en ces temps où, en effet, pullulent les veuves peu âgées. Faute de mieux, on se contente aujourd'hui de l'idée de soins moindres accordés aux fillettes : sevrage prématuré, alimentation restreinte, manque de soins médicaux. Mais ces explications ne satisfont pas.

Un dernier problème. Les structures familiales où se retrouvent les sexes et les générations me retiendront en leur temps ; mais on ne peut quitter le domaine démographique sans parler du « feu ». C'est sa signification arithmétique qui importe ici. Or la plupart des documents qui comportent des données numériques sur les hommes les expriment par « feu » et parfois même par « feu fiscal », c'est-à-dire par lieu de perception, et non par « feu réel », réputé être un groupe d'individus. Des querelles véhémentes continuent de diviser les historiens à ce propos : s'agit-il de la cellule de base du couple et des quatre ou cinq enfants sous leur toit, donc cinq ou six personnes vivant ensemble, ou bien d'un groupe plus ample avec prolongements latéraux, ascendants ou même domestiques, cela en fonction des structures locales de regroupement familial (on a estimé jusqu'à dix ou douze individus dans les foyers juifs !) ? Et, inversement, la veuve âgée et isolée ? Et les nouveau-nés ? Le scribe comptable a-t-il bien utilisé partout les mêmes données de calcul ? L'idée d'un recensement désintéressé étant étrangère à ces temps, a-t-on fourni au scribe des chiffres exacts, selon l'intérêt du foyer, par exemple s'il s'agit d'une enquête fiscale ou militaire : éviter une taxe ou une réquisition, ou au contraire obtenir des vivres ? L'exemple du dénombrement de 1328 est bien connu pour Paris : 80 000 ou 200 000 habitants ?

C'est donc seulement par le nombre de feux que l'on est conduit à estimer, selon les lieux et les temps, la densité du peuplement ; la traduction en

« habitants au kilomètre carré » est donc aléatoire. Il n'est pas question d'esquisser ici une géographie de l'implantation humaine et de ses variations : ce serait trop au-delà de mon regard. Quelques éléments semblent acquis. Si l'on se place vers 1300, acmé de la poussée de peuplement, la population des campagnes était, en France par exemple, à peu près égale à celle de 1900 et prodigieusement supérieure à celle de 2000 ; c'est l'essor urbain qui a concurrencé, égalé, puis avalé la population rurale depuis le XVIIe et surtout le XXe siècle, renversant le rapport paysans-citadins, poussant ces derniers de 10 à 60 % du total. Les problèmes que posent l'entassement en ville et l'exode rural de nos jours sont bien connus, mais ils sortent de mon horizon. L'historiographie de tradition a longtemps fait à l'Europe de l'Ouest, et spécialement à la France, une réputation de stabilité, voire d'immobilisme : les « vieilles traditions paysannes » et l'« immuable sérénité des champs » sont volontiers attribuées aux siècles médiévaux. C'est une grave erreur. Au contraire, en ces temps, si la campagne est effectivement presque tout, elle est animée d'une sorte de « mouvement brownien », disait Marc Bloch : ces hommes ne tiennent pas en place ; seuls ou en petits groupes, ils vont et viennent sans cesse. Et ce ne sont pas seulement les cadets courant la fille, les pèlerins, les marchands ou les hommes de la guerre, mais aussi les paysans qui, d'une génération à l'autre, vont s'installer en une autre clairière, quittent l'eau pour les hauteurs ou le contraire, comme par une sorte d'inconfort matériel ou mental. L'historien est frappé quand il plonge au cœur de cette masse confuse, qu'il étudie un village ou une seigneurie, de trouver des listes de censitaires perpétuellement changeantes. Par voie d'effet, dans les rares régions qui restent isolées – vallées étroites, terres insalubres où l'on se mélange et déplace peu –, l'homonymie devient la règle, en ces temps comme aux nôtres.

Ces observations sur les « remues » des hommes ouvrent deux chantiers d'étude, bien différents mais tous deux bien cernés. L'anthroponymie fait aujourd'hui l'objet d'un intérêt croissant comme instrument prosopographique dans l'étude des familles et comme probation d'un statut social ou économique. Il est vrai qu'il faut attendre le XIIe siècle au plus tôt pour que s'estompe l'usage romain antique du nom, propre à un individu, suivi de celui de sa *gens*, de son clan, et éventuellement d'un surnom personnel : Caius Julius Caesar ; ensuite l'usage, germanique et chrétien, du nom de baptême suivi de la seule filiation : Jean fils de Pierre. C'est dans le souci de distinguer parmi les Jean fils de Pierre que le surnom est réapparu, et d'abord chez les hommes d'armes : Jean Bel œil, fils de Pierre et chevalier. Le sobriquet gagna ensuite le commun et la filiation fut alors volontiers négligée : Jean le grand fils de Pierre devint Jean le Grand ; puis, au profit d'une reconnaissance de provenance géographique qu'imposait justement l'incessant déplacement des hommes : Jean le Grand, de Paris. La particule « de » fut alors reprise par l'aristocratie pour désigner la terre familiale d'origine, ou le fief principal ; passé le XIIIe siècle, le retournement anthroponymique se trouva achevé : Jean Bel œil est sûrement un homme du commun, et Jean de Paris un homme de qualité. Le premier prendra volontiers en surnom un terme qualifiant son métier ou son apparence : Le fèvre, Le gras. Mais il faut attendre jusqu'en plein XVe siècle pour qu'il le transmette à ses héritiers qui, pourtant, sont maigres et ne frappent pas l'enclume. Quant au « prénom » qu'avec raison les Anglo-Saxons appellent le nom, l'étude qu'on en a faite dégage surtout les influences régionales, les piétés successives, les relations de famille, voire la mode : cultes locaux, pratiques dévotionnelles, souvenir des ancêtres.

On trouverait un dernier domaine d'étude dans l'incessant va-et-vient des hommes dont je viens de parler : quelle place réserver à l'étranger, celui qui vient d'ailleurs, fût-ce du village voisin ? L'assimilation de l'« autre » est certes plus psychologique que juridique ; elle touche au domaine du cœur et de l'esprit – j'y reviendrai donc. Mais on peut dès à présent avancer que, dans une société non encore enfermée dans de strictes règles de vie commune, l'accueil du nouveau venu s'est sans doute effectué sans heurts majeurs ; en France, où les apports successifs ont rendu la population fort composite, l'homogénéité finale est frappante. L'avenir jugera peut-être autrement.

Ainsi en aurai-je terminé avec ce premier regard, tout extérieur, sur l'être humain, ce qu'est son corps et ce qu'il en sait, sur le soin qu'il en prend et sur son nombre. Il faut à présent l'insérer dans son environnement naturel, et le suivre dans les âges de sa vie.

2

Les âges de la vie

L'un des arguments forts opposés à la notion d'un « homme du Moyen Âge », pour en dénoncer la vanité, repose sur la longue durée de cette période, donc sur les inévitables changements que cet être, jugé mythique, aurait connus au cours des siècles. Cette vue n'est pas fausse et j'en tiendrai compte évidemment, mais surtout pour les phénomènes culturels ou même sociaux ; car je tiens ces changements pour réellement superficiels, en ce qu'ils ne portent pas atteinte aux cadres physiques, matériels où l'on a vu que je plaçais mon sujet : je cherche l'homme physique, son corps, son environnement, ses rapports avec les autres êtres animés. Face à ces préoccupations, peut-on trouver l'évolution personnelle de l'être humain ? Il naît, vit et meurt, plaisante énigme du Sphinx antique. Cette fois encore il n'y a nulle rupture, nulle opposition indiscutable entre le nourrisson gréco-romain et celui d'aujourd'hui ; pourquoi y en aurait-il eu entre le bébé carolingien et celui de la guerre de Cent Ans ? Des détails et une question de sources, tout au plus. Voyons ce que l'on en sait.

En attendant l'enfant

L'idolâtrie dont sont aujourd'hui victimes (c'est le mot juste, à bien y regarder) l'enfant et même le nouveau-né dissimule en fait notre hantise de la vieillesse et de la mort. L'enfant est tout neuf, et l'on s'en servira donc pour vendre des crèmes ou des automobiles. Des pédiatres enhardis ont ainsi pu assener sur l'enfance des « certitudes » qui ont conduit les tribunaux, ou la simple opinion publique, à prendre pour preuves et vérités des fantasmes enfantins, ceux qu'un être inachevé, ou pour le moins « en formation », tire de ses rêves ou de son subconscient. Cette attitude de dévotion est, somme toute, assez récente. Les derniers siècles avant celui-ci avaient été durs aux jeunes, englués dans un climat économique ou social sévère où primaient l'utile et l'utilisable. Dès lors, et remontant plus avant, on a pu affirmer que le Moyen Âge, plus encore que les « Temps modernes », avait méprisé l'enfance et ignoré cette notion même. Depuis une quinzaine d'années, cette opinion a été sérieusement ébranlée, voire abandonnée. Les siècles médiévaux, du moins ceux dont subsistent des restes, le montrent bien : s'il n'est pas roi comme de nos jours parce qu'il vit dans un monde où il faut s'armer vite pour survivre, l'enfant est l'objet d'une vive tendresse, de soins attentifs ou d'un souci d'éducation qui valent bien les nôtres.

Mais il faut en nuancer les motifs. Que la naissance de l'enfant soit pour la mère l'accomplissement total de sa féminité et pour le père l'expression même de sa virilité, c'est une chose personnelle et de tout temps. Ces sentiments suffiraient à alimenter le désir d'enfant, et aucune société humaine n'y échappe, en dépit de ses contorsions de mode. Mais, tandis que notre temps traite l'enfant en consommateur immédiat ou futur, c'est son rôle de producteur qui dominait alors : producteur de pouvoir et de richesse. Car l'enfant n'est pas seulement un « don de Dieu », comme le répète l'Église, mais aussi un élément du monde du travail, un instrument d'autorité, un bien de famille. C'est cette apparence matérielle qui est, sans doute, à l'origine d'un prétendu discrédit de l'enfance que l'on n'aurait pas reconnue dans sa plénitude ; or, au contraire, ce sont ces rôles futurs qui justifient l'attention et la tendresse. Comme à l'ordinaire, et jusqu'au XVIe siècle où fléchit son ministère, l'Église l'a bien vu : faire croître et multiplier les enfants de Dieu fait d'eux les symboles vivants de la gloire du Très-Haut. Évidemment, quelques prédicateurs bougonnent : tous ces enfants coûtent cher, ce qui est autant de moins pour les aumônes qui font vivre l'Église. Et puis les enfants ne poussent pas aux arbres : chacun d'eux, y compris ceux qui n'écloront pas, sont le fruit d'étreintes profanes que Dieu, pour éprouver ses créatures sans doute, a voulu rendre des plus plaisantes, pour l'homme au moins. Prier avant et après, certes, mais pendant l'acte charnel ? Dilemme cruel, car l'abstinence sexuelle irait contre le dessein divin, et n'est guère une vertu humaine.

En tout cas chez les laïcs et des deux sexes, l'enfant est attendu et espéré. On discerne mal, parce que l'Église a jeté un voile sur un tel sujet, si les amants ou les couples en délicatesse avec le droit canon ont un tel souhait. En principe, l'enfant à venir est issu d'unions légales ; cependant, la position tout à fait honorable que les bâtards ont atteinte, surtout aux XIVe et XVe siècles, montre bien qu'à défaut d'avoir été souhaités ils ont été admis, par leur mère cela va de soi, mais par leur géniteur aussi, qui aurait pu les ignorer ou les feindre, et qui leur assure volontiers une place confortable dans la famille qui les accueille. Malheureusement, aucune des héroïnes des pièces romancées des XIIIe ou XIVe siècles n'est placée dans le cas de nous faire connaître leur sentiment à ce sujet. Mais les décisions de justice, recettes répétées, prescriptions pénitentielles prouvent à satiété la place des pratiques anticonceptionnelles ou abortives ; et il ne s'agit pas seulement de servantes enceintes de leur maître ou de veuves violées par une bande de « jeunes », mais de couples légaux qui y recourent. C'est d'ailleurs l'homme qui prend le plus souvent l'initiative d'inciter sa compagne à se défaire du fruit refusé ; et la justice qui sévit le considère toujours comme complice. Elle le fait d'autant plus normalement à ses yeux que, pour la contraception au moins, le rôle de l'homme est évidemment essentiel : les positions adoptées pour le coït, son interruption volontaire sont naturellement de son fait, en l'absence de tous les recours imaginés aujourd'hui par les techniques modernes. Notre temps se préoccupe fort de ces problèmes et a même établi un arsenal juridique pour y veiller. La seule différence réelle avec les siècles anciens est qu'on en expose généreusement la pratique, comme pour d'autres comportements sexuels sur lesquels j'aurai à revenir. L'avortement provoqué volontairement, en ville et plus encore à la campagne, était certainement des plus ordinaires, mais il restait clandestin, donc périlleux ; l'Église veillait, en effet, au respect de la semence. En pratique, on connaît assez bien les recettes qu'enseignaient les matrones : en général, des breuvages de camomille, de gingembre, de fougère, des manipulations assurément des plus dangereuses. En revanche, les motifs de cet abandon de la gestation restent plus obscurs. Au XIVe siècle, plusieurs « docteurs de la Foi », tel Bernardin de Sienne, en vinrent à admettre qu'avant quarante jours de vie fœtale l'embryon pouvait être détruit, non sans force pénitences évidemment, et sous réserve d'un motif sérieux, de santé ou même de misère. C'est dire combien de tels actes étaient courants.

Voici l'enfant attendu et conçu. Nous sommes étrangement ignorants sur l'état de grossesse. Peut-être parce que ceux qui tiennent la plume sont des hommes et ne s'intéressent pas à ce qu'est une gésine ; peut-être aussi parce que chaque femme durant son mariage est enceinte tous les dix-huit mois en moyenne, donc une dizaine de fois en regard des normes démographiques de l'époque. Ce n'est donc plus un état qu'on pourrait qualifier, comme il y a encore peu, d'« intéressant ». Apparemment, les normes inhérentes à l'espèce humaine sont suivies : neuf mois, courbure du dos, aménorrhée complète. Probablement aussi, expertes en prévision, les matrones commentaient-elles les postures, les attitudes, les « envies » de la patiente. D'ailleurs, si la grossesse se déroulait mal, à plus forte raison s'interrompait, la faute en incombait à la femme seule, comme pour la stérilité, toujours attribuée au sexe féminin, même si la semence de l'homme était indiscutablement réputée sans valeur : le vase était défectueux, pas ce que l'on y versait. Comme aujourd'hui, la femme, naturellement, mais l'époux aussi, nous dit-on, s'émouvaient fortement à percevoir les premiers mouvements du fœtus *in utero*, signe positif que la gésine était de qualité ; on se souviendra pourtant que les médecins de l'Antiquité y voyaient plutôt le signe d'une grossesse difficile et d'un accouchement compromis.

La naissance elle-même n'est pas d'une approche plus aisée, car là aussi l'homme est absent, le père comme le scribe ou le peintre ; on n'en relèverait que de rares et tardives exceptions. La parturiente est couchée, voire accroupie, ou seulement soutenue par des coussins. Des matrones préparent linges et bain ; c'est la « ventrière » qui encourage et soutient la mère ; elle aussi qui s'efforce de placer correctement l'enfant s'il se présente mal, par des massages émollients sur le ventre ou le vagin, ou des manipulations à mains nues. Ces femmes sont des expertes en parturition, et semblent agir bénévolement. Si la délivrance ne s'opère pas d'elle-même, et si le cordon n'est pas rapidement coupé et suturé, les risques d'infection sont extrêmes.

Dans de telles conditions d'hygiène rudimentaire, l'accouchement, probablement déjà douloureux en lui-même, entraîne un risque mortel ; la césarienne pour sauver l'enfant ne se pratique pas, du moins tant que la mère est en vie ; et l'on a pu estimer qu'une femme sur dix, peut-être davantage, ne survivait pas à des couches difficiles, et qu'il s'agissait presque toujours de primipares.

L'enfant est arrivé

Si la mère est menacée, le destin du nouveau-né n'est pas plus enviable. Quand même il ne mourrait pas au moment même de sa sortie du ventre maternel, la durée de sa vie peut être insignifiante : quelques heures, quelques jours. Pourquoi les petites gens auraient-elles plus de chance que les puissants, dont les généalogies attestent l'hécatombe aux naissances ? De 25 à 30 % de mort-nés, un chiffre qu'aujourd'hui encore on trouverait difficilement dans les plus déshérités des pays : tétanie, méningite, étouffement provoqué par des manipulations maladroites, dysenterie, insuffisance vasculaire provenant d'une grossesse mal conduite ou d'une naissance prématurée. Mais, pour fréquente qu'elle soit, cette mort qui reste liée à la naissance paraît inacceptable, injuste, douloureuse, et toute la littérature familiale en témoigne. De surcroît, même mort après quelques instants de vie, l'enfant a connu un souffle humain ; évidemment non baptisé, il ira en enfer, assure saint Augustin. Comment le maintenir, avant le Jugement, dans les limbes, ce havre d'attente qui permet le « travail de deuil », comme l'on dit volontiers aujourd'hui ? Les sanctuaires « de répit », parfois simples chapelles en campagne, conserveront ce lien, sous la protection de l'Église, abreuvée de dons et de prières. Quant au corps du petit mort, l'archéologie atteste l'extrême rareté de son ensevelissement parmi les baptisés. Existait-il un lieu spécial d'enfouissement, par exemple sous le parvis d'une église ? Ou, comme des fouilles l'ont montré, sous le seuil de la maison paternelle, écrasé par un moellon pour éviter que quelque démon ne s'en saisisse pour en faire un changelin du Diable ? Ou, plus simplement, ne serait-il pas jeté au fil d'une eau courante ?

Voici donc l'enfant né, et bien vivant – pour le moment du moins. Mais est-ce bien lui qu'a engendré le père et porté la mère ? Cette hantise d'une substitution d'enfant, accidentelle ou volontaire, d'origine humaine ou diabolique, habite toujours les mères d'aujourd'hui. Et que dire ou que faire de jumeaux ? Ne seraient-ils pas une preuve d'inconduite de la mère, enceinte de deux hommes différents ? Ou bien l'un des deux bébés – mais lequel ? – n'est-il pas le double diabolique de l'autre ? On sait peu de chose sur ces naissances gémellaires : la rareté des jumeaux attestée dans les généalogies aristocratiques fait craindre la funeste décision d'un infanticide ; crime grave, pire que l'avortement provoqué, mais qui pouvait seul laver l'honneur familial bafoué. De toute manière, l'enfant ne sera vraiment un membre admis du groupe humain qu'au terme de deux rites de passage signifiant l'entrée dans la vie commune.

Le premier, immédiat après la naissance, est probablement le principal aux yeux des gens d'alors : le bain. Rite qu'enregistre volontiers pour Jésus l'iconographie pieuse, mais systématique et ancestrale. Comme aujourd'hui encore, c'est évidemment d'abord un geste d'hygiène corporelle pour laver l'enfant des traces laissées sur lui par son séjour dans le ventre maternel ; mais c'est aussi son entrée dans le monde des vivants : le cri, obtenu s'il le faut par une fessée, puis le contact des mains et de l'eau. La signification rituelle, d'origine probablement préhistorique, du premier bain n'échappait pas aux gens de ces temps, et si le linge et le cuveau restaient alors toujours aux mains des femmes, le père, cette fois, était présent.

Le deuxième rite est celui du baptême. L'eau intervient à nouveau ; c'est l'entrée dans le monde des chrétiens, ce qui vaut à l'historien abondance de témoignages et d'explications. Je me bornerai donc à quelques observations non dogmatiques. L'administration de ce premier sacrement n'est pas exclusivement l'œuvre de serviteurs de Dieu : un laïc, une femme même, peuvent l'octroyer s'il y a péril de mort pour l'enfant. Mais, inversement et fort étrangement, l'Église, au moins dans sa phase de conquête de l'Occident, a longtemps toléré, voire encouragé, le baptême des adultes, ou des adolescents pour le moins, et cela à l'occasion d'une fête de réception et de renouveau : Noël, Pâques, Pentecôte. De telles pratiques, qui ont laissé tant de preuves archéologiques jusqu'au XIe siècle, créaient donc une situation canoniquement troublante : qu'advenait-il de l'âme du jeune homme tué avant d'avoir été

« reçu » ? Un simple ondoiement suffisait-il ? Dans tous les cas, la parenté avec Dieu l'emportant sur toute autre, le développement des usages de parrainage correspondait à une prise en main par le monde, sur une délégation divine, du nouveau chrétien, en place de ses géniteurs. Cette parenté spirituelle, devenue de nos jours toute symbolique, pouvait se substituer à la parenté naturelle ; il est aisé d'en voir tous les effets, tant psychologiques que matériels.

Les « enfances »

Voici l'enfant souhaité, arrivé, reçu. Son sexe a été quelquefois prévu par les matrones d'expérience, mais dans l'ensemble c'est une surprise. Elle provoque beaucoup moins de réactions qu'on n'a coutume de le dire. Bien des arguments sont avancés pour appuyer l'idée d'une préférence marquée pour les garçons. L'un d'eux procède de la supériorité numérique des mâles à l'âge adulte. J'ai rappelé plus haut que la *ratio* normale entre les sexes est l'égalité, et que la disproportion ultérieure, au-delà de pulsations qui nous restent inconnues, pourrait provenir des moindres soins donnés aux fillettes. Mais on a également avancé que notre documentation donne toujours le pas aux mâles, et que nos calculs sont donc faux. Si une préférence est alors donnée aux garçons – ne l'est-elle pas encore dans nos mentalités ? –, elle est essentiellement de nature économique, simple reflet du contexte contemporain, ce qui pourrait expliquer son très lent retournement aujourd'hui. Dans une société de production et de prédation, mieux vaut avoir des guerriers et des laboureurs que des fileuses et des cuisinières. Comme les hommes sont seuls à écrire, ils ne manquent pas de valoriser leur rôle dans la société, et cela dès la naissance. Mais, en réalité, les véritables richesses de la famille sont les filles, dont le mariage est une affaire capitale, et dont la fécondité soutiendra l'espèce. On le voit et le sait dans l'aristocratie, et ailleurs aussi sans doute. Le discrédit dont pâtit le sexe féminin est donc beaucoup plus d'ordre psychologique qu'économique : faiblesse physique supposée, utilité productive moindre. Sans entrer dans une querelle hors de mon propos et qui a débuté dès que l'on a su écrire, on notera seulement que toute étude physiologique et tout constat économique sérieux prouvent évidemment l'inverse.

La mère, revigorée dès l'accouchement par une nourriture surabondante et de bonnes rasades de vin, reste cependant « impure ». Il faudra beaucoup de contorsions aux docteurs de la foi pour excepter Marie, d'une conception « immaculée ». Dans l'explosion du culte de la Vierge au XIIe siècle, c'est bien ce rôle de mère que valorisera le fidèle ; plus proche de la vérité que ne le sont les doctes, il a bien vu que son rôle était d'avoir porté l'Enfant, plus que d'avoir reçu un don mystérieux. Le retour de la mère dans la communauté des chrétiens, ce qui la lavera de toute souillure, sera les « relevailles ». Cette sorte de rebaptême a des références bibliques ; l'Église l'a assimilé à la « présentation de la Vierge au Temple », mais elle n'a pu le dépouiller de sa dimension sexuelle : la femme est, en effet, désormais à nouveau « disponible ». Les relevailles sont donc marquées par des manifestations d'allégresse qui entraînent tout le clan familial, voire tout le village. En général, ce rite de réinsertion se déroule un mois après la naissance d'un garçon, deux s'il s'agit d'une fille, comme si l'impureté avait été plus grande.

Le nourrisson est alimenté au lait maternel, d'abord parce que c'est là une loi de nature, ensuite parce que tout autre type d'alimentation mobiliserait plus durablement la mère au foyer, lui interdisant ainsi la reprise de ses activités économiques. Aussi l'iconographie est-elle surabondante, où l'on voit la femme filer, cuisiner, ou même faucher, l'enfant au sein, tétant, semble-t-il, sans « horaire » calibré. Mais la montée de lait peut être insuffisante, ou bien, au XIIe siècle déjà, la mère souhaite la tarir – nous avons des listes de remèdes à cet égard –, pour s'alléger d'une obligation jugée oppressante. Ce peut être aussi bien l'aristocrate qui entend par là regagner sa liberté que la paysanne qu'appellent les travaux champêtres. Il faut alors confier l'enfant à une nourrice : on n'en manque pas, ne serait-ce qu'en raison du grand nombre de mères dont l'enfant n'a pas vécu. Nos pédiatres estiment volontiers qu'il y a là une première rupture, quasi immédiate, avec la mère, avec son corps du moins ; il est bien difficile d'en juger, mais il se peut qu'on en ait eu alors quelque conscience, car le choix de la nourrice fait l'objet de grands soins et d'une légitime méfiance : âge proche de celui de la mère, certitude que la nourrice n'est pas gravide, état de santé exceptionnel. D'ailleurs, rien n'empêche la nourrice d'allaiter son propre enfant avec celui qui lui a été confié. C'est un trait immanquablement magnifié dans les romans, les fabliaux ou les chroniques que l'affection plus que fraternelle, presque sexuelle, qui unit alors les deux « frères de lait ». Et d'utiliser à foison évidemment l'image de l'« amitié » entre le petit noble et le petit paysan, tétant au même sein.

Le sevrage semble bien tardif, au moins dix-huit mois, quelquefois davantage pour les garçons, comme si la protection maternelle devait s'étendre plus longtemps sur eux. Dentition apparente, tarissement du lait ? L'enfant subit une deuxième rupture avec la mère. Apparemment, parce qu'on le sait ou le devine, cette séparation se fait lentement, par étapes. Mais si l'enfant est ébranlé par ce choc, la mère, elle, connaît un nouvel état puisque l'aménorrhée qui accompagnait l'allaitement est terminée, et que la femme peut donc être à nouveau fécondée. C'est ce délai de viduité inévitable qui établit un rythme de fécondité d'un an et demi entre chaque naissance chez une femme qui allaite. Mais si elle n'en fait rien, l'«intervalle génésique » se raccourcit ; les naissances se rapprochent, et la « révolution des nourrices », comme on a dit, figure peut-être parmi les causes du gonflement démographique des XIIe et XIIIe siècles.

Un enfant tous les dix-huit mois, de jeunes mères de seize ou dix-huit ans, une durée de vie de quarante à soixante ans : ces estimations aboutissent à une dizaine ou une quinzaine de grossesses dans la vie d'une épouse. La mortalité infantile aidant, la moyenne des enfants survivants par couple est, si l'on ose dire, de 4,5 à 6,5. Ces chiffres, qui nous paraissent considérables en France aujourd'hui, expliquent cette crue des hommes qui m'a retenu tout à l'heure. Toutes les généalogies aristocratiques le montrent. Pourquoi en serait-il différemment chez les humbles ? À moins que la misère n'ait poussé à l'infanticide ou à l'abandon. Dramatique, criminel, le premier est évidemment caché ; mais il perce dans les attendus des lettres de rémission traitant de l'«encis », le meurtre par étouffement du bébé, couché dans le lit des parents et « fortuitement » mort. Moins caché, et moins grave, l'abandon fait même l'objet de réglementation et de publicité : des religieux, de charitables chrétiens recueillent au parvis des églises où on les a déposés les nouveau-nés confiés à leur piété, et pour lesquels on bâtit des hospices. Sommes-nous sûrs que ces pratiques ne sont que « moyenâgeuses » ?

D'ailleurs, quand même il échapperait à ce funeste sort, le tout jeune enfant, jusqu'à quatre ou cinq ans, reste exposé, et plus encore les filles peut-être, aux maladies de prime jeunesse, presque toujours contagieuses, parfois mortelles : variole, rougeole, scarlatine, coqueluche ou fruits d'un dérèglement fonctionnel comme les fièvres intestinales. On peut craindre que ces obstacles n'aient pas été immédiatement décelés, et que, jusqu'au terme de la première enfance, on n'ait laissé faire l'ingrate Nature, fauchant au-delà même de la naissance une part notable des enfants viables. Dans les nécropoles, les squelettes de jeunes enfants n'ayant pas atteint sept ans forment jusqu'à 20 % des défunts. Et, de leur côté, les récits de miracles, traditionnelle voie d'accès à notre connaissance de la santé des fidèles, ne sont qu'exceptionnellement consacrés aux bambins, comme si l'intervention de la Vierge ou des saints n'avait aucune raison de se manifester au profit d'aussi jeunes ou d'aussi fragiles créatures, « morts en sursis ». Alors, le dédain qu'on avançait naguère ? Certainement pas, car la douleur causée par la mort d'un enfant alimente les plaintes des héros de roman, et les signes d'affection de chacun des parents sont évidents dans l'iconographie. L'Église d'ailleurs s'agace de ces baisers, de ce « mignotage » qui révèle l'effacement de Dieu derrière ses créatures. Du moins un certain fatalisme accompagne-t-il cette douleur devant la mort, trop inévitable, qui entoure ces jeunes années.

L'iconographie, les traités médicaux, la biographie des futurs hommes illustres abondent en détails sur le premier âge. L'enfant est emmailloté étroitement, les bras le long du corps, mais parfois les pieds nus. Il est baigné fréquemment, jusqu'à trois fois par jour, changé davantage encore. C'est là uniquement œuvre de femmes : l'homme paraît comme choqué par la nudité du bébé et se détourne ostensiblement de cette vue ; pourtant, on nous le représente donnant la bouillie ou une tétine à l'enfant. Dès un an, il l'aide à marcher en s'aidant d'un trotteur ; mais le parc ou la marche à quatre pattes sont systématiquement écartés : sans doute croit-on voir dans le premier une image de l'enfermement fœtal, et dans la seconde un retour à la vie animale que condamne Dieu. L'archéologie a parfaitement justifié la place que l'image accordait aux jouets : hochets, billes, poupées de cire, dînettes, petites armes en bois, chevaux et soldats. Comme en tous siècles, ces jouets sont le reflet de ce que l'enfant voit autour de lui, et je laisserai aux psychiatres le soin de déterminer ce qui, en eux, est le substitut de la mère, l'opposition à l'adulte, la part de l'esprit, le témoignage du caractère. De même, mon point d'observation me dissimulera la réglementation des jeux enfantins, imaginée par les adultes, qui intéressait tant les Anciens, ou encore la part des transgressions psychiques qui passionnent les philosophes, et celle du Démon contre laquelle tempêtent les prédicateurs. L'enfant a sa nourriture, ses vêtements, son mobilier et ses jeux propres. Il n'est pas le nabot sans âge qu'ont longtemps vu tant d'historiens.

L'enfant au milieu des siens

Jusqu'à ce que s'achève l'*infantia* et que commence la *pueritia*, l'enfant jouit d'une place particulière dans la société : il n'est pas, comme le croyaient volontiers les hommes du XIXe siècle, un simple décalque mineur de l'adulte ; pas davantage cet être réalisé pleinement en son originalité, comme tentent de le faire croire nombre de nos « penseurs » d'aujourd'hui. Il est une œuvre en attente, en achèvement, mais dont on remarque le rôle dans l'évolution humaine. Il est le maillon entre l'En-deçà, dont il vient et conserve la marque, et son avenir d'homme, tel que la philosophie antique comme la conviction chrétienne se le figurent. L'enfant est donc sacré ; il est peut-être même dans l'hostie du sacrement eucharistique. Ses paroles sont l'écho du Divin ; ses gestes doivent être interprétés comme des signes religieux ; lui seul est dépositaire de la volonté des morts qu'il exprime dans ses obscurs propos. Non qu'il faille, comme aujourd'hui, béer d'admiration devant cette moitié de Dieu ; au contraire, l'Église recommande de ne pas l'interroger, ou même le regarder avec trop d'insistance : cela le gâterait. D'ailleurs, ne serait-ce pas éventuellement le Démon qui l'habiterait un moment ? C'est pourquoi le culte des Saints Innocents fait florès et l'on supplie les anges gardiens de veiller à sa conduite. Qu'il vienne à faillir, il faut le châtier, parfois durement ; s'il pleure, c'est quand le Mal l'habite : il sera battu. Cette sévérité n'est pas une relique de l'omnipotence paternelle de l'Antiquité ; elle est une forme du service de Dieu.

C'est dans ce domaine des relations entre l'enfant et son cadre familial que se sont peu à peu rectifiées nos appréciations morales. La rigidité parentale n'est ni indifférence ni mépris : elle est religieuse. C'est pourquoi père et mère, et à parts égales, débordent d'affection pour l'enfant et le manifestent par leurs caresses et une attention presque craintive. On s'est attaché à chercher une évolution dans ces sentiments : passé le milieu du XIIIe siècle, on croit déceler un progrès dans la place qu'occupe le père, peut-être parce que le développement des écoles enlève de plus en plus à la mère la charge de l'éducation élémentaire qui lui incombait jusqu'alors. C'est que les rôles entre les parents sont tranchés, au-delà de l'affection commune : au père, le soin d'éclairer l'âme de l'enfant, de lui enseigner ce qu'est l'*auctoritas*, notamment celle du Très-Haut ; à la mère, celui de veiller à la santé du corps et aux rudiments qui meubleront son tout jeune cerveau. Il nous est parvenu quelques manuels d'éducation qui concernent plutôt l'adolescent que l'enfant ; certains sont même l'œuvre de femmes – un cas bien rare dans l'histoire de la littérature médiévale. Mais il en est d'eux comme de tant d'autres sources écrites : œuvres de théorie et généralement réservées aux riches, des princes comme au IXe siècle, de futurs clercs au XIIe, des filles de chevalier au XIVe, des enfants de bourgeois au XVe. D'ailleurs, nous possédons, en réalité, plus de traités d'hippiatrie que de conseils de pédiatres. Et, dans la tranche d'âge où je me tiens en ce moment, les réactions de l'enfant face aux parents nous échappent totalement. L'hagiographie campe bien quelques « jeunes » que tente la « mort du père », mais c'est souvent pur roman qu'a imaginé un religieux hors d'âge.

Un domaine pourtant mérite un dernier arrêt : l'enfant a, presque naturellement, frères et sœurs, oncles et tantes, parfois grands-parents. Si l'adage commun du « frère, ami donné par la Nature », est une pieuse pensée que contestent à l'évidence tant d'exemples et en tous temps, peut-être les siècles médiévaux l'ont-ils admis avec plus de charité. Les aînés des deux sexes exercent indiscutablement leur influence sur les plus jeunes, particulièrement sur les filles, soumises, après la mort des parents, à l'autorité et aux intérêts de l'aîné. On trouverait aujourd'hui encore une telle situation – et je m'en tiens évidemment à notre seule aire culturelle. En revanche, deux traits se sont effacés ou du moins estompés. Si le rôle de la sœur aînée comme substitut de la mère disparue se perçoit sans nous aveugler, éclatant au contraire est le rôle du frère de la mère, de l'oncle maternel, substitut cette fois du père défaillant ou mort. Et les exemples de ce « népotisme », au sens étymologique du terme, abondent, de Charlemagne à Louis XIV. La raison en est bien connue : le « modèle matrimonial », dont j'aurai à reparler, unit deux êtres aux âges souvent désaccordés. Comme le prouve l'évidence naturelle, qu'on s'épuise aujourd'hui à bafouer, l'enfant a un vital besoin de sentir sur lui le regard des deux sexes. S'il se trouve que le père, trop âgé ou trop absent, ne peut s'y adonner pleinement, un autre homme, de même sang et de même âge que la mère, se substituera à lui. Les effets sociaux de cette situation sont considérables, car deux lignées se conjuguent alors pour encadrer l'enfant, puis l'adolescent, l'adulte enfin, dans son « établissement » : que de laboureurs héritant de leur oncle, de cadets pourvus par lui d'une charge d'Église, de chevaliers se poussant dans l'«amitié » d'un grand ! Quant aux grands-parents, aujourd'hui indispensable contrepoids aux excès parentaux, ils sont alors quasi inexistants. S'ils sont présents parce qu'ils ont pu largement franchir la barrière des soixante ans, on n'en parle plus guère, puisqu'ils sont rayés de la vie active, seule digne d'intérêt. J'aurai à revenir sur la place occupée par ces « redoutables vieillards » qui, en pays de droit romain surtout, tiendront longtemps encore en main la gestion de leurs biens ; mais leur exemple est d'autant plus volontiers cité qu'ils sont rares.

L'enfant des premières années a maintenant dépassé les périls de la maladie ; il s'est frotté aux travaux domestiques, au besoin aux tâches rustiques, voire militaires. Il sait ses lettres, quelquefois ses chiffres. À un passage dans la paroisse, l'évêque lui a fait confirmer les vœux de son baptême. Il n'est plus un *infans*, mais un *puer* ou une *puella* ; il a huit ans, douze au plus. Sa vie débute vraiment.

L'HOMME EN SON PRIVÉ

C'est une notion bien solide chez les historiens, ceux des temps anciens surtout, d'opposer en tous domaines le public qui relève de la masse et le privé qui est du ressort de l'individu. Le pouvoir, la fortune, les règlements et, bien sûr, l'économie, la hiérarchie sociale ou même les croyances en sont marqués, et l'évolution dans le temps ou la variété dans l'espace sont la trame de l'Histoire. Or, naturellement, c'est le public qui nous saute aux yeux parce que c'est lui qu'éclairent nos sources écrites, peintes ou sculptées. Le privé, c'est-à-dire le modeste cadre personnel où se meut l'humain, est clos, inaccessible au regard étranger, donc amplement dissimulé à celui du chercheur. Pour l'atteindre, il faut tirer de nos informations les bribes de ce qu'a laissé la « maison » : anecdotes glanées dans les « dits » ou les fabliaux, fragments de comptes particuliers, inventaires après décès, testaments au besoin, détails d'une miniature, matériel de fouilles. Tout cela est ténu, discutable. Certes, au cours des siècles, il y a bien eu évolution. Par exemple, après la peste, au moment où le dégoût d'un monde en ruine, le *contemptus mundi*, prend son envol, on attache plus d'importance qu'auparavant à la sphère du particulier. Mais est-ce certain ? Ne sommes-nous pas victimes d'une simple évolution de nos sources, désormais plus proches de l'individu – une aube d'« humanisme » ? En outre, l'éclairage est toujours plus vif en ville ; et les couches sociales sont inégalement atteintes : on a noté que, dans les historiettes romancées, l'aristocratie apparaît dans plus de 18 % des intrigues, les clercs dans 9 %, les marchands dans un tiers ; le reste, paysans ou marginaux, ne fait pas une moitié, beaucoup moins que leur poids dans la réalité. Au moins cesse-t-on de nous parler sans arrêt de moines et de chevaliers, d'évêques et d'avocats au Parlement, de maîtres drapiers et d'échevins. Il se peut qu'ils mangent et dorment comme tous les autres, mais ils ne m'intéressent pas dans leur vie privée.

Le temps qui passe

Notre triomphante espèce a été dotée par le Créateur de capacités de perception qui, pour être inférieures à celles d'autres animaux, ne sont pas nulles. Aujourd'hui, aveuglés par l'éclat de l'électricité, abasourdis par le tintamarre mécanique, ayant troqué la parole pour un clavier, ne humant plus que des effluves chimiques, dispensés de palper quoi que ce soit et goûtant des produits surgelés, nous avons perdu l'usage complet de nos sens. Malheureusement, il est bien difficile d'en mesurer l'état aux temps médiévaux, car, cette fois encore, ce sont des traces fugitives que nous ont laissées nos sources.

« La vue c'est la vie », proclame notre publicité. Et celui que la maladie ou un mauvais destin a rendu aveugle suscite notre compassion et nos secours ; au Moyen Âge, il faisait rire. Car un tel malheur ne pouvait être qu'un juste châtiment divin ; et les « miracles » qui rendent la vue ne touchent que des enfants innocents ou de vertueux ermites. Les confusions de l'aveugle sont un excellent ressort comique. On peut d'autant plus s'en étonner que la nuit qui plonge tous les hommes dans l'obscurité a une réputation sinistre. Toutefois, ce dédain pour la cécité pourrait bien être un signe que c'est là, justement, une exception négligeable. En revanche, on peut douter de la qualité de cette vue, car elle était soumise à l'incessant tremblement d'un foyer capricieux, d'une chandelle vacillante, d'une torche fumeuse, d'une lampe à huile moribonde. À l'occasion, un chroniqueur rira d'un capitaine qui n'a su discerner l'approche de l'ennemi, d'un marchand qui confond ses ballots de laine, ou d'un comptable incapable de dresser un inventaire exact. Quant à corriger cette vue déficiente, il faut attendre le XIVe siècle pour que soient mentionnées, voire peintes à fresque, des lunettes correctrices sur le nez d'un scribe ou d'un officier de justice ; le plus souvent, ce sont des pierres taillées, entre autres le béryl, sorte d'émeraude incolore, celle de nos « béricles », de nos « besicles », mais qui autorisent plutôt un grossissement de loupe, et monoculaires comme pour Néron jadis.

L'ouïe de ces gens est-elle meilleure ? Cette fois encore, comment distinguer la surdité de la distraction ? Ce quêteur du Graal qui n'entend pas en forêt les avertissements du nain vert, ou ce roi assoupi que plonge dans un accès de folie le heurt d'une lance sur un casque sont-ils des sourds ? À ma connaissance, il n'y a pas d'image de personnage la main en cornet sur une oreille déficiente. Pourtant, dans une civilisation où l'oral est maître, on aimerait savoir si l'on percevait bien l'appel d'un guetteur placé en haut du clocher, lors d'un passage de routiers, ou bien les cris tentateurs des marchands à Paris et ailleurs, sans parler, à l'autre extrême, du murmure des « parfaits » cathares à l'oreille de leurs fidèles agonisants, ou les prédictions haletantes d'un sorcier en transe. Un problème, d'ailleurs, vaut tous les autres : on a, certes, bien noté l'excellente acoustique de très nombreuses nefs d'église, relevé même le haut niveau de connaissance des architectes à cet égard pour obtenir une bonne répercussion des chants et des mélodies ; mais si la foule est dense, compacte, absorbant les sons, comment saisir la parole du prédicateur, qu'il parle en latin ou non ? Supprimer les bas-côtés de la nef, comme dans les édifices des dominicains ? On a quelque peine à admettre que saint Bernard, haranguant un millier de croisés au pied de la Madeleine de Vézelay, ait pu se faire entendre de tout le revers de la colline, pas plus que Jésus « sur la Montagne » jadis. Qu'arrivait-il de ces propos usés de rang en rang jusqu'aux plus lointains des fidèles ?

Nous sommes volontiers surpris de l'extrême sensibilité au toucher qu'offrent autour de nous nombre d'animaux, domestiques ou sauvages. Chez l'homme, c'est par la bouche, à laquelle il porte tout objet, que le nourrisson prend contact avec le monde où il vit. Adulte, il n'a pas abandonné cette forme primaire de connaissance. Le Moyen Âge a vu régner sans partage le baiser, l'*adoratio* : baiser d'union et de paix sur la bouche d'autrui ; baiser de soumission et de dévotion sur la main et sur le pied du maître, ou sur la relique ; baiser de tendresse ou de plaisir sur le corps de l'enfant ou de l'amante. Dans ces gestes, qui nous restent familiers, se manifeste l'union entre le charnel et le symbolique. D'ailleurs, le Moyen Âge est une culture du geste : gestes du corps entier qu'illustre la danse, celle des paysans lors des fêtes ou celle des clercs eux-mêmes selon des rites sacrés ; mais aussi gestes qui servent à extérioriser l'âme, du simple salut de la tête à l'agenouillement de l'humilié ou du dévot. La contagion d'un domaine à un autre s'explique alors bien : les mains jointes de l'esclave antique qui se donne à un maître seront celles du vassal plaçant les siennes dans celles de son seigneur, ou du chrétien face à Dieu, et renonçant dès le haut Moyen Âge à l'attitude du croyant des temps anciens, celle de l'« orant », les bras levés vers le ciel. Encore convient-il que ces gestes restent mesurés ; le désordre leur ôterait toute valeur symbolique. Rois et pontifes sont immobiles, instruments de commandement en main, et la danse elle-même ne saurait s'éloigner de son sens sacré : elle est action ludique mais pieuse, et non pas transes lubriques ou démoniaques qu'il faut laisser aux sorcières ou aux possédés du Diable.

C'est la main qui joue le premier rôle ; sans doute parce que cet élément du corps est celui qui distingue le plus l'espèce humaine des autres êtres vivants. La *manus* est l'emblème de l'autorité : c'est celle de Dieu jaillissant des nuées et par laquelle se manifeste la volonté du Créateur ; mais aussi celle du père mettant celle de sa fille dans celle du futur époux ; celle du prince ou du dignitaire posant la sienne sur la couronne insigne de son pouvoir ou sur le parchemin rédigé en son nom ; celle du vieux chevalier frappant d'une « collée » sur la nuque le jeune guerrier ainsi promu aux rangs de la *militia* ; celle du marchand qui s'engage d'une poignée de la main ou d'une « paumée » à tenir son accord avec un acheteur. Que dire de plus que de rappeler ce qui en est venu jusqu'à nous : le serment prêté au juge, la main droite levée mais nue ; le salut du soldat, main à la coiffure, devant un supérieur ; ou le baisemain mondain, hypocrite hommage au pouvoir féminin.

On n'a pas étudié seulement la « raison » des gestes, ou leur progressif amollissement sous l'effet de la lecture et de l'écrit. L'archéologie, à l'affût des signes matériels de la vie quotidienne, a porté le regard sur l'outil, sur les manches, les poignées, les anses, comme elle l'a fait pour la taille ou la vigueur des hommes de ces temps. Elle n'a pu que constater que ce monde est alors un monde de droitiers. Cette remarque n'est pas neuve : le discrédit de la partie gauche, la *sinistra* romaine, se lit dès que l'homme a laissé des traces de son passage sur terre. Je n'ai nulle compétence pour discuter des hypothèses, ou même des certitudes, qui attribuent une motricité plus grande et une force impulsive plus vive à l'hémisphère cérébral gauche, celui qui commande à la partie droite de notre corps ; et encore moins des conséquences, neurologiques d'abord, psychologiques ensuite, qu'entraîne cette situation innée. Tout permet donc de supposer qu'aux temps médiévaux comme aux nôtres la droite l'emportait sur la gauche, et qu'on devait apprendre aux scribes à tenir plume ou calame de la main droite. C'est ce qu'atteste dans l'ensemble l'iconographie de ces temps ; « dans l'ensemble » seulement, car nous possédons nombre de scènes peintes ou de récits où manifestement l'ambidextérité est patente chez un guerrier au combat, un pèlerin en marche ou un prince en « majesté ». Quant aux scribes eux-mêmes, on s'est évertué à y chercher des gauchers ; quelques signes çà et là : si le deuxième testament de Philippe Auguste et le premier manuscrit de Guibert de Nogent au XIIe siècle sont autographes comme on l'a avancé, ces deux hommes étaient gauchers – gauchers « contrariés » peut-être ?

Il est un autre sens, lui aussi tout animal en ses manifestations brutes : percevoir l'écoulement du temps. Nos rythmes cardiaques, notre équilibre psychique y sont aussi sensibles que le sont plantes et autres êtres vivants. Soumis à nos horloges et à nos calendriers, nous n'y prenons pas autant garde que le faisaient nos ancêtres, parfois bien proches. Naturellement, le retour des chaleurs ou des froids n'exigeait pas de longues réflexions ; pas davantage la succession des jours et des nuits. Le soleil, œuvre de Dieu, veillait à tout cela : on commence le travail lorsqu'il éclaire la grange ou l'atelier ; on l'arrête lorsqu'il se couche, et même en ville le travail de nuit, le « travail au noir », n'est pas admis – j'y reviendrai. Les tranches « horaires », estimées à douze le jour et quatre la nuit (c'est encore le « quart » des sentinelles), étaient fondées sur le calcul duodécimal antique ; mais, dans nos climats, elles étaient inévitablement inégales en durée selon les saisons. Cela suffisait, en principe, au paysan comme à l'ouvrier. S'ils voulaient en savoir davantage, ils avaient deux recours : le cadran solaire projette l'ombre de son aiguille, au fur et à mesure de l'apparente marche de l'astre dans le ciel, sur le plan d'un cadran qu'on a pourvu de douze traits ; encore faut-il qu'on puisse voir le soleil ! S'il se cache, il faut s'en remettre aux sonneries régulières de l'église ou du couvent proche, qui marquent les moments des offices auxquels assistent les clercs, et particulièrement les moines : prime au lever du jour, tierce quatre divisions plus tard, sixte au milieu de la journée, none quatre « heures » après, vêpres au coucher de l'astre ; la nuit, ce seront, par tranches de trois : complies au premier tiers, matines au deuxième, laudes trois « heures » avant prime. Au milieu de l'année, par exemple au moment de l'équinoxe de printemps, ce seront donc, en nos régions, des sonneries à 6, 10, 14, 18, 21, 0 et 3 heures.

Ces inégalités étaient fort incommodes. Quand il fallait arrêter l'heure d'une réunion, celle de l'exécution d'un contrat ou d'un jugement à coucher par écrit, un tel procédé n'était pas admissible. Les Anciens en avaient été conscients et, dans la Grèce antique, on usait en pareils cas de l'écoulement, gradué à l'avance, d'eau ou de sable, d'un récipient à un autre : une clepsydre (« qui vole l'eau » en grec). Mais si l'idée d'un mécanisme débitant des tranches égales de temps – vingt-quatre dans la journée, toujours en raison du système duodécimal – paraît avoir été conçue dans l'Antiquité, elle n'y fut pas appliquée. Ou, plutôt, elle ne se répandit que fort tard ; l'application a été lente, en ville surtout où sa nécessité était plus pressante pour scander le travail ou fixer les affaires : on en a des images au début du XIIIe siècle, des exemples au XIVe. Placée en haut d'un beffroi communal, comme à Caen en 1317, l'horloge publique fera triompher le « temps des marchands » sur le « temps de l'Église ».

Compter les heures importe pour la vie courante, mais ni les jours ni les mois. C'est pourquoi sans doute l'héritage biblique ou gréco-romain a tenu bon (il est encore le nôtre), passé la géniale invention du calendrier « révolutionnaire » (malheureusement oubliée). Le jour du Seigneur rompt seul la succession numérotée des *feriae*, du dimanche (*prima feria*) au samedi, bien que ce n'ait été qu'en fin de semaine que le Créateur eût achevé son œuvre. On conserva de même les tranches découpées dans le mois romain, les calendes, les nones et les ides, ainsi que les vieux noms païens, ici ou là germanisés, des jours de la semaine et des mois dans l'année : apparemment, et pas plus qu'aujourd'hui, nul ne s'étonna de ce « lâchage » généralisé de l'Église chrétienne. Il est vrai que c'était là affaire de clercs et de scribes ; le vulgaire n'en avait cure : il ne connaissait que les jours où l'on fêtait tel saint personnage à la gloire parfois seulement locale, ou quelque épisode de la vie du Christ. D'ailleurs, les variations sont incessantes, selon les coutumes de l'endroit, même lorsqu'il fallait fixer la date de versement d'une taxe. Quant aux fêtes rituelles, elles ont avalé l'héritage antique, et ont été badigeonnées en célébrations chrétiennes : solstices et équinoxes sont devenus Noël, Ascension, Saint-Jean ou Saint-Michel. Les souvenirs judaïques liés à la vie agraire ou à l'histoire « sainte » sont demeurés, mais déguisés : Pâques, Pentecôte ou même Carême. Restaient les dimanches, où c'était souvent le curé du village qui en désignait le nom par quelques mots empruntés à l'épître du jour ; il n'en surnage plus – et encore ! – que notre *quasi modo*.

Quant à la succession des années, c'est un problème pour les penseurs. Pour le vulgaire, la numérotation continue – qui semble naturelle aux Occidentaux des mondes chrétien et musulman, mais non aux Asiatiques – n'a aucun intérêt dans la vie courante du paysan ou de l'artisan : il n'écrit pas et sa mémoire personnelle est brumeuse. D'ailleurs, sait-il quand on passe d'un an à l'autre ? L'enchevêtrement des « styles », que suivent seulement ceux qui savent, est aussi variable qu'irraisonné : Noël ? Pâques ? l'Annonciation ? l'Épiphanie ? Et à partir de quelle base ? La « fondation de Rome » ? Vieille notion vidée de tout sens. La naissance de Jésus ? Mais Noël est une fiction, et l'estimation qu'on a faite au VIe siècle est fausse, en avance d'au moins quatre ans sur la réalité probable. L'Hégire du Prophète ? Mais ces « voyages » à Médine sont répétitifs et souvent de pure tradition orale. Mieux vaut, et les simples font ainsi, ou bien baptiser chaque année d'un nom original, comme l'on fait en Chine – mais il y faut une forte mémoire –, ou bien compter depuis que le bonnet épiscopal ou la couronne princière ont été posés sur la tête du maître le plus proche. Encore faut-il le connaître ; et sans compter l'esprit tortueux des clercs : sacre ? couronnement ? désignation ? consécration ?

Comptées ou non, les heures défilent dans la clarté du jour. Il va falloir les y rejoindre. Mais non sans avoir, d'abord, traversé la nuit, cette moitié de la journée où hommes et bêtes, à peu près dépourvus de lumière et interdits de travail, sont livrés à l'obscurité, à l'inconnu, au danger. Rarement représentée, mais souvent décrite, la nuit est l'inévitable moment où l'homme est dépossédé de lui-même. C'est la nuit « horrifique », celle que diables et sorciers utilisent pour tendre leurs pièges : paniques dans le noir, cauchemars ou tentations lubriques ; plus cruellement aussi, brutalités, guerrières ou non, vols et viols – on a compté plus de 55 % de délits nocturnes parmi ceux dont ont eu à connaître les « lettres de rémission ». Il faut se garder, s'enfermer, se relayer pour saisir et comprendre les bruits, les frôlements, les lueurs qui animent le noir. On peut, on parvient même à apprivoiser cette nuit, à la faire lieu d'étreintes et de plaisir, ou encore de nobles pensées : que de chrétiens y ont trouvé ou retrouvé la foi ! Mais voici que prime est sonnée au clocher : il faut recommencer à vivre.

Le corps qu'il faut nourrir

Certes, « il faut manger pour vivre », mais ne pourrait-on pas aussi « vivre pour manger » ? Dans un monde où la moitié des hommes ne mange pas à sa faim, et l'autre moitié, ou presque, a tout juste le nécessaire, comment ne pas rêver à Cocagne, le pays où tout est gâteau sucré (c'est le sens du mot), ou au palais de Dame Tartine ? Fantasmes enfantins ? Nullement : du XIIe siècle où on le décrit au loin jusqu'à Bosch ou Breughel qui y sont, c'est l'espoir des ventres creux, celui d'un assouvissement, parfois en de gigantesques ventrées que permet une fête débridée, profane évidemment, et où l'on se ruine en beuveries pour six mois. C'est qu'aux inévitables privations qu'engendre une Nature capricieuse s'ajoute trop souvent une brusque calamité vivrière : série de récoltes désastreuses dues aux intempéries et, en face, trop de bouches à nourrir, ni réserves, ni commerce de secours, ni outillage performant. En Occident, dans tout l'Occident, c'est le cas au XIe siècle, puis au XIVe ; et j'ai rappelé ce que fut ce terrain gâté pour le bacille pesteux. Le cannibalisme de base peut alors réapparaître : un clerc au ventre plein, comme Raoul le Glabre, le décrit avec une délectation presque morbide en Bourgogne vers 1090.

Heureusement, on ne tue pas toujours son prochain pour le manger. Normalement, la Nature nourrit les hommes depuis les temps néolithiques où ils ont commencé à la solliciter. Il nous est ici, et pour une fois, relativement facile de décrire et de compter. L'étude de l'alimentation médiévale, de la qualité botanique du grain jusqu'aux places à table, a fait depuis peu de considérables progrès. Traités médicaux incluant recettes et prescriptions diététiques, comptabilités vivrières, mais trop souvent pour le haut de la société, iconographie de banquets, pour la plupart d'exception, récits ou fables, chroniques princières, observations archéologiques sur la denture ou le tissu osseux des squelettes, utilisation de l'outillage culinaire enfin. Nous pouvons donc espérer des éléments de qualité. Selon le sexe, l'âge, le travail à fournir ou même les conditions climatiques, l'adulte a besoin de 2 500 à 4 000 calories par jour. Or la juxtaposition des données tirées des sources que je viens d'évoquer perturbe complètement ce paramètre médical : des corvéables du IXe siècle, des vigiles du XIVe reçoivent environ 6 000 calories ; des marins du XIIIe ou des laboureurs du XIIe sont nettement au-dessus de 3 500. Encore, pour ces derniers par exemple, ne savons-nous rien de l'apport des produits « de plein vent » dont nos sources ne parlent pas ! Le rapprochement des données débouche au moins sur une conclusion : contrairement à la tenace opinion populaire, et sauf au moment d'une brusque disette, on mange assez et même trop dans l'Occident médiéval. Mais la faible résistance physique aux attaques extérieures contredit ce propos : c'est donc qu'au Moyen Âge on mange beaucoup, mais mal.

C'est le déséquilibre entre les provenances protéiniques qui en est cause, non par choix, mais par nécessité : les glucides occupent en effet jusqu'à 80 % de l'apport calorique, ce qui est excessif. C'est le pain, ou plutôt les diverses farines céréalières, qui forment la base alimentaire. En miches, en navettes, en bâtons longs, en galettes, en boulettes, mais également mêlé aux bouillies, à la soupe, au ragoût, le pain est roi. Il est blanc, beaucoup plus souvent qu'on ne le dit. Le seigle a mauvaise réputation, je l'ai rappelé plus haut ; et l'on use rarement – pour l'homme, mais non pour le bétail – de l'avoine ou de l'orge, tout au plus en soupes épaisses, comme dans le nord-ouest de l'Europe ou en régions méditerranéennes : le porridge saxon, le gaumel artésien, la polenta italienne, la semoule maghrébine. Là où le sol n'est pas assez favorable au grain blanc, on pourra user du méteil, qui est un mélange de froment et de seigle. Quant aux diverses sortes de pâtes – nouilles, macaronis, lasagnes –, elles sont attestées dès le très haut Moyen Âge, mais ne constituent qu'une certaine façon de travailler la farine. Si l'on y joint les féculents, fortement amidonnés, qui poussent au milieu des épis, ce qui leur vaut alors le nom de « petits blés » – fèves, vesces, pois, lentilles –, on accroîtra encore le poids des glucides. Le pain est la première des « espèces » eucharistiques ; il doit donc apparaître partout. Il sera le seul produit dont le prix, fluctuant au gré de la récolte, est surveillé par l'autorité locale, voire arrêté par elle ; on a vite oublié qu'il en a été ainsi en France jusqu'à quelques décennies de nous. Dans les pays éminemment céréaliers, on mesurera ainsi la place économique, la valeur symbolique, le poids vivrier du pain. Mais sa part dans l'alimentation est, de ce fait, trop grande : de 1,6 à 2 kilogrammes quotidiens par personne. Le reste ne sera que le *companaticum*, « ce qui se mange avec le pain ».

Encore faudrait-il joindre à ces glucides ce qui est la hantise de nos « régimes » alimentaires : le sucre. Assez curieusement, nous en savons peu de chose, bien que desserts et « oublies » de fin de repas en soient riches. La betterave existe, mais pour le bétail ; la canne, implantée par le soin des Arabes dès le IXe siècle en Sicile et en Andalousie, reste rare, coûteuse, quasi exotique. On pillera donc le miel des ruches ; mais, on va le voir, le goût médiéval est moins que le nôtre attiré par cette saveur.

Naturellement, il convient de se tourner vers les protéines animales, aliment de base de l'effort physique. Déception ! En dépit des images traditionnelles et fausses des tables médiévales croulant sous les sangliers rôtis et les énormes jambons, la viande est assez rare. On la trouve, certes, bouillie au pot ou salée, hachée dans la soupe ou bien, plus rarement, rôtie. Non ! les seigneurs ne mangent pas que de la venaison, les bourgeois du bœuf, les paysans du porc et les étudiants du mouton. Tous mangent de tout : les fouilles de dépotoirs alimentaires ou les comptes de table l'attestent. Et tout y passe, y compris les chevaux, et même les chiens (eh oui !) ; leurs os ont laissé d'indiscutables traces de découpe. Certes, mais c'est selon la région et le moment, tel animal a été sacrifié de préférence, selon les goûts locaux et le niveau de vie : le porc sera mangé salé ou en charcuterie en hiver ; le mouton, d'ailleurs surtout élevé pour sa laine, donnera ses abats en été ; le bœuf est partout, environ 20 % du total ; quant à la venaison, passé le Xe siècle, et sauf en zone de chasse forestière intense, pas plus de 5 % d'ossements – cervidés essentiellement. Tout cela doit fournir, au vu des rations qu'on nous a laissées, un peu moins de 80 à 100 grammes par jour. C'est peu. Alors ? Le lapin ? La perdrix, et même les œufs ? Silence archéologique complet. Peut-être a-t-on jeté les carcasses aux chiens qui traînent partout ; mais les textes fourmillent d'allusions et de sommes de gélines, de poulets ou d'œufs versés en cens. Où sont-ils passés ? Évidemment, les récits de haut vol nous parlent de paons, de faisans, de cigognes, dressés sur une table de banquet, mais c'est là affaire de riches.

Resterait le poisson. Nouvelle déception ! Alors qu'il passe chaque année par le pas de Calais des millions de harengs, et que les abbayes se disputent les rentes qu'on peut en obtenir, que les procès sur les étangs ou les rivières, sur les engins de pêche et les étals encombrent nos archives, et même que l'emblème du christianisme est le poisson (l'*ichtus* grec : *Iesus Christos Theou uios sôter* : Jésus-Christ, fils de Dieu, sauveur), ce dernier n'apparaît guère au menu des banquets, et disparaît presque entièrement de la table paysanne. Bien mieux, les arêtes elles-mêmes ont à peine laissé de traces. Est-ce parce que la pêche hauturière est techniquement faible et peu éloignée des côtes ? Ou parce que le salage (les harengs blancs) ou le fumage (les harengs saurs) demeurent de médiocre qualité au point d'entraîner le pourrissement des restes ? Ou encore parce que le poisson d'eau courante va surtout au réfectoire des moines ? Nous n'avons donc que des listes : perches, carpes, anguilles, brochets ; ou harengs, merlans, saumons et morues. Et saluons au passage, faute de pouvoir en dire davantage, moules et huîtres, moins prisées qu'aux temps antiques, mais bien présentes dans les dépotoirs celles-là, escargots et grenouilles, une nouveauté semble-t-il.

Nous consommons trop de lipides, trop de graisses, et notre silhouette s'en ressent. Ce risque ne semble pas avoir menacé les hommes des temps dont je parle ; car ils font peu usage des graisses, préférant le bouilli à la friture. Le lait lui-même, présumé nourriture complète, est bon pour le nourrisson au sein maternel. Ceux que donnent la vache, l'ânesse ou la chèvre sont réputés lourds, et ne se consomment que caillés, égouttés, mêlés à la soupe. Certes, les fromages qu'on en tirerait sont appréciés, le *formaticum* (« mis en clayettes ») ayant triomphé en Gaule et en Italie, mais le *caseum* plus authentique s'étant imposé, ironie linguistique, en pays saxon (mais en Espagne aussi, il faut en convenir). Ces fromages font l'objet de commerces avantageux, et l'on commence à en distinguer certains : brie, hollande, chester, parme ; mais on ne les rencontre guère qu'en casse-croûte du matin, celui qu'apporte Robin à Marion. Le beurre, mal mis en pot, rancit vite ; on lui préfère le saindoux ou l'huile végétale, celle d'olive vers la Méditerranée, celle de noix ou d'œillette plus au nord. À moins qu'une baleine, lassée de l'existence dit-on, ne se soit laissée échouer sur une grève : de quoi donner aux villageois le « grapois », graisse et chair, qui durera une année. Mais l'aubaine est rare.

Le pain et ses enfants, un morceau de fromage, un bout de viande pour l'accompagner… Mais dans le « potage », dans le pot où l'on cuit, il faut bien prévoir autre chose : ce seront les « herbes », récoltées au jardin et en forêt. L'éventail est large. Tout ce que nous connaissons est là, à l'exception – ce n'est pas rien – de la tomate et de la patate, venues d'outre-Atlantique comme l'on sait : chou d'abord, carottes et panais ensuite, ail et oignons (réputés les plus riches des légumes), cresson, laitues, artichauts, concombres, épinards, asperges et j'en passe. Les plus aisés estimaient peu ces fruits arrachés au sol, jugés fades, terreux et vulgaires ; ils leur préféraient ceux qui viennent des arbres ou des arbustes : pommes, poires, noix, figues, châtaignes, olives, coings, cerises, nèfles, et même agrumes si l'on peut s'en procurer. Et le raisin, gloire de l'Occident ? Sur quelques tables princières peut-être ; le reste, tout le reste, va au pressoir.

Car il faut en venir au vin, la deuxième « espèce » de l'Eucharistie, le symbole du renouveau, la boisson de la Bible, celle de Cana et de la Cène. Tant d'études et de livres ont été rédigés sur la vigne, son travail, sa vendange, puis sur les étapes de la vinification et de la commercialisation, que je ne peux prétendre à y ajouter ; je me bornerai donc à quelques remarques simples. Tout d'abord, le vin est sur toutes les tables, dans toutes les chambres, dans toutes les caves ; et il est, à peu près partout, le même. La distinction, qui nous est chère, entre cépages et régions privilégiés est à peine naissante dans le cas de la France : Gaillac-Bordeaux, Hermitage-Bourgogne, « France » (à prendre de Chartres à Reims) ; à la cour de Philippe Auguste, lui-même fort amateur, la « Bataille des vins » chercha à établir une hiérarchie, en fait d'après les goûts du prince. Ce ne sera qu'au XIVe siècle que les distinctions seront plus claires. Ensuite, ces vins sont majoritairement des vins blancs ; seul le « claret » bordelais, dont les Anglais importeront jusqu'à

700 000 hectolitres par an au XIVe siècle, est un rosé. Mais le vin du pape, le vin des ducs à ce même moment sont des rouges dont le prestige grandira au cours des siècles. Quant aux vins exotiques, le malvoisie d'Orient, le musca italien, le grenache du Portugal, on a peu de chances de les rencontrer dans les chaumières. En troisième lieu, ce vin n'est pas le nôtre : autant qu'on puisse le savoir, sa teneur alcoolique, du fait des procédés encore rudimentaires de vinification, ne doit pas dépasser 7 à 10 degrés ; conservé – mais pas plus d'un an, avant qu'il ne se pique – dans des tonneaux de bois résinés, il devait rappeler le vin antique des amphores, avec une saveur épicée plutôt âpre. En revanche, mais ce dernier élément est essentiel, le volume consommé est énorme : de un à trois litres quotidiens par personne, femmes ou moines compris. Prodigieuse absorption, que seul le degré modeste d'alcool rendait supportable.

Mais que boire à sa place ? De l'eau ? Oui, évidemment, mais celle des fontaines et des puits, soumise aux caprices du temps, car celle des rivières pouvait ouvrir une large avenue à ces coliques et « flux de ventre » qu'enregistrent les textes. Alors la bière ? Oui, on l'atteste depuis l'Antiquité, et elle prendra son envol après le XIIIe siècle. Ce n'est d'ailleurs pas la nôtre, cette fois encore : la cervoise celtique, l'ale saxonne sont à base d'avoine fermentée aigre et brunâtre ; la blondeur de la bière germanique lui vient de l'orge et de l'adjonction de houblon, à la fin des temps médiévaux du moins. Mais on y recourt surtout au nord du continent, là où la vigne, qu'on y plante cependant avec constance, ne donnera qu'un filet de jus acide : en Écosse, en Frise, aux bords de la mer Baltique. Et que l'on cesse d'ânonner que l'obligation d'emplir le calice sacerdotal quotidien justifie des hectares de plantation pour le gobelet du desservant villageois ; quant à la communion des laïcs par le vin, c'est un archaïque souvenir qui, d'ailleurs, n'épuiserait pas les tonneaux !

Toutes ces lourdeurs, solides et liquides, quelques kilos par jour, comment les absorbe-t-on ? Une fois saluées au passage les contraintes nordiques, dues aux caprices diurnes ou à la froidure exigeant quelque aménagement, c'est toujours l'usage antique, celui du bon sens d'ailleurs. Au lever, entre 6 et 8 heures selon la saison, c'est la « rupture » du jeûne nocturne, le *disjejunium*, le « break » de prime : un morceau de fromage, un verre de vin (pour égayer le teint, dit-on pour les dames). Le *prandium*, le repas principal, se prend assez tôt, entre 11 et 13 heures, après la première moitié du travail : c'est le repas de sixte. La *cena*, de 16 à 19 heures, est précoce, car le soleil, durant six à huit mois, baisse avant 19 heures et l'on n'aurait plus que le recours des chandelles. Tôt affamés peut-être, les Anglais ont trouvé tardif ce dîner de l'heure de none : ils l'ont fait remonter dans la journée, en sorte que *noon* et *after noon* marquaient leur « après midi ». On mange assis, comme aux temps antiques, malgré la réputation des lits romains, pure coutume de riches et qui rend d'ailleurs le convive inapte à manier un couteau. Tréteaux ou planches, bancs ou sacs de paille ; beaucoup plus tard, mais non chez tous, table fixe et chaises feront l'affaire. La nourriture est cuite au chaudron suspendu au-dessus de l'âtre, au besoin à la broche ; pains et galettes viennent du four domestique, un peu à l'écart. Sur la table, il n'y a du linge, chez les humbles, que pour la fête ; pour s'essuyer la bouche, la main ou la manche suffisent ; il faut attendre François Ier pour que l'on se torche à la nappe, comme le roi. Le pot est au milieu des convives : ils ont des écuelles, en bois ou en métal, parfois communes à plusieurs, et un gobelet. Chacun puise sa part à même le pot, en usant du couteau, « couvert » polyvalent, à la main si la nourriture est froide, ou au « tranchoir » qui est une tartine de pain rassis ou une planchette en bois. La cuiller ne sert que comme louche ; sauce et potage sont versés dans l'écuelle où on les boit directement. Quant à la fourchette, ses premiers exemples sont du XVe siècle, et elle est alors en métal précieux : affaire de prince. On s'est lavé les mains avant le repas, et sans le rituel compliqué et symbolique imposé aux chevaliers de la Table ronde ; on le refait ensuite, non sans motif, dans le baquet où sera lavée la vaisselle. Quant aux tranchoirs souillés et aux déchets restés sur ou sous la table, les chiens qui tournent autour des jambes se chargeront de les faire disparaître.

Le goût qu'il faut former

Je décris ici l'ordinaire du commun. Ce n'est pas celui dont nous parlent textes et miniatures, mais uniquement celui que dévoile l'archéologie au travers de l'outillage et des restes culinaires. Ce qu'évoquent les autres sources est, au contraire, l'exceptionnel.

Évidemment, ce peut être un repas de fête paysanne, ou un bon souper de riche marchand ; mais il s'agit alors d'imiter les tables « princières ». Il n'est pas alors seulement question du zèle de la maîtresse de maison, celle, toute jeune et encore inexpérimentée, à laquelle le « Ménagier de Paris » au XVe siècle assène ses conseils, ni de l'un des maîtres queux du roi Charles V auxquels Taillevent, dans le « Viandier », prodigue ses recettes ; mais de tout un ensemble de rites et d'usages qui nous transportent bien loin du vulgaire.

D'abord, il faut du personnel et de la place. Au palais royal, vers 1330, il y a 75 cuisiniers, 33 sommeliers, 21 panetiers très hiérarchisés et souvent de longue expérience : on y compte force femmes. Ensuite, des cuisines spécialisées, des dressoirs et des buffets, des musiciens sur estrade et des broches qui tournent. Puis, hiérarchiquement placés à la table du maître ou en vis-à-vis, de ce fait en « haut » ou en « bout » de table, les convives dont les moins bien placés n'auront que les restes, s'ils ont quelque chose. Les banquets ducaux de Bourgogne au XVe siècle ont pu réunir plus de 300 convives, mais 20 est un nombre moyen pour un banquet d'Église. On sert habituellement trois « services », chacun comportant une palette complète des plats offerts qui, d'ailleurs, arrivent en général refroidis par la distance : viandes rouges et volailles, entrecoupées de gelées et de gâteaux, fruits en entrée, plats épicés à la fin, en « boute-hors » ; entre chacun, des « entremets », pauses où l'on sert à boire ou à grignoter des biscuits et des flans. La notion d'un

« menu » constitué avec plats ordonnés n'apparaîtra que fort tard ; elle passe pour être d'origine slave.

Un tel repas dure plusieurs heures ; il peut se renouveler sur deux ou trois jours. C'est ce qui explique l'extraordinaire volume de victuailles englouties qu'énumèrent les comptes de bouche. Un exemple parmi cent autres, à la fin des temps médiévaux naturellement, faute de chiffres auparavant : trente convives en trois jours ont absorbé 4 veaux, 40 porcs, 80 poulets, 10 chevreaux, 25 fromages, 210 mets farineux en tartes ou biscuits, 1 800 « oublies » qui sont des confiseries, et bu 450 litres de vin, sans préjudice du pain et de l'eau. Comment ne pas supposer qu'une part non négligeable de ces bâfrées partait en réalité vers les cuisines ou à l'office ?

De pareilles énormités ont ancré dans l'esprit populaire l'idée d'une cuisine « moyenâgeuse » absurde et vaguement répugnante. D'un côté du chou sans lard, de l'autre des plats gigantesques dégoulinant de graisse, plus ou moins avariés et préparés par des ignares. On voit plus clair aujourd'hui. C'est au cours du millénaire médiéval que s'est lentement formé le goût culinaire occidental, du moins celui qui prévaut encore, vaille que vaille, en face de l'invasion d'usages plus brutaux, largement exotiques, toujours artificiels et que véhiculent les modes. Sans doute ce goût a-t-il pu prendre ici et là un aspect « régional », et l'on tient fermement en France à l'idée de la cuisine « locale » ; en réalité, il s'agit de traditions récentes, fortement soumises aux contingences immédiates du lieu. Le noyau du goût – le pain, la viande rouge et le vin – est, en revanche, bien en place ; la cuisson légère, le souci des mélanges également. Peut-être appréciait-on davantage l'aigre-doux, la juxtaposition des contrastes : chevreau à l'orange, merlan à la bière. Mais la différence principale pourrait résider dans le goût des épices, que l'on trouve mêlées à tout : non pas qu'il faille, comme on le répète sans cesse, dissimuler ainsi des mets à la fraîcheur douteuse, mais parce que les épices ont une valeur symbolique, celle de l'inattendu, de l'étrange. C'est pourquoi la moutarde et les poivres sont jugés trop vulgaires, car beaucoup moins coûteux que le girofle, la cannelle, la muscade ou la cardamome, reflets d'un Orient mythique. Mais 80 % des recettes médiévales comportent bien l'adjonction d'épices ; c'est à leur variété qu'on estime le « niveau social » d'une table. Sel et poivre chez le simple ; cannelle et « graine de paradis » chez le riche.

Le corps qu'il faut orner

Le chevalier arrosé de parfums, des huiles aromatiques pour l'essentiel, et qui rencontre un « vilain » le trouve, dit le romancier, tout noir, hirsute, sale et puant. Mépris de classe évidemment, mais erreur historique : car on ne se lave pas mieux au château qu'à la chaumière ou dans l'atelier. En outre, là comme ici, certainement autant sinon plus qu'au « Grand Siècle » ou à la « Belle Époque ». Des soins du corps, la mémoire collective a surtout retenu, iconographie à l'appui, les étuves publiques devenues lieux de plaisir clandestin. Cette évolution paraît bien avoir eu lieu, aux XIVe et XVe siècles en tout cas où l'on nous en parle abondamment. C'est d'ailleurs oublier qu'il y avait là un reflet, terni il est vrai, des thermes antiques, lieux de bain, de sport, de distraction et de luxure. Cette « institution » du monde romain était urbaine par excellence, au point que là où Rome voulait imposer sa marque, fût-ce en rase campagne, elle y ouvrait des thermes. Aux temps médiévaux aussi les bains seront chose de la ville, et se prévaudront volontiers d'une origine lointaine. Mais les bâtiments qui abritaient les étuves étaient beaucoup plus modestes que les thermes : autant qu'on le sache, dans une ou plusieurs salles voisines, des cuveaux de bois, emplis par un système hydraulique d'adduction qu'on branchait sur une fontaine ou un cours d'eau proche ; on y accédait par un marchepied pour s'immerger jusqu'à mi-corps. La contenance était d'une douzaine de baigneurs, entièrement nus et sexes mêlés, ce qui est naturellement à l'origine de la fâcheuse réputation des étuves ; d'ailleurs, certaines miniatures montrent, à l'arrière-plan de la salle des bains, de nombreux lits qui ne sont pas que de repos. Les « clients » ont la tête couverte, ce qui surprend, mais permet – au moins pour les femmes – d'écarter l'hypothèse de simples maisons « de passe », les « professionnelles » portant en général les cheveux dénoués. À l'entrée, on loue une serviette de toile et un pain de savon, formé d'un mélange d'huiles, de suif et de cendre. L'entretien de la chaleur sous les cuves est assuré, comme dans l'Antiquité, par des briques réfractaires : un « fontanier » y veille, et un personnel de surveillance va et vient pour éviter les vols parmi les effets dont se sont dépouillés les baigneurs. Quant au pouvoir municipal, en Italie ou en France du Sud, royal aussi plus au nord, il s'efforce d'organiser à peu près honnêtement ce « service public », assez rémunérateur semble-t-il.

Mais tout le monde ne possède pas les deniers nécessaires à l'usage des étuves, et il n'y en a pas à la campagne. Cependant, récits et images ne nous manquent pas : jeune quêteur du Graal baigné par des pucelles, dame qu'étrille une servante dans une cuve, vilain qui s'ébroue dans une fontaine. Chez soi, et selon le niveau d'aisance, on dispose d'un local spécial au château, d'un coin de cuisine en maison bourgeoise, d'un simple baquet, voire d'un seau, à la chaumière. Au XIVe siècle, on aura même mention de lavabo empli au broc, avec écoulement par une bonde mobile. L'eau est apportée du dehors, du puits ou de la fontaine, à moins qu'un porteur d'eau n'aille dans les rues comme en Italie. L'usage est de se laver les pieds au coucher, le visage au lever, les mains avant de passer à table, les dents, à l'occasion, avec de la poudre de seiche. Mais, à la campagne, un bain complet ne peut être qu'un élément d'une fête familiale.

Le silence de nos sources est complet, même les plus gaillards des fabliaux, lorsqu'il faut aborder l'évacuation des excréments et de l'urine humaine. Ces actes, évidemment vitaux et constants, sont couverts par une chape épaisse : pudeur ? dédain ? humiliation devant ces exigences impérieuses ? Les chroniques restent muettes : ces rois, ces seigneurs, ces évêques, ces chevaliers n'ont jamais de besoins naturels à satisfaire, que ce soit au milieu d'une bataille ou d'un sermon. Pourtant, nous dit-on,

Guillaume le Bâtard, fuyant devant ses barons révoltés, faillit être pris parce qu'il lui avait fallu, un court moment, mettre pied à terre. Bien plus tard, que serait-il arrivé si Henri III n'avait pas été sur sa chaise percée lorsque son assassin le surprit, ou Napoléon dévoré de coliques à Waterloo ? Nous en savons beaucoup plus sur la corvée d'épandage des litières souillées des étables que sur le sort des déjections humaines, essentielles cependant pour engraisser le jardin proche. Nous ne savons donc à peu près rien. À la campagne, sans doute, la nature offrait son espace, ses bosquets, ses ruisseaux, et des seaux pouvaient faire l'affaire. En ville, c'est l'iconographie ou l'archéologie qui nous renseignent. On y trouve des latrines publiques aménagées sur les rivières ou dans les fossés, avec des planches percées posées sur des rondins. Dans les demeures privées, ce sont parfois des édicules dans la cour ; on a même la représentation d'un pictogramme sur l'un d'eux : un pot de chambre. Ou bien c'est un conduit s'ouvrant sur l'extérieur en encorbellement : tant pis pour les passants ! Le cas le plus perfectionné, mais au XVe siècle, est celui de la « chambre de retrait », avec siège, écoulement assuré par une tuyauterie de terre cuite jusqu'à une fosse ou un égout, et un « éventoir » permettant l'aération de cette « aisance ». Quant aux soins de toilette après usage ? Pas de papier avant le XVe siècle ; le coton est trop cher ; un linge ne fera pas l'affaire. Alors ? Des feuilles ? ou, plutôt, rien du tout.

Reste le problème du vêtement. « Reste » n'est pas un bon mot, car, autant qu'aujourd'hui, le vêtement vient immédiatement après la nourriture dans les préoccupations quotidiennes des hommes. Naturellement, son rôle de « marqueur social » est plus net en ville ou au château qu'à la campagne ; mais, même là, les broderies, ceintures ornées ou fichus précieux, serrés dans le coffre, seront exhibés avec orgueil au moment des fêtes. Chez tous, c'est bien « l'habit qui fait le moine » et non l'inverse. On oppose souvent, image romantique, l'Antiquité blanche et nue au Moyen Âge bardé de cuir et de fer. Là ne réside pourtant pas la différence essentielle : c'est une question de climat tout au plus. Mais il se produit des changements bien plus nets, radicaux même, dans la conception du vêtement. Comme à l'habitude, me voici à nouveau confronté aux idées reçues : non ! le Romain n'était pas ce magistrat drapé dans une toge immaculée et chaussé de belles sandales ouvertes, mais un paysan à jupe courte et blouson, comme le montrent les mosaïques champêtres. Dans les temps ultérieurs s'introduisirent (mais quand ? comment ?) des procédés d'ajustement ou des pièces de costume dans l'ensemble inconnus de l'Antiquité (de l'Antiquité méditerranéenne, car on peut leur trouver des origines plus septentrionales, celtiques, germaniques, parfois même asiatiques) : la boutonnière supplante peu à peu la boucle ou l'agrafe ; le lacet fin remplace la lanière ; la coiffe se généralise chez les hommes, sans parler des gants ou du mouchoir venus des pays froids. C'est le costume masculin qui est le mieux connu, parce que largement représenté ; c'est lui qui offre les nouveautés les plus nettes : le port du pantalon à jambes en place de jupette, ou la culotte bouffante des cavaliers orientaux. Ce sera la règle chez le travailleur des champs comme chez l'artisan ou, naturellement, chez le guerrier. Seuls les clercs et les hommes de pouvoir continueront à porter la robe.

Nous savons trop peu de chose sur les sous-vêtements de l'Antiquité pour estimer si les temps médiévaux ont ou non innové. Les « petits draps », comme disent les fabliaux et les lettres de rémission, sont des culottes très courtes et des chemises plus longues, en toile de lin ou de chanvre, et, pour les premières, lacées à la ceinture. Les femmes couvraient le haut du torse d'une guimpe montant jusqu'au cou et fermée avec des aiguilles ; mais nous ne savons rien avant le XVe siècle sur le port de soutien-gorge ou d'un corset de poitrine. Les vêtements extérieurs nous sont évidemment plus accessibles : chemise longue à manches courtes, le bliaud ; chausses en tissu plus épais couvrant le ventre, les cuisses et parfois les genoux, sous lesquels on les fixait ; bas de chausse jusqu'aux pieds, attachés par des jarretelles au-dessus du genou ; sur l'ensemble, veste plus ou moins courte chez l'homme, on dit une jacque, et chez la femme un surcot ou une gonnelle, une robe en laine, toujours longue chez la femme. Le vocabulaire est très riche, et il nous voile sans doute bien des particularités régionales, mais, une fois admises les coutumes locales, les nécessités professionnelles ou les contraintes climatiques, l'homogénéité de ces vêtements est évidente : pas d'habit du dehors et un autre d'intérieur ; on porte le même costume du matin au soir ; pas de vêtement spécifique de nuit, une chemise sans doute et un bonnet sûrement ; et, à la saison froide, on entasse tout sur soi.

Naturellement, je ne parle ici que du vulgaire. On admettra aisément l'importance des distinctions de qualité : le choix des étoffes, soie au besoin, lin pour le moins ; l'usage de la teinture sur tout ou partie du justaucorps ou des chausses, l'écarlate ou le vert aux dépens du « bleu horizon » que fournissait la guède ou le pastel commun ; les parements de fourrure, lapin, écureuil ou vair, hermine plus rare encore ; la recherche de la silhouette avec chausses moulantes ou pourpoint ajusté des hommes de cour du XIVe siècle ; l'exhibition de bijoux, or, pierreries, montées en boucles d'oreilles, colliers, boutons de manche ou fermoirs. Ce sont là, certes, les parures des riches bourgeois ou des nobles seigneurs, et cela ne se trouve pas chez les humbles, sauf dans trois domaines qui ont joui pendant presque tous les siècles médiévaux d'un intérêt qui nous surprend.

Tout d'abord, les vêtements médiévaux n'ont pas de poches, pas plus que ceux des dames aujourd'hui : où mettre le mouchoir, les gants, la monnaie, les clés, le couteau ? À la ceinture. Cette pièce de costume est la seule que le paysan placera au coffre pour ne la porter qu'à l'occasion d'une fête ou d'une visite. Large lanière de cuir, cloutée, ornée de boucles précieuses, on y pend la bourse, le trousseau, le coutelas et, si l'emploi l'exige, le bâton à compter ou le calame ; car, si « la ceinture dorée ne vaut pas bonne renommée », elle y concourt largement.

Le deuxième domaine est plus étonnant encore : les chaussures. Cette fois, le phénomène est inverse : à la fin du Moyen Âge, on trouvera certes de coûteuses extravagances, comme ces « poulaines » de daim dont le bout exagérément pointu était relevé par une chaînette précieuse fixée à la cheville, ou encore, au début de ces temps, les somptueuses pantoufles décorées des princes ou des dignitaires d'Église. Mais, ces exceptions écartées, qui raviraient nos élégants, la chaussure apparaît comme des plus communes : l'archéologie en a relevé des traces en quantité surprenante. Le plus souvent, en effet, il s'agit seulement d'une simple semelle de cuir brut, ou même en bois comme un sabot ; l'une et l'autre s'usent assez vite. On coud ou fixe dessus un bas de toile, éventuellement de cuir souple, serré par des lacets ou des cordelettes qui montent jusqu'à la cheville, comme des sortes de bottillons. Le riche y portera des broderies ; mais l'extrême précarité de ces chaussures explique que l'on en change presque tous les trimestres, et que la profession de savetier soit l'une des plus actives, l'une des plus prospères aussi : en 1296, elle compte 130 ateliers à Paris, et le « métier » est quasi le premier à avoir reçu ses statuts, dès 1100. En revanche, les sabotiers ou les fabricants de « tatons », sortes de patins d'intérieur, sont peu considérés : ils n'ont que les rustiques pour clients.

Le troisième domaine est encore si proche de nos habitudes qu'il mérite un arrêt : chevelure et coiffure. En ce qui concerne le sexe mâle, cheveux, barbe et moustache suivent des modes qu'on peut aisément noter au travers de l'iconographie, comme on a pu le faire pour les temps antiques. Mais si la mode n'a pas d'explication raisonnable, il va de soi que les contingences professionnelles ou le souci de se démarquer d'autrui peuvent entraîner une pratique particulière : si le laïc porte la barbe, le clerc se rasera ; s'il est glabre, le moine arborera toute sa pilosité ; s'il porte un casque ouvert, comme jusqu'au milieu du XIIe siècle, le guerrier coupera ses cheveux ras, mais gardera sa barbe ; s'il doit se couvrir d'un heaume fermé, il rasera tout ; pour se garder des souillures d'un bain colorant, le teinturier coupera sa barbe ; mais pour affecter une dignité qu'il escompte de ses affaires, un marchand la portera. Pour la femme, la situation est beaucoup plus complexe, et n'est pas sans retentir dans nos modernes soucis. Dans la généralité des cas, la chevelure féminine est plus abondante que celle de l'homme : nattes et tresses, au besoin variétés de chignons – on dit des truffeaux –, permettent de regrouper l'ensemble, ne serait-ce que pour la commodité de l'activité journalière. D'ailleurs, la quantité de peignes en bois, en os ou en ivoire retrouvés dans les fouilles montre assez l'intérêt porté à la chevelure : la diversité des écarts entre les dents du peigne, le soin de son décor, la finesse du travail qui a présidé à sa confection témoignent, même dans un milieu social modeste, de l'importance de cet instrument de parure ; seuls les miroirs rivalisent avec lui en nombre et en qualité dans les restes d'habitat. Certes, l'homme peut en user pour sa chevelure ou sa barbe, mais on voit surtout dans ces objets l'intérêt porté par les femmes à leur apparence extérieure. Pourrions-nous nous satisfaire de ce constat : coquetterie ou souci de paraître, traits bien connus du caractère prêté aux femmes ? Ce serait trop simple. La chevelure féminine est l'emblème même de la sexualité ; dénouée, elle est un appel érotique, celui d'Ève, de Madeleine, des « filles communes » dans la rue. Passe qu'on l'exhibe chez soi ; mais, hors du privé, il faut la cacher, car elle est comme chargée du secret et du sacré de la maison, qui ne concernent pas les autres : une coiffe enveloppante, un fichu serré la tiendront à l'abri du regard concupiscent des hommes et de la curiosité obscène des étrangers. Il n'y a là nul « signe religieux », nulle marque de la « tyrannie masculine », mais uniquement une barrière entre le dedans et le dehors. Au début même du XXe siècle, dire d'une femme qu'elle est « une femme en cheveux », parce qu'elle n'a ni fichu, ni chapeau, ni « voile », c'était l'estimer de petite renommée, voire infréquentable. Un abîme sépare donc nos vieux usages, qui sont encore ceux de certaines cultures, et l'extravagant déballage des chevelures féminines, agitées avec frénésie sous nos yeux par une publicité qui ne sait même plus qu'elle est « vicieuse »...

Si la mode commande à la pilosité de l'homme, elle touche inégalement le couvre-chef. On y rencontre, en effet, des contraintes naturelles, celles du climat, des précautions de sécurité, par exemple se garder d'un coup, des marques de respect envers un maître ou envers Dieu. De l'Antiquité la plus haute jusqu'à nous, l'historien du « chapeau » ne relève rien que de fort banal : bonnet de laine pour les froids ou la nuit, rembourré au pourtour ou en passe-montagne à oreillettes pour la chasse ou le travail en forêt ; chapeau de paille, conique ou en « canotier », pour les chaleurs de l'été ; calotte du clerc ou du juif en prière ; chapeau de feutre à visière ou à pendants pour le marchand, l'échevin, l'officier. Tous ces cas, dans tous ces siècles, relèvent d'usages et de commodités dont la signification n'importe guère. Mais on retiendra que les extravagantes coiffures, notamment féminines, des XIVe et XVe siècles, que ne manquent pas d'arborer les figurants payés des défilés « moyenâgeux », n'ont pas plus d'intérêt pour l'histoire du commun de l'époque, celui qui m'intéresse, que n'en ont pour le monde de Zola les prodigieuses constructions de feutre, de voiles et de fleurs portées par les dames de la cour ou de la haute bourgeoisie de Louis XIV à la Belle Époque.

Voilà certes bien du temps passé auprès de ce corps périssable que ne couvrira finalement, à son terme de vie, qu'un mince linceul, quand ce n'est pas rien du tout. Mais, je l'ai dit en débutant, l'étude du vêtement, même le plus modeste, occupe une place éminente dans l'économie d'un ménage. Un exemple pour finir : l'habillement d'un homme du commun, à la fin du XIVe siècle, coûterait 18 sous pour son linge de corps, 12 pour ses chausses ou ses braies, 16 pour sa cape et son bonnet, 4 pour ses chaussures et ses gants, et 12 en plus s'il porte une pelisse fourrée, au total environ 3 livres, le prix d'un cheval de labour ou d'un hectare de terre, alors que le salaire journalier d'un manœuvre au même moment atteindra au plus 6 deniers, soit 200 fois moins. Une petite fortune pour s'habiller correctement ; pas beaucoup moins pour se nourrir avec profit. La vie d'un couple est coûteuse. Qu'en est-il des sentiments qu'on y rencontre ?

La Nature est ainsi faite qu'il faut, sauf de surprenantes exceptions, toutes extérieures au règne des vertébrés, l'union de deux sexes pour perpétuer les espèces. Cette union n'implique en rien la prééminence de l'un sur l'autre, en quelque domaine que ce soit, sexuel, mental ou physique ; je laisserai à quelques arriérés le soin de discuter de cette évidence. Cette union peut être de simple occasion, par exemple sous l'effet d'une pulsion purement animale, ou bien être répétée et durable, ce qui déclenche des effets fondateurs d'une vie sociale en commun : couple au niveau le plus simple, ensemble familial, tribal, ou plus encore dès que se multiplient les groupements. C'est l'espèce humaine qui me préoccupe ici, mais on n'oubliera pas que de tels liens existent aussi hors de notre espèce – et les gens du Moyen Âge le savaient parfaitement : ils les avaient observés, conjugaux, à plus forte raison familiaux, chez beaucoup d'animaux qui vivaient près d'eux, tels les rats, les loups, nombre de félins ou de cervidés. Ce « trait de mœurs » les frappait même assez pour que, dans beaucoup de leurs descriptions ou de leurs récits animaliers, ils aient volontiers « sexualisé » leurs héros dans cette intention : il suffit d'évoquer le *Roman de Renart*, celui de *Fauvel* ou tant d'« ysopets », ces fables dont Ésope a fourni le parrainage. Toutefois, c'est de l'être humain que je m'occupe ici.

Les deux sexes face à face

Ce qui ne devrait être qu'une étude raisonnée des comportements du sexe féminin et du sexe masculin est un des plus importants chantiers de la réflexion humaine. Depuis que les sociétés en ont laissé des traces par écrit, par gestes ou par d'autres œuvres, disons depuis quelque 20000 ou 10000 ans, le problème des relations entre l'homme et la femme anime les esprits et conditionne les attitudes. En notre temps, où l'on s'efforce – ce qui est fort bon – de dénouer beaucoup des liens qui nous enserrent, on s'en préoccupe activement. Mais le chemin vers un point de vue d'équilibre est encore encombré d'idées toutes faites, d'*a priori*, de non-dits, de réactions instinctives, de complexes de supériorité ou d'infériorité furieusement opposés ; des préceptes méprisants couvrent des lamentations excessives. Mais l'opinion générale convient encore aujourd'hui, tout en feignant de le déplorer, qu'il y a un sexe dominant, le mâle, celui qui sème le grain, et un autre soumis, le femelle, qui porte et fait éclore le fruit. Et même, au-delà de cette dimension sexuelle, le premier est « fort », car il tient en main les rênes de la société ; le second est donc « faible », voire « imbécile », ce qui veut dire sans appui, bien que sa résistance physique et sa longévité soient très supérieures à celles du sexe si abusivement qualifié de « fort ».

Qu'en était-il aux siècles médiévaux ? Si je mets de côté tout ce que l'archéologie nous révèle sur la supériorité de la femme, sur l'espèce de matriarcat occulte que ce sexe a exercé dans et parfois hors la maison, et si je m'en tiens à la surface, je me trouve devant un constat sans appel, me semble-t-il : le Moyen Âge est « mâle », comme disait Georges Duby. Du moins ne l'est-il que si l'on ne se fonde, comme le faisait cet historien, que sur nos sources écrites. Toutes, ou peu s'en faut, sont l'œuvre d'hommes d'Église, de clercs qui n'ont aucune raison de connaître quoi que ce soit sur le corps, la tête ou l'âme de la femme : ils l'ignorent superbement. Et les femmes n'écrivent pas. Il y a bien, ici ou là, quelque bas-bleu savant comme Hildegarde de Bingen au XIe siècle ; des amantes, dont on ne sait d'ailleurs même pas si leurs œuvres sont réellement d'elles, comme Héloïse ou Marie de France aux XIIe et XIIIe ; des dames de cour, vindicatives et larmoyantes, comme Christine de Pisan au XIVe ; sans compter quelques reines ou comtesses à la poigne de fer qui agissent à défaut d'écrire. Mais c'est un infime contingent, que ne renforceront même pas les propos prêtés par un clerc à une dame de roman courtois ou de chanson d'oc, ou bien à telle matrone d'un fabliau. Il reste bien les réponses de Jeanne d'Arc à ses juges ; mais qu'avait à dire la Pucelle sur les hommes ?

Les jugements sont donc des jugements d'hommes sans femmes, et le monde chrétien n'entend qu'eux, de l'encyclique romaine truffée de droit antique au prêche de curé devant ses fidèles, artisans ou villageois. La sentence est cruelle : la femme est la « porte du Diable », l'« ennemie » responsable de la Chute, le symbole de l'impureté dont témoigne le sang souillé qui coule irrépressiblement d'elle, la louve cruelle dévoreuse d'hommes, la truie insatiable et luxurieuse. Elle doit d'autant plus être haïe qu'elle tente d'être aimée. Et puis, Aristote l'a dit, la femme n'a pas d'esprit ; elle ne comprend pas ce qu'elle fait : il faut donc la châtier, la battre, conseille saint Jérôme – « raisonnablement », corrige Beaumanoir. En outre, mais cela devient profane, elle est bavarde, médisante, capricieuse et dépensière. Donc silence dans le rang, et obéissance au maître, dont seules se voient les qualités.

Toutefois, leur carquois de misogynie épuisé, certains s'interrogent. Dieu a voulu cette créature, tirée de l'homme. S'agit-il d'une rectification à une Création, pourtant réputée parfaite et accomplie au départ ? Ou bien d'une épreuve à laquelle soumettre le mâle, être favorisé en tout état de cause ? La question verse dans l'obscurité quand on y introduit le personnage de Marie, épouse et mère de Dieu. Elle est vierge, certes, et cette vertu reste, aux yeux des clercs, l'idéal de la vie féminine, malgré le « Croissez et multipliez » de l'Écriture, pour le moins contradictoire. Il n'y a donc pas que ce volet sexuel dans la vénération que les fidèles ont portée à Marie dès le haut Moyen Âge, et qui s'est largement accrue après le XIIe siècle. Marie est la Mère, protectrice d'une humanité dans le désarroi ; elle parle pour les hommes auprès de la Divinité, comme elle l'a fait à Cana et ailleurs. Mais, d'autre part, Jésus ne parlait-il pas volontiers aux femmes, aux deux Marie, celle de Magdala et celle de Béthanie, souvent confondues au Moyen Âge ? C'est à elles qu'il s'est d'abord montré lors de la Résurrection, elles qui avaient pansé ses plaies, elles qui l'avaient assisté devant la croix, elles auxquelles il pardonnera plus aisément qu'aux hommes. Et s'il n'y a pas eu d'apôtres femmes, c'est que le monde juif d'alors, pourtant moins misogyne que bien d'autres, ne l'aurait pas compris. Fatale erreur de l'Église naissante, et dont saint Paul a fait la règle. D'ailleurs, l'hagiographie médiévale que l'on se récite de village en village fourmille de martyres et de saintes chrétiennes, de mères dignes d'exemple. Alors, comment pourra-t-on concilier Ève et Marie ?

Mais ce que pense le vulgaire nous échappe grandement ; chez l'homme au moins, on perçoit une attitude que les anthropologues ont bien discernée. En ces temps, comme en tous peut-être, les sentiments du mâle sont doubles, mais non contradictoires. Le premier est la crainte de la femme, qu'il déguise sous l'habit du mépris et du soupçon. Comme il ne comprend rien au mécanisme de la pulsion sexuelle chez la femelle, il ne voit chez elle que la force dévorante du désir : il dénonce alors les ruses et les simulacres auxquels elle recourt pour l'assouvir ; et comme il a le sentiment de ne pas pouvoir pleinement y répondre, il développe sans se l'avouer ce qu'un psychiatre appellerait un « complexe de castration ». D'autre part, dans l'étalage de l'autorité masculine hors de la maison réside le sentiment qu'à l'intérieur, au contraire, le pouvoir féminin à dimension sexuelle l'emporte et qu'il faut donc l'y contenir. Claquemurer son épouse, comme le demande le *Ménagier de Paris*, lui interdire de se montrer dans tous ses avantages n'est pas seulement une forme de garde de l'honneur familial, c'est aussi une précaution sexuelle. Autant l'adultère masculin sera pardonné parce qu'il se déroule hors du foyer, autant celui de la femme sera puni parce qu'il a lieu, en général, dans la chambre du mari. Quant à l'avidité sexuelle de la femme, ce n'est qu'une tentation ourdie par le Malin, et d'autant plus redoutable qu'elle se couvre des apparences de la beauté, du plaisir, et que l'homme se sait tout à fait désarmé contre elle. Mieux vaut donc rayer Adam de la mémoire humaine : déplorable et bien frappant début du règne des mâles. Avant le XVe siècle, d'ailleurs, on n'en parle pas !

Le deuxième domaine de perception dépasse les bornes de la sexualité. L'homme se livre à des violences physiques, auxquelles du reste la femme répond par des violences morales, plus subtiles, plus douloureuses aussi, et dont les fabulistes se repaissent. Aujourd'hui encore, ce sont les premières que l'on voit et que l'on déplore ; au Moyen Âge, on les excuse, ou même on les encourage sous la plume des hommes du droit : elles sont « légitimes ». Cependant, ces violences ne sont pas des formes primaires d'un « machisme » obtus. Elles sont l'expression de la colère, de la déception. Car l'homme ne fait pas que craindre la femme ; en réalité, il ne la comprend pas et s'en impatiente. Aristote déjà s'inquiétait des multiples facettes de l'esprit féminin ; les prédicateurs médiévaux, notamment les plus « ouverts », comme Thomas d'Aquin, cherchaient à « catégoriser » les femmes. On usait de la vieille théorie des humeurs, celle d'Hippocrate et de Galien : les femmes étaient mélancoliques, sanguines, colériques ou flegmatiques – comme les hommes, certes, mais chez elles le comportement psychique ou les réactions mentales dépendaient plus étroitement encore de ces « signes » qu'on croyait d'ailleurs lire dans les astres : femmes d'automne, de printemps, d'été ou d'hiver, ce qui entraînait des attitudes diverses pour les approcher. Et, cette fois, croyaient les simples comme les doctes, le lien étroit avec la Nature – le mot désignait du reste tout l'être féminin, sa conduite comme son sexe – expliquait (mais n'excusait pas) d'étranges comportements : on notait, avec un étonnement craintif, les liens entre les femmes et les morts, leur aptitude à retenir ou à percer l'incompréhensible, leur goût pour l'«illogisme » ou le « déraisonnable », tout ce qui donc n'était pas « humain », dans tous les sens du mot. Sans aller jusqu'à des conclusions savantes, l'homme du commun s'en tenait à l'extérieur : le goût du paraître, le culte du corps, l'appétit des richesses matérielles et, pour finir, mais ce n'était pas le moindre, la subtile autorité exercée sur les enfants ou sur les biens.

Nous ignorons malheureusement ce que le deuxième sexe pensait de l'autre, puisqu'il était muet. Mais nous n'avons guère de peine à le déceler au travers du réquisitoire qui précède : elles pensaient le contraire, et agissaient en conséquence. Les « contre-pouvoirs » féminins se distinguent fort bien, et j'en ai déjà parlé : autour du feu ou sur l'oreiller, au « parlement des femmes » que sont fontaine, lavoir, moulin, au cimetière que craignent les hommes et dont ceux-ci s'écartent, et dans les dévotions ou les pèlerinages qui leur sont propres. Au culte ou du moins à la vénération un peu sulfureuse de la Madeleine, la pécheresse repentie, la « contremarque » de la Vierge, les femmes ont largement porté leur zèle. L'homme espère en la Mère, en l'Épouse, en la Vierge consacrée ou non ; la femme a trouvé en Marie-Madeleine une patronne consolatrice.

Les affaires du sexe

La Bible est formelle : homme et femme, et au singulier, ne feront qu'une seule chair. Que ce soit là, comme le voudrait le bon sens, ou pour quelque plus haut motif, la raison de la Chute, cette malheureuse affaire est liée à l'acte de chair. Celui-ci est fondé sur la monogamie, le premier couple, et sur la procréation qui en proviendra. Ce n'est pas du tout la vision gréco-romaine, mais très majoritairement celle du monde juif. Et saint Paul, bien au-delà de ce qu'on pouvait lire ou qu'on lira dans les Évangiles, en a fait la règle pour les chrétiens. L'idéal serait même la virginité ; toutefois, comme ce serait aller contre la volonté du Créateur, l'acte sexuel est donc inévitable, mais il ne saurait être admis qu'en vue de cette procréation attendue par Dieu. Symbole de l'union entre Dieu et son Église, l'acte donne le premier rôle à l'homme : c'est lui qui choisira le moment et le limitera aux temps opportuns, cela exclusivement en vue de procréer. Foulant aux pieds les traditions ou les habitudes du monde antique « païen », les Pères de l'Église, tous des hommes sans femme, ont renchéri sur l'« apôtre » et fondé le dogme. La difficulté a été vite comprise que la créature éprouvait, l'homme du moins, un évident plaisir à cet acte, dès lors devenu délictueux ; sans compter les solides pratiques polygamiques héritées des autres cultures. Dès l'époque carolingienne, les docteurs de la foi se sont contorsionnés pour se tirer de ce piège : au XIe siècle, Burckard de Worms ouvre la porte à la notion d'étreintes qui resteraient licites si elles se produisaient alors que la femme n'est pas en état de concevoir, à condition bien sûr que l'homme l'ignore ; Albert le Grand conseille de pratiquer des purifications avant (!) et après le coït, ce qui est une sorte d'absolution par avance. Plus lucide, Thomas d'Aquin, au milieu du XIIIe siècle, recommande de ne goûter en ces exercices qu'une *delectatio moderata*. Ce n'est qu'au temps de Jean de Meung, cent ans plus tard, que le *Roman de la Rose* balaiera tous ces simulacres.

On notera évidemment que, du temps de Paul à la Pré-Renaissance, nul ne s'est soucié de la femme ; c'est un simple vase où sera versée la semence. Pourtant, ce rôle passif n'est pas aussi occulté qu'on pourrait le craindre. La protection de la femme, en tous ses états, vierge, femme enceinte, veuve, est très réelle ; les codes « barbares », du Ve au IXe siècle, comme le droit romain, multiplient les amendes sévères et les condamnations à l'encontre des mauvais traitements subis par les femmes. D'ailleurs, les doctes savent : Aristote déjà, puis les disciples de Galien, les médecins lisant Al-Rhazi ou Avicenne, Constantin l'Africain ou les manuels médicaux de Salerne, tous, avant la fin du XIIe siècle, ont quelque idée de la vie génitale féminine : leurs descriptions du clitoris, du vagin, des ovaires, des menstrues ne sont pas fausses, même s'ils n'en saisissent pas toujours les liens. Ils se trompent sur la signification des règles, qu'ils jugent être une expulsion des humeurs impures du corps féminin ; ils croient que la femme sécrète un sperme dont le mélange avec celui de l'homme est indispensable à la procréation. Mais ils ont bien noté la force du désir féminin, son renouvellement intarissable, ses moments les plus intenses, qui sont même l'expression de la luxure et d'un péril pour l'âme. Certes, ce sont là propos de clercs et, au village, on ne lit ni les pénitentiels irlandais du Xe siècle ni le traité médical de Guy de Chauliac du XIVe, mais on entend le curé et on sait regarder chez soi.

Ce que nous voyons, quant à nous, ce sont tout d'abord des manifestations érotiques assez différentes des nôtres. La nudité, quasi totale dans nos usages actuels, ne semble pas avoir le rôle d'excitant que nous lui donnons : l'Ève de Saint-Lazare d'Autun est nue, mais justement parce que c'est Ève. À peu près aucun autre exemple de fresque ou de sculpture n'illustre des scènes comme celles de Salomé ou le personnage de la Luxure ; les petits corps nus qui représentent les âmes des défunts sont asexués. S'ils le peuvent, à la maison, les époux se dévêtent séparément, et je les ai montrés nus, mais chapeau en tête, se baignant ensemble aux étuves. En revanche, les cheveux et les mains sont des emblèmes sexuels qui enchantent les poètes d'oc, ou la couleur du teint ou des lèvres. Les « mille jeux d'amour » de Jehan et Blonde ou de tous autres seront donc surtout des caresses sur le visage ou des baisers répétés qui feraient aujourd'hui sourire plus d'un adolescent.

Alors l'acte lui-même ? Au gré de l'homme, disent les clercs savants ; à la volonté de la femme, disent les poètes populaires. Mis à part le *coitus interruptus* – pratique contraceptive immanquable, mais condamnée évidemment par l'Église comme un sacrifice au plaisir avant le devoir –, l'acte doit être complet, c'est-à-dire que le consentement de la femme est conçu, orgasme compris, comme indispensable à une totale procréation ; sinon, Dieu veille. Comme les fabliaux parlent très librement et fort volontiers de ces ébats, il me serait aisé d'énumérer les échecs de l'homme, les déceptions de la femme, les erreurs de l'un, les ruses de l'autre ; mais rien en cela qui ne soit de tout temps. Quant à la position adoptée par les partenaires, l'Église ne tolère que la plus « naturelle » : femme sur le dos, homme couché dessus ; elle estime que c'est la seule qui permette une conception sans excès de plaisir. Telle n'était pas l'opinion des Anciens : Ovide déjà recommandait une dizaine d'attitudes, inversion des corps, chevauchements, positions latérales, et certains auteurs arabes allaient jusqu'à en détailler vingt-quatre. La littérature médiévale de provocation, telle celle des Goliards, mais aussi la littérature didactique comme l'*Évangile des quenouilles*, ou encore la musique, du moins ce qui nous en reste sous le nom de *Carmina burana*, toutes ces sources alimentent notre science et ont dû alimenter celle des hommes du temps, dès avant le XIIe siècle et plus encore vers le XVe, où se déclenche une libéralisation des mœurs et des langages. Les chroniqueurs eux-mêmes, qui sont en général des gens sérieux et des clercs lettrés, abondent en anecdotes sur la vie sexuelle de leurs héros. On apprend ainsi que Philippe Auguste perdait tous ses moyens face à son épouse danoise, mais que son petit-fils

Charles d'Anjou pouvait honorer la sienne jusqu'à cinq fois la nuit, au risque de son salut. Et il existe, dans les « Nouvelles » ou les « Devinettes » des XIVe et XVe siècles, un extraordinaire panel de termes érotiques ou scatologiques à faire rougir même un journaliste à scandales.

Assez curieusement, nous en savons autant sur les anomalies du comportement sexuel dans ses pratiques individuelles. La société gréco-romaine jugeait à la fois naturels parce que liés au plaisir du corps, et excusables parce que sans liens avec l'âme, des contacts ou des jouissances physiques particulières. C'est en établissant un lien contraignant entre l'acte sexuel et la procréation que la pensée chrétienne a rejeté dans l'immoral, l'anormal et l'antinaturel, donc dans le péché et la damnation, toutes les manifestations physiques hors de la norme canonique. Même les relations sexuelles entre époux, mais hors des temps de fécondation de la femme, seront assimilées à l'adultère. Ce carcan dogmatique n'avait aucune chance de contenir les pulsions naturelles, y compris dans un foyer chrétien convaincu et « normal ». Au-delà des ébats illicites mais admis, ou au-delà de fornications d'occasion et tarifées dont je reparlerai, nous constatons une extrême libéralité des mœurs. Ce qui nous renseigne, à cet égard, est l'énorme masse des documents qui s'indignent, menacent, condamnent, punissent, sans que nous connaissions l'efficacité de ces fureurs : tous les pénitentiels des Xe-XIIe siècles tarifant les errements, ou les pamphlets indignés, comme le *Liber Gomorranus* du dévot Pierre Damien vers 1050, brandissent l'excommunication ou les pénitences ; mais l'efficacité de ces condamnations laisse sceptique, car au même moment la jurisprudence ou les rassemblements juridiques comme le *Décret* de Gratien restent muets sur tous ces déportements.

C'est la masturbation qui vient en tête : le péché d'Onan est rangé au niveau de la simonie, car il s'agit, chez l'homme du moins, d'une déperdition de la semence dont Dieu a pourvu l'homme pour la perpétuation de son peuple, donc d'une sorte de dilapidation, presque d'une vente des biens de la communauté, comme Simon voulant acheter au Christ l'art de faire des miracles. Pourtant, c'est plutôt la femme dont le cas attire le plus la condamnation des pénitentiels, et selon l'âge, le rang, la condition ou l'occasion, en raison peut-être de l'important contingent de femmes sans homme, moniales ou jeunes veuves. La limite entre ce péché et l'homosexualité n'est pas très nette dans les textes médiévaux. Ces attitudes étaient globalement qualifiées de sodomitiques, « contre la nature », donc vouées à l'exécration ; mais on y englobait force pratiques : les coïts anaux entre partenaires pourtant de sexes différents, les actes de pédophilie entre adulte et enfant de même sexe, les contacts entre homme et animal, qualifiés de « bestialité », et bien sûr les comportements homosexuels à l'intérieur de chaque sexe. L'Antiquité avait laissé d'innombrables exemples de ces pratiques ; elle ne s'était montrée rigoureuse que dans les cas de pédophilie, assimilée à une lâche violence, ou de bestialité, estimée insultante pour les dieux. Naturellement, l'Église n'avait pu que poursuivre dans cette dernière voie. La bestialité, celle des pâtres isolés en montagne, était peu dénoncée parce que peu visible ; mais, lorsqu'elle était attestée, elle était punie du bûcher, le châtiment des hérétiques. La pédophilie ne se voit guère : c'est en général une affaire de famille qui ne concerne qu'elle ; si elle est découverte, ce sont des privations de biens ou des châtiments corporels qui la punissent, guère davantage. Quant à l'homosexualité, dont notre monde actuel se soucie fort, les structures sociales médiévales y étaient très favorables avec leurs groupements de jeunes célibataires, des deux sexes d'ailleurs, vivant en commun, au château, au couvent, parmi les « sociétés de jeunes » au village ou les « dévotions » en ville. Image exécrable des vices de Sodome et de Gomorrhe, on jugeait ces comportements comme compromettant le salut des coupables, non celui de la masse : c'est pourquoi les punitions qui châtiaient ces attitudes restaient personnelles, rarement publiques ; on y voyait peut-être des manifestations tout individuelles, aboutissement sublimé d'une amitié étendue au charnel. C'est notre temps qui est parti à la chasse de tous les cas, avérés ou possibles, dont pullulent nos sources : de Roland et Olivier aux « mignons » des XVe et XVIe siècles. Aux temps médiévaux, on a le sentiment que se porte sur ce domaine un regard serein.

Vivre à feu et à pot

Comme l'écrivait au XVIe siècle le juriste Loiseau, « dormir et manger ensemble, c'est mariage ce me semble ». Laissons de côté pour le moment le mariage et tout ce qu'il représente aux temps médiévaux, pour décrire la vie « à feu et à pot », comme disaient les notaires du XIVe siècle pour encadrer la vie du couple, le feu.

Pour beaucoup, historiens ou non, le couple est le seul cadre qui s'offre au regard. C'est le territoire de l'homme ; la loi, les coutumes le proclament : il a sur la femme qui vit à ses côtés tous les droits qui proviennent de sa *manus*, de son autorité conférée avec ou sans mariage par saint Paul ou Justinien, puis par tous les règlements postérieurs. J'ai dit qu'il pouvait la battre, qu'elle lui devait obéissance, au-delà de son amour pour ses propres enfants, qu'elle était d'ailleurs là pour lui donner une progéniture, pour l'aider dans son salut, pour répondre à ses exigences sexuelles. Les vertus que l'on attend de la femme seront la chasteté, faute de virginité, la constance dans les soins de la maison, le silence et la fidélité. Il est inutile qu'elle apprenne à lire ; cuisine et couture y suffiront. Sans cesse repeint jusqu'à nos jours, ce tableau est un faux, voire un grotesque. J'ai déjà souligné l'égalité des jeux sexuels, la réciprocité des violences ou des vexations, le poids identique des deux parents dans l'éducation de l'enfant et dans la révérence que ce dernier leur doit. Quant au rôle « ménager » de la femme, j'ai répété que le caractère humiliant et subalterne qu'on lui prête est une invention du XIXe siècle. J'ajouterai que la quasi-absence de femmes dans les listes de témoins est largement due à la nature de textes où on les chercherait vainement, car il s'agit le plus souvent d'affaires immobilières où elles n'ont pas d'action.

Si l'homme insiste aussi lourdement sur le contrôle qu'il prétend exercer sur sa femme, c'est largement parce qu'il redoute de la voir lui échapper. Non sans raison ! L'inégalité d'âge entre les époux, en cas de mariage de style commun, juxtapose au foyer une jouvencelle de seize ou dix-huit ans et un adulte de dix ou quinze ans plus âgé. La nature psychologique des liens matrimoniaux n'est donc pas celle de notre temps, où prédomine une égalité d'âge entre époux ou simples conjoints. Les effets coulent d'eux-mêmes : tendance du mari à être un père autant qu'un amant, relative brièveté de la durée de l'union, conviction de l'homme qu'il en sait davantage, et de la femme qu'on limite ses élans personnels. C'est cette situation de déséquilibre qui explique le caractère « pontifiant » des manuels de vie commune, des Conseils aux mariés et du *Ménagier de Paris*. L'autre effet pourrait être bien plus grave : plus jeune, peut-être délaissée par un mari occupé au-dehors, l'épouse cherche volontiers ailleurs les plaisirs qui lui manquent, et les prédicateurs de renchérir sur son inconstance et ses déportements. Incassable ressort des fabliaux, des romans même « chevaleresques », le « ménage à trois » est un trait qui n'a pas d'âge ; il mène au burlesque, disent les poètes, au drame, affirment les lettres de rémission. L'Église tempête, crie au déshonneur, à la fornication, mais l'opinion publique est assez indulgente à l'adultère, et les châtiments qu'elle imagine – comme de promener, sous les quolibets, les deux coupables nus, attachés à califourchon sur un âne – paraissent plutôt destinés à faire rire de leur sottise à s'être laissé prendre qu'à les punir de leur faute ; et les maris trompés sont toujours des personnages ridicules, ou même odieux.

Un des effets plus fâcheux du « modèle matrimonial » est de laisser sans activité sexuelle licite un important volant d'hommes n'ayant pas atteint l'âge normal du mariage, qui exige d'avoir un « état » : vingt-cinq, trente ans. L'Église, gardienne de la morale, a bien vu le danger. Sans trop y croire elle-même, elle prêche d'abord la chasteté ou la continence ; mais c'est beaucoup demander à de jeunes hommes. Or elle proteste contre l'onanisme, alors qu'elle sait bien que masturbation et fellations se pratiquent couramment, chez ses serviteurs entre autres. Et l'adultère, déjà répréhensible face au caractère sacré de l'union, est un élément de trouble dans l'ordre familial ; il faut le combattre, le condamner. Mais il y a pis : le viol, pratique masculine de toute antiquité qui cumule la violence à la personne et le trouble à l'ordre social. En ces temps médiévaux, comme dans le nôtre, nombre de ces attaques sexuelles ne sont pas dénoncées par les victimes ou leur famille ; le déshonneur serait trop grand. En sorte que nous ne pouvons pas bien mesurer l'ampleur du mal. Mais, par l'abondante réglementation qui tente de le freiner, nous en distinguons assez bien le territoire : c'est, très largement, un viol collectif, par assaut nocturne, touchant plutôt les femmes sans homme ou sans défense : jeunes filles, veuves, pauvresses. Parmi les avortements dénoncés figurent en quantité ceux qui éliminent les fruits de ces unions brutales. Et l'Église s'empêtre dans ses contradictions : viol condamnable, mais avortement plus encore. Elle se rencontre avec le droit des gens quand il faut chercher une issue. Nous considérons aujourd'hui le viol comme un « crime de sang » presque à l'égal d'un meurtre : atteinte par la violence à l'intégrité physique d'un être plus faible, ce qui explique la traditionnelle excuse du violeur, le présumé « consentement » de la victime. Cette attitude n'est pas celle du Moyen Âge : le dol n'est pas, ou pas seulement, physique ; il entraîne une atteinte à la propriété : la femme est partie essentielle du patrimoine familial que gèrent le père, le mari ou le frère. Blessure et déshonneur ? Oui, mais aussi vol par effraction, dira le droit civil. Le châtiment sera donc une punition corporelle d'abord, sans aller toutefois jusqu'à la castration qu'ont adoptée d'autres cultures pour éviter la récidive (le cas d'un Abélard reste une exception) ; mais aussi le versement d'une lourde compensation financière à la famille insultée, éventuellement assortie d'une sanction d'exil sous forme d'un long pèlerinage – de quoi ruiner plus d'un coupable, s'il ne parvient pas à s'y soustraire.

L'adultère ou les déportements sexuels sont répréhensibles ; le viol reste souvent caché, donc impuni. Que faire ? Une seule voie, mais pour les hommes seuls semble-t-il : l'amour physique surveillé et tarifé, la prostitution, comme régulateur social, absorbant en vue du maintien de l'ordre les pulsions irrépressibles d'une jeunesse ou même d'un âge mûr insatisfaits. Cette fois, procès, enquêtes, récits, images forment un bagage documentaire solide. Loin de poursuivre l'utopie déraisonnable d'empêcher la prostitution, comme en tous siècles y ont pensé des moralistes naïfs ou ignorants, l'Église médiévale y a vu la seule concession admissible à la tyrannie du sexe : elle la condamne, évidemment, mais en surveille étroitement le fonctionnement. C'est en accord avec les édiles municipaux qu'elle acceptera de prendre en charge, dans des maisons spécialisées dont elle est souvent propriétaire, les « filles communes » – qu'elle cherchera d'ailleurs à placer dans une communauté pieuse ou au service d'un prêtre lorsque, l'âge venu, elles ne pourront plus exercer leur activité. En principe, le revenu des « passes » va au corps municipal ; mais, pour éviter la formation progressive de groupes de « professionnels » mâles employant des filles à leur profit, l'Église ne refusera pas le don d'usagers, rachetant ainsi partiellement leur péché. En ville, ces « abbayes », « châteaux gaillards » « retraites d'aisance » ou « petits bordels » se rassemblent souvent autour des églises, sur les ponts, face aux palais. Ces filles « communes » sont, pour la plupart, des paysannes qui n'ont pas trouvé d'autre emploi dans la cité ; mais on a pu montrer, par exemple en Bourgogne au XVe siècle, qu'un pourcentage élevé de femmes établies exerçaient à l'occasion leurs talents en ces lieux, et j'ai évoqué plus haut le cas de ces étuves ouvertes à qui paie. En revanche, nous ne savons rien de ce qui se passe au village : quelques matrones, promues au rang de maquerelles, devaient probablement faire office de pourvoyeuses. Quant à la prostitution « sauvage », par racolage en plein air, elle paraît non moins évidente : ce que l'on sait des lieux de foire, des passages de mercenaires ou des cortèges de pseudo-pénitents dénonce ces cohortes de femmes sans voile, sans costume décent, ces *meretrices* s'offrant au tout-venant. Quand un saint homme, comme Robert d'Arbrissel au début du XIIe siècle, s'en entourait pour sauver leur âme et leur corps, l'Église établie avait quelque mal à n'y voir qu'une action pieuse.

Les chaînes du mariage

La situation de la femme en ces temps médiévaux a mauvaise presse ; et l'on aura remarqué que je m'efforce de lutter contre cet *a priori*. Naturellement, on se doute que, sur une aussi longue durée, bien des éléments ont pu évoluer. Au travers de nos sources écrites – car l'archéologie ne peut, ici, sérieusement dater, et l'iconographie est répétitive –, on peut noter des fluctuations réelles : de la fin des temps carolingiens, disons 900, jusque vers 1030 ou 1050, la présence féminine dans les problèmes économiques ou politiques paraît éminente ; en revanche, la phase 1050-1180/1200 est un affaissement, au moins moral, de cette position ; la reprise est frappante dans la seconde moitié du XIIIe siècle et culmine pendant cent cinquante ans, avant que s'amorce un déclin à l'entrée des « Temps modernes », XVe-XVIe siècle. Ces variations du pouvoir féminin tiennent, évidemment, à des causes multiples : volume respectif des sexes, resserrement ou relâchement du contrôle de l'Église, évolution ou déplacement des types d'activité dans l'économie de production, progrès ou recul de l'individualisme. Mais les causes mêmes de ces motivations ne sont pas très accessibles, et le recours à des origines extra-humaines m'échappe. En revanche, l'évolution du mariage chrétien, effet ou cause, est un bon terrain d'observation.

S'il me paraît évident que le sort matériel de la femme médiévale ne mérite en rien l'hypocrite affliction dont on la couvre, je dois reconnaître que son sort, au moins juridique, comme épouse est, sans discussion, médiocre et constitue le principal argument des tenants du « mâle Moyen Âge ». Nous assistons en notre temps à un progressif affaissement du lien indissoluble du mariage monogamique, qu'il soit ou non d'inspiration religieuse ; d'autres liens, plus souples, voire plus brefs, unissent les hommes et les femmes, et ce n'est pas le lieu d'en discuter. Dans tous les siècles médiévaux, ces concubinages étaient illicites, condamnables, contraires à la morale comme à la volonté divine, et assimilés à la fornication pure ou à la polygamie.

Reconnu comme cellule portante de la société médiévale, le mariage nourrit aujourd'hui une littérature historique surabondante, assez homogène dans ses conclusions et que je vais tenter de résumer. La virginité est un idéal réservé à une pincée d'individus, volontaires ou non, que l'on vénère mais qui n'ont rien à voir avec la vie courante. Qui n'est pas vierge doit faire partie d'un « ordre », que Dieu range tout de suite après celui des vierges : les mariés, les *conjugati*. En y entrant, ceux que l'on appelait toujours *puer* ou *puella*, garçon ou fille, et quel que soit leur âge, tel Guillaume le Maréchal à quarante ans, deviennent *vir* et *uxor* ; ils s'épanouissent dans le monde chrétien ; ils accomplissent une sorte de devoir d'état qu'il est normal de sacraliser. L'Église n'y manque pas, pour lui donner les couleurs d'un contrat irréfragable, perpétuel, conforme à ce qu'Adam et Ève avaient connu avant la Faute et après elle. Elle en a fait un septième sacrement, mais le dernier, et que d'ailleurs les futurs époux s'administrent eux-mêmes et réciproquement, sans qu'il y faille l'intervention d'un ministre de la Divinité. Le rompre serait une inacceptable rupture de foi, une « hérésie ». Toutefois, cette union ne peut que souscrire au souhait de Dieu : la prolifération des hommes ; elle implique donc une union charnelle, sans laquelle le mariage resté « blanc » n'a aucune raison humaine d'exister. Et comme cette union risque d'être source de plaisirs impurs, il faut veiller à l'encadrer de toutes les garanties de stabilité indispensables à sa durée. La première sera évidemment le consentement sincère des époux. Aujourd'hui, à quelques survivances mondaines près, c'est une évidence : l'attirance physique ou l'affinité mentale justifient la vie commune. Mais il s'en faut de beaucoup qu'il en ait été ainsi aux temps médiévaux. La fille, disent le droit canon puis le *Décret* de Gratien au XIIe siècle, peut être mariée dès qu'elle est censée être nubile, douze ou quatorze ans ; le garçon, à peine plus tard. Et quand même on attendrait seize ou dix-huit ans pour les futurs, comment peut-on croire à la profondeur ou à la sincérité de leur consentement ? Ils pourraient le refuser – et la chose arrive, source de scandale. Mais, aux filles surtout, on impose un acquiescement de principe. Cela n'implique d'ailleurs pas qu'un réel sentiment d'affection conjugale ne se développera pas dans ces unions forcées.

Si garçon et fille ne s'expriment que au plus tard, ce sont les membres de la famille, les pères surtout, qui décident. Ils le font en puisant dans un arsenal de motifs bien facile à sonder : caser le garçon hors du groupe parental et, si possible, en lui trouvant un parti avantageux, politique d'hypergamie destinée à consolider ou à créer des liens économiques ou politiques profitables ; caser la fille, fût-ce en dessous de sa condition, c'est alléger au plus vite la charge de son entretien, alors qu'elle n'est pas une force productive aux yeux du père, mais seulement une richesse à monnayer. C'est pourquoi il faut relever que si l'on souligne, comme le font les ethnologues, le « marché » ou même la « traite » des filles, il est juste de considérer que ceux des garçons sont de même eau. Naturellement, ces attitudes sont celles des grands de ce monde, les seules que nous connaissons bien ; je veux dire « trop », car, pour le commun, c'est-à-dire l'essentiel de la population, si l'intervention de la parenté ou même l'intérêt bien compris d'une bonne gestion des terres ou des boutiques existent bien, le principe d'une quasi-égalité des niveaux sociaux, l'homogamie, paraît la règle pour assurer la continuité de la gestion familiale.

Voici donc deux jeunes gens destinés l'un à l'autre, après une négociation entre pères, peut-être entre mères, ce qui devait la rendre plus âpre. Au besoin, on a consulté les « amis », voire l'«abbé de la jeunesse », sorte de caïd reconnu par les jeunes ; ou encore le père choisit parmi les jeunes filles à la porte desquelles, au « mai », les garçons ont déposé des fleurs ou des rameaux verts. Les *sponsalia* concrétisent l'accord ; on présente les fiancés l'un à l'autre et ils prononcent publiquement les *verba de futuro*, avant de choquer les verres. Coup de foudre ? Déception ? Comment savoir ? Un temps s'écoule, parfois plusieurs mois, occupés sans doute à examiner la valeur des engagements matériels, ou les obstacles éventuels, de parenté, de souillure ou de tromperie. Les *nuptiae* constituent ensuite l'essentiel, mêlant traditions romaines, exigences chrétiennes, pratiques germaniques. Il convient tout d'abord de donner toute la publicité possible au contrat établi entre les deux familles : afflux de parents et d'amis, exhibition des cadeaux, des trousseaux, appel à des musiciens, à des baladins, repas et fêtes – de quoi ruiner pour six mois un marchand de Gênes au XIVe siècle. En Italie, où les abus sont criants, les communes ont même dû fixer des limites somptuaires à la cérémonie. L'union est célébrée dans la maison de la fille ; chacun arbore ses plus beaux habits, comme le montre, exemple célèbre, le tableau de Van Eyck de 1435 peignant les époux Arnolfini. Les deux futurs époux portent coiffure, mais la mariée est vêtue de couleurs, le rouge surtout, mais jamais le blanc. Usage juif, on tend un voile, un poêle (*pallium*) au-dessus d'eux. Usage romain, c'est le père de la mariée qui prend la main de sa fille pour la mettre en celle de l'époux : il lui transmet ainsi la *manus*, l'autorité sur sa femme. Usage romain et germanique, les époux prononcent les *verba de presenti*, forme de l'engagement définitif qui vaut consentement : bien mince issue pour une rebelle qui refuse. Les époux se passent au doigt, symbole antique, l'anneau témoin de leur mutuel engagement, mais non forcément à l'annulaire gauche, dont les Anciens croyaient qu'il était relié directement au cœur par un vaisseau et un nerf. Deux témoins, ou davantage, sont présents, dont l'un peut être homme d'Église, un autre notaire qui donnera lecture des engagements des pères dans le domaine matériel. On se rend ensuite en cortège à l'église, pour recevoir les vœux et la bénédiction de l'Église ; mais ce rite « religieux » n'a rien de courant avant les XIVe et XVe siècles, où le clergé a fini par l'imposer. Jusqu'alors, ce dernier acte avait lieu hors de l'église sur le parvis, *ante valvas ecclesie* ou *in facie*. La messe d'action de grâces qui suit au besoin coûte cher, et l'on s'en tient plutôt à une bénédiction puisque ce sont les époux qui se sont donné le sacrement.

Comme aujourd'hui encore et, si la bourse le permet, avec un grand déploiement de faste, le cortège se rend sous les jets de grain, symbole de fécondité, à un banquet – et nous ne manquons pas, alors, de menus princiers ; mais c'est pure représentation, car la mariée, présente, ne mange pas. Elle doit attendre l'étape finale qui scelle réellement l'union : ce sont les femmes qui en sont seules chargées, les hommes restant loin de la chambre nuptiale à chanter ou crier des mélopées gaillardes, sinon obscènes. Le lit, qu'avait béni un prêtre, accueille immédiatement les époux ; ils sont dénudés par des femmes, présumées d'expérience ; l'homme doit se prêter au rite du « dénouement des aiguillettes », rubans que l'on passe puis dénoue autour de son sexe, et qui valent libération de sa virilité. Le chaudeau, tisane ou vin aromatique, réputé aphrodisiaque, est apporté aux époux, laissés seuls désormais. Mais l'usage a longtemps duré qu'une matrone se tienne la nuit à proximité pour annoncer à tous, du moins si on l'en avertit, que l'union charnelle a bien eu lieu. Quant à la ceinture de chasteté à défaire, ou au droit de cuissage autorisant le seigneur à dépuceler au préalable la fiancée, ce sont évidemment des inventions « romantiques », écho assourdi d'un paiement en deniers au maître des lieux à titre de formariage.

Et ses serrures

Je décris ici le mariage idéal, le mariage chrétien par excellence, mis en place du IXe au XIIe siècle : seigneurial ou vulgaire, il obéit à des règles, mais que l'on observera de moins en moins. Quant à l'encadrement juridique dont je n'ai rien dit, il colore, et parfois jusqu'au noir, les engagements physiques et moraux des époux.

Tout d'abord, on n'oubliera pas que la polygamie résiste avec ténacité aux coups répétés de l'Église. Cette pratique dont on a usé dans l'Antiquité, et dont on usa alors chez les Germains, les Scandinaves ou le monde islamique, n'est pas fondée, comme on le répète sans arrêt, sur une sexualité masculine, égoïste et débridée, ravalant la femme au niveau d'un objet de plaisir mâle. Dans une conjoncture démographique où sévit une forte mortalité venue de bien des horizons, c'est l'espérance d'une descendance multiple qui pousse à y recourir, et d'autant plus que l'homme est pourvu de biens et de pouvoir convoités. Peinte aux simples couleurs du concubinage, la polygamie a tenu bon même chez les princes qui se flattaient, tel Charlemagne, d'être de bons chrétiens. Sous une forme quasi officielle, elle a duré ainsi presque jusqu'à la fin du XIIe siècle, au moins dans l'aristocratie. Comme l'usage était bien établi dans le monde scandinave que chaque chef de guerre pouvait avoir plusieurs *frilla*, plusieurs épouses, le mariage *more danico*, à la manière danoise, donc sans aval de l'Église, permettait d'élever conjointement plusieurs progénitures : pas de bâtards ou d'héritiers illégitimes dans ce contexte, et tous les destins y sont possibles – l'exemple de Guillaume le Conquérant est le plus illustre. Mais l'usage n'est pas que normand ou saxon : Philippe Ier au XIe siècle, Philippe Auguste au XIIe ne parvinrent jamais à obtenir du pape que leurs maîtresses soient reconnues comme légitimes ; mais les enfants de ces « favorites », comme l'on dira plus tard, ne souffrirent pas de leur bâtardise.

L'Église eut un autre obstacle à jeter à bas : la consanguinité. Elle exige un mariage exogamique, c'est-à-dire sans lien de sang entre les époux. Cette position très rigoureuse ne paraît en rien provenir d'une crainte d'altération physiologique de la descendance, comme pourrait l'affirmer la biologie moderne. On a prêté à l'Église le sombre dessein d'empêcher par là, ou de stigmatiser, des unions qui aboutiraient à renforcer le pouvoir politique ou économique de l'aristocratie laïque, sa rivale, désormais contrainte au choix d'époux sans liens préalables. Il semble plus raisonnable d'admettre qu'elle a fait sien, et sincèrement, le tabou de l'inceste parent-enfant ou frère-sœur quasi propre à l'espèce humaine. Dès le haut Moyen Âge, elle en a étendu l'aire au septième degré de parenté, c'est-à-dire à tous les descendants d'un même trisaïeul. Le droit civil ou canon du XIe siècle en a repris les exigences ; ainsi, la forte concentration des lignages aristocratiques contraignait les guerriers à chercher épouses quasi hors des royaumes où ils résidaient, ou bien à affronter l'excommunication personnelle, l'interdit sur leurs terres, l'exil au besoin. De surcroît, l'inceste s'étendit aux parrains et marraines, aux veufs ou veuves prétendant se remarier. Ce carcan ne pouvait, en pratique, se maintenir ; on ne cessait de le transgresser, parfois en en payant le prix. En 1215, au IVe concile du Latran, on en ramena la barre du septième au quatrième degré : cousins issus de germains et en deçà. C'était encore trop rigoureux ; il fut possible de transgresser la règle soit en achetant – sans trop de peine – une dispense, soit en feignant l'ignorance ou en comptant sur un curé ignare quand on n'était pas membre de la haute société. Inversement d'ailleurs, l'inceste constituait une excellente excuse de répudiation, par exemple quand un couple n'avait pu procréer ou, chez les hommes de guerre, des filles seulement. Célèbre par son caractère scandaleux et ses dramatiques conséquences, la rupture du mariage entre Louis VII et son épouse Aliénor demanda au roi quinze ans de réflexion pour s'apercevoir d'une parenté et demander l'annulation. D'où la nécessité d'une enquête préalable à l'union et, en 1215, celle de la proclamation du ban, c'est-à-dire du droit au mariage quand la non-consanguinité avait été prouvée.

Le fléchissement inévitable de la doctrine dans les problèmes d'inceste entraîna un mouvement identique dans celui du remariage. Qu'une épouse répudiée sous couvert de stérilité, mais non sans qu'on ait engraissé l'Église à cette occasion, se voie interdire une nouvelle union pouvait se concevoir ; la répudiation, en principe interdite et d'ailleurs rare, témoignait d'une infirmité au moins affirmée et d'une souillure. Mais le cas des veuves était tout autre. Si le veuf convolait à nouveau apparemment sans peine, la veuve n'était pas, à la mort de l'époux, délivrée de la *manus* qu'il avait étendue sur elle, du chef de la famille à laquelle elle appartenait ; comme dans les relations vassaliques du monde guerrier, on ne pouvait donner deux fois sa fidélité à un homme. Or la structure démographique comportait les risques d'un large volant de jeunes veuves, parfois même encore sans enfants. Les familles d'origine se résignaient mal aux suggestions de l'Église : le couvent ; elles ne pouvaient pas non plus fermer les yeux sur les risques du dévergondage ; en outre, ayant récupéré sa *manus* sur la femme, la parenté pouvait en espérer à nouveau quelque profit. Sous la pression aristocratique, l'Église fut donc amenée à tolérer le remariage, sinon à l'occasion du concile de 1215, du moins une ou deux générations plus tard. Il est vrai que, dans la société des possesseurs de biens, les négociations nécessaires à l'aménagement des conditions matérielles d'une deuxième union étaient plus difficiles ; et aussi au moment du choix d'un prétendant. Le plus souvent, la veuve était conduite à un mariage moins brillant, hypogamique ; tout le monde ne pouvait pas, comme Aliénor d'Aquitaine, troquer un roi pour un autre. Dans les couches plus modestes de la société se greffait, en outre, le sentiment que cette union, souvent désaccordée par l'âge plus élevé de la veuve, était une sorte de renversement de l'ordre matrimonial traditionnel, voire une frustration dans l'ordre social. Il fallait parfois payer fort cher une espèce de taxe de formariage aux jeunes de l'endroit et à leur chef de bande, l'« abbé de la jeunesse », offrir à boire à tous, organiser des danses plus ou moins érotiques. Encore cela ne suffisait-il pas à empêcher les « charivaris », cortèges braillants et bruyants de jeunes hommes déguisés, hurlant des chansons obscènes sous les fenêtres des nouveaux mariés. Que cette union coïncide avec une fête de subversion – Saint-Valentin, Saint-Jean, 1er mai –, et les femmes pouvaient alors se mêler à ces « conduites de bruit ».

Les historiens, et particulièrement ceux du droit, ont longuement disséqué la nature des engagements des deux familles au moment de conclure l'union. Comme les pratiques ont puisé dans les droits civil ou canon, dans les coutumes germaniques ou antiques, qu'elles ont évolué au cours des dix ou douze siècles médiévaux, et varié d'une région à l'autre, sans parler de l'extraordinaire confusion du vocabulaire des scribes et des notaires, un flot d'études minutieuses a coulé sur ces sujets ; et il est vain de prétendre le filtrer, quand même on en aurait la science, ce qui n'est pas mon cas. Je m'en tiendrai donc au plus simple, voire au simplisme. Le principe ne fait nul mystère : la solidité de l'union exige des garanties venues des deux parties. L'Église, qui se serait peut-être contentée de paroles et de gestes, a fini par prendre à son compte, fort tôt même, vers le VIIIe siècle, ces éléments profanes ; mais il ne semble pas qu'elle y ait vu, comme la majorité des historiens et la totalité des ethnologues, les marques d'une transaction marchande : achat de la femme, garanties d'exécution du contrat de vente. De ces pratiques, il ne subsiste plus que des vestiges, mais on peut très bien en comprendre le mécanisme. Le père qui accorde sa fille, et transmet sa *manus* au mari, entend que la situation de l'épouse reste matériellement bonne : il confie donc à l'époux des biens réels, trousseau complet, bijoux, terres et rentes éventuellement, et dont on montre et énumère avec complaisance la valeur, pour marquer le rang et les besoins de l'épouse qui, sauf d'infimes exceptions, ira résider chez son mari promu gestionnaire de cette *dos*, de ce *dotalicium*. La dot fait partie des « propres » de l'épouse et sa dissipation par un mari prodigue peut être la cause de vives querelles, sinon de conflits armés, entre lignages. Si ces biens subsistent, fût-ce en modeste part, à la mort de l'époux, à plus forte raison s'il y a répudiation, ils sont propriété de la femme qui peut les ramener dans sa maison familiale, l'usage s'instaurant qu'une fille dotée ne peut prétendre, de ce fait, à une part d'héritage dans sa famille d'origine. De leur côté, l'époux et son père bloquent sur leurs biens propres une part, qui varie de 30 à 50 % du total, qualifiée de *dos propter nuptias*, de *donum*, de « douaire », ce que les ethnologues assimilent au prix d'achat de la femme. Ces biens sont destinés à assurer à cette dernière, en cas de veuvage, une part certaine de l'héritage de son mari : elle échappera ainsi à un dépouillement par ses enfants. Ce douaire ne doit donc pas être entamé durant l'union et, si la chose se fait d'aventure, il doit être « réassis » sur d'autres biens ; l'Église y veille avec soin.

Ce tableau rudimentaire cache probablement beaucoup de duplicité ou de querelles. Mais on notera que si la femme, une fois mariée, ne dispose pas de la gestion de ces garanties matérielles – ce qui conduit à la juger, en droit, comme une « éternelle mineure » –, c'est oublier qu'elle a un père, des frères, des parents qui n'ont certainement pas l'intention, l'épée ou le bâton à la main, de se laisser tromper. Et, lorsque se pose la question de l'héritage du mari défunt – partage à égalité entre les fils et les filles non mariées, préciput à l'un d'eux, l'aîné de préférence, ou encore testament bloquant l'héritage en quasi-totalité sur une tête –, la femme n'en reste pas moins maîtresse de son « tiers », c'est-à-dire de son douaire. Nous ne manquons pas d'exemples, certes, de veuves dépouillées, et que refuse de secourir sa famille d'origine ; ces cas contredisent mon optimisme – mais je les tiens pour rares.

Et c'est devant la mort que se rétablira une égalité, un moment compromise, entre les époux. Les sépultures, celles des « grands » avec leurs épitaphes et, plus tard, leurs gisants, mais aussi celles des petits qu'exhume l'archéologie, réunissent les corps ; et les « obits », les messes commandées pour le repos de l'âme, ne distinguent pas les sexes ; les familles rivalisent de zèle pieux ; et l'Église, engrangeant les coûts, tient fort à cette égalité.

Les parents

Dans une société que fragilisent tant de périls incontrôlables, l'homme seul est perdu. S'il a choisi de vivre en ermite ou en reclus, ce choix est un refus de l'humanité, et l'Église, si elle n'ose condamner un tel courage d'âme, n'aime guère les esprits forts. En Occident au moins, la vie en groupe lui paraît plus naturelle, chez ses serviteurs comme chez les laïcs. La « famille » est le cadre voulu par Dieu pour que s'y insèrent le ou les couples qui en sont les cellules. Mais le terme recouvre, au Moyen Âge, un vaste ensemble de relations concentriques, dont les membres se reconnaissent une certaine parenté, de sang à coup sûr et pour un premier cercle, mais aussi d'intérêts communs, de sensibilité ou d'affectivité partagées, plus on s'éloigne du couple qui en est le noyau. Ces liens tissent dans la toile sociale un enchevêtrement d'obligations ou de services, où l'affection, l'amitié, l'intérêt se partagent les rôles. On ira ainsi de la parenté latérale à la structure de lignage, puis à celle des « amis charnels », de la domesticité, de la clientèle, du clan ou du simple voisinage. On voit donc que la nature de la « famille » touche les cadres de la vie quotidienne, les préoccupations matrimoniales, la gestion des biens, les services de paix ou de guerre, les dévotions et le passé commun. L'ampleur des questions ainsi touchées explique, comme pour le mariage tout à l'heure, la surcharge historiographique d'un tel sujet, et justifie que je m'en tienne, une fois de plus, à un exposé simple, simplifié, simpliste.

D'abord, la parenté de sang. J'ai dit le rôle du père dans le choix des conjoints, l'œil qu'il garde sur la gestion de la dot, la promotion du fils, la transmission du pouvoir sur les biens lignagers. Veille-t-il aussi au choix des noms que l'on donnera aux enfants ? Les recherches anthroponymiques ou le goût de la prosopographie seigneuriale sont aujourd'hui fort en vogue. Pour l'établissement d'une filiation, on cherche volontiers le rappel d'un nom « familial » de génération en génération. D'origine maternelle quand le mariage est hypogamique pour l'épouse, qui tient ainsi à rappeler la dignité de son ancien rang ? Ou l'inverse si l'époux entend faire résonner sa supériorité ? Mais, chez les humbles, cette question n'apparaît guère d'importance : l'éventail des noms est, certes, très souvent formalisé par l'usage ou la mode, mais il ne s'ouvre que sur de saints personnages de la croyance chrétienne : on s'appelle Jean, Jacques, Pierre, ou Marie, Jeanne, Catherine, avec un « le jeune » ou « la petite » si deux frères ou deux sœurs ont reçu du père (ou d'une autre autorité ?) le même nom. Quant à la mère, en principe muette à l'écart, qui ne peut imaginer le poids de son regard derrière le père gesticulant ? Du complexe d'Œdipe à la mère abusive, que d'exemples médiévaux depuis les temps antiques ! Que de situations difficiles, également, sur lesquelles glissent romanciers ou chroniqueurs : Perceval tue sa mère en l'abandonnant ; Guibert de Nogent ne peut se dépêtrer de la sienne qu'en se faisant moine ; et pour visiter son épouse la nuit, sans alerter sa mère Blanche, le saint roi

Louis doit user d'un escalier dérobé ! Trois cas parmi cent autres.

Dans notre culture occidentale, les collatéraux n'ont plus l'importance de naguère. Les frères et sœurs jadis, les aînés surtout, surveillent, interviennent, au besoin les armes à la main pour les premiers, le verbe vengeur pour les secondes, si les parents manquent et que l'honneur du groupe est menacé. Cette fois, ce sont les lettres de rémission qui dénoncent les vengeances individuelles ou en groupe. J'ai déjà dit un mot du rôle de l'oncle maternel, éventuel substitut d'un père absent. Je pourrais fournir des centaines d'exemples de ces interventions « népotiques », dans un adoubement chevaleresque, une promotion ecclésiastique, une association marchande, un contrat d'assurance, un prêt d'argent, un legs testamentaire. Affaiblis, ces usages sont encore les nôtres ; pourquoi s'y arrêter plus longuement ?

En revanche, deux particularités sont plus spécifiquement médiévales. La première, dont j'ai dit déjà un mot, concerne les bâtards. Aujourd'hui encore, en dépit de la malléabilité croissante des usages sociaux, notre droit civil, héritier de Napoléon sinon de Louis XIV – pour ne pas remonter plus haut –, se montre réservé sur l'égalité des droits à héritage selon la « légitimité » de la naissance ; problème évidemment mineur en notre temps de dissolution du caractère juridique de l'union, mais non au Moyen Âge où se conjuguaient l'idée de l'enfant issu du péché et comme souillé par lui, et celle de l'étranger qui pouvait prétendre à une part de l'héritage. La situation de ces enfants « naturels », probablement plus nombreux encore au plat pays qu'en ville, a évolué dans un sens de plus en plus favorable. Tués à la naissance ou au tout premier âge (les prétextes ne manquaient pas plus que les occasions), ou abandonnés, au mieux cantonnés dans une domesticité humiliante jusqu'au XIe siècle, ils furent ensuite admis dans l'entourage familial avec un certain dédain : armoiries « brisées », costumes bipartis, protocole vexatoire, mariages à moindre ambition. Mais parvenir à une fonction de plein exercice (un bâtard de Philippe Auguste devint comte) ouvrit peu à peu l'accès à une vie identique à celle des enfants légitimes. Comme ce sont les XIVe finissant et XVe siècles, où, trônes exclus toutefois, on rencontre des bâtards chefs de guerre, ducs, conseillers des princes, on peut se demander si le choc démographique de la peste n'a pas joué alors un rôle libérateur.

La deuxième originalité pourrait davantage nous surprendre : le sort des cadets ne nous apparaît plus que comme seulement générateur de rivalités plus ou moins amicales ; l'adage du frère « ami donné par la Nature » n'a jamais été sérieusement cru, le frère étant plus un concurrent qu'un ami. Durant de nombreux siècles médiévaux, la situation des puînés a été dépréciée ; c'est normalement au plus âgé, à l'aîné qu'est réservée la prise en main de la succession du père. Dans une société essentiellement fondée sur la propriété de la terre et des armes, il ne peut être question d'un partage de l'*auctoritas*. Ce « droit d'aînesse », cette primogéniture est même codifiée vers 1050 ou 1100. Il demeure toutefois possible que cette concentration des avantages se porte sur le cadet, pour une raison quelconque : on en a des exemples au XIe siècle ; mais il est aisé d'imaginer les rancœurs et les conflits. Évincés à l'ordinaire, les cadets se voient interdire tout mariage qui créerait à terme des éléments nouveaux de dissolution du patrimoine : qu'ils aillent chercher femme et fortune loin du château paternel ; et l'on n'a pas manqué de relever que nombre de croisés, surtout ceux qui s'installèrent en Terre sainte, étaient des cadets sans espoir de retour profitable. Ce n'est qu'à la fin du XIIIe siècle qu'ils furent autorisés à prendre épouse en demeurant sur les terres patrimoniales, à la fois parce que s'esquisse un fléchissement démographique et parce que le système de tenure seigneuriale du sol s'affaiblit. Cela valait bien que l'on ait, dès lors, à supporter les jalousies des belles-sœurs entre elles. À coup sûr ce sont là des problèmes aristocratiques, et nous n'avons pas les moyens de mesurer leur dimension chez les humbles. En revanche, on peut présumer que la situation des filles non mariées devait être identique au château et à la chaumière. Laissées-pour-compte, par malchance, par infortune ou par disgrâce, les jeunes « vieilles filles » n'avaient guère de choix. Le couvent ? Mais la très mauvaise réputation de nombre de monastères féminins permet de les imaginer emplis de filles peu enclines à ce statut. L'aventure « courtoise » ? Du moins si quelque coureur d'aventure voulait s'encombrer de l'une d'elles, avant de l'abandonner, déçue et souillée, ce qui était l'aboutissement quasi général de l'amour « courtois » glorifié par les poètes, et dévotement rabâché par les historiens. Restait donc la maison du père, ou du frère, pour le ménage, les menues besognes, l'humiliation et le tissage – j'ai dit plus haut que, en anglais, *spinster* signifie à la fois « fileuse » et « vieille fille ».

Du moins ce groupe parental étroit qu'unissait le sang était-il conscient des liens qui le soudaient. Les historiens du droit opposent volontiers deux structures juridiques différentes de ces liens familiaux, et les sociologues deux types de groupements parentaux. Pour les historiens du droit, et je schématiserai une fois encore, l'une des deux structures est agnatique, c'est-à-dire pyramidale avec interdépendance envers l'aïeul, le *pater familias* ; le droit romain la considérait comme caractéristique de la « famille ». L'autre est cognatique, c'est-à-dire feuilletée en couches horizontales, dont les interdépendances sont latérales – usages plutôt celtiques et germaniques. Les sociologues, quant à eux, distinguent plutôt un type de famille large, correspondant à des peuplements chasseurs ou pastoraux, au besoin itinérants, et un autre plus étroit, de nature conjugale, plutôt attaché à l'exploitation agraire. Mais on voit que ces deux images ne se recouvrent pas et que, sur un bon millier d'années, les glissements entre ces structures n'ont pu manquer. Faute d'un examen minutieux, je dirai que s'en dégagent deux traits : la cellule conjugale l'a emporté sur toute structure élargie ; l'Église, en invoquant le premier couple, y a naturellement poussé. Dès l'époque carolingienne, ses œuvres dogmatiques en ont fait la règle. Mais une règle qui est loin d'avoir prévalu dès ce moment : jusqu'au terme du Moyen Âge, le recours à la parenté large n'a cessé de résister à cette pression, certes davantage dans l'aristocratie, mais ailleurs aussi sans doute. Il n'y a pas de transaction immobilière sur le patrimoine qui ne requière, jusqu'au XIIIe siècle, l'approbation des membres de la parenté, la *laudatio parentum* ; et si elle n'existe pas, la mesure inverse, le « retrait lignager », c'est-à-dire la reprise du bien au nom de la famille, se mettra en travers d'une transaction qui amputerait l'assise première de la stabilité familiale.

Et la « parenté »

Au-delà de ce vaste premier cercle commencent ceux de la *familia*, de l'*amicitia*, dont la pression n'a pas la puissance du premier, mais dont le rôle d'écorce protectrice englobe tous les « services » rendus, plus ou moins sans contrepartie : services de protection, d'argent, de guerre, de recommandation, services de partage d'un destin commun, le *sors* du lignage élargi ; ce sont donc des *consortes*, des membres plus ou moins égaux, *pares*, de l'ensemble familial, ceux d'une « maison » – *casa*, *consorteria*, *consortia*, *casate*, *alberghi*, *paraiges* en pays de langues latines. En Italie, ces types de regroupement forment même le tissu urbain, des blocs de maisons, des quartiers clos, gardés par des tours, des chaînes, des guetteurs stipendiés, avec leur église, leurs tombeaux, leurs bannières, et où, au service d'un lignage illustre, tous les participants du groupe, ou au moins 20 % d'entre eux, affectent de ne porter que le nom du maître. Ainsi y a-t-il les Doria à Gênes, et autour d'eux les *degli Doria*, « ceux des Doria » : des valets, des agents de publicité, des « gorilles » (*sicarii*), mais aussi, tout de même, des « amis » d'un niveau plus flatteur qui sont des favoris, des conseillers, des comptables, une sorte de clientèle comme autour du patricien romain. Et pourquoi pas du châtelain de France ou d'Angleterre ?

Encore un peu plus loin, les voisins, que l'on se borne à retrouver sous l'orme villageois ou les arcades urbaines, parfois dans une procession ou une confrérie pieuse ; à plus forte raison dans les instances d'un « métier » en ville ou d'une « assise » en campagne. On y échange conseils et réconfort, ou bien nouvelles et calomnies. C'est une protection contre l'isolement qui est signe de refus de l'ordre social, et passe pour la tentation démoniaque de l'orgueil ou du péché d'envie. À cet égard, ce sont les adultes qui sont davantage soupçonnés de fermer leur porte aux autres ; car les jeunes gens se rassemblent volontiers en bandes, les *brigati* dans les villes italiennes, avec un caïd local, un « abbé », comme ils disent. Ils sont apprentis, saute-ruisseau, pages ou écuyers, domestiques d'occasion s'ils sont garçons, camérières ou servantes pour les filles. Ce groupe est mince ; passé dix-huit ou vingt ans, toute fille est mariée ou perdue. Ce sont ces bandes qui animent les fêtes de village ou de quartier, les « caroles » où l'on danse entre voisins ; on y trouvera tous les musiciens des aubades et des sérénades au balcon d'une belle, mais aussi les violeurs et les coupe-bourse, comme une excroissance vénéneuse et criminelle de la parenté.

Voici donc réunis dans un ensemble à plusieurs visages un couple, sa descendance, au besoin ses collatéraux ou même ses serviteurs. C'est la « maison », le « feu », le royaume de la femme, où l'on se terre, mange, dort et travaille. Combien sont-ils autour du foyer ? C'est à coup sûr fonction de la structure familiale, du rang social, des moyens d'existence aussi, et les chiffres « moyens » que j'ai évoqués plus haut, de 3,8 à 5,2 et en ville plus qu'à la campagne, ne signifient rien, sans parler de l'évolution démographique sur plusieurs siècles. Il est plus intéressant de savoir, quand un relevé fiscal ou alimentaire le permet, la composition interne du groupe, le « feu réel », parce que c'est lui qui détermine la structure matérielle de la cellule. Deux exemples urbains pour expliquer et justifier cette diversité : Reims en 1422, Florence en 1427, avec de bien faibles nuances entre eux : 37 % de couples avec enfants non encore mariés, l'essentiel et le « normal », mais 11 % de plus sans enfants, au total presque la moitié ; davantage en y ajoutant 8 % de veuves encore chargées d'enfants. Mais, à leurs côtés, 28 % de foyers multiples, ascendants, collatéraux, frérèches, personnel domestique, annulant toute « moyenne » raisonnable. Le reste, non négligeable, ce sont des célibataires, ou au moins des isolés : veuves abandonnées ou douairières, pucelles hors d'âge ou vieux garçons. Sur sept individus, quatre vivent donc « normalement », deux sont dans un groupe, le dernier est un déchet.

La maison

Simple grotte, et même alvéole souterrain, ou bien palais, château et « ostal » des puissants et des riches, la maison est la cellule de vie, un havre de sécurité, un espace de sociabilité, un lieu de mémoire et de piété. Close sur le privé, donc inaccessible à l'Autre, elle est aussi l'expression de la charité – la charité telle qu'on la conçoit en ces siècles, c'est-à-dire l'aumône d'un pain offert à la porte ou d'une écuelle de soupe, car le mendiant qui frappe à l'huis est peut-être Jésus, ou le Diable, il est vrai : comment savoir ? Cette hospitalité qu'en nos régions oublie si volontiers notre temps est une des voies naturelles du Salut.

L'iconographie est abondante, mais répétitive et simpliste ; les textes décrivent mal et, avant 1400 ou plus tard, les plans sont inexistants. Ici l'archéologie triomphe, et plus encore à la campagne qu'en ville : les fouilles de villages désertés, de villages évolués, ou celles, « d'urgence », qu'entraînent les travaux, publics ou privés, ont multiplié les données sur les maisons, les « hôtels », les réseaux viaires, les installations domestiques, et même le parcellaire qui n'est pas, ici, en question. On a fouillé aujourd'hui et depuis 1950 ou 1960 des centaines de sites, d'Écosse en Sicile, d'Andalousie au Danemark, des habitats occupés des temps germaniques jusqu'à la Renaissance, ou beaucoup moins longtemps. Sur le sol français, des sites comme Charavines dans les Alpes, Rougiers en Provence, Villiers-le-Sec en Île-de-France, Rigny-Ussé en Val de Loire, Mondeville en Normandie, pour s'en tenir à cinq exemples de poids, ont fourni plus de données qu'un tombereau de chartes ; à Caen, à Tours, à Arles, à Douai, à Paris même, la lumière a atteint les couches profondes de l'habitat médiéval urbain. Et le bâti nous est à présent accessible.

L'évolution générale de la construction, toutes nuances géographiques confondues, est assez claire. Dans le monde germano-celtique, la maison rurale est de type « halle », long rectangle étayé de poteaux, de 60 mètres sur 20 par exemple, pouvant abriter une cinquantaine d'individus et du bétail ; des cabanes excavées accueilleront les activités artisanales, des silos clos protégeant les réserves, mais à côté de la maison principale. Le feu est au-dehors, à l'écart, par crainte de l'incendie ou pour servir à plusieurs groupes. Le matériau est local : bois, argile séchée, torchis mêlant bois et boue, pisé à base granulée. Plus au sud, où l'art de bâtir est de haute antiquité, on use de la pierre, quelle qu'elle soit, et la construction a davantage de rigueur, même s'il ne faut pas confondre – comme on ne manque généralement pas de le faire – les *villae* à plusieurs corps de bâtiment, habitées par la famille d'un gros propriétaire, flanquée d'esclaves ou de colons, avec les habitats extérieurs de ces derniers ou des paysans restés libres. Quant à l'habitat urbain, rudimentaire au nord, il perpétue au sud le vieux modèle antique. Ce schéma s'est altéré quand se sont effrités les deux piliers qu'étaient la vie de clan et la prépondérance pastorale. Les spécialistes s'affrontent violemment, à coups d'exemples tous indiscutables, sur le moment du passage d'un système à un autre. En choisissant une large tranche de temps, VIIe-XIe siècle, on a quelque chance de tomber juste. Le nouveau type d'habitat est, en effet, fort différent, que la cause en soit la dissolution du groupe familial large ou les changements d'objectif économiques, par exemple l'essor de la culture céréalière ou de l'artisanat urbain. L'évolution se fait vers la maison individuelle, de taille réduite, 20 mètres sur 6 ou 10, et pour un seul foyer. Le bétail sort et le feu entre. Évident à la campagne, ce mouvement se traduit en ville par une cassure marquée entre l'ostal seigneurial ou bourgeois qui domine un quartier, et l'habitat artisan où s'ancrent plusieurs feux. L'apogée de cette évolution se place à la fin du XIIIe siècle, et je vais m'y placer dans un instant pour observer le résultat. Passé ce temps, il semble que s'accroîtra l'opposition : à la campagne, les « maisons blocs » s'accompagnent de communs, mais les plus modestes tombent au niveau de la masure. Même phénomène en ville : somptueux hôtels face à des logements où l'on s'entasse. Et je négligerai à dessein développements, causes ou effets de cette « fracture sociale ».

Au risque d'une simplification dont j'ai pleine conscience, résumons ce que l'on sait. À la campagne, au milieu de l'époque médiévale, la maison présente une surface d'une quinzaine de mètres carrés au sol, en une seule pièce, puis deux, passé le XIIIe siècle ; « zonage » horizontal, sans étage ou avec grenier à réserves que l'on atteint par une échelle intérieure. Sur un solin, sans fondations profondes – ce qui rend fouille et identifications difficiles –, s'élèvent des murs en planches, blocs de tourbe, torchis, pisé, briques ou pierres sèches, selon les possibilités du lieu ; sols battus, toiture de chaume, de bardeaux, de lauzes ou de tuiles rondes, comme le permet le matériau de l'endroit ; le long d'un des murs, emplacement pour le foyer, allumé sur une large « sole » de pierres concassées, avec une hotte pour les riches, un simple trou au toit pour les autres ; une porte, une seule, en lattes de gros bois, posée sur gonds et pourvue de loquets, puis de serrures, pour décourager le maraudeur ou l'intrus, mais qui n'arrêtera pas le routier pillard ; pas ou peu de fenêtres à cause de la fragilité du bâti, closes d'un volet rabattant au besoin. Tout est fait, dans une disposition aussi rudimentaire, pour contenir au plus près ce qui fait le noyau familial : le feu, qui chasse la peur et concentre l'esprit de communauté ; la femme également, qui règne sur le « ménage » comme une richesse ou un danger à bien garder ; les réserves enfin, de vivres, de vin, d'outils, qui assurent la survie. La présence voisine d'un cellier, d'un four à pain ou d'une bergerie désignera la maison du plus riche.

Assez curieusement, ces demeures ne semblent pas inertes, bâties pour durer le temps « dont il n'est mémoire » ; au contraire elles se déplacent, non pas fort loin à chaque restauration ou reconstruction, mais l'archéologie peut montrer qu'on en modifie très souvent l'assise sur place. À cause de la légèreté de leur matériau, si c'est le cas ? Ou d'une évolution démographique, voire économique ? À Wharram Percy, un village du Yorkshire particulièrement bien fouillé, on a noté neuf stades successifs d'implantation sur trois siècles pour une même maison.

Mais si le riche est un guerrier, l'habitat change : il devient hiérarchisé, en zonage vertical. Nous avons beaucoup de données sur les « châteaux », et même – en plus des fouilles, qui peinent souvent à distinguer les époques dans une même construction – des descriptions complètes, célèbres et peut-être de pure imagination, comme celle du château d'Ardres en Boulonnais au XIIe siècle. Sur une motte de cailloux et de boue amassée à coups de corvées, beaucoup plus pour témoigner de la supériorité du maître que pour assurer un rôle guerrier, on élève une grosse tour, carrée puis ronde, en bois puis en pierre, isolée ou flanquée de bâtiments au cours des siècles. Au-delà de l'évolution de l'architecture militaire qui n'est pas mon sujet, la répartition interne est presque toujours la même. En bas, dans la cave au besoin, les vivres, un réservoir à eau ou même un puits si on le peut, les chevaux, mêlés aux domestiques, les cuisines également. Au premier niveau, auquel on n'accède que par une poterne en hauteur, éventuellement fortifiée, la salle, l'*aula*, lieu de rassemblement des « amis », des parents besogneux, des « hommes » ; on y joue, on y mange, car le maître doit gaspiller pour étaler sa force et sa richesse ; on y réunit et on y cherche des prétendants convenables pour un office, pour un fief, pour un mariage. Au deuxième niveau, le privé, avec le feu, le dortoir d'où peuvent sortir à leur gré les garçons, et surtout la chambre du maître, le noyau du lignage, où l'on cache le trésor. Au-dessus encore, les filles, une richesse à bien garder, flanquées de leurs servantes jacassantes et que l'on ne doit pas voir en bas, dans la salle où dorment les « hommes » ;

le « retrait » aussi, la chambre où le maître et sa parenté se font lire des poèmes, des chants épiques... ou des recettes de cuisine. Et, tout en haut, la chapelle, le plus près possible de Dieu. Plus la construction prendra de l'ampleur, plus sera divers l'aménagement, on s'en doute : les couloirs intérieurs remplaceront les passages au long des courtines ; les escaliers à vis se substitueront aux échelles ; le « jardin » de tonnelles et de plates-bandes à l'italienne succédera aux lices herbeuses qui séparaient les successives enceintes.

En ville, si les « hôtels » rappellent les demeures « nobles » du plat pays, les demeures ordinaires ont des caractères bien différents des chaumières. Cette fois, l'iconographie l'emporte sur la fouille : en milieu urbain où l'activité reste constante, cette dernière ne peut guère être que ponctuelle, alors que nous possédons pour les derniers siècles médiévaux abondance d'images sur Sienne, Paris, Gênes, Rouen et tant d'autres. Tout d'abord, ici, le parcellaire urbain détermine des bandes parallèles étroites, une dizaine de mètres en façade. La maison sera donc longitudinale : un corps de bâtiment sur l'avant, une aire ou une cour accessibles sur l'arrière. Si les murs sont souvent de torchis, soutenus de colombages pour maintenir la façade, la pierre est préférée si on le peut ; la toiture est en tuiles ou ardoises. En raison de la densité du bâti, l'incendie est en effet le fléau des villes médiévales : au XIIIe siècle, Rouen a brûlé quatre fois en entier. On s'efforce d'arrêter un feu de charpente en disposant l'axe du toit perpendiculairement au front de la rue, le pignon sur ce dernier, protection modeste contre le feu. D'autre part, la surface au sol étant faible, il faut bâtir avec étages, parfois en encorbellement les uns sur les autres pour gagner de la place ; d'où l'image romantique et excessive des maisons « moyenâgeuses » ventrues, et se touchant l'une l'autre en face à face par le haut. Au niveau de la rue, s'ouvrant à côté de la porte d'accès, une seule pièce, avec une baie que closent des volets de bois. S'il s'agit de la demeure d'un artisan, c'est son atelier : il y travaille au vu du passant ou du client et, s'il doit vendre, les volets étant formés de lattes horizontales, il en rabat un en étal et relève l'autre en auvent. Au fond, parfois un local accédant à la cour ; dans tous les cas l'escalier menant à l'étage ou aux étages, jusqu'à deux ou trois. Si la surface est modeste, l'ensemble des planchers de bois peut être soutenu par des poutres reposant sur des piles ; lorsque l'on prononce une sentence de justice comprenant l'« abattis », on scie les supports, ce qui provoque une sorte d'implosion de toute la maison. Ce désastre entraînant une gêne majeure pour le voisinage, il est probable qu'on y substituait une amende exorbitante. Contrairement à la chaumière, la maison de ville a une cave, un cellier auxquels on accède par l'intérieur : ces sous-sols sont voûtés ; ils serviront d'abri en cas de besoin. J'ai dit que les lieux d'aisances s'ouvraient en général sur l'extérieur ; le foyer principal est à l'étage, ou accompagné d'autres plus modestes en hauteur, avec des cheminées parallèles et des conduits séparés, ce qui multiplie les risques d'incendie. Ainsi peuvent se superposer plusieurs « feux » dans une seule construction ; plusieurs feux, donc plusieurs « ménages » cohabitant : le propriétaire de la maison au premier, les parents pauvres, les domestiques et les locataires de peu de revenus aux étages. Tandis qu'à la campagne l'environnement immédiat de la maison ne comporte guère que l'« usoir » où déposer une charrette, et un jardin qui est déjà un morceau de parcellaire cultivé, en ville, au contraire, la cour arrière du logis joue un rôle très personnalisé : on y dresse des tentes, on y place les vieilles futailles, on y fait pousser des carottes, du fenouil, des herbes saponaires ou odoriférantes, des fruits de plein vent si on le peut ; mais on y dépose aussi les déchets d'outillage, les cendres, les ordures ménagères, ou même le contenu des pots de chambre tant que n'a pas été organisé un ramassage public, à la fin du XIVe siècle au plus tôt – à moins que la proximité des fossés de la ville ne résolve ce problème.

Et ce que l'on y trouve

On a bien vu l'importance que j'attache au butin des fouilles ; l'archéologie du village déserté ou du quartier urbain éventré m'a bien servi. Brusquement, elle me fait défaut : c'est que, à l'intérieur de ces demeures, à peu près tout est en bois ; le fer n'a résisté que pour quelques outils, ou d'autres métaux pour quelques monnaies ; la céramique est abondante, mais il n'y a que des spécialistes pour dater des pots, des cuvettes ou des écuelles à peu près tous semblables, sur mille ans, aux yeux du profane. Les carreaux colorés du sol ou même des murs chez les riches intéressent l'historien de l'art ou de la technique, mais il s'en faut de beaucoup qu'il en ait été ainsi chez les gens du commun. Les textiles, les cuirs, les bois ont disparu, sauf dans les cas – mais ils sont bien rares – de sondages subaquatiques. Que voit-on cependant ?

« Voir » est bien le mot, car, dans la chaumière et en ville aussi, on ne voit guère si l'on n'est pas dans un pays de grand soleil où, d'ailleurs, on s'en cache. La porte n'a qu'un guichet ou une chatière ; les fenêtres, quand il y en a, sont des fentes d'aération, ou sont closes de volets, au mieux de toiles huilées. Le verre à vitre, épais et coloré comme un vitrail, n'apparaîtra, hors des églises ou de quelques châteaux, qu'au XIVe siècle. On use donc de chandelles de suif ou de cire, beaucoup plus rarement de lampes à huile. Cette lumière domestique est festive, quasi religieuse ; elle seule, en somme, justifie les décors intérieurs que s'octroie le riche : poutres peintes, fresques murales. Les tapisseries qui ont rendu célèbres à la fin du Moyen Âge les ateliers italiens, arrageois, flamands ou angevins ont plutôt un rôle isothermique, en ménageant un coussin d'air entre la chambre et le mur glacé.

La maison est la cellule procréatrice : le lit est donc le roi du mobilier. C'est lui dont nous avons le plus de représentations peintes, pour tous les milieux sociaux et quasi toutes les époques ; les inventaires après décès s'y attachent avant tout autre bien. C'est un « marqueur » social, notamment par son entourage éventuel de tentures, de courtines mobiles, parfois de dais ; mais sa disposition est toujours la même : une armature de bois, un « châlit », pourvue de pieds et d'une tête de lit débordante ; un entrecroisement de sangles en corde ou de chanvre ; une paillasse ou « chutrin » bourrée de fanes de pois, de paille, de balles de grain ; des draps de lin ou de chanvre, rugueux et régulièrement défroissés avec un bâton ; une « courtepointe » en laine, ou formant une couette emplie de plumes, comme le seront « traversier » et coussins. Dans les pays germaniques, où l'on craignait le pourrissement ou la vermine, on lui préférait, on lui préfère toujours, la peau d'animal ou la fourrure. Sous le lit ou à ses côtés, la « couchette » réservée au nourrisson ; et, tout près, le vase de nuit, en céramique parfois fine. Le lit est large, jusqu'à 2,50 mètres, en sorte qu'on pouvait aisément y coucher parents et enfants ou bien plusieurs dormeurs adultes. On repose en partie adossé avec des coussins à la tête du lit, sauf les malades et les parturientes qui reposent allongés. Et la tête de lit contre le mur, usage de tout être humain depuis la préhistoire et jusqu'à nos jours : éviter, comme dans les cavernes des anciens temps, la surprise par-derrière de l'attaque nocturne d'un carnassier ou d'un ennemi.

Rien n'égale le lit dans le mobilier, sinon peut-être le coffre. On en a gardé quelques exemplaires des XIVe et XVe siècles, mais ceux des riches, évidemment : en chêne, en noyer, en sapin, fermés de serrures puissantes, souvent ouvragés, voire marquetés. On y met tout : l'argent, les habits brodés, les ceintures, les armes, tout ce qu'il faut au besoin pour écrire et compter, parfois les oignons et le jambon. Au palmarès de la richesse, il vient juste après le lit. En tout cas, bien avant tout le reste : tables sur tréteaux jusqu'au XIVe siècle, chaises en bois (ou, rarement, cannées), bancs, escabeaux, tabourets pliants, barres au mur en guise de ces armoires que préféra la Renaissance. Comme dans un inventaire à la Prévert, dits et fabliaux énumèrent, mais sans l'ordre que j'y mets, l'« outillement au vilain » : gril, crochets, broches ou crémaillères, pots de terre cuite qui donnent un goût, ou de métal rétamé qui ont une odeur, jattes, bols, hanaps, poêles et terrines pour le « potage » et pour la bouillie, passoires, louches, cuillères à pot ou à écuelle, balai et pelles ; puis, montant d'un degré, fuseaux, pesons et même rouets ; en haut enfin, miroirs, peignes et bijoux.

On voit qu'il y a, dans tout ce qu'énumèrent avec conscience testaments, rapports de fouille ou poèmes « bourgeois », de quoi aider la femme et elle surtout dans son travail privé, puisque l'« outillement » de l'homme reste dehors, prêt au travail des champs ou de l'atelier. Pourtant, le niveau de l'équipement n'est pas que grossièrement sexué : il marque aussi des différences sociales. À Charavines s'élèvent, côte à côte, au début du XIe siècle, deux maisons que distinguait peut-être – mais il a disparu – le décor intérieur ; en revanche, dans l'une se trouvaient des jeux de table, des instruments de musique, des restes d'armes, mais non dans l'autre où ne subsistaient que les traces de métiers pour les fibres ou le métal. Chevaliers d'un côté et paysans de l'autre ? Ou « chevaliers-paysans de l'an mil » ? En discuter me conduirait loin de mon champ, vers une étude de la société qui n'est pas mon affaire. On voit cependant bien que la maison porte la trace d'individus que sépare cette fois leur condition économique et sociale ; mais tous, chacun selon son état, travaillent. Il est temps de s'y arrêter.

L'homme est fait pour le travail

Non seulement cet aphorisme est inexact, mais encore il est tout à fait contraire aux leçons de l'Histoire. Toutes les civilisations préchrétiennes, celle de l'Antiquité « classique », probablement aussi celles des peuples dits alors « barbares », sont fondées sur le loisir, *otium*. Les efforts nécessaires, évidemment nécessaires, à la survie de l'espèce sont fournis par des esclaves ; même les activités que l'on pourrait juger productives – la chasse ou la guerre pour les biens matériels, la prière ou le discours pour les satisfactions spirituelles – ont un aspect essentiellement ludique. C'est une attitude digne d'être connue et louée ; elle est « noble » au sens originel de ce mot. Le contraire sera donc *ignobilis*, y compris l'activité d'échanges entre les hommes, contraire à l'*otium*, le *neg-otium*, le commerce. Ne jouons pas trop avec les mots cependant. Il y a des attitudes philosophiques où la recherche du plaisir dans l'oisiveté est le ressort de la vie sociale, et l'hédonisme a eu ses chantres ; mais le recul progressif de l'esclavage, l'idée que le travail peut en lui-même contenir une récompense, parce qu'il exige un effort pénible mais salutaire, ouvrent peu à peu à l'idée du travail comme voie de rachat spirituel. Certes, la malédiction biblique au moment de la Chute indique bien que travailler est une punition, et Jésus dira plus tard à Marthe, qui s'impatiente aux fourneaux, que c'est Marie, contemplative et oisive, qui a choisi la

« meilleure part ». Lui-même pourtant se dit fils de charpentier et recrute les apôtres parmi les artisans.

L'oisiveté demeurera donc « sainte », puisqu'elle seule permet de se consacrer à Dieu ; et l'on ne confondra pas la paresse, péché de résignation et d'inertie, insulte aux humains, avec l'oisiveté, vertu qui nous rapproche de ce qu'en Orient on appellerait le *nirvana*. Une étape encore aux premiers siècles chrétiens : le travail épuise ; s'y adonner avec acharnement, comme le font les moines, c'est briser le corps et étouffer toute pulsion malsaine – *ora et labora*, « prie et travaille », répètent les règles monastiques. Dès lors le travail glisse de la punition, même volontaire, à la sanctification. C'est le travail qui procure la liberté : peut-être, il est vrai, les esclaves ont-ils quelque mal à s'en persuader ; mais on ne leur demande pas d'écouter les penseurs. On en vient donc, dès les temps carolingiens, à estimer que le travail est le propre de la condition humaine sanctifiée ; que Dieu lui-même a travaillé pour bâtir le monde. Au XIIIe siècle, Jacques de Vitry dira en chaire : « Qui ne travaille pas, ne mange pas. »

Nous ne manquons pas de sources de toutes sortes pour cerner ce travail : statuts de métiers, textes d'organisation, récits et poèmes, iconographie aussi, comme celle des calendriers, et l'archéologie pour tout ce qui touche aux outillages. Au cours des mille années du Moyen Âge, on se doute de l'importance des nuances chronologiques ou techniques. Essayons de dégager cependant quelques constantes. Un détail de vocabulaire tout d'abord : le mot « travail » n'existe pas aux temps médiévaux. Le terme de *tripalium*, d'où il provient, est un trépied utilisé notamment pour caler la croupe d'un cheval que l'on ferre. Qu'on en ait usé par la suite pour désigner un instrument de torture éclaire crûment l'aspect pénible et négatif du travail. Les textes comme les gens disent alors *labor, actio* ou *opus*, qui signifient « peine », « avancée » ou « œuvre » ; et chacun de ces termes implique sans discussion un effort. Son but, certes, est de produire un objet ou de transmettre un message : un laboureur, un tisserand, un marchand, mais aussi un clerc ou un guerrier « travaillent », chacun selon son état et ses outils. Mais il apparaît particulièrement vain, comme s'y laissent aujourd'hui entraîner force chercheurs, de caractériser par une théorie ou un système la nature des relations de travail. Qu'ils invoquent dévotement Adam Smith, Ricardo, Malthus, Marx ou Weber, les historiens montent et démontent des mécanismes auxquels manque cruellement la dimension psychologique, celle qui m'importe en ce moment. Car ce travail est dominé par des règles tacites qui faussent toute description sociologique et qui justifient, je crois, l'option « naturaliste » à laquelle je me tiens, comme on l'aura sans doute remarqué. Ces règles, j'en vois trois, et lorsqu'elles céderont la place à d'autres, on pourra dire que le Moyen Âge est « fini », et que l'on entre dans les Temps « modernes ».

La première est à l'opposé même de nos conceptions économiques. La notion de concurrence n'existe pas : l'Église y veille, car ce ne pourrait être que la source de rivalités, de jalousie, de péché. Qu'ils soient vivriers ou destinés à l'artisanat, les produits de la terre, du sol ou du bétail sont les mêmes pour tous, et l'effort que demande leur offre à l'acheteur doit donc être égal pour chacun. Pas de « publicité » qui tromperait, et dénoncerait un esprit de profit ; pas de *dumping* sur les prix, ce qui porterait atteinte au travail de son prochain. Et si, en ville, les étals des bouchers ou les ateliers de tissage se pressent dans une même rue (d'ailleurs beaucoup moins qu'on ne le répète), ce n'est pas pour juxtaposer, donc sans raison, les mêmes produits et aux mêmes prix, mais parce que l'apprentissage du métier se fait « sur le tas », entre parents ou compagnons de même venue. Renonçons pourtant à l'idée d'une sorte d'âge d'or : l'un s'enrichira par son négoce quand l'autre se ruinera ; accueil, présentation, habileté feront la différence, et non pas chez l'un un plus vif esprit de profit et chez l'autre une abnégation presque philanthropique. Il n'empêche que, si le souci de gagner habite chacun, comme en tous temps, une stricte réglementation municipale tient la main à punir tout contrevenant : un drap vérifié à la halle par un agent public et jugé trop court, trop long ou trop léger par rapport aux règles fixées sera détruit publiquement, et l'artisan malhonnête ou maladroit frappé d'amende ; en ces temps de pénurie, on jettera même à l'eau le pain trop petit ou trop noir. Aux yeux des économistes qui commencent à pulluler au XVIe siècle, ce carcan réglementaire ne pouvait apparaître que comme un étranglement de la libre entreprise et, à terme, du profit comme ressort de l'économie. La suite nous concerne.

La deuxième règle ne s'éloigne guère de la première. L'objectif du travail est le « commun profit », la « bonne marchandise ». Esprit de charité chrétienne sans doute, mais, ou plus encore, souci de l'ordre public, sans lequel on ne pourrait atteindre ou maintenir cet objectif. Après quelques bien vagues bonnes volontés carolingiennes, ce sont les villes qui prennent en main cette surveillance du travail en Europe du Nord-Ouest ou en Italie : surveillance des mesures, vérification des prix sous l'œil de gardes armés, pour éviter les violences ; les princes s'en mêlent, mais guère avant 1250. À ce moment, il est vrai, affluent en ville force ruraux sans qualification, qui se mêlent aux travailleurs urbains sans emploi ; les « petits frères » franciscains n'ont pas de mal à y faire lever les révoltes – mais ce n'est pas mon propos de parler des « effrois », des émeutes, des grèves à réprimer par la force. Nous sommes alors aux XIVe et XVe siècles, et le monde du travail réglé commence à souffrir.

Enfin, la troisième règle nous rapproche de notre temps ; elle permet d'ailleurs de revenir au plat pays. Le travail est fruit d'un effort et entraîne un résultat, mais l'un et l'autre ne sont pas toujours de même provenance : le guerrier gagne la gloire, mais au prix de son sang ; le clerc sera réputé pour son influence, mais il aura dû longuement étudier ; l'artisan et le marchand pourront s'enrichir, mais ils courent les périls du hasard et de la conjoncture. Mais le paysan ? Salut assuré s'il suit les règles de piété, travail routinier et dur mais pacifique et sans autre péril que les caprices de la Nature. D'ailleurs, si ses gains peuvent parfois le tirer de la médiocrité, ils ne sont jamais, ou presque jamais, menacés. Dès lors, si l'on a le nécessaire, pourquoi s'animer d'un esprit d'entreprise ? Un pionnier en terre neuve qui cherche à se fixer ? Un avide qui veut arracher aux moines quelques morceaux d'un bois qu'il juge de bon rapport ? C'est une minorité, et ces efforts même ne se conçoivent que sur un long temps. Ici l'esprit d'initiative productive est élimé, et la routine de la coutume freine le progrès : c'est la raison pour laquelle, après avoir salué l'effort agraire, entre le Xe et le XIIIe siècle, l'historien s'abîme dans l'histoire de la ville ; là, au moins, le travail a du relief !

Mais quel travail ?

Les moralistes ou les philosophes des XIIe et XIIIe siècles, plus ou moins convaincus de brosser des « miroirs du monde », ont bien su distinguer l'objet du travail en fonction de l'«ordre », du relief social et de l'efficience. Mais ils n'ont pas tenté d'en caractériser l'ergonomie. Or elle illumine, en définitive et plus que toute considération de système, la forme et le rendement de l'effort : on travaille gratuitement, ou contre salaire, ou contre versement, ou encore on ne fait rien en attendant que tombe le fruit.

Chacun de ces groupes mérite un arrêt. Pour le premier, c'est l'idée de l'esclavage qui vient d'abord à l'esprit : bétail humain raflé sur les champs de bataille ou au cours de razzias sauvages, il servira à tout. L'histoire traditionnelle ferme pudiquement – ou lâchement, comme on voudra – les yeux sur l'ignominie de la « civilisation » gréco-romaine, l'hypocrisie byzantine, le cynisme musulman et la lâcheté de l'Église chrétienne d'Occident qui condamne le commerce de la viande humaine, mais lui refuse l'accès à son ministère, alors que c'était là pourtant qu'elle avait fait ses premiers pas. Les illustres Carolingiens ont multiplié au-delà de l'Elbe les raids ignobles chez les Slaves, les « Esclaves » qui donneront leur nom aux troupeaux convoyés jusqu'en Islam ou chez les chrétiens d'Orient ; pour apaiser des consciences parfois alertées, on badigeonnait d'un baptême d'occasion ces hordes asservies dont on s'empressait de confier aux juifs le soin de les convoyer. Glissons cependant sur ce premier groupe : il s'est amenuisé dès les VIIIe et IXe siècles du fait de l'arrêt des grandes razzias ; d'ailleurs, beaucoup de ces sous-hommes avaient obtenu qui un lopin de terre, qui un emploi domestique fixe. Mais surtout l'esclavage n'est pas « rentable » : vieillards, femmes enceintes, enfants en bas âge sont des charges sans profit ; et il y a longtemps que l'on a renoncé à la mise à mort de l'esclave indocile ou malade. Il faut donc chercher ailleurs.

On se gardera d'invoquer à ce propos, comme on le fait sans cesse, le servage, « héritier » de l'esclavage. C'est une facilité intellectuelle qui se fonde sur les contraintes de nature juridique, et plus encore peut-être morale, qui pèsent sur une part de la paysannerie. Il y a là un champ clos, jonché d'idées mortes, et il me semble vraiment loin de mon propos de m'interroger sur la provenance de ces hommes aliénés, « attachés » (c'est le sens de *servi*). Outre que je suis convaincu, en dépit d'affirmations datant de Marx et de Bloch, que cet état n'a jamais été général, qu'il s'est d'ailleurs très vite délité, j'ajouterai que la nature du travail du serf est identique à celle du paysan libre, à quelques obligations personnelles près, mais qui ne sont pas sous ma vue. Laissons donc aux juristes le soin de colliger ces appréciations formelles : fourche en main ou ossements mêlés au cimetière, ces travailleurs, libres ou non, sont identiques.

Mais ce sera vers la famille que nous retrouverons des travailleurs que l'on ne paie pas. Dans le groupe, paysan surtout, artisanal au besoin, épouse, fils, frères ne sont payés que par le bénéfice global du groupe ; chacun opère pour l'intérêt collectif, et seulement selon son âge et ses forces. Ce dernier trait introduit, c'est vrai, une sorte de division du travail ; mais elle n'est pas d'origine et ne provient que de la volonté d'un père ou du prestige d'un aîné. De même, le refus d'aider le groupe des parents ou des amis dans une tâche qu'on jugerait indigne ou fastidieuse, comme de garder les cochons ou d'épandre la fiente, n'entraînera au pis que les effets d'un courroux ou une « privation de dessert ». Or c'est le type même du travail paysan : pas d'autre horaire que la lumière du jour ; pas d'autre repos que l'épuisement à la moisson ou au pressage ; pas d'autre profit que les fruits d'un travail bien fait. Et si un voisin vient offrir son aide, ce bénévolat n'est qu'un acte charitable ; la communauté s'en remet à Dieu d'en remercier l'auteur. C'est cette ouverture vers la gratuité qui justifie, somme toute, la formule passe-partout : au Moyen Âge, n'importe qui fait n'importe quoi.

À la charnière de ce premier type de travail et du suivant, on en trouvera un troisième qui s'efface peu à peu de nos pratiques : travailler sans rémunération établie, ou à peine estimable, mais contre des avantages attachés à l'activité : cadeaux, responsabilités ouvrant sur un casuel, menus bénéfices tirés de l'effort fourni, parfois plus personnel, moins désintéressé. L'éventail est grand ouvert : on y trouvera le « ministérial », c'est-à-dire l'agent domanial ou le comptable, mais aussi le chapelain et le garde du corps, et, de l'apprenti fripier au chevalier de village, tous ceux qui, sans horaire et sans salaire, vivent de ce qu'ils perçoivent de par leur « office » : une partie des taxes levées, les aumônes ou oblations des fidèles, le produit d'une rapine d'occasion ou d'un petit larcin. C'est sans doute dans ce personnel « de service » que se recrutent les « amis », les obligés, tous ceux qui forment cette *familia*, cette *casa* dont j'ai parlé plus haut, liés – et c'est en ville surtout – à un maître qui leur prodigue amitié et confiance.

Voici venu, à présent, le groupe qui nous semble le plus familier : ceux dont on salarie la peine. Les facettes en sont telles qu'à les passer ici sous l'œil j'aboutirais à un tableau de l'économie médiévale. Bornons-nous donc aux traits appuyés. Ces travailleurs sont payés pour ce qu'ils font au profit de ceux qui les emploient. À la campagne, ils seront « journaliers », cantonnés dans des tâches auxquelles ils ne peuvent consacrer que leur vigueur physique : brassiers, manouvriers, bordiers. Cette frange de paysannerie libre mais pauvre a été non pas créée, mais encouragée par certains ordres religieux comme les cisterciens, peu désireux d'ouvrir leurs terres à des paysans tenanciers, jugés trop exigeants ou trop indociles. Mais ces derniers sont dans une situation que nous saisissons mal : ou bien ils exploitent leurs terres propres, et cela les range parmi les travailleurs gratuits dont je viens de parler ; ou bien ils ont loué ces terres, mais leurs efforts, une fois mis de côté le nécessaire, auront un maître pour bénéficiaire, car ils versent, comme en « loyer » de leur bien, des redevances, en nature ou en argent. On m'épargnera toutes les pages nécessaires sur les cens, surcens, agrière, complant, métayage, mezzadria, fermage et j'en passe bien d'autres ; et je me garderai d'évoquer les « services » de travail, d'ailleurs de moins en moins lourds au fil des siècles, qui s'ajoutent au loyer : les corvées de labour, de vendange, de charroi, de garde. Ce pan entier de la littérature historique d'aujourd'hui grouille de tant de variétés régionales ou chronologiques que je ne pourrais m'y contenir et que j'abandonne aux délices de la monographie locale. Faut-il considérer ces travailleurs comme des « salariés » ? Oui, car s'ils paient, ils sont payés ; mais par une voie qui nous surprendrait : on les protège, on les juge, on leur ouvre des espaces « communs », des espaces vivriers, pour leur grain, leur bétail ou leur bois – tout ce qu'aujourd'hui, mais depuis le XIVe siècle, s'est approprié l'État.

Passant en ville, la chose devient plus simple : si l'apprenti est payé, en nature, pour apprendre, et si le maître de métier ne se salarie lui-même que par ses gains, les autres, en revanche, valets ou compagnons d'un atelier, saute-ruisseau ou « houliers » qui cherchent un emploi, sont payés ou souhaitent l'être. Et, à nouveau, l'éventail des détails : à la tâche ou à la journée, avec contrat ou par accord verbal, en général inscrits dans un « métier » mais non toujours, ou dans un quartier, une confrérie. Ils sont astreints à l'horaire que sonne le beffroi de la ville, mais facilement punis s'ils gâchent l'ouvrage, ou sont pris à travailler la nuit, « au noir », en chambre (on dit « les chambrelans »), pour y faire des heures supplémentaires aux dépens des autres : ce sont des « jaunes » – la couleur de la chandelle qui éclaire leur travail illégal. S'ils arrêtent le travail malgré le « commun profit », s'ils se battent, s'ils détruisent le matériel de leurs rivaux, ce sera la trame de l'histoire quotidienne de la ville : effrois, « émotions », takehan, harelle contre les prix, les salaires, le chômage, le pouvoir qui triche, les riches qui « happent », les paysans immigrés qui concurrencent, tout un « monde du travail » dont il ne nous est pas difficile de sonder les misères.

Reste la frange : ceux qui ne font rien. Il ne faut pas y ranger les deux premiers « ordres » du schéma divin. Ils pourraient passer pour oisifs, cela est vrai ; mais leur tâche consiste à se consacrer aux autres, non à produire des biens : le clerc prêche et enseigne pour sauver ou guider les âmes ; le guerrier combat certes pour la gloire et le butin, mais l'éclat de sa table ou de ses hauts faits honore les humbles, avant qu'il ne les exaspère. Quant aux moines, aux ermites, aux reclus, leur oisiveté est sainte, car elle les met en contact avec l'Esprit ; aux fidèles de se persuader que c'est pour leur bien. D'ailleurs, face à ces saints hommes et à ces saintes femmes, pour qui le temps ne se compte ni ne se paie, il y a les vieillards pour qui le temps, cette fois, ne se compte plus et ne se paie plus ; ils savent les parentés, portent conseil, arbitrent ou jugent, sous l'orme du village ou les arcades de la cité. À l'autre extrémité de ce monde bigarré, on trouvera les « misérables » qui ne le sont pas toujours, les mendiants, les coupe-bourse, les écorcheurs, « caïmans » ou simples bandits des bois, dont on pend à l'occasion un ou deux pour rassurer le bon peuple. Ceux-là aussi, somme toute, travaillent, et complètement aux dépens des autres.

Il manque pourtant un volet à mon esquisse, et non le moindre, essentiel à nos yeux : où sont les femmes ? « Un homme sur deux », comme dit l'humoriste ? Elles sont d'abord en leur privé, où elles déploient une activité et fournissent des efforts, même physiques, qui valent ou dépassent ceux des hommes au-dehors : le feu et le vivre, le four et le moulin, l'eau du puits et l'aide aux récoltes ; tout ce qui est réputé œuvre de femme : filer et coudre, tresser et tisser, après qu'elles ont tondu et peigné. Mais ces tâches répétitives auxquelles l'homme n'entend rien glisseront en leur esprit et jusqu'aux nôtres l'idée que, enfermée dans sa demeure, la femme « ne travaille pas ». Une telle fiction vole en éclats dès le XIIIe siècle où l'on voit plus clair, peut-être plus tôt déjà. S'il est au plat pays assez difficile de séparer les rôles des deux sexes, par exemple dans la gestion d'un bien (qui tient les comptes ? qui encaisse les cens ou les verse ?), du moins est-il évident que la femme, devenue veuve, supplée l'époux défunt, alors que le mari veuf convole aussitôt à nouveau, et pas seulement par appétence sexuelle. Mais en ville, comme l'attestera la féminisation de tant de patronymes de métier, la place des femmes gonfle au cours des derniers siècles médiévaux. Elles règnent sur le travail du cuir, du feutre, des étoffes. Certes, le métier à tisser demande plus de force qu'elles ne peuvent en donner, comme de gréer les voiles ou de brasser la bière ; mais ce sont elles qui trient, qui comptent, qui vendent. L'iconographie nous les montre tenant boutique de mercerie, de cordonnerie, mais aussi de boucherie ou d'épicerie. Les statuts des métiers les englobent parmi les maîtres d'atelier, les ouvrières, les servantes. Alors, la parité, comme le demandent nos contemporaines et comme l'auraient connue leurs aïeules ? Probablement pas cependant, et pour toutes les raisons qu'on en donne encore : le travail féminin, hors de chez soi, est fractionné par les impotences de la grossesse, limité par la rudesse des manipulations d'outillage, marginalisé par un machisme craintif dont j'ai dit quelques mots. Nous ne savons presque rien sur les inégalités de salaires, probables mais occultées par les textes de théorie. Et il n'y a pas de « corporation » féminine, à peine un droit de regard dans les « métiers » des hommes. Chez elle, la femme est bien la maîtresse ; hors de chez elle, sans être ni une servante ni une auxiliaire, elle reste sous le regard masculin.

Et l'outil ?

Les historiens qui observent les catégories les plus éminentes du monde du travail n'ont pas trop de mal à décrire leur outillage. L'homme de plume est passé par les écoles, puis par l'Université ; on lui a appris à tenir une plume, à construire un prêche ou à soutenir une *disputatio*. Mémoire, talent, psychologie sont chez lui de naissance ou entretenus par les jeux de l'esprit. L'homme de guerre a été exercé à monter et à conduire un cheval, à manier des armes lourdes et dangereuses, à esquiver, à guetter. Point n'est besoin d'école ou de science ; courage, coup d'œil, endurance suffisent. Mais tous les autres ont dû apprendre.

Apprendre d'abord à soutenir un effort physique plus encore que nerveux ; en réalité, nous sommes fort ignorants des exercices sportifs ou des préparations musculaires qui pouvaient entretenir la résistance demandée par des tâches dont la machine, aujourd'hui, nous épargne la charge ou nous soulage. J'ai dit plus haut que ces hommes et ces femmes ne sont jamais « fatigués », ou du moins ne s'en plaignent pas. Pourtant, que d'exemples, au moins littéraires, d'efforts exceptionnels : pèlerins à pied ou soldats en campagne marchant dix heures de suite, cavaliers en selle pendant vingt lieues, carriers traînant des blocs d'une tonne, assiégés tenant deux mois en se contentant d'eau impure ! Que l'empereur Barberousse se baigne à plus de quatre-vingts ans dans un torrent glacé (il en est mort, il est vrai !), que le duc de Bourgogne Philippe, hors de lui, erre trois jours en forêt sans manger, que Roland assène un tel coup d'épée sur le heaume d'un mécréant qu'il fend son ennemi en deux et qu'il faut s'y prendre à plusieurs pour arracher du sol Durandal qui s'y était plantée, que tel ou tel assomme un taureau d'un coup de poing, saute des précipices, déracine un chêne, ou même – c'est une femme ! – descelle une muraille, nul ne s'en « merveille ». À côté de ces expériences étonnantes, où l'imagination certes a sa part, les sports que nous connaissons, jeux de balle ou d'adresse, exercices d'équitation ou danses rythmées, ne font guère figure que d'amusements, nullement d'entraînement.

Il faudra donc apprendre, par l'imitation, par l'observation, et c'est dès l'enfance qu'on s'y exerce, je l'ai dit. Ce n'est pas sans cet écho du premier âge que l'on appellera « mère » le vieil artisan qui accueille les novices dans le métier. Car, à l'exemple qu'il offre, s'ajoutent les recettes, les tours de main, les dictons qui balisent les premiers pas, de l'ouvrier naturellement, mais tout autant du jeune paysan. Alors – c'est ce que croient les historiens de la technique – s'agitent les fantômes de Varron, de Végèce, de Columelle, de Vitruve, tous ces « génies » dont les clercs (qui n'ont souvent pas lu leurs œuvres) commentent doctement les leçons, mais dont les hommes au travail n'ont jamais entendu le nom. Bien sûr, les dix siècles médiévaux ont connu des progrès de l'outillage en tous secteurs, mais je tiens que c'est le fruit d'une observation pratique et non d'un enseignement ; peu importe donc qu'on en trouve l'origine en Grèce, en Iran, en Chine, chez les Slaves ou chez les Celtes.

L'outil aura d'abord des caractères stables, au grand dam de l'archéologue qui comptait sur lui pour dater : la faucille, le fléau, la houe, la quenouille, le peson, la fourche sont adaptés à la main et au geste de l'homme, comme le fer l'est au sabot du cheval. Tant que ce sera l'être humain qui usera de l'outil, pourquoi le changer ? Donc, comment le dater ? Nombre des « inventions » médiévales ne sont que le résultat d'une bonne observation des réalités constantes : piétiner le raisin dans le cuveau, battre régulièrement le fer quand il a été rougi au feu, c'est le mouvement alternatif des cuisses ou des bras, âme du vilebrequin et de l'arbre à cames ; atteler le cheval aux épaules ou pourvoir d'un arçon et d'étriers la selle, c'est le remède évident face à l'animal étranglé au garrot et qui suffoque, ou devant le guerrier jeté bas de sa monture au moment où il charge. Quant à l'illustre charrue à coutre et versoir, triomphe de l'agriculture médiévale, c'est naturellement la réponse donnée à un sol riche et gras, qu'il faut d'abord fendre avant de le faire pénétrer par le soc, puis rejeter sur le côté pour qu'il ne retombe pas dans la « raie ». Les « Anciens » n'auraient-ils rien vu ou su de tel ? Peut-être, mais pourquoi ? Laissons là cette querelle de clercs, une de plus.

Qu'on me comprenne bien. Comment pourrais-je nier les progrès sur la qualité, l'efficacité, le volume du travail quand ils se sont tous accumulés entre le XIe et le XIVe siècle ? Ce serait pure absurdité et je suis convaincu du « bond en avant » économique, et social aussi par voie d'effet, qui provient de la charrue comme du moulin à foulon, du métier à pédale comme des aérateurs de mine, du bordage à clin comme de la ferrure du cheval ; mais je veux seulement ramener ces « nouveautés » à la main et à l'expérience personnelles du paysan et de l'artisan, du clerc et du guerrier aussi, même si j'invoque moins souvent ces derniers. J'ai un bon guide à cet égard : l'Église elle-même. Le progrès ne lui paraît pas un idéal, elle redoute la recherche du profit qui compromet le salut ; elle condamne les initiatives sans support scripturaire ; elle se méfie de l'individualisme d'un audacieux qui rompt l'esprit de collectivité. Position bien difficile à tenir au moment où le monde chrétien est entraîné par la montée de l'argent, la multiplication des échanges, le gonflement des besoins. Au XIIe siècle, l'Église charge les cisterciens d'offrir un modèle rural d'économie rationnelle et, en principe, désintéressée. Au XIIIe, elle laisse les frères prêcheurs multiplier en ville les codes de bonne conduite économique. Au XIVe, elle est à son tour emportée par le flot.

Une dernière observation pour affiner notre vision. Tous mes propos tendent à ne pas scinder avec excès notre temps des siècles médiévaux. Je dois pourtant fournir une correction, disons « focale ». Tous ces travaux ou ces types de travaux que j'ai survolés ne sont pas sur un plan identique aux nôtres : je veux dire que la répartition des aires d'activité de ces siècles n'est pas au même niveau. En ville surtout (mais ne sommes-nous pas aujourd'hui majoritairement « en ville » ?), une ventilation des types de travaux en ces temps est une occasion de surprise : au travers de beaucoup de nos sources, par exemple des poèmes ou des « dits » du XIIIe siècle, comme les « dits de Paris », on trouverait que les activités de nature vivrière représentent jusqu'à la moitié des métiers reconnus, et que ceux qui touchent directement aux matières premières, métaux ou textiles, font un petit tiers ; il ne reste que 10 ou 15 % d'espace pour les activités intellectuelles et une frange infime pour les « services », ce que nous appelons le « secteur tertiaire ». Dois-je faire observer que ces proportions sont tout à fait différentes aujourd'hui, presque inversées ? C'est une banalité qu'un tel constat ? Certes, mais ne négligeons pas cette mise au point.

Le temps est venu d'abandonner là l'homme et la femme adultes, les parents et les voisins, les actifs et ceux qui ne le sont pas ; mais aussi la maison et l'atelier, le temps qu'ils voient passer et la table où ils mangent. Peu à peu la vie, en eux, s'est affaiblie. Voici le temps où la mort approche.

Fin de vie

L'homme n'a pas attendu saint Augustin pour savoir qu'il devra mourir, mais qu'il n'en sait pas l'heure. La mort est le principal personnage de l'aventure humaine. Bien avant que l'Occident ne se dise chrétien, elle rôde dans les esprits ; elle est maîtresse des relations de famille ; elle pèse sur l'économie ; elle commande à toute méditation. La croyance en l'Au-delà, dans le monde occidental et hors de lui, fait d'elle le socle de la peur et le seuil de l'espoir, la fin du corps et de ses misères, le début du temps où se pèseront les âmes. Comme on ne peut éviter sa sentence, il faut l'« apprivoiser », la rendre accessible, l'admettre comme un commencement, somme toute souhaitable, donc limiter la force des entraves vulgaires qui nous lient ici-bas. C'est un effort difficile. La société gréco-romaine, la seule des temps antiques que nous connaissions à peu près sur un tel sujet, n'y est guère parvenue : elle exile les morts loin de la cité, en nécropoles isolées ou égrenées au long des routes. Le retour des vivants au milieu des morts, ou l'inverse, marque certainement une coupure mentale de premier ordre. Invoquer, pour y répondre, massacres accrus ou épidémies terrifiantes ne suffit certainement pas. C'est la prégnance progressive de l'idée d'une immortalité de l'âme qui a dû l'emporter : la mort est un début, un rite de passage qu'il faut préparer avec foi, presque avec joie, pour libérer l'âme, rejoindre ces modèles que sont les ancêtres, accéder à la vraie lumière. Cela n'exclut ni la crainte de la douleur ni le drame de la séparation ; ces peurs croîtront même quand, après le XIIe siècle, la vie ici-bas sera, pour beaucoup du moins, plus douce, plus aimable. Quand les excès humains ou les fureurs de la Nature atteindront, une fois franchi le milieu du XIVe siècle, une dimension extrême, la mort sera de nouveau hideuse et répugnante, un des trois cavaliers de l'Apocalypse, et pour longtemps.

Imprévisible, certes, mais presque tous les hommes en voient s'approcher le rivage.

Les vieillards

Chaque société, dit-on, « a les vieillards qu'elle mérite », ou qu'elle se donne. Et, sur mille années, les temps médiévaux ont vu se succéder, à cet égard, bien des « sociétés de vieux ». Nous ne sommes guère en mesure d'apprécier la part des hommes et des femmes d'un « grand âge » alors ; faute de sources écrites, d'abord et évidemment, mais aussi parce que la notion même d'âge varie dans son acception et ses effets. Ne le voit-on pas encore ? « Ne pas faire son âge », « mourir avant l'âge » est une affaire de coutume calendaire ou, à la rigueur, de vigueur coronarienne, mais « raisonner comme un vieux », « faire vieux » dans la bouche d'un plus jeune est moins flatteur et ne concerne plus l'« âge », mais le comportement. Ce ne sont pas là que des banalités ; elles dégagent un jugement : la vieillesse est respectable ou bien ridicule ; elle réside davantage dans l'attitude que dans les artères. Durant l'époque médiévale, cette deuxième façon de voir est plus rare ou, du moins, a laissé moins de traces dans l'expression littéraire. La première est dominante et mérite que l'on s'y arrête.

Si l'espérance de vie, comme disent les démographes qui se bornent à compter (90 ans + 10 ans = 100 sur deux, donc une « espérance » de 50 ans !), a varié au gré du niveau de vie de chaque siècle, on peut estimer qu'elle n'a jamais dépassé, aux temps médiévaux, de soixante à soixante-cinq ans ; j'en ai parlé plus haut. Au-delà, on n'est qu'un survivant – mais non pas un inutile : nous possédons de rares épaves d'effectifs militaires ; on y trouvera pour le début du XIVe siècle plus de 10 % d'hommes de guerre sexagénaires. C'est une erreur que l'on a dénoncée, innombrables exemples à l'appui, de croire à une mort en général précoce dans le monde médiéval. Naturellement, il est de bon sens d'opposer entre eux types d'activité, genres de vie, sexes aussi, mais la ligne d'arrivée est bien au-delà de ce qu'enseigne l'historiographie de tradition. Tous ces « vieux » forment donc une

« classe d'âge » ; on la redoute et, dans l'ensemble, on la respecte. Pas toujours, certes, comme en témoignent nombre de fabliaux : qui ne connaît la *housse partie*, ce demi-manteau jeté sur les épaules d'un vieux père et grand-père claquemuré sous les combles ? Mais ces vieillards sont, par l'oralité, les témoins de ce qui fut ; on en sollicite l'arbitrage. Ils donnent alors à l'enquêteur l'âge approximatif qu'ils croient avoir : soixante-dix, quatre-vingts, très rarement plus, ce qui plaide en faveur de la vraisemblance. Dépositaires du souvenir, familial au moins, éventuellement politique, ils sont le maillon indispensable entre Ici-bas et Là-haut ; on leur demande de narrer au coin du feu ce qu'ils ont gardé comme souvenirs. Dans une société où l'on écrit peu ou pas du tout, ils sont les serviteurs du temps.

Protégés dès le haut Moyen Âge, dans les tarifs de composition par exemple, ils le sont plus comme témoins privilégiés que comme grands-parents. J'ai dit plus haut que l'on ne voit guère, en ces siècles, s'interposer entre générations ces « vieux », comme ils le font aujourd'hui. Dans les biographies plus ou moins romancées des hommes illustres, la figure de l'aïeul est plutôt immobile, sans action autre que de servir d'exemple à suivre, ou de reproche muet. Cependant, les temps terminaux du Moyen Âge ont vu se modifier leur regard sur le « grand âge ». Il a cessé de jouir de la révérence universelle. Ce que nous appellerions aujourd'hui une poussée de « jeunisme » – nous en sommes actuellement atteints – a valorisé tout ce qui est jeune et nouveau : passé 1350 ou 1400, tous les héros de la littérature sont jeunes et beaux, comme le sont les « vedettes » du jeu politique ou les capitaines de guerre. Ils ont tous l'âge de Jeanne d'Arc ; rois, dauphins, ducs, guerriers qu'encense la jeunesse et que suit la foule, ont moins de trente ans. Voilà qui a nourri l'idée d'un rajeunissement général de tout le personnel administratif du temps. C'est une erreur : prélats, magistrats, dignitaires de cour sont toujours des gens d'âge ; mais la mode, même celle du vêtement, de la coiffure, de la parole, vise à glorifier la jeunesse de l'apparence ou du comportement. Et, comme aujourd'hui, dans notre soif de sembler « jeune », se perçoit sans doute une crainte plus forte de la mort qu'exaspèrent les fléaux du temps : on n'espère pas, pas encore, dans les crèmes et la chirurgie du visage, mais on croit à la fontaine de Jouvence.

Cependant, le vieil homme sent que s'approche la fin. Si son organisme ne lui en a pas donné d'avertissement implacable, il consulte les devins, tâte de la nécromancie, ou même de l'astrologie, s'il est riche comme Louis XI. On interprète les songes ; on se pénètre, si l'on sait lire, de pensées consolatrices tirées de bonnes lectures comme les vies de saints ou de héros. Dans le monde littéraire, c'est l'âge des *artes moriendi*, des « manuels de la mort » ; et les prédicateurs multiplient, frères prêcheurs en tête, les assurances : l'homme n'est rien, la grâce est tout. Aux murs des églises du XVe siècle, la danse funèbre mêle tous les morts ; et n'est-ce pas un réconfort que de les savoir tous entraînés vers le Jugement ? D'ailleurs, la mort n'est-elle pas le début d'un « quatrième âge », celui qui ouvre sur l'éternité ? Les platoniciens, puis Augustin l'ont dit : ce n'est qu'un « passage ».

Un « passage » ? Mais il fait peur, et le chrétien, résigné ou non, vit une « religion de la peur » : celle d'avoir trop péché, et ainsi gâché ses chances de Salut. Car l'idée de recommencer à vivre par la suite, qui assure la sérénité du bouddhiste, a été rejetée par le dogme chrétien dès les conciles du Ve siècle. Tout est joué et il est inutile de lutter contre la mort : sa victoire est certaine. Même les penseurs qui souhaiteraient que l'homme combatte contre l'inévitable, tels Avicenne en Iran et même, un temps, Bacon en Occident, n'ont en main que des armes dérisoires, une misérable pharmacopée de plantes et d'onguents. Entouré de la *familia* entière, du moins dans les premiers siècles médiévaux, le mourant sera cependant seul lorsque l'issue deviendra « hideuse ».

Comme rien n'est pire que la « mauvaise mort », celle que l'on n'a su ni prévoir ni organiser à temps, il faudra prendre toutes les précautions nécessaires pour prétendre figurer dans le petit, le tout petit groupe des élus. D'abord nettoyer son âme, d'autant plus souillée qu'on était haut placé dans la société des hommes. Confessions volubiles, parfois publiques, pour racheter les crimes ou les petites méchancetés. À ce moment, le mourant est face au Juge : il ne cachera rien ; il n'épargnera personne ; il foulera aux pieds les intérêts ou même l'honneur des siens. Triste perspective pour l'entourage, démasqué, humilié. D'autant que seuls les ministres de Dieu peuvent ouvrir les portes du Ciel, et ce service se paie : moyennant l'assurance d'être reçu moine *in extremis vitae* avant de mourir, ou d'être admis à reposer *ad sanctos* parmi les religieux ou dans le sanctuaire même, on peut espérer dans l'Au-delà le support des prières religieuses – celles des moines surtout, réputées plus efficaces que celles des chanoines présumés trop occupés. Mais, pour les gagner, il faut donner un bois, une vigne, l'usage d'une garenne ; et les hommes de Dieu sont assez au courant des intérêts de l'Église pour se précipiter chez le mourant, dont l'agonie est proche. L'âme sera d'autant plus assurée d'un éternel repos que l'on organisera pour elle des *obits*, des messes anniversaires de la mort. Comme la vanité s'accroche, même là, au souvenir que le mourant espère, ces « rentes de mort » sont d'un poids et d'un prix écrasants pour ceux qui vont survivre – de quoi ruiner une famille, mais éblouir le monde : vers 1450, le captal de Buch, capitaine distingué mais à l'âme fort noire, commanda ainsi deux fois plus de messes que n'en prescrira, cent ans plus tard, le très pieux roi d'Espagne Philippe II. Du moins ces débauches funéraires ont-elles donné naissance à un type de documents fort intéressants : obituaires ou nécrologes soigneusement tenus à jour dans les couvents comme un calendrier des messes anniversaires, ou « rouleaux des morts » circulant de monastère en monastère pour qu'on y porte les noms des défunts. L'historien y trouve une source jaillissante de données familiales.

Souvent consternée par les dons inconsidérés d'un mourant que travaille la peur, la famille peut tenter d'exercer un droit de « retrait » au nom du lignage dépouillé. Difficile, face à une Église vertueusement drapée dans l'idée du salut de l'âme ; plus facile si le mourant a testé. Je ne peux m'arrêter à l'histoire du testament, qui tendrait à barioler mon récit de lourdes considérations juridiques. Je dirai seulement que la pratique testamentaire, solidement ancrée en Europe du Sud dès les temps romains et le très haut Moyen Âge, s'est peu à peu étendue plus au nord, particulièrement au XIIe siècle, puis au-delà, quand les coutumes de partage de l'héritage, plus ou moins bien tenues en lisière par des procédés lignagers à l'égard des puînés ou des filles déjà dotées, ont cédé sous la pression démographique et l'évolution familiale. Le testament est alors apparu comme la seule voie permettant de satisfaire les volontés, les caprices parfois, du mourant. Le notariat y a puisé, on s'en doute, une très notable part de son utilité.

Mais voici le testament rédigé, les dons pieux promis, l'extrême-onction administrée, la veillée de pénitence engagée. Tout est près, même la peur. Voici la Mort.

Le « passage »

Cette fois, seules quelques apparences distingueront le riche et le puissant des hommes auxquels je me suis attaché jusqu'ici ; mais, au moment de franchir le seuil, tous sont nus. La mort, en tous siècles comme en tous lieux, est une aventure individuelle. Le moment où l'esprit quitte le corps, et que l'art médiéval rend si fortement par la sortie d'une petite forme nue s'échappant de la bouche du défunt, ce moment peut certes susciter les pleurs de la famille – les femmes seules, parfois. Alors même que ce monde rencontre la mort sans arrêt, elle paraît provoquer surprise et douleur qu'accompagnent, tragiquement, les gémissements du mourant. Voilà qui assombrit l'idée que l'Église s'efforce d'en donner : l'idéal pour elle, c'est le mort dans son lit, paisiblement entouré de sa famille émue, et prononçant quelques paroles bien senties ; l'iconographie s'en emparera quasi jusqu'à nos jours. Évidemment, la réalité est ailleurs : à la place d'une mort édifiante et sereine, telle que l'ont narrée ses biographes, se disant pourtant « témoins oculaires », le saint roi Louis, frappé de dysenterie à Tunis, a toutes chances de s'être tordu de douleurs intestinales qu'accompagnaient vomissements et diarrhées.

La mort est pourtant entourée, rude ou douce, par tout un environnement coutumier. C'est un passage, une mutation, un rite institutionnel de la vie sociale, même si le mourant n'est plus en état de s'y joindre lucidement : famille, village même sont là, dans ou à côté de la maison mortuaire, dans une sorte d'ostentation théâtrale ; un ministre de Dieu psalmodie des invocations à la bonne mort, au pardon des péchés, au salut éternel, au Christ souffrant, pour aider le moribond s'il peut encore entendre. Tous ces rites d'accompagnement ont en réalité pour but de souder, de consolider la communauté des vivants, beaucoup plus que d'accompagner au-delà de la vie celui qui la quitte.

Voilà une « bonne mort », bien en règle. Il y en a malheureusement d'autres. Passons sur le cas des nouveau-nés que l'on n'a pu ondoyer : j'en ai parlé plus haut ; dans les Limbes où ils reposent, au travers des prières récitées pour eux dans ces chapelles, ces sanctuaires de « répit », ils attendent un

Jugement qui ne pourra les condamner. Enfants avortés peu avant la naissance, ou présumés morts en voyant le jour, peuvent avoir été auparavant baptisés, voire seulement ondoyés, et comme ce pseudo-sacrement peut être administré par un laïc, fût-il un criminel, le mal éternel peut être évité. Les condamnés, quant à eux, ont pour la plupart fait amende honorable et l'Église les laisse partir vers le gibet, la conscience en principe en paix. Mais deux autres « mauvaises morts » pourraient bien encombrer les abords de l'Enfer. D'abord ceux qu'une mort brutale, inattendue, a privés de toutes les précautions dont je viens de parler : le guerrier tué au combat, ou l'homme qu'on assassine. Le premier s'en tirera sans doute, parce que avant la bataille, que les prêtres d'ailleurs ont souvent bénie, il s'est confessé, a reçu l'hostie ; ou bien il a trucidé quelques mécréants, ce qui vaut pardon. Si ce n'est pas le cas, on peut espérer un bon remords devant témoins pour fléchir le Jugement, ou simplement un pieux enterrement. Évidemment, l'homme abattu au coin d'un bois, et sans le recours d'une dernière prière, est davantage menacé : il sera donc jugé « sur dossier », famille, voisins, confesseur ; au pis, il attendra un peu au Purgatoire que fléchisse l'éventuel courroux du Créateur. Somme toute, il est une victime présumée innocente ; on l'inhumera en terre sainte.

Mais voici le seuil que l'Église refuse de franchir : le suicide. Ce phénomène de société – il y a des siècles « désespérés » – a toujours heurté à la base le dogme chrétien : on ne peut reprendre sur soi-même le don de la vie que Dieu a fait à ses créatures. D'autres cultures, d'autres croyances s'en déchargent beaucoup plus aisément : par défi à l'égard du monde, ou par dégoût, l'Antiquité, et pas seulement gréco-romaine, en a fait large usage. La religion juive lui a trouvé des explications, celles du sacrifice pieux ; et l'islam en fournit, en notre temps, d'incessants et sanglants exemples. Mais la foi chrétienne a trop fondé son succès sur l'espoir d'un Au-delà radieux à gagner par ses efforts Ici-bas pour que s'en décharger d'un coup ne soit pas jugé inconcevable et criminel. Aussi de telles conduites nous sont-elles souvent dissimulées ; d'ailleurs, on ne note aucun suicide dans tout l'éventail des hommes et des femmes illustres dont on peut, sur mille ans, connaître la fin. Alors, seulement les pauvres gens, parce qu'ils auraient en effet bien des motifs de désespérer ? Le suicide est toujours une conduite d'échec ; c'est toujours aussi un dégoût de soi-même, plus qu'une atteinte au Créateur. Cette « pirouette », comme on a dit cruellement, est plutôt un pied de nez aux survivants qu'un salut à la mort. Pour autant qu'on puisse tenter une approche achronique, ce sont des hommes qui, pour les quatre cinquièmes, se suppriment – et, dans les temps médiévaux, trois fois sur cinq par pendaison, et une quatrième par noyade. Comme on le voit aujourd'hui encore, la famille répugne souvent à reconnaître cette ultime volonté : elle parle de maladie ou d'accident. L'Église s'y trompait peut-être ; mais quand l'acte était patent, le coupable, jugé criminel, était, ou plutôt son corps, traîné au sol et publiquement pendu.

Même réduit à ce bref schéma, le suicide reste évident. Mais combien de guerriers se sont-ils, à dessein, engagés au cœur d'une action uniquement pour y périr, mais avec gloire et honneur ? Combien de reclus, d'ermites, peut-être aussi de prisonniers se sont-ils laissés mourir de faim dans leurs cellules ? Combien de cathares ont-ils accepté l'*endura*, cette mort volontaire par inanition ? Tout ce domaine obscur qu'admettait Platon, mais qui révulsait Aristote, cette *desesperatio* n'était-elle pas assimilée à la simple folie par tous ces braves gens à qui l'on avait promis le bonheur, mais pour beaucoup plus tard ?

Après la mort

Le cortège funèbre ne se formera qu'après qu'on aura lavé le corps ; pas d'embaumement, sinon bien rudimentaire et que l'archéologie a vite dénoncé. Des martyrs, réels ou présumés, quelques grands princes ont peut-être été enduits, voire emplis, les viscères retirés, de baumes, d'huiles et de produits narcotiques, au besoin ligotés par d'étroites bandelettes ; mais l'Occident n'a pas utilisé ou n'a pas retrouvé les pratiques de l'Égypte : sauf quelques corps desséchés et en piteux état, rien ne reste, et le procès-verbal dressé en 1793 lors de l'ouverture des tombeaux royaux à Saint-Denis est accablant. Le corps est enseveli dans un linceul, parfois en quelque bel habit pour le riche, mais pour le pauvre rien d'autre qu'un bout de drap ; cependant, à peu près jamais la nudité. Le cercueil en bois, évidemment pourrissable au grand dam des archéologues, ne servira à rien ; on déposera donc plutôt le corps sur le sol, en pleine terre, ou dans une cuve de pierre, voire abrité par quelques tuiles destinées d'ailleurs à protéger les restes humains des carnassiers plus que des profanateurs. C'est un domaine bien-aimé des fouilleurs que celui des sépultures, car on y rencontre les pratiques, les moments, l'entourage du mort. Je ne saurais m'y mêler, me bornant à quelques points de repère. La crémation, déjà discutée avant le triomphe chrétien, s'efface à peu près complètement – sauf pour les condamnés au bûcher, dont on disperse les cendres. Le mort est donc inhumé. Jusqu'au VIIIe ou IXe siècle, ses restes sont accompagnés d'objets, offrandes funéraires, armement au besoin, petit mobilier de la vie privée, parures, monnaies ; mais ces usages, indiscutablement païens, ont disparu avec les réformes grégoriennes, disons la fin du XIe siècle. Face au Juge, le mort doit être nu dans son linceul, son sarcophage, sa châsse s'il s'agit des fragments d'un saint personnage. Mais, comme dit le moraliste, « le monde est fait de plus de morts que de vivants » : que faire alors si la place manque ? Réutiliser la sépulture en mêlant les corps, hantise de l'archéologue ? Ouvrir des fosses communes où rassembler les ossements, au scandale de ce qui reste de la famille du défunt ? Et en cas d'épidémie, comme avec la peste du XIVe siècle ? Brûler les morts sous prétexte de mesure sanitaire, l'Église se voilant la face ? Naturellement, les gens bien nés qui espèrent être ensevelis à côté ou au milieu des moines souhaitent ne pas être oubliés : leurs dalles se voient encore, à moins qu'on n'ait élevé pour eux un tombeau où ils figurent en flatteurs gisants ; et la beauté de cette architecture funéraire est indiscutable, à Saint-Denis, à Fontevraud, à Champmol. Les plus modestes se contenteront d'une épitaphe, parfois même d'un simple carreau portant leur nom, derrière un pilier anonyme, comme Pascal à Saint-Étienne-du-Mont à Paris, ou le Bernin à Sainte-Marie-Majeure à Rome.

Même pour un modeste défunt, le cortège funèbre doit avoir un aspect solennel, car on conduit un homme à Dieu. S'il est roi, c'est une cérémonie à dimension politique. Pour tous les cas, l'Église a essayé d'instituer un *ordo*, un *usus* dès le Xe siècle au moins : pleureuses à l'antique, chants et bénédictions répétées ; mais on sait peu de chose sur l'ordonnance même du rite ecclésial. Parvenu au lieu de l'ensevelissement, le corps est déposé sur le sol ; c'est alors que, en présence des parents du mort et des hommes de l'Église, on énumère les dons ultimes du défunt, au risque – d'ailleurs attesté par nos sources – d'une explosion de fureur des héritiers qui se voient dépouillés. Sauf le cas d'*ad sanctos*, le lieu d'inhumation est l'*atrium*, l'aître, l'espace public mais sacré, le noyau intouchable de la communauté des survivants. Ces aîtres ont joué aux temps médiévaux un rôle qu'on a quelque mal à imaginer. C'est, en effet, un espace (il peut avoir plus d'un hectare !) d'asile et de paix. Nul, même le seigneur du lieu, ne peut y pénétrer à cheval ou armé ; nul fugitif, nul banni ne pourront y être saisis ; c'est là que se groupe l'assemblée des villageois, ou des gens du quartier ; là que se prendront les décisions d'intérêt commun, date des vendanges ou prise d'armes, c'est identique ; là que se retrouveront jeunes épousés, femmes en relevailles, mais aussi, et il n'y a nul blasphème, foire aux cochons ou fête de la moisson. L'Église fronce volontiers le sourcil, mais le cimetière fait partie de sa *dos*, de ses biens personnels, et c'est par là que passera le mieux son message. La gouvernance des morts, dont elle a ainsi la charge, regroupera tous ceux qui vivent de la mort des autres : pleureurs, fossoyeurs, maçons, gardes ou accompagnateurs des rites funéraires ; sans parler, cela va de soi, de tout le corps ecclésial attaché au culte des défunts.

Car les défunts ont besoin d'un culte. D'abord parce qu'ils sont désormais en contact avec le monde des ancêtres, qu'ils peuvent donc intercéder pour les survivants inquiets. Il faut commencer un « travail de deuil », comme l'on dit aujourd'hui, une période où il faut davantage acclimater le mort qu'apaiser les vivants. On doit donc honorer la mémoire du ou des défunts, dans ces *libri memoriales* des lignages nobles, si précieux pour l'historien des familles ; veiller à la bonne marche des *obits* dont j'ai parlé plus haut ; construire, si l'on est assez haut placé pour en tirer profit, des généalogies seigneuriales, royales même, où chaque ancêtre trouvera sa place, exacte ou rêvée, et qui ravissent les chercheurs. Ces marques de déférence et de souvenir, ce sont plutôt les femmes qui s'en chargent, car on les répute plus près de l'En-deçà. Certes, elles doivent aussi soulager l'âme des défunts, mais il faut surtout fortifier l'unité familiale. Même lorsque l'on n'est qu'un humble mort, on aura droit aux danses, aux fêtes, aux prières du « jour des morts », après qu'ont été priés et vénérés

« tous les saints » ; et ces morts sont alors bien présents parmi les leurs. Naturellement – mais c'est affaire de riche, et plutôt postérieur au XIVe siècle –, on peut payer quelque chapelain pour desservir une « chapelle » familiale consacrée au souvenir d'un lignage, ou d'une corporation d'ailleurs. Ces chapelles se sont logées, peu à peu, entre les arcs-boutants des églises gothiques, séparées des bas-côtés de la nef par des grilles qui protègent de toute souillure le cénotaphe des ancêtres, quelques tombes et, inaccessibles aux touristes, les œuvres d'art commandées par les membres de la famille.

Soutenu par le souvenir ou rapidement oublié, le mort s'enfonce dans l'Au-delà ; nous l'y retrouverons plus tard. Mais, pour ceux qui restent, le mort l'est-il vraiment ? L'Église est formelle : la séparation de l'âme et du corps est absolue ; seul le Jugement pourra les réunir. Il y a là un problème de conscience dont on s'étonne qu'il n'ait pas semé le trouble dans l'esprit, dans l'âme même de pauvres gens. Sera-t-on vraiment « jugé » sur un seul essai ? Quitte ou double ? La réincarnation, même sous une forme animale, ne serait donc pas concevable ? J'ai dit plus haut ce qu'avait été, et très tôt, la position de l'Église chrétienne : pas d'issue de secours. Ce n'est que vers la fin du XIIe siècle qu'elle a pris conscience de l'effroyable dilemme où elle avait placé ses fidèles : tout ou rien. Elle avalisera donc, mais avec quelle lenteur !, l'idée salvatrice d'une troisième voie : celle du Purgatoire. Les fidèles ont l'esprit plus simple : la mort n'est peut-être pas complète, ou du moins pas immédiate. On garde des morceaux d'ongles, un peu de sang ; ne prolonge-t-on pas ainsi un peu de la vie ? D'ailleurs, la barbe ne continue-t-elle pas à pousser sur le visage du mort ? Ainsi s'ancre l'idée que, même indiscutable, la mort n'est pas totale. Les « armiers », les médiums dotés d'une surexcitation spirituelle, pourront donc évoquer les défunts, plutôt pour inciter à la pénitence et aviver les regrets. L'Église condamne évidemment ces évocations qu'elle qualifie de nécromancie, quasi de sorcellerie, et qu'elle poursuit comme telles.

Si le rappel des morts ne suscite pas de réels adeptes, le vulgaire quant à lui se contente d'un contact physique avec l'Au-delà au travers des objets ayant appartenu au vivant, et plus encore de ses restes, ses *reliquia*, ceux d'un saint personnage, d'un évêque ou d'un abbé proches, de Jésus naturellement. La révérence, la vénération même portée aux reliques est, certes, un phénomène de spiritualité ; mais, par ses effets matériels sur les lieux de dévotion, leurs profits, leurs voies d'accès, il excède largement le simple respect des morts – cette question vaudra d'y revenir. S'il n'existe pas de restes présentés comme « authentiques » d'un saint ou même d'un glorieux personnage dont on espère l'appui, au moins se satisfera-t-on de toucher sa châsse, son tombeau. Après le XIVe siècle, la dramatisation de la mort a ouvert la voie aux exhibitions effrayantes de gisants nus, représentés en décomposition sur leur dalle funéraire.

Si l'on ne peut toucher, du moins peut-on voir ou, en tout cas, imaginer. L'interprétation des rêves, ou encore l'apparition des défunts, occupent une grande place dans la littérature moralisante. Ce sont surtout les enfants qui en bénéficient ; ils entendent, ils voient les aïeux, ils rapportent leurs propos : ce sont des *miracula*, des visions pieuses qui doivent provoquer une attitude de crainte et de dévotion ; ou des *mirabilia*, des anecdotes étonnantes, des prémonitions, dignes au moins de curiosité dans l'entourage de l'enfant. Chez les Scandinaves, ce lien entre la mort et l'enfant est même un ressort essentiel des sagas.

Le cas des revenants est différent. Leur apparition relève évidemment du surnaturel ; mais elle répond, dans l'esprit de qui les voit ou croit voir, au sentiment que ce ne peut être qu'un cas familial, à régler entre soi : il s'agit le plus souvent d'un mort « anormal », enterré sans rite et sans prières, voire d'un suicidé ou d'un non-baptisé. Le revenant se manifeste la nuit, dehors, à quelques-uns seulement, ceux qui ont déjà quelque commerce avec les défunts. Mais la conscience qu'on en a participe plus du remords que d'une véritable crainte de l'Au-delà.

Ainsi s'écoulent les âges de la vie. De sa naissance à sa mort, l'homme a subi largement les contraintes de son propre corps, celles du travail, celles de son milieu. Le voici qui repose à présent, en paix s'il se peut. Quelle paix ? Il a simplement oublié tout le reste du monde vivant, au milieu duquel il s'agitait. Ce monde-là peut lui faire durement sentir sa force hostile.

3

La nature

La pluie et le beau temps, la chute des feuilles et la pointe de l'herbe, le dressage du cheval et l'arrivée des hirondelles : de quoi faire parler les hommes entre eux depuis qu'ils partagent la même caverne. Qu'importent, en effet, l'existence de Dieu, le tout récent appareil électronique ou le championnat de football, si l'été est « pourri », la paille rare, la vache malade ? L'homme s'agite ou s'active, comme l'on voudra, mais il est tenu à la gorge par le monde : tout deviendra angoissant, paralysant, si le grain ne pousse pas ou si le cheval meurt. On m'aura compris : la Nature commande à l'homme. Il peut bien polluer l'atmosphère, détruire le couvert végétal, massacrer des espèces animales, il n'en reste pas moins incapable de détourner les cyclones, d'empêcher le réchauffement de la planète et de venir à bout des termites. Comment voit-il, comment subit-il cette domination de l'environnement ?

Qu'un été soit trop chaud ou un hiver trop rude, et nos contemporains, imperméables aux données scientifiques, « n'ont jamais vu cela » et ajoutent même « de mémoire d'homme » ; vu le niveau de cette mémoire, l'adjonction est sans intérêt. Incapables de jauger les rythmes des phénomènes naturels, ils sont régulièrement maintenus dans la panique par des informations ponctuelles et précipitées. Canicules ou typhons, montée des eaux de mer et recul des glaciers, hausse des températures et avance ou retrait des essences végétales ont été observés depuis presque deux siècles ; et les savants, qui ont les moyens de mesurer, le savent et le disent. Mais leur voix est couverte par les clameurs affolées des ignorants, dont beaucoup occupent les centres de diffusion des nouvelles. Peut-être moins sensibles à l'immédiat, les hommes des siècles médiévaux ne sursautaient pas à chaque caprice du temps. Le voyaient-ils, d'ailleurs, et qu'en savons nous ?

Les lumières du paléo-environnement

Les relevés réguliers des niveaux de température et d'humidité dans nos régions, ou une observation scientifique du couvert végétal, sont effectués depuis 1850 environ. Mais l'intérêt qu'on y a porté s'est limité longtemps à l'étude de l'évolution géographique, dans une perspective anhistorique. Certes, quelques chercheurs ont bien tenté de rapprocher ces phénomènes de la vie humaine, par exemple des épidémies, voire des comportements psychiques des hommes, sans compter évidemment les effets de la sécheresse, des éruptions ou des séismes sur la vie quotidienne. Mais l'exploitation de ces données pour une étude de l'entourage naturel n'a pris son essor que dans la seconde moitié du XXe siècle ; sans doute lorsqu'une curiosité, une inquiétude peut-être, se sont développées en dehors des officines savantes, par exemple pour la préservation de notre espace naturel de vie.

L'étude de l'écologie ou, si l'on veut, de l'environnement a donc alors dépassé le cadre des temps contemporains pour se pencher sur ce qu'il en avait été en l'absence de données chiffrées fiables, c'est-à-dire aux temps protohistoriques, médiévaux ou « modernes ». Déterminer la nature et l'étendue du monde végétal, le volume et les spécificités de la faune ou les variations climatiques permet de projeter la lumière sur la place de ces composantes dans l'alimentation, l'habitat, le travail – tout ce qui constitue la « culture matérielle », comme on a longtemps dit, mais que l'on se refuse aujourd'hui à qualifier ainsi, on ne sait trop pourquoi. Et il n'est pas exclu d'y quêter aussi l'origine de bien des réactions mentales. Les dix à douze siècles médiévaux offrent ainsi une assez « longue durée » pour que l'on puisse espérer dégager, au-delà d'un phénomène ponctuel que signalerait un texte, des tendances scandant la vie humaine.

Il est hors de mon propos d'examiner ici des techniques, leurs progrès et leurs limites ; je me bornerai à souligner leurs apports à notre connaissance de la vie humaine. Ce sont les mouvements des eaux, visibles au premier regard, qui ont suscité depuis cent ans la curiosité des touristes et l'intérêt des savants : laisses de mer, rives lacustres, terrasses fluviatiles dont la végétation, les restes d'animaux aquatiques, les strates pédologiques attestent les variations de niveau sur plusieurs siècles ; plus spectaculaire encore, le front des glaciers, dont les successifs bourrelets des moraines latérales conservent les témoignages datables de végétation écrasée ou d'habitat détruit. C'est ensuite le couvert herbacé ou arborescent qui a renouvelé, mais depuis une cinquantaine d'années seulement, notre bagage documentaire : la dendrologie, c'est-à-dire l'examen des cernes successifs et annuels des troncs d'arbre (en Europe, on peut remonter jusqu'aux XIe ou XIIe siècles chez les résineux), éclaire les phases de sécheresse et d'humidité. La palynologie est plus ambitieuse : la superposition, sur des sols spongieux et chaque année, des couches de pollens, herbacés compris, permet une ventilation entre les espèces végétales environnantes, naturelles ou cultivées, et, pour certains sondages, depuis le néolithique. La carpologie, étude des grains et pépins, cette fois dans les dépotoirs et les silos des habitats, ou l'anthracologie, qui est celle des restes de broussailles brûlées dans les foyers domestiques, tout cela nous rapproche encore davantage de l'homme, de ce qu'il a récolté, consommé ou utilisé dans sa vie quotidienne.

Excitantes possibilités de recherche pour mon sujet, mais n'allons pas trop loin ; la prudence s'impose. Les pollens ne se conservent pas partout ; la nature des sols, l'environnement végétal, la dominance des vents faussent l'examen. Les cernes des arbres varient selon les espèces, l'orientation, le couvert proche. La datation d'une poutre grâce à sa teneur en carbone 14, qui donne le moment où l'arbre a été abattu, occulte les effets d'un remploi ultérieur et limite les conclusions chronologiques. Et même les brindilles, les coquilles, les graines ou les osselets animaux ne sont que des données brutes sans notion de volume, de provenance ou d'effets. Là où ces relevés sont systématiques, aux États-Unis, en Europe de l'Ouest, on accumule avec soin ces données précieuses. Mais les spécialistes de ces sciences n'ignorent pas que ce que l'on croit voir sur un huitième des 10 % émergés de notre planète ne saurait être généralisé. Patientons.

Le renfort des témoignages écrits sur de tels phénomènes n'est pas nul, et les signaux que nous ont laissés les hommes de ces temps ne manquent pas. Récemment, on en a rassemblé tout ce qui paraissait utilisable : allusions insérées dans des annales, des chroniques, des biographies, des livres de raison ou encore comptes de récoltes ou de transhumance, dates des vendanges et du banvin, c'est-à-dire de l'autorisation d'aller aux vignes, voire délibérations échevinales sur les dispositions à prendre face à une calamité. Sur une période de quatre siècles, de 1000 à 1425, on a réuni ainsi 3 500 notations sur le climat, dont environ 600 sont réellement météorologiques. Malheureusement, ni ce total ni les relevés géographiques ne permettent d'aller au-delà d'une esquisse grossière de l'évolution climatique, et dans l'extrême Occident de surcroît. Du IIIe au Ve siècle, réchauffement et sécheresse, plutôt au sud qu'au nord d'ailleurs, et qu'on peut ranger parmi les causes possibles du « fléchissement » de l'ordre romain. Refroidissement et humidité ensuite, plutôt au nord qu'au sud cette fois : la « crue mérovingienne », comme on dit de la peste qui s'y inclut qu'elle est « justinienne ». Après 900 ou 1000, la phase « optimale » – pour le grain et pour l'homme au moins –, celle du progrès économique de l'Occident, à mener jusque vers 1200. Dès avant 1140 ici, pas avant 1260 là, un retournement : pluies et chaleurs avec des fluctuations par demi-siècle que l'on saisit mieux, car les témoignages prospèrent désormais. Enfin, mais j'ai quitté le « moment médiéval », une remise en l'état antérieur, qui, pour cela et peut-être uniquement pour cela, mériterait au XVIe siècle l'adjectif « beau » dont l'affublent ses admirateurs. Encore faudrait-il reconnaître, et sans préjuger des lieux, les causes de ces amples fluctuations : on s'y est essayé, et l'on y est presque parvenu ; mais ces données où se mêlent masses océaniques en mouvement, circulation accélérée des courants stratosphériques, ou leur origine solaire, excèdent à la fois ma compétence et les limites de mon chantier.

Qu'ont-ils vu ou senti ?

Lorsque les « chevaliers-paysans » de Charavines en Dauphiné évacuent leur habitat après vingt ans seulement d'occupation, que les hôtes de Bourbourg en Flandre avancent leurs digues en mer et ensemencent le sol, que les « pontifes » d'Avignon se risquent à enjamber le Rhône, que les hommes des lagunes languedociennes fuient le rivage pour transporter leurs maisons en hauteur, ou que les pasteurs des Alpes bâtissent leurs mayens plus haut que ne le faisaient leurs aînés, c'est qu'ils obéissent sans nous le dire aux ordres de la Nature : les eaux du lac montent, la mer recule, le débit du fleuve faiblit, les moustiques triomphent, la forêt s'éclaircit et dégage les alpages. Cent autres exemples pourraient être donnés qui montreraient que les groupes humains réagissaient par leurs actes aux caprices naturels ; mais ils n'écrivent pas. C'est aux doctes de nous le dire. Ils sont moines d'abord, prédicateurs ensuite, hommes de la ville marchande ou familiers des puissants ; en sorte qu'il faut prendre avec prudence leur dire. Ils sont ordinairement portés à l'exagération, usent de termes généraux et ne se soucient pas de constituer des « séries ». Tout phénomène est du niveau de la catastrophe, parce que bien souvent, ainsi dans les *exempla*, il s'agit d'user de cet « accident » pour toucher l'âme du pécheur.

Naturellement, ce sont les phénomènes exceptionnels qui sont bien notés, de par leur rareté même – météorites, comètes, éclipses –, mais l'homme en subit rarement les effets ; rares aussi et inattendus, on s'inquiète des invasions de criquets, de doryphores, du mildiou, en raison de leurs ravages sur les cultures. Quant aux phénomènes d'origine purement chthonienne – séismes, éruptions, glissements de terrain –, leur soudaineté et leurs dégâts les apparentent à des actes isolés et brefs : on peut dater les couches de lave vomies par l'Etna, et les villageois les guettent ; quant à l'effondrement du mont Granier au sud de Chambéry en 1248, il a davantage frappé les Savoyards que l'écrasement de Grindelwald par les glaces n'avait ému les Helvètes cinquante ans auparavant. Dans la pratique quotidienne, les manifestations d'origine météorologique se groupent, selon l'intérêt que leur portent les hommes, en trois ensembles, étant acquis que ces épisodes occupent beaucoup moins de place, par leur fréquence même, dans l'esprit des contemporains que ne le font aujourd'hui pour nous les « bulletins d'alerte » de la « météo ».

Le premier domaine est celui de la température parce qu'il englobe la maturité du raisin, la lactation des vaches ou l'aptitude au travail champêtre. Le vocabulaire est alors stéréotypé : les hivers sont « rudes », le gel « constant » ou, au contraire, l'été torride et étouffant. Sur les 3 500 mentions dont je parlais plus haut, 1 560 portent sur cet aspect thermique ; mais, comme leur proportion par rapport aux sources consultées demeure à peu près stable entre le XIe et le XIVe siècle, alors que le bilan climatique dont j'ai dit un mot il y a un instant varie durant cette tranche de temps, on peut redouter que les appréciations des chroniqueurs ne se soient figées au cours des temps. Le deuxième domaine d'attention, d'ailleurs voisin du précédent, concerne la pluviosité, averse, grêle, orages, dont les conséquences sont fort proches : un bon millier de notations, englobant les tornades de vent qui peuvent aussi ravager les sols. Mais, cette fois, l'augmentation du nombre des cas aux XIVe et XVe siècles est davantage conforme à l'évolution d'ensemble du climat à ce moment : Froissart décrit les chariots embourbés, et les chevaliers dérapant sous la pluie à Crécy ; mais Guillaume le Breton n'avait rien vu de tel à Bouvines cent cinquante ans auparavant – pourtant même région, même saison. Ce sont les inondations, beaucoup plus rarement les assauts marins, les *zeegang* de Flandre, qui frappent l'esprit par leur violence incontrôlable, leur durée, les dégâts laissés derrière eux sur les maisons, les cultures, le bétail. Encore aujourd'hui, ces cataclysmes sont plus redoutés qu'un feu de forêt ou une tempête. Plus de 500 en quatre siècles en Europe de l'Ouest, et en proportion croissante, sans doute en raison d'une pluviosité accrue. Quant aux autres notations d'origine climatique, comme la médiocrité des récoltes, la mauvaise qualité du foin ou des grappes, la dispersion des essaims d'abeilles ou les forfaits des rongeurs, ce ne sont évidemment que les effets de causes antérieures.

Tous ces phénomènes rythment la vie, le travail, la santé, mais leur fréquence ou leur ampleur ne sont probablement pas supérieures à celles d'aujourd'hui. Cependant, tandis qu'en les supportant nous tentons de les expliquer, les hommes des temps médiévaux semblent résignés à les subir sans en chercher la cause. À la lecture de nos sources écrites, on est frappé par l'espèce d'indifférence générale, traversée de brèves paniques, qui marque les hommes, presque à l'égal des animaux domestiques qui les entourent. À quoi bon s'alerter quotidiennement ou essayer de prévoir, puisqu'il n'y a pas là de phénomènes « naturels » que l'on pourrait étudier ou circonvenir ? Le caractère imprévu et inévitable de ces « accidents » relève de l'inconnaissable, donc de la Divinité. Dieu a donné à l'homme, dit l'Écriture, pouvoir sur la Nature : si un « désordre » s'instaure, il y a rupture du contrat entre la créature et Dieu ; ce ne peut être que la première qui en porte la faute et en subit le châtiment. Tenter de fournir une explication humaine est donc un défi à Dieu, un rejet de l'Alliance qu'Il a conclue avec sa créature. On verra même dans le haut Moyen Âge, en Orient il est vrai, des savants condamnés pour avoir cherché des « causes ». Seul le Démon peut avoir encouragé une quête sur ces signes de l'émancipation de la Nature, comme l'avait fait Lucifer face au Seigneur. Il ne faut y voir que des manifestations prémonitoires du Jugement.

Telle est du moins la thèse théologique : Dieu punit ainsi les méchants, et beaucoup de ces notations météorologiques n'ont d'autre but que de prouver la puissance divine. Tant pis pour les « dégâts collatéraux », comme disent aujourd'hui les stratèges maladroits. Pourtant, cette attitude ne satisfait pas les esprits occidentaux. Frottés à la culture antique, confrontés à la pensée « arabe », se mêlent, avant même la fin du XIIIe siècle, en Angleterre puis à Paris, l'esprit rationaliste et thomiste à l'attirance pour l'expérimentation. On puise chez Platon une certaine approche du temps géologique, chez Aristote celle de l'enchaînement des causes mécaniques, chez Sénèque et chez Pline une curiosité aiguë envers les phénomènes astronomiques et leurs causalités. Mais c'est l'étude du corps humain lui-même qui est le socle de cette recherche. Puisque ce microcosme, selon la médecine d'Hippocrate et de Galien, est soumis aux quatre éléments – le feu, l'eau, la terre et l'air –, à leurs rapports et à leurs effets, on recherche et on trouve le lien entre la vie humaine et le temps qu'il fait. La succession des quatre saisons se calque sur les quatre éléments, et débouche sur des comportements physiologiques, alimentaires et même psychiques. Or les saisons ne sont pas que des rythmes solaires ; elles subissent les conjonctions astrales, et l'étude des « accidents naturels » en est la suite logique. Il n'y a pas lieu que je m'arrête, à ce propos, sur les interprétations qu'en font les philosophes antiques – interprétations divergentes d'ailleurs, mais que reprendront l'expérimentation et la science « arabes » (persanes et berbères en fait). Au-delà d'une longue période où la doctrine d'une omnipotence aveugle de la Divinité l'emportait, c'est-à-dire à partir du début du XIIIe siècle, les médecins, les *physici*, rallumèrent le flambeau dans le monde chrétien. Si l'on ne percevait pas des mécanismes, comme ceux de la croûte terrestre, des pressions atmosphériques ou des mouvements océaniques, bien des phénomènes climatiques furent mis en lumière : Jean Buridan sut expliquer le principe des éclipses, Brunetto Latini la formation des nuages, Albert le Grand la qualité de l'air selon le relief et l'humidité, Robert Grossetête les liens entre la température et les cycles végétaux – un Français, un Italien, un Allemand, un Anglais : c'est l'embryon d'une science « européenne ».

Mais tout le monde ne va pas entendre les savants à Oxford, à Paris, à Montpellier ou à

Salerne. Le bon peuple voit moins loin, et la prédication dominicaine le maintient, avec prudence, au niveau de la crainte de Dieu : ce sont les démons qui animent les tornades ; c'est l'approche d'un miracle qu'annonce une comète, ou celle d'un bain de sang que charrient les sables rouges du sirocco ; et si la foudre frappe l'église, c'est que Satan lui a fait rater le château. À défaut de s'expliquer la Nature – ce qui serait bafouer Dieu –, du moins, et par obligation, les hommes du temps ont réagi face aux agressions et aux caprices de cette dernière. Le perchement des villages ou la consolidation des *terpen* frisons n'ont pas que des motifs « sociaux » : ce sont le sol et l'eau qui commandent. L'assèchement des étangs et des lagunes salées ne fait pas que gagner des hectares, donc de l'argent : il écarte aussi la malaria, donc limite la contamination de l'air. Le choix d'un gué en place d'un pont n'a pas qu'une motivation de moindre coût : il évite le péril d'une crue furieuse et probable. Organiser en rase campagne de retentissants concerts n'a pas pour objet de charmer les oreilles rustiques, mais de déclencher une grêle qui menaçait, ou d'interdire l'assaut d'un nuage de criquets. Certaines catégories de la population sont, d'ailleurs, plus attentives que d'autres : ainsi les marchands auxquels les facteurs rapportent le récit de séismes et de typhons, dont les signes avant-coureurs étaient bien connus des hommes d'Orient. Quant aux marins, confrontés à l'élément diabolique qu'est la mer, ils savent parfaitement distinguer dans un naufrage la part de l'erreur de navigation et celle des caprices de la tempête.

Ainsi vivent les gens de ces temps. Ils sont dans la main de Dieu, qui reste maître de les tenter puis de les punir. Mais ne sont-ils pas là que pour un simple passage ? Qu'importe alors qu'il pleuve plus qu'on ne le craignait ou l'espérait ? Il y aurait bien un morceau de Paradis sur terre, où il fait toujours sec, toujours beau, toujours chaud, là où l'eau jaillit, le feu brûle, le sol est fleuri pour le plaisir des yeux et la joie de l'âme. L'ennui est qu'il est fort loin et musulman.

Le feu et l'eau

Nul ne peut longtemps vivre sans eau, et c'est un dur châtiment que de la rationner à l'extrême chez un prisonnier. L'homme dépend presque aussi étroitement du feu, mais il peut au besoin s'en passer. Ces observations sont banales ; mais elles expliquent sans doute le peu de réflexion sur ces deux « éléments », comme disait Hippocrate.

Le feu, symbole de la vie et de la mort

Avoir su maîtriser le feu naturel et avoir su l'adapter à ses besoins est la principale, la seule peut-être, supériorité de l'homme sur le reste du monde animal. Le feu est d'abord la manifestation même du pouvoir suprême, l'image du Tout-Puissant : il est en haut du Sinaï pour dicter sa Loi ou dans le buisson ardent de Moïse ; il arme le bras de Zeus, entoure le char d'Élie, accompagne Mahomet dans son extase sur le Rocher. Pour avoir voulu s'en emparer, Lucifer est précipité dans les flammes mêmes ; et Prométhée expie longuement la folie d'avoir voulu en devenir le maître. Peut-être le paysan d'Occident, qui ignore tout cela, ne sait-il pas non plus, comme l'affirmaient aussi bien les penseurs hindous que les philosophes grecs, que le feu est également le symbole de l'amour : Éros enflamme les corps et les cœurs des flèches qu'a forgées Héphaïstos, l'époux trompé d'Aphrodite. Et cette mythologie a son répondant à Rome, où Vesta, déesse de la Virginité, est aussi gardienne du feu. Notre rationalisme moderne s'étonne, d'ailleurs, qu'on n'ait pas trouvé anormal de confier le feu, symbole de l'acte sexuel, à la responsable de la continence !

Ce bric-à-brac païen n'a pas troublé le monde chrétien, et je ne crois pas qu'on ait jamais représenté la Vierge Marie au milieu des flammes. En revanche, le feu est bien présent dans le subconscient des hommes du Moyen Âge. Il y est, en effet, symbole du Jugement et du châtiment dernier. Cet Enfer où fut précipité l'archange rebelle, il est sur les tympans des églises, les miniatures des psautiers, les fresques des murs. Les damnés y sont poussés dans des marmites bouillantes, avec ou sans fourche, par des démons monstrueux, emblèmes du Mal. Et, comme les paroissiens de Cucugnan, les fidèles, terrorisés, reconnaissent dans les supplices et les flammes parents et amis. Le feu n'est plus alors le symbole de l'amour, mais celui de la vengeance de Dieu. Repoussés du monde des bienheureux, ces damnés seront donc anéantis par le feu qui les a créés. Ce sera le bûcher pour ceux qui auront insulté la Divinité. Mais les autres retrouveront dans la terre la cendre dont ils ont été formés. Aucune des déviations dogmatiques des temps médiévaux, aucune des trois religions qui se partagent le pourtour de la Méditerranée, juifs, chrétiens, musulmans, n'ont admis au terme de la vie ici-bas l'incinération des corps. Le rôle purificateur du feu, si largement magnifié plus on va vers l'est, n'est justifié que pour punir. La crémation des morts, orientale ou païenne, a disparu de l'Occident – du moins jusqu'à des temps proches de nous.

Symbole de vie et d'amour, mais aussi de douleur et de mort, le feu a donc deux visages. Il tue et ressuscite à la fois, comme le phénix, l'oiseau de feu de la légende orientale. Cette ambiguïté n'est certainement pas perçue par le commun en ces termes complexes. Mais on a cependant conscience de ces deux figures. Le feu est d'abord une menace, celle de l'incendie déclenché par la foudre, par la lave ou par la malignité des petits « génies du feu », lutins ou farfadets, « feux follets » ou « poucets ». Or le bois, en ces temps, n'est pas seulement la forêt et tout ce qu'en attendent le cueilleur ou le berger ; c'est aussi le matériau de base de toute construction, même de l'habitat du seigneur avant la concurrence de la pierre. Aussi les routiers brûlent-ils volontiers et sans peine les chaumières après les avoir vidées ; mais la ville entière se consumera si le feu prend dans un atelier, un grenier ou un âtre non surveillé. Il y a bien en ville des guets et des corps de vigiles comme dans la cité antique, mais il n'existe souvent ni citerne ni fossés où puiser : le mal est implacable.

C'est cette peur du feu qui conduit à ranger les incendies volontaires, ceux d'une meule ou d'une étable, parmi les « crimes de sang », ceux que châtie la mort.

Mais, redoutable et redouté, le feu est aussi un bienfait. D'abord, et c'est une évidence, parce qu'il réchauffe dans l'âtre, qu'il cuit dans le chaudron, qu'il éclaire dans les recoins de la salle commune. Dans le château ou le monastère, on l'entretient avec soin dans un local spécial réservé aux enfants ou aux malades, à la purgation ou aux massages. Dans la chaumière, on conservera les cendres rougies aussi longtemps qu'on le pourra. C'est le feu qui animera le four du potier, la forge du fèvre, l'atelier de l'orfèvre ; et les badauds, les hommes surtout, assistent, craintifs et ébahis, au travail de celui qui, au milieu des étincelles, maîtrise le feu et dompte la terre et le métal.

Les hommes sont à la forge, mais les femmes, à la maison, sont les maîtresses du feu. Le feu est femme parce qu'il représente l'intimité de la demeure, qu'il est purificateur et créateur, inconstant et brûlant aussi. Lorsque est abandonné l'usage du feu ouvert en plein vent et commun à beaucoup, lorsque le feu entre dans la maison – et l'archéologie situe cette étape capitale entre 900 et 1100 –, alors l'autorité de la femme apparaît sans partage sur la cellule familiale : j'en ai déjà parlé. On dira donc le « feu » pour désigner le groupe familial, conjugal ou plus ample, comme nous disons encore le « foyer ». Cœur de chaque groupe humain, le feu rassemble les hommes pour manger, les femmes pour filer, les enfants pour dormir, les anciens pour armer la trame des récits et des poèmes. Qu'il ait été tiré d'un tison d'incendie encore rouge, qu'on l'ait créé par l'étincelle jaillie d'un silex ou par la tenace friction de rameaux ignés, le feu devient symbole de vie ; mais il pourrait être symbole de mort.

L'eau salvatrice et bienfaisante

Si le feu s'entoure de crainte et de respect, l'eau est la compagne complaisante et familière de l'homme. Elle est la source de sa vie ; il ne peut s'en passer, et là même où sols et climat la font rare, là surtout peut-être, elle est la base de son activité. Salvatrice, elle étanche la soif du marcheur, du pèlerin ou du commerçant ; sacrée, elle accueille le nouveau-né, le futur chevalier, ou baptise le chrétien ; purifiante et fraîche, on l'offre aux hôtes pour leurs ablutions ou comme cadeau ; festive, elle anime les jeux d'eau des entrées royales ; fascinante, elle embellit de ses miroirs les jardins des riches ; curative, elle soulage baigneurs et souffrants ; travailleuse, elle tourne la roue du moulin, irrigue le champ ou reçoit la teinture. En outre, on la boit ; mais, curieusement, ce n'est pas sa fonction première. Depuis l'Antiquité, on a bien compris son cycle de vie : l'océan permet les nuages dont la pluie remplira les citernes et alimentera les cours d'eau qui la restitueront ensuite à l'océan. Aristote l'a expliqué ; Hésiode l'a chanté ; et les divinités président à la fécondité des rivières, tandis qu'en Gaule Taranis protège l'eau qui jaillit du sol et la magnifie. Évidemment, il pleut plus ou moins quand il faut, et il y a des inondations redoutées. Tant pis ! C'est le prix de la vie, à la campagne où le puits est un lieu de convivialité, et en ville où l'eau est le « signifiant », maîtresse du plan et de la sûreté, fontaines ou fossés.

Capter l'eau, surtout si la Nature n'en est pas trop généreuse, offre bien des possibilités. Celle des rivières ou peut-être, plus aisément, celle des ruisseaux soutiennent une activité capitale : au plat pays, la corvée d'eau, assurée par les femmes, pouvait prendre l'aspect d'une contrainte écrasante, quand il fallait, seaux pendant à un bât, remonter tous les jours de la rivière au plateau. C'étaient le puits et la source proche qui éliminaient une telle charge ; c'est pourquoi l'on a souvent proposé de voir dans les regroupements de l'habitat collectif le souci de se rassembler autour de l'eau, beaucoup plus que de se garder ou de chercher de bons sols. Le puits est devenu ainsi le « parlement des femmes », ou le lavoir s'il est proche, comme la forge est celui des hommes. La documentation est maigre sur cet aspect pourtant essentiel de la vie quotidienne : des restes de procès à l'occasion d'une appropriation individuelle lésant la communauté, quelques fouilles dans des citernes publiques ou privées. Mais les techniques de creusement ou de captage, leur profondeur, leur consolidation, leur débit restent inconnus. Iconographie à l'appui, on rencontre de simples chevalets ou des potences avec corde coulissante, plus tard avec poulie, des seaux de sapin, une cuve de réserve pour boire ou se laver. Cette eau tirée du sol est souvent saumâtre ; celle tombée du ciel est meilleure, si on peut l'avoir. Sinon, il faut régulièrement vérifier l'état du puits, filtrer l'eau courante. Tout un peuple de puisatiers, de fontainiers surveille les engins à puiser, les gouttières, les canalisations, les éléments de jointure : métier difficile, pénible, très contrôlé, parfois héréditaire. Finalement, il est étrange que nous en sachions beaucoup plus sur les réseaux d'adduction de l'Antiquité – peut-être parce qu'il s'agissait d'œuvre publique et, d'ailleurs, essentiellement urbaine. Sans m'y attarder, parce qu'il n'y a là que détails en trompe-l'œil, la place des fontaines ou des puits en ville est souvent un héritage antique, plus ou moins adapté au nouveau visage de la ville médiévale. On a largement étudié cet apparat des villes italiennes ou, plus généralement, méditerranéennes ; on a souligné le rôle presque plus mystique qu'économique de l'eau en ville, incarnant la puissance de la cité ou de son maître.

L'emploi de l'eau domestique n'épargne aucun secteur du monde des hommes ; mais, dans presque tous, c'est le rôle purificateur qui l'emporte. Imbuvable, l'eau servira à entraîner vers les fossés de la ville, ou le puisard campagnard, les déjections humaines et animales, les sanies et les pansements des hôpitaux – souvent bâtis à cette fin sur les ponts ou sur les berges –, les eaux « usées » des latrines et des cuisines vidées dans les rues ou les champs. Le fossé urbain dépasse alors son rôle de défense guerrière : il devient un rempart de salubrité et un lieu d'aisances. C'est pourquoi le souci de collecter ces eaux et leur contenu abject a tant préoccupé les édiles antiques puis médiévaux. Nombre des égouts empierrés des temps romains ont été repris après le

XIIIe siècle par les corps municipaux ; nombre d'entre eux aussi n'étaient que des ruisselets naturels captés et canalisés. Aussi le curage régulier de ces cloaques ou l'ouverture de « regards » permettant d'en surveiller le débit apparaissent-ils dans les comptes de presque toutes les villes de l'Occident médiéval à la fin du Moyen Âge comme un « poste » de premier ordre. La pollution par les eaux souillées a d'ailleurs été très vite dénoncée comme une cause capitale de propagation épidémique, même lorsqu'elles n'y jouaient aucun rôle, comme au moment de la peste du XIVe siècle. C'est pourquoi l'on associe volontiers aux puits souillés ou à l'égout bouché l'action pernicieuse des hérétiques, des marginaux ou des Juifs. La notion des « eaux privées » en est issue : celle qu'on a chez soi, dans sa cour ou son logis, dans sa « chapelle » parfois. Purifiée aussi et non diabolisée, l'eau dont use l'apothicaire pour prescrire des bains dans des cuveaux préalablement bénis, garnis de baumes, chauffés par des hypocaustes à l'antique. « Prendre les eaux » n'a pas été qu'une tradition gréco-romaine ; on l'a pratiquée au Moyen Âge, et j'ai longuement évoqué plus haut la place des « étuves » dans la vie au moins urbaine de ces siècles. Il reste difficile de mesurer la « consommation » d'eau qu'entraînaient les bains publics : on parle d'une étuve pour 2 000 habitants, mais ce sont des données trop incertaines. L'Église, assez sourcilleuse en ce domaine, avalisait ces pratiques, sans qu'on puisse assurément y déceler un souci de l'hygiène publique : peut-être y voyait-elle une sorte de purification corporelle proche du baptême pour l'âme ; peut-être aussi lui fallait-il discréditer le bain rituel juif célébré au pied des synagogues, fort près des étuves.

On boit à la source, on pêche dans la rivière ou le lac, on conduit l'eau dans le vivier qui précède la roue du moulin, on la capte pour relaver les peaux ou rouir le lin, on la mêle à la farine, on y fait cuire les aliments, on la boit, on la tire du sol ou des cours d'eau. Mais, à la suivre encore, on la voit s'abîmer enfin dans une immensité hostile et inconnaissable : la mer.

La mer, horrible et tentatrice

L'homme est un mammifère terrien : il ne peut vivre dans l'eau ; il peut à peine, et mal, s'y soutenir. Cet élément liquide lui est donc physiquement et naturellement hostile, dangereux, répulsif. L'approche de la mer l'angoisse ; son immensité même lui donne l'impression d'être assiégé par l'eau. Pourtant, ni les géographes grecs, arabes ou indiens, ni les voyageurs et les aventuriers qui l'ont traversée ou étudiée n'en ont, alors, vraiment mesuré l'étendue. Les théologiens, les philosophes, les fidèles sont convaincus qu'elle entoure complètement la terre des hommes. Encore ne sauront-ils pas avant des siècles que l'eau recouvre en réalité les trois quarts de la planète. Mais, depuis des dizaines de millénaires, ils y voient les frontières de la peur, le monde du Mal. Tout y est incertain, trompeur, imprévisible – en un mot, tragique. Mais comment éviter son contact ou même sa vue quand, dans une Europe profondément pénétrée par elle, il n'y a pas un seul homme qui vive à plus de

350 kilomètres d'une côte, soit quelques jours de marche, et beaucoup moins pour la plupart ? Mais, inversement, pas un marin qui soit à plus de six heures de voile d'un rivage ou d'une île. C'est le mérite ou la folie de Colomb de s'être jeté en plein large et sans repère aucun, pendant plus d'un mois. Il est vrai qu'il s'abusait complètement, comme tous les géographes d'alors, sur les distances réelles séparant l'Europe de l'Asie ; ce qui explique que, rencontrant l'Amérique, il soit resté jusqu'à sa mort convaincu qu'il avait atteint son but.

On connaît alors assez mal la mer, ses courants, ses caprices, ses dangers. S'il faut s'y hasarder, ce sera en longeant les côtes, en mettant en panne la nuit. La vitesse et le profit sont des idées de terriens ; en mer, c'est la sécurité qui prime. Or le naufrage est en général irrémédiable, la tempête imprévisible, l'ouragan effroyable. Pour résister à la « fortune de mer », c'est-à-dire aux risques de la navigation, on ne pourra s'en remettre qu'à la clémence divine, à la Vierge surtout, invoquer saint Pierre et sa barque miraculeuse. Et si cela ne suffit pas, on jettera un homme à l'eau, victime expiatoire, sacrifice quasi magique. Toutes les civilisations qui ont eu à faire avec ces forces non mesurables ont chargé la mer de sa réputation maléfique et infernale : Phéniciens, Grecs, Celtes des îles ou de l'Océan, Scandinaves surtout, ces Vikings que les moines carolingiens affolés prenaient pour des démons infernaux. Évidemment, les progrès des techniques de construction ou de repérage en mer ont limité les risques du marin : les coques montées à clin en pays nordiques dès le XIe siècle, sinon plus tôt, écartent les voies d'eau ; la panse des hoques ou *kogge* de ces mers, leur « pont » aussi préservent les cales d'embarquer l'eau, et permettent d'affronter les profondes houles océaniques. En Méditerranée, c'est la diversification de la voilure, à la mode orientale, qui a permis l'économie d'une partie de la chiourme rameuse. L'Islam a propagé vers le VIIIe siècle l'emploi de la boussole chinoise, puis du sextant indien, et, au XIVe siècle, l'usage des cartes de localisation pour les points de mouillage, rades et ports : les « portulans ». Il est vrai que de tels progrès, salutaires pour les marchands, l'ont été aussi pour les pirates, devenus plus nombreux et plus agressifs. Mais le navire naufragé ou coulé par le fond reste le témoignage du courroux divin et, sur la grève, les épaves sont à tout le monde ; seules les mouettes, réincarnation des marins péris en mer, veilleront sur ces reliques.

Et pourtant l'immensité liquide fascine les hommes et les émerveille. Comme aujourd'hui où les sports nautiques et les compétitions océaniques font florès, les gens de ces siècles chargent la mer de tout un poids merveilleux ou onirique. Le rivage est la ligne de contact avec l'inconnu, avec l'imaginaire ; l'océan, ou même la modeste mer bordière, sont le monde de l'aventure, celui du silence des hommes et du mouvement perpétuel des choses. Là se trouvent les mondes paradisiaques des îles merveilleuses, que chantent les folklores celte, scandinave, antique aussi, le mythe de l'Atlantide, de Thulé ou du Groenland. Là peut se gagner, en affrontant le péril, le Purgatoire, à défaut du Paradis : voilà qui soutient l'âme.

Mais les populations s'entassent en bord de mer, d'autant plus denses que l'arrière-pays est aride, rocheux ou gâté de marécages. Et tous ces marins ne sont pas là pour humer l'espoir de l'espace ou du salut ; tous ne sont pas non plus des aventuriers, ni même des marchands en quête de produits rares. Ce sont tout simplement des « travailleurs de la mer », qui vivent de la récolte des algues et du goémon, de la pêche côtière ou du cabotage à courte distance. Ces populations se heurtent à des difficultés techniques, que nos progrès modernes n'ont pas toutes éliminées : la pause et le relevé des filets, comme leur entretien ; la constitution de flottilles en commun lorsque l'on s'aventure un peu loin des côtes ; l'incertitude du gain à la vente si la récolte est mauvaise et si l'on n'a pas d'autre ressource à terre. C'est pourquoi le peuple des gens de mer forme un groupe social très fermé : l'entraide, la solidarité, la mise en commun des peines et des joies sont scellées par un solide mépris pour le terrien. Le pêcheur est seul à connaître les variances des marées, les moments de passage des bancs au large. L'entretien des jetées, des hangars pour le calfatage, des chaudières à sel, et les huttes, où ils vivent en épais groupes familiaux, forment un domaine que ne pénètre aucun paysan voisin. Au reste, ces paquets d'hommes en danger permanent s'opposent parfois entre eux, en rixes violentes à la criée, au cabaret, lors de la procession jusqu'aux calvaires où l'on honore les noyés.

La mer mange avidement les hommes, mais elle les nourrit avec générosité. La place des poissons et des « fruits de mer » dans l'alimentation se mesure en parcourant la liste des rentes concédées, notamment aux monastères, seuls consommateurs dont nous ayons conservé, avant le XIVe siècle, quelques archives de cette sorte : des centaines de milliers de harengs saisis lors de leur passage annuel, et plutôt à l'automne, par le détroit du pas de Calais, ou bien au large des côtes bretonnes. Comme on l'a dit pour le porc, le hareng a sauvé de la famine la chrétienté entière ; et tout le monde n'a pas la chance de rencontrer une baleine échouée sur une grève et qui nourrira un village tout l'hiver. La connaissance acquise sur les routes suivies par les poissons, sur leurs zones de reproduction, sur les conditions de capture et les engins adaptés aux diverses espèces est souvent une affaire de famille. Mais tandis que, dans les rivières ou les viviers ménagés en amont du moulin, le pêcheur trie les espèces et surveille l'alevinage, celui de la mer est un prédateur sans complexe qui recueille tout ce qui peut être mangé. On a bien tenté – on s'y essaie encore – de dresser le dauphin à pêcher pour nous, tant ce cétacé semble s'intéresser à notre espèce, mais les résultats ne sont pas concluants.

Un dernier élément marin, et il n'est pas mince : le sel, indispensable à la conservation des vivres, à la vie humaine tout court, peut certes être tiré du sol, mais ce sont les salines côtières qui en fournissent l'essentiel. Possessions seigneuriales, elles sont en pratique louées aux riverains et supportent des rentes sur leur production. On en faisait alors l'objet d'un intense commerce par voie d'eau ou par caravanes bâtées, depuis les diverses côtes qui en étaient riches, côtes atlantique ou tyrrhénienne par exemple. Ce qui en fait l'originalité pour l'historien de ces temps n'est pas la méthode d'accumulation : elle a peu changé depuis lors, malgré l'industrialisation des procédés. C'est la place qui y est donnée aux femmes : elles n'épuisent pas leur temps à repriser les filets, à déposer des ex-voto ou à guetter, avec résignation et angoisse à la fois, le retour du marin ; elles ratissent les salines, entretiennent les chaudières à sécher, convoient les sacs de sel, tous travaux physiquement fort pénibles. Cette activité n'est que rarement individuelle ; mais elle mange une large partie du temps, et contribue à isoler ces femmes de marins, comme l'étaient leurs hommes en mer.

Les produits de la terre

Les historiens médiévistes dont la ville est le cadre d'étude attachent, évidemment, à la transformation et à l'échange des matières premières un intérêt primordial ; ils se penchent sur le marché, la halle, la monnaie ; ils sont férus d'études commerciales, financières ; ils parlent d'argent, de crédit, de vaisseaux ; ils s'occupent de marchands, de bourgeois, et cherchent des structures d'échanges comme cadre de l'économie médiévale. À les lire, savoir si l'économie médiévale est, à partir du XIIIe siècle, « capitaliste » ou non est un objet de réflexion primordial, au besoin de querelles érudites. Mais ils ne parlent pas du sol et de ce qu'il porte, comme si ce n'étaient pas les préoccupations premières, voire uniques, de huit ou neuf hommes sur dix en ces temps ; et puisque ce sont justement ces hommes-là que je tente de saisir, je délaisse le monde des villes et me porte à l'essentiel.

Maîtriser le sol

Le monde médiéval d'Occident est un monde d'agriculteurs. De par sa constitution pédologique et géologique, l'Europe occidentale est une terre de paysans : pas ou plus de pasteurs nomades ; l'élevage lui-même n'est plus qu'un élément, capital certes, mais devenu sédentaire. Les transhumances, les « remues » des montagnes ou des plateaux secs en sont partie intégrante. Bergers et pasteurs ont leurs usages et leurs mentalités propres ; mais leurs troupeaux et ce qu'ils donnent sont du village, non de la steppe ou du désert. Et c'est de grain, de laitages et de viande que vivent pour l'essentiel tous les gens. Mais, pour cela, il faut d'abord être maître de la terre.

Il n'est pas un homme de la campagne qui ne soit, aujourd'hui encore, en mesure de porter un jugement d'expérience sur la terre qu'il travaille. Il dira d'un sol qu'il est « froid » ou « chaud », « franc » ou « lourd », « profond » ou « léger » ; il saura qu'ici le froment viendra bien, mais le seigle mieux ailleurs ; il notera si l'eau pénètre ou ruisselle seulement. Il n'est pas besoin pour cela de posséder de savantes connaissances géologiques, ni même pédologiques : le sol sera noir, blond, sec, gras, et que la roche en place soit calcaire, argileuse, gréseuse ou autre lui échappera. Ou, plutôt, le jugement qu'il portera sur son environnement sera bien davantage fondé sur l'observation du relief, de l'orientation et du ruissellement que sur les aptitudes chimiques, hydrologiques ou minéralogiques de la terre ; la connaissance sera expérimentale et la science empirique. Telle est du moins la situation du paysan médiéval. Aujourd'hui où l'agriculture scientifique, l'agronomie savante l'emportent – pour le mieux ou pour le pis, là n'est pas la question –, ces appréciations simples sont souvent abandonnées ; on les juge simplistes. Il arrive pourtant qu'ici et là l'expérience des « anciens » prime sur l'avis des ingénieurs.

Les siècles médiévaux n'ont pas manqué de leçons pratiques. Férus de botanique et contraints, sur des sols dans l'ensemble plutôt ingrats, à guetter le moindre signe positif de fertilité, les agronomes de l'Antiquité gréco-romaine ont multiplié les observations et les conseils. Il est d'ailleurs frappant de constater que les pertes documentaires depuis ces temps, calamiteuses dans presque tous les domaines, ont été assez légères dans celui de l'agriculture. Sans compter que les « Arabes », eux aussi placés devant l'ingratitude de leur environnement, en ont préservé et même enrichi une vaste part : Hésiode, Caton l'Ancien, Pline, Varron, Columelle sont connus, au moins dans les monastères ; mais même hors de leurs murs, puisque l'on a fait de leurs œuvres de petits poèmes didactiques qu'on récitait au besoin au château – des « chatonnets », comme l'on dit en France du Nord, du nom d'un autre Caton d'ailleurs. Et, en attendant l'engouement des XIVe et XVe siècles, le temps de Jean de Brie et de

Pietro dei Crescenzi, on s'est penché sur ces recettes et ces conseils. Et depuis fort longtemps, car au IXe siècle l'écho des traités antiques résonne dans le fameux capitulaire *De villis,* vaste compilation carolingienne qui fait se pâmer d'admiration les spécialistes de ce temps. Plus tard, ce sont l'archipel britannique et la Normandie proche, et, loin de là, la Catalogne et l'Andalousie qui accumulent les œuvres de pratique, à la fin du XIIe siècle, puis au XIIIe : la *Housebonderie* (*Husbandry*), la *Fleta* ou d'autres. Naturellement, on peut avancer que tous ces « traités » ont un caractère idéalisé ou, en tout cas, ne pouvaient guère servir que sur les domaines des maîtres, équipés et surveillés au mieux. Ce n'en est pas moins le signe d'un intérêt constant pour le travail de la terre.

Tous les groupes paysans ne sont pas rassemblés sur les terres les plus riches. Il ne manque nulle part de sols médiocres, laissés en l'état, comme on en voit bien des exemples aujourd'hui hors d'Europe ; ils supporteront une végétation maigre et sauvage, une herbe rase, des épis courts. Même habilement travaillées, ces terres resteront « vaines » ou « désertes ». Il faut les amender. Dans ce secteur capital de l'agriculture, les hommes de ces temps ont accompli une tâche dont les effets sont encore sensibles aujourd'hui où les engrais chimiques ont pris le relais des pratiques empiriques. Empiriques, parce que les vertus des potasses, des phosphates, des nitrates et de tel ou tel sel minéral sont évidemment ignorées dans leurs caractères chimiques ; seuls quelques mots latins, mais manipulés par des clercs qui n'y entendent rien, surnagent au milieu de notre déplorable désert documentaire : *stercora* sont bien des fumiers animaux, et *marlae* un mélange de chaux et d'argile ; le reste relève d'usages d'occasion, comme les déplacements de troupeaux sur les terres « vaines ». Peut-être, à force d'observations dans les dépotoirs ou sur les champs eux-mêmes, l'archéologie apportera-t-elle un jour des lueurs plus fortes.

Je n'ai pas le projet de brosser un tableau de l'agriculture médiévale ; je me bornerai donc à un survol, dont l'intérêt sera de dresser une liste de gestes et de contraintes que la nécessaire préparation du sol imposait à tous, jeunes et vieux, hommes et femmes, enfants même. Ainsi, l'épandage domestique des déchets alimentaires ou des excréments humains, celui des déjections animales et des litières souillées, le curage des fosses à purin sont normalement réservés aux femmes, munies de fourches, de pelles, de cuveaux ; elles verseront le tout sur des sols relativement proches de l'habitat, le volume obtenu ne pouvant guère faire l'objet d'un transport au loin, mais à raison d'un épandage complet par quinzaine. Peut-être portait-on à l'écart les résidus osseux, les coquilles ou les cendres des foyers, car on les a vite identifiés comme nuisibles aux céréales. Ces dernières profiteront au contraire des déjections des ovins, très nitriques, et enfouies dans la terre par le piétinement des bêtes ; ce sont les enfants, cette fois, qu'on chargera de déplacer les parcs, les clôtures provisoires, au fur et à mesure du parcours des troupeaux – ces pratiques n'ont pas tout à fait disparu sur nos hautes terres. Le cas de la colombine, la fiente des pigeons, est particulier :

cet engrais est estimé le meilleur, et réservé de ce fait à des sols exigeants ; mais, comme le volume est léger, il faut le récolter au sol du colombier où se nichent les oiseaux. La construction de ces édifices en pierre est coûteuse, nécessite nettoyage et surveillance ; il ne peut s'agir que d'une construction seigneuriale, et son produit ira donc au verger ou au jardin du maître. Quant au varech ou aux algues, leur localisation en bordure de mer en limite évidemment l'usage : on les enfouit à la fourche, et ce travail pénible est réservé aux hommes. Le regain qui croît sur les sols laissés en jachère, lupins, armoises et restes de légumineuses vertes, sera également retourné et enfoui sur place en l'attente des semailles à venir. Tous ces travaux d'enrichissement des sols précèdent en principe les semailles, donc en automne, si l'on excepte la vigne, qui ne sera traitée qu'en fin d'hiver.

Les traités d'agronomie sont fort riches en détails sur les conditions de ce fumage des sols : profondeur, moments opportuns, rythme du travail ; mais les rédacteurs ne semblent guère sensibles qu'aux notions de chaud ou de froid, nullement à la recherche d'un équilibre entre les éléments fertilisants au niveau même du sol. Rares seront donc les procédés, toujours fondés sur une observation locale, destinés à rectifier la qualité de l'humus ou du limon superficiel : ici on épandra du sable, là on broiera de l'argile ou de la marne, arrachées au versant des coteaux voisins ; ailleurs l'argile pilée rétablira l'équilibre d'un humus trop sec, ou bien la tourbe extraite d'un marais proche apportera du carbone à un sol déficient. Tous ces travaux se font avec ampleur, souvent sous forme de corvées, et laissent sur le sol ou au flanc des vallées des trous et des griffures toujours visibles ; pour éviter les excès, on ne procédera donc à de tels travaux que tous les huit ou dix ans. Ce rythme scande la vie de la campagne.

Faire rendre la terre

S'ils discutent avec acharnement, avec agressivité même, sur le niveau productif de l'agriculture médiévale, sur ses étapes et ses variantes régionales, les historiens de l'économie conviennent tous d'un progrès, au moins de volume sinon de rendement des blés, au cours des dix siècles médiévaux. Les plus optimistes n'hésitent pas à fournir, au moins pour la productivité, des estimations qui, en France par exemple, placent le blé de 1300 ou 1500 au niveau de celui de 1789 ou même de 1900. En revanche, ils divergent à nouveau sur les causes de ce « boom » : plus d'hommes et de terres arables sans doute, mais la qualité du sol, amendé comme je viens de le dire, n'a-t-elle pas joué un rôle primordial dans ce progrès ? Nombreux sont les chercheurs qui estiment que les « façons », voire l'outillage, ont été d'égale importance. La question n'est pas oiseuse, puisqu'elle s'ouvre sur les facultés d'adaptation du travailleur médiéval aux gestes nouveaux et aux techniques nouvelles.

On a longtemps attaché une importance capitale à l'outillement du travailleur en terre céréalière ; on a même dressé une liste impressionnante des « inventions » médiévales auxquelles j'ai déjà fait allusion : ferrure des pieds pour le cheval ou pour tout animal de trait ; procédés d'attelage par collier d'épaule ou joug frontal selon les espèces ; emploi d'un instrument de labour à coutre et versoir latéral, la charrue, permettant d'attaquer à plus de profondeur les sols lourds jusqu'alors interdits aux simples socs d'araire. On est aujourd'hui moins confiant dans l'efficacité de ces « perfectionnements ». D'abord, parce qu'on ne voit pas par quels canaux, notamment intellectuels, se serait introduit en Europe occidentale un esprit inventif, dont auraient été dépourvus les « Anciens », pourtant volontiers crédités d'imagination. Ensuite, parce que beaucoup de ces « inventions » présumées sont attestées sous des formes, il est vrai parfois rudimentaires, en Asie ou dans le monde méditerranéen grec et arabe. Enfin, parce qu'il apparaît à peu près sans discussion que ces nouveautés se sont répandues fort inégalement : on a continué jusqu'au XVIe siècle et peut-être au-delà à user de la bêche, de la houe, du sarcloir et de la fourche, y compris sur de grandes surfaces ; et ce « jardinage », s'il est épuisant, n'en est pas moins efficace comme dans les campagnes d'Asie...

C'est pourquoi l'on tend volontiers à donner le pas aux « façons » appliquées aux travaux, et dont la diversification provient des observations empiriques du paysan. Au fur et à mesure de l'extension des sols mis en culture, et d'une demande accrue de produits vivriers, les hommes de ces temps ont dû adapter leurs pratiques dans un but de productivité : ils ont donc admis la nécessité d'un cycle cultural pour laisser reposer la terre, dont les éléments fertiles pouvaient être épuisés par des semailles trop fréquentes. Cycles de jachère tous les deux ou trois ans, parfois plus longtemps : le sol, ainsi laissé sans grain, s'offrait au passage fertilisant du bétail. On y joindra le principe de semailles serrées, du moins si le sol s'y prête et a été correctement amendé. Mais la disposition du sol labouré en parcelles ramassées ou, au contraire, en lanières étirées ne semble en rien provenir de l'emploi d'un instrument particulier, comme le proposait Marc Bloch, et à peine de la nature des sols et du climat. Aujourd'hui, on y voit plutôt la marque d'un travail, ici largement familial avec partage à parts égales, là plus individualiste et sans contraintes collectives : ici des champs ouverts à longues parcelles, là des lots fermés, voire clos de haies bocagères. Ce seraient donc la tradition locale et la structure du groupe familial qui commanderaient au paysage agraire. De même certaines pratiques, *a priori* insolites, sont certainement liées à des considérations qui n'ont rien de technique, mais sont simplement sociales : scier les blés très haut, c'est laisser subsister de hautes tiges, nécessaires aux litières et aux toitures certes, mais aussi au glanage par les plus pauvres pendant quelques jours, puis à la repousse des légumineuses qui y accrochent leurs vrilles ; à moins qu'on n'attende le regain qui nourrira le bétail. « Égoutter » le sol en disposant des billons en longueur avec leurs rigoles, leurs « raies » latérales et relativement proches, amènera un système de labours « en planches » allongées, donc un plus grand effort physique de pesée sur les mancherons ; il faudra alors réduire le nombre des demi-tours, de la « tournaille » de l'attelage en bout de champ. La manœuvre, si l'on a deux animaux de front ou même en file, demandera deux hommes par attelage : l'un, un jeune « valet » le plus souvent, une femme au besoin, guidera et régulera le pas des bêtes, par des chants rythmés qui n'ont aucun rapport avec le lyrisme champêtre. Si le sol est sec, si l'araire y réussit mieux et tourne sans difficulté au bout de la raie, ou encore si la famille est plus resserrée, on gardera le champ carré sans rigoles, et au besoin clos, mais clos d'une haie vive d'arbustes hydrophobes.

On notera, je pense, combien je m'applique à faire toute sa place à l'être humain et à ses efforts personnels dans ces pratiques régulières et constantes qu'impose l'empire du grain, l'environnement de presque tous. Deux dernières observations qui nous portent jusqu'aux croyances et au subconscient. Comme pour bien des cultures anciennes, de l'Égypte au Mexique, le travail de la terre revêt une dimension théogonique : le laboureur doit œuvrer face au soleil, emblème de la vie ; l'orientation du parcellaire doit s'efforcer d'en rendre compte. Dans l'Occident médiéval chrétien, il n'y a pas cependant de traces d'une exigence sacrée de cette sorte – peut-être, d'ailleurs, parce que les conditions géographiques la rendraient impossible. On a toutefois tenté, en Angleterre notamment, de rechercher des orientations cohérentes des parcelles en fonction d'un rapport entre soleil et cultures. Si ce chemin paraît des plus hasardeux, un autre est plus sûr : ce sont les ethnologues qui ont rappelé aux historiens – même si la mythologie antique ne le leur avait pas déjà suggéré – que la Terre, porteuse des fruits de la vie, est femme ; que c'est l'homme qui la pénètre et la féconde du soc et des semences ; et qu'il est donc naturel, toute affaire technique cessante, que ce soit le mâle qui laboure, fût-il de complexion fragile, et que ce soit la femme qui, à défaut d'être seule à moissonner, rassemble les gerbes et les porte à la grange.

L'herbe et la vigne

Forêt, garrigue et maquis occupent en ces temps sur le sol plus de place qu'aujourd'hui, sans doute ; moins qu'on ne le répète cependant. C'est la flore herbacée, trouée de terres labourées par l'homme, qui l'emporte certainement ; le paysage est celui d'une savane arborée, aux herbes plus ou moins denses, selon l'altitude, la latitude, l'humidité ou la sécheresse. N'ergotons pas sur l'opposition entre un paysage « méditerranéen » et un autre « océanique » : la comparaison doit être faite entre une steppe asiatique et une forêt vierge africaine ; en Europe de l'Ouest, il ne s'agit que de nuances. Mais alors que le grain des champs labourés, les plantes textiles, lin ou chanvre, des talus et des bords de rivières, absorbent l'essentiel du travail paysan, l'herbe, au contraire, semble dédaignée. Ou plutôt on en use, mais sans chercher à la solliciter plus que la Nature ne l'y a préparée. La « prairie » reste le plus souvent à l'état brut : plantain, armoise, trèfle, chiendent, lentisques, cistes, graminées sauvages de toutes sortes, et les végétaux de basse venue, romarins, thym, chardons, salades de toutes espèces. Au point que la langue commune qualifie d'« herbes » tout ce qui est récolté sans avoir réellement été travaillé : légumes et fruits de plein vent, pois, lentilles, fèves et autres féculents, tout ce qui fera le « potage » dont j'ai parlé plus haut.

Cette « herbe » est « vaine » par excellence, donc zone de pâture, qu'un maître prétende ou non lever une taxe sur son usage. On y coupera à la faucille de quoi bourrer les litières, allumer un feu, épaissir un fumier, récolter des plantes médicinales dont les vertus ne se discutent pas : le chou contre les maux de foie, l'oignon contre les rhumatismes, le cresson contre les piqûres d'insectes, le persil contre les divagations du rêve, la fève contre la lèpre, la lentille aphrodisiaque, et j'en passe ! Tout cela est affaire de femmes, parfois même d'enfants ; l'homme n'interviendra que si l'on décide de faucher de grandes surfaces, comme en montagne, pour préparer l'«alp » aux transhumants, ou si l'on y mène les troupeaux pour compléter ce qu'ils ont pu trouver au bois – nous sommes d'ailleurs alors en zone méditerranéenne, où le maquis est impénétrable et la garrigue trop maigre. Ce n'est pas qu'il ne se trouve aucune « prairie », aucun « pré de fauche » qui procureraient du foin pour le bétail ; mais l'entretien en est coûteux, car il faut y veiller à la qualité de l'herbe, en sorte que ce sont les plus riches qui possèdent ces « prés » ; quant à la faux, elle est propriété du faucheur. On enclôt les parcelles ; on laboure de temps en temps ; on aménage quelques espaces maraîchers ou un verger pour les arbres qu'étoufferait la forêt : fruits rouges, arbustes à fruits tendres comme le pêcher ou l'abricotier. Mais le « jardin » restera un paysage seigneurial, un lieu de « déduit », de repos, de rencontres dans l'enceinte même du château ou dans la cour de l'hôtel bourgeois. Comment s'en étonner quand notre fébrilité et notre stress aspirent au « vert » de la Nature ?

La vigne est un cas à part. Biner « son » clos, boire « son » vin sont les emblèmes, et aujourd'hui encore, de la dignité sociale. La minutie du travail viticole, l'«art » même qu'on lui trouve, les travaux très particuliers qu'exige la plante, tout cela incline le vigneron à mépriser l'homme à la charrue ou le berger – deux hommes à qui l'entrée du « clos » est interdite. En ville, quand un homme a un bien en deçà ou au-delà des murs, c'est une vigne. Bien avant que le rite chrétien n'ait donné au vin la dignité d'une espèce eucharistique, il est le symbole de la joie, de la convivialité, de la santé aussi ; il accompagne les danses sacrées, les repas festifs, les libations pieuses ; il marque l'accueil du voyageur ou de l'hôte, les relevailles de la mère, la signature d'un contrat. Naturellement, on n'ignore pas que l'excès de sa consommation risque d'avoir des effets désastreux ; l'ivrogne n'est pas absent des fabliaux, et l'on trouve bien des grands du monde qui le prisaient trop, tels, je l'ai dit, Philippe Auguste qui y était expert, ou Charles le Téméraire, emporté par la guerre avant de périr d'une cirrhose avancée. Il est vrai que l'absorption que j'ai notée, presque deux litres quotidiens, devait être compensée par un faible taux d'alcool. Quant au rejet du vin en terre d'islam, parce que cette boisson aliénait le corps et l'âme des fidèles, c'est à peine si les chroniques chrétiennes rédigées en Orient y font allusion.

Une tradition tenace crédite les Romains d'avoir introduit la vigne en Gaule. L'anthracologie a montré qu'on connaissait la plante en ces régions bien avant César, mais, probablement, sans en faire une exploitation rationnelle. Les agronomes latins ont bien décrit les conditions de sol, d'exposition, de température qui lui étaient le plus favorables et où elle réussit, en effet, particulièrement bien. Mais le Moyen Âge a connu et élevé la vigne partout, de l'Écosse à la Sicile, et jusqu'en Scandinavie. On soutient sans rire que cette ubiquité provient de la consommation par le desservant d'un gobelet de vin au moment du sacrement eucharistique, alors même, de surcroît, que la communion sous les deux espèces avait disparu chez les laïcs. Il est plus sage d'admettre que l'extension du vignoble loin de ses meilleures terres provient de la mauvaise qualité de l'eau non filtrée qui s'offrait au tout-venant et qu'on réservait à la cuisine, même là où bière, cidre ou poiré pouvaient se poser en concurrents du vin, je l'ai rappelé tout à l'heure. Ce dernier est élevé au rang d'un signe de domination et de prestige, chez les plus riches d'abord, partout ensuite. Ce n'est que très lentement que le soin mis au tri des cépages ou l'évolution du goût ont entraîné un recul de cette viticulture extrême : c'est alors, mais aux XIVe et XVe siècles, le progrès des vins « forts », rouges pour la plupart désormais.

Quant au travail du vigneron, il mobilise l'homme, voire sa famille, l'année entière, même si la notion actuelle de village viticole n'est pas assurée. D'une vendange à l'autre, il faut « chausser » le pied des ceps, les fumer, passer à la taille, au provignage ; on prépare les échalas pour les pampres ; on bine et désherbe ; on effeuille et nettoie. Et lorsqu'il est temps de vendanger, au moment que la Nature a choisi, on proclame le « ban » qui mobilise toute la main-d'œuvre villageoise. La vigne du maître est attaquée d'abord, mais après qu'il a écoulé le reste de sa récolte précédente. Car le vin ne se garde pas ; nous connaissons assez mal les procédés de vinification, mais on peut les estimer inférieurs aux nôtres. On s'efforce d'écouler au plus vite la boisson, même la mère-goutte, c'est-à-dire le premier jus obtenu avant même que s'achève le pressurage aux pieds, ou encore le « verjus », vin de première pression, mais aigre et réservé aux saumures. La mise en fûts, l'envoi sur les marchés, si l'on ne consomme pas toute la production sur place, expliquent qu'on ait souvent planté la vigne en bord d'eau, mer ou rivière, pour faciliter le transport en tonneaux dont la solidité n'était pas jugée suffisante pour résister aux cahots des chemins de terre.

Le travail exigé par la plante nécessite donc un environnement humain et matériel de haut niveau : treillages si on l'élève en hautain, échalas dans tous les cas, fûts et tonneaux, murets de terrasse sur les pentes, arbres fruitiers où crocheter les vrilles si l'on est en « complant », clôtures solides contre les rongeurs, gardes attentifs contre les chiens errants ou les maraudeurs. Tout cet ensemble coûte cher, gonfle les prix, alimente la fiscalité seigneuriale et donne ainsi à la vigne et au vin dans l'économie médiévale et la vie quotidienne un rang égal à celui qu'y tient le grain.

L'homme des premiers âges était-il arboricole, comme ses frères « inférieurs » les singes ? Ou s'est-il borné à se servir de l'arbre pour sa nourriture ou pour se cacher ? Voilà qui n'importe guère aux « gens du Moyen Âge », pour qui ces origines s'engloutissaient sous la main de Dieu. Pourtant, les quelques milliers d'années de l'« Histoire » n'ont pas dû effacer la marque de centaines de millions d'autres : l'arbre reste l'inévitable compagnon de l'homme ; là où il vient à manquer, il n'y a plus de vie « normale », et même le pasteur nomade va d'oasis en oasis pour trouver de l'eau, certes, mais des arbres aussi.

La forêt, écrasante et sacrée

Qu'elle s'offre en futaie de résineux, en taillis de chênes ou en maquis épineux, la forêt est la barrière qui limite l'horizon des groupes humains. Des murs même de la ville, on la voit au loin, cernant les hommes ; et avant toute autre prise en main, la seigneurie au Moyen Âge est d'abord une clairière. La forêt toute proche pèse sur la mentalité des vivants ; elle est le domaine indomptable de la Nature régénérée à chaque printemps, là où vivent certains arbres dont l'existence dépasse largement en durée celle des humains. C'est la part sacrée de la Création, celle qu'on ne peut aborder sans un effroi religieux, car tout y est étrange et inconnaissable : ses odeurs, ses bruits, les bêtes qui y vivent ou qu'on y soupçonne. Au long d'incertains layons, les épines accrochent le voyageur ; les troncs abattus s'opposent à sa marche ; des fondrières cachées le guettent : ce sont là les pièges du Malin. Car c'est bien ce dernier qui est le maître de ces ténèbres, lui et tous ses suppôts dévoués, elfes, gobelins, trolls ou kobolds des pays germaniques, avec leur roi Erlkönig, Arlequin ; ou, plus au sud, les fées, les dragons, les tarasques et tous les faunes, les sylvains ou les nains verts serviteurs de Pan. Tous sont ligués pour ensorceler, pour tromper les humains crédules et craintifs. On peut y demeurer plusieurs jours dans la terreur, comme le fit un empereur allemand du XIe siècle, sans jamais en trouver l'issue ; c'est là qu'on assassine les princes ou les seigneurs haïs, là que se cachent les bandits, là que l'on rencontre des phénomènes étranges – roches percées, restes de mégalithes, ronds des fées. La Bible déjà y envoie Absalon périr, et l'Église chrétienne, oubliant les sources sacrées, pourtant plus attirantes, s'acharne à y abattre les arbres vénérés des Celtes, et charge Michel, Hubert, Georges ou Marcel d'y aller vaincre l'esprit du Mal.

Pourtant, la forêt est comme la mer : elle effraie, mais elle attire. D'abord, et on va le voir, parce qu'elle est l'une des bases de la vie matérielle de l'homme. Mais aussi parce qu'elle incarne l'éternité et le renouveau : le gui des druides gaulois annonce l'an neuf ; le laurier couronne les gloires d'ici-bas ; le myrte et tant d'espèces sauvages guérissent bien des maux ; le sapin, toujours vert, évoque la naissance de l'Enfant Dieu. On élève des chapelles ou des reposoirs aux lisières du bois ou dans un bouquet d'arbres, et les ermites y choisissent leur « désert ». D'ailleurs, les temps gothiques éclairent peu à peu les rapports entre l'homme et les arbres : saint Bernard assure que l'on y apprend bien plus que dans les livres, et saint François y va prêcher le loup et les oiseaux. Sans doute, au terme du Moyen Âge, un nouveau voile de crainte s'abattra sur ces repaires de méchants ; mais entre-temps, en quatre siècles (du XIe au XIVe), on aura pénétré, dominé, régulé la forêt.

Habitués aux paysages dégagés des zones méditerranéennes, les Gréco-Romains, César, Tacite, Strabon, ont propagé avec succès l'idée d'une couverture forestière quasi continue, et de plus en plus en allant vers le nord ou vers l'est : c'est la « Gaule chevelue » des *Commentaires* de César, la « Germanie noire » de Tacite. Évidente erreur d'appréciation : les témoignages archéologiques d'habitat très anciens en ces régions montrent plutôt un paysage de savane dense, mais largement arborée ; au sud, le maquis et la garrigue surtout sont, d'ailleurs, les probables restes d'une végétation jadis – c'est-à-dire aux temps néolithiques – beaucoup plus ample. Sans s'engager dans une étude botanique qui excéderait mes compétences, je dirai que l'on n'a aucune preuve sérieuse d'une modification des essences arborées qui serait due à la main de l'homme. Les courbes palynologiques montrent bien, en Europe occidentale, le maintien de diverses espèces de chêne, un recul progressif du hêtre, un essor du bouleau entre le XIVe et le XVIIe siècle, une croissance des conifères aux Temps modernes, un va-et-vient du châtaignier du nord au sud et l'inverse aujourd'hui. La concurrence persiste entre les groupements arbustifs hêtres et conifères face aux chênes et châtaigniers. Mais ni la féroce législation médiévale proscrivant l'abattage des chênes ni le développement des charpentes de châtaignier en ville n'ont joué le moindre rôle dans ces amples mouvements naturels. Ce sont les variations climatiques qui semblent avoir commandé à des évolutions s'étalant sur plusieurs siècles.

Cette observation doit être nuancée : si les pollens arboréens ne traduisent aucune action sensible de l'homme, leurs frères céréaliers ou graminés enregistrent plus étroitement son passage, car ils sont liés à l'agriculture ou à l'élevage. Le paysan médiéval a usé du sous-bois au gré de ses besoins : médiocre sous les conifères, qui pompent largement l'azote du sol et l'isolent sous un tapis d'aiguilles stériles ; de qualité moyenne au pied des hêtres, mais nourri de fougères et de bruyères qu'on recherchera pour les litières ; excellent sous les chênes et les châtaigniers, où pourront croître les champignons, les tubercules et légumes de toute sorte. C'est l'homme qui saura exploiter ou développer ces richesses. Quant à l'olivier, si son environnement est en général assez pauvre, son rôle de réservoir à huile suffit à lui assurer la sympathie et la faveur des hommes.

Une autre nuance, évidente. Le recul des bois pendant et depuis le temps médiéval ne peut être nié ; de nombreux témoignages écrits ou d'attentives observations pédologiques dénoncent aisément les surfaces jadis boisées. Mais, cette fois encore, l'exagération dénature les faits. L'image, sans cesse reproduite, du « moine défricheur » est un faux grossier : d'abord, parce que ceux qu'on crédite ainsi gratuitement d'un tel rôle, les cisterciens en tête, sont au contraire, par une règle impérieuse, isolés au milieu des forêts, et que leur spécialisation a bien davantage été dans une habile gestion de leur patrimoine forestier que dans sa destruction ; ensuite, parce que la totalité des moines au travail dans le bois n'aurait jamais suffi à en modifier l'étendue. Ce ne sont pas les moines, mais les paysans qui ont œuvré – souvent, il est vrai, à la demande et sur les bois des couvents. Au total, et en y incluant les zones de couverture végétale discontinue, montagnes, régions méridionales, on sera sans doute près de la vérité en estimant ce recul à 10 % de la surface des forêts d'Europe occidentale. Rien à voir avec les effrayantes destructions commencées en et hors d'Europe depuis 1900 ou 1950, et qui atteignent aujourd'hui une ampleur proprement démente ; nos descendants en paieront le prix dans un siècle ou deux.

En ce qui concerne ces « défrichements » – dont le mot, il faut le rappeler, vise en réalité beaucoup plus la broussaille que le chêne –, je me bornerai à en énumérer les figures. On remarquera en premier lieu que la diversité du vocabulaire employé dans les contrats de mise à bas d'un canton forestier témoigne d'étapes et d'objectifs bien caractérisés : *rumpere* et *ruptura* veulent dire « trouer » ; *sartare*, *exsartare*, *exarare* signifient « déterrer », « arracher », comme « artigue » en France du Sud ; *adalere*, *exardare* veulent seulement dire « mettre en état de fournir à manger », ou « brûler ». Ce dernier verbe attire l'attention sur la forme probablement la plus utilisée du défrichement : le brûlis, l'écobuage, dont les buissons et les sous-bois sont le terrain premier. Les cendres obtenues sont chimiquement basiques et permettent un enrichissement de l'humus. On a l'impression que la hache, la cognée ou la scie sont moins employées par la suite que la serpe pour les branches ou la houe pour les sols. Un tel travail précède l'abattage des troncs, mais sur plusieurs années, avant que les bœufs tirant des chaînes – seuls animaux assez réguliers et puissants pour le faire – ne dessouchent en arrachant les racines. Encore ne faut-il user que de l'araire sur les sols dégagés, où les radicelles freineront longtemps la lourde charrue. Les terres ainsi conquises sur la forêt, les « gagnages », sont d'autant meilleures pour la céréaliculture que les brûlis et l'aération de l'humus ont accru les teneurs en azote, en phosphates, en potasses. L'homme de ces temps ne connaissait pas ces mots, mais il en voyait bien l'effet. Aussi les maîtres du sol veillaient-ils jalousement, durement même, à préserver les terres neuves, source vivrière et fiscale, en en réglementant l'usage, en les clôturant, en les surveillant.

Parce qu'ils en voyaient bien le rôle, puissants ou simples gens se sont élevés jusqu'à la notion de gestion rationnelle de la forêt : en surveiller la vie, en assurer la reproduction, en organiser l'exploitation – trois évidences, trois devoirs passant bien avant le profit à tout va qui domine aujourd'hui les pouvoirs publics ou privés, aveuglés par la « rentabilité » immédiate. Si les cisterciens ont joué à cet égard un rôle moteur, les autorités laïques s'y sont jointes en développant tout un personnel de forestiers, de « verdiers », de « gruyers », comme on a dit en France du Nord (de « vert » et de « grûn ») : les chartes coutumières ont fixé les conditions d'accès des hommes et des bêtes au bois, en interdisant l'emploi d'outils nuisibles, ou encore en proscrivant l'abattage clandestin de certaines espèces comme les arbres fruitiers et le chêne. En France, vers 1280 ou 1300, le roi a pris l'initiative de créer des « maîtres des eaux et forêts », puis, au XIVe siècle, de réglementer les rythmes d'abattage, de débitage, en marquant les arbres choisis, en veillant à l'évacuation des troncs, par flottage le plus souvent. C'est d'Italie surtout que vinrent les prescriptions les plus minutieuses : dans le traité de Pietro dei Crescenzi, on trouve sur le cantonnement en forêt, sur la durée de révolution selon les espèces (de trois à douze ans), sur le rythme de développement des baliveaux, un état de connaissances en ces temps que les grandes ordonnances des XVIe ou XVIIIe siècles ne feront que reprendre. À la fin de l'époque médiévale, la forêt n'est plus sauvage (*wild* et *wald* en allemand), ni coupée du monde des hommes (*foris*, « hors de », en latin). C'est une des œuvres essentielles de ces temps que de l'avoir ainsi domestiquée.

La forêt, nécessaire et nourricière

D'abord le bois : le fer étant, quoi qu'on prétende, trop rare pour soutenir autre chose qu'un modeste artisanat, on peut dire que le Moyen Âge est l'« âge du bois ». Son emploi en fait la matière première essentielle en ces siècles. C'est d'abord le bois à bâtir que l'on va chercher en forêt, *ad aedificandum*, disent les droits d'usage : des troncs pour les charpentes en chêne ou en châtaignier, et qu'à l'en croire Suger eut bien du mal à trouver dans ses bois pour couvrir Saint-Denis ; des poutres de soutènement, celles des tours fortes avant l'usage de la pierre ; des planches de lattes pour le pisé et les coffrages ; des pieux soutenant les palissades et les bois plus légers des colombages en ville. Les bois durs – châtaignier, noyer, chêne, olivier – serviront aux meubles, rares mais épais, aux châssis d'ouverture et à la quasi-totalité de l'outillage et des ustensiles quotidiens, agricoles, viticoles : pots, écuelles, tonneaux et même instruments de labour soumis à un rude emploi. Il faut également se garder des chapardeurs, des carnivores, des rongeurs, peut-être plus encore des voisins indiscrets, et de tous ceux qui œuvrent en dehors de la coutume : les malfaiteurs, les forfaiteurs (*male factum, foris factum*). Le Moyen Âge n'a cessé de dresser des palissades de bois mort pour protéger ses droits : haies d'arbustes comme les aulnes vifs ou de branchages en « mort bois », de saules, de bouleaux, de charmes. On mettra ainsi un morceau de forêt en « défens », en « devèze » ; et l'on dressera aux points sensibles des fortins, des « plessis » (un vieux mot gaulois : *ploïcum*) dont la toponymie a gardé souvenir.

Ad comburendum, à brûler, car le feu n'est que celui du bois qui flambe. Encore un domaine de réglementation sévère : on ne peut à sa convenance, ici ou à tout moment, couper du bois pour cuire ou pour se chauffer ; nature, volume, procédés, moments et amendes naturellement sont fixés, et les agents du maître patrouillent à tout instant. L'anthracologie a montré que la tradition des troncs entiers de chêne flambant dans les hottes seigneuriales où rôtit un sanglier est, une fois de plus, une idée fausse ou, au mieux, réservée à une fête rarissime. La réalité, dans la hotte du château comme dans l'âtre de la chaumière, ce sont les branchages et les fagots des arbres non fructifères, les brassées de fougères, de genêts, d'ajoncs, de bruyères, ou bien les « bois blancs », résineux, peupliers, qui encrassent les chenets et la cheminée, il est vrai, ou encore les chablis de bon bois, dont on dégage les clairières. Quant au bois charbonné que quelques artisans préparent en forêt en huttes couvertes, il demande plus de dix kilos de bois vert pour un kilo de charbon, ce qui en réduit l'emploi à l'exceptionnel, pour les forges au besoin, ou en ville où il limite les risques d'incendie. Les écorces ramassées ou arrachées, enfin, iront au tanneur pour ses bains de teinture.

Dans un monde où semble dominer le grain, mais où les cultures maraîchères sont bien rares, on est tenté de chercher une autre provenance vivrière. Or les « herbes et potages », dont j'ai dit un mot, sont sur toutes les tables. Si un péril contraint à fuir au bois, le groupe villageois peut « tenir » plusieurs mois sans périr ; au XIVe siècle, les Tuchins du Languedoc, ceux de la *tosca*, de la « touche » – nous dirions du « maquis » –, ont résisté des années, hors de tout contrôle public ou militaire. C'est que la forêt contient de quoi vivre ; on se rallie volontiers aujourd'hui à l'idée que dominait alors une économie de cueillette et de petit élevage comme la base principale de la vie, et cela depuis les temps néolithiques. L'homme trouve dans les taillis, avec les baies rouges, les noisettes, les amandes, les noix, les olives, dont on tirera en outre l'essentiel des huiles, mais aussi les champignons, les marrons, les nèfles, les glands, les courges et les citrouilles ; il arrachera les asperges, les poireaux, les bettes, les choux, la rhubarbe, les artichauts, les carottes, les panais, les raves ; et l'on connaît les interminables discussions d'« experts » sur la place des tubercules ancêtres de la pomme de terre, ou sur la date d'entrée en Europe occidentale des épinards ou des salsifis. Si l'on y ajoute cerises, pommes, coings, figues et poires, le panier sera plein ; il restera juste un peu de place pour l'ail, l'oignon, la menthe et l'origan, ou bien de quoi préparer des tisanes de tilleul pour l'insomnie, de sureau pour la purge, de myrtille pour les bains d'yeux, de coriandre pour encourager les ébats amoureux. Un dernier don du bois, et qui vaut bien tous les autres : la lumière et le sucre, la cire et le miel, œuvre des abeilles, ce qui assure à ces insectes une flatteuse réputation, tant elles mettent de bonne volonté à se laisser voler le fruit de leur peine par l'homme ou quelque autre animal glouton. Si l'«élevage» en ruche se fait le plus communément hors du bois, c'est là que l'on trouvera les essaims sauvages, une « chasse » si gratifiante qu'on a dû légiférer pour empêcher les cupides de scier les arbres qui portaient des essaims impossibles à atteindre.

Il n'y a pas que l'homme pour vivre de la forêt. Ces baies, ces herbes n'intéressent pas les carnassiers qui la peuplent, et à peine les rongeurs ; mais le bois peut être réservé *ad pascendum*, pour la pâture. Nous avons un certain mal à nous représenter équidés ou bovins en pacage libre ou surveillé en forêt, en raison notamment des évidentes difficultés de circulation ; mais le sous-bois dégagé peut nourrir les troupeaux – du moins ceux qui ne ravagent pas les jeunes pousses, comme le font chèvres et moutons, en sorte qu'on tente de leur interdire l'accès des taillis. En revanche, au moment de la glandée, en septembre, le porc est lâché en forêt ; il y vit au besoin l'année entière, de sorte qu'une étendue boisée est, jusqu'au Xe siècle au moins, mesurée « en porcs » – c'est-à-dire en « surface nécessaire pour nourrir un porc en une année », ce qu'on estime généralement à un hectare environ. Ce type de pacage libre n'a pas toujours eu la faveur paysanne : les animaux se blessent, sont attaqués par les carnassiers, sont difficiles à réunir pour la traite ou la monte. Les truies sont souvent saillies par les sangliers, ce qui aboutit à modifier le comportement et surtout l'apparence extérieure de leur progéniture. On estime donc que cette facette du rôle du bois s'est peu à peu ternie, au profit de la pâture en jachère lorsque l'assolement s'étendit, au-delà du XIIIe siècle dans l'ensemble, ou de la stabulation plus ou moins permanente, et dont je reparlerai.

Et les gens de la forêt ?

Si la forêt est aujourd'hui toujours un réservoir à bois, que nous gaspillons d'ailleurs avec inconscience, mais aussi un terrain de parcours, un lieu de détente, un bain d'air pur pour la ville, nous n'y rencontrons plus que des équipes de bûcherons, des gardes forestiers et des chasseurs en battue ; mais ni chevaux, ni bœufs, ni porcs, quelques cueilleurs d'occasion, de muguet, de cèpes ou de châtaignes. Au Moyen Âge et surtout vers la fin de ce temps, la forêt, au contraire, grouille de monde. D'abord, on y trouve tous ceux dont je viens de survoler le travail : bergers, cueilleurs de baies, arracheurs de racines, défricheurs en équipe ou bûcherons isolés ; mais également, comme une strate seconde, des boisilleurs, des grappilleurs, des ramasseurs d'écorces ou de cendre, des charbonniers aussi, installés à demeure, et, à leurs côtés parfois avant qu'ils ne transportent leur forge en plein village au XIe siècle sans doute, des férons, des fèvres, des ferrario là où l'on peut récolter un peu de minerai à fleur de sol. Or tous ces gens vivent à part, à l'écart du village, où on les soupçonne vite d'être maraudeurs, braconniers, marginaux, en tout cas suppôts de tous les sorciers et démons que l'on croit trouver à leurs côtés. Sans compter les fugitifs, les bannis, les truands qui tiennent pour certain qu'on ne viendra pas les chercher dans les taillis. En temps de guerre, les soldats, les routiers s'y regroupent, et leur présence au XVe siècle est si étroitement liée à la forêt que le bon peuple, constatant aussi bien l'arrêt des défrichements que la place de la forêt dans la guerre, dit et fait dire : « En France, les bois sont venus avec les Anglais » – les Anglais, les « godins » comme l'on dit, sans que l'historien puisse trancher sur ce mot entre les *gawaldi*, les gens de la forêt, *wald*, et les *God Dam*, juron que les ennemis du roi sont censés prononcer sans arrêt.

Et deux groupes pour terminer, cette fois de plus d'intérêt : les ermites qui dispensent les consolations et les remèdes aux navrés de l'âme et du corps ; les chevaliers en aventure, aux exploits fantastiques que grandit la sombre gloire d'avoir vaincu la forêt : Lancelot et les hommes d'Arthur, vengeurs masqués, ou Perceval, Galaad et les autres, entêtés quêteurs du Graal, le vase sacré qui recueillit le sang du Christ sur la Croix.

Pour la commodité de mon récit, j'ai effacé toutes les nuances que les scribes dans leur vocabulaire, ou la Nature dans ses dispositions, ont pourtant bien marquées. Or elles ne sont pas négligeables : si le *saltus*, terme quasi juridique, et la *foresta* sont bien les zones qui sont « en dehors » – en dehors de l'*ager* que l'on cultive, en dehors du droit commun –, on ne confondra pas la *mescla* ou la brosse aux végétations épineuses, et quasi stériles, avec la *silva* de chênes et de hêtres, encore moins avec la garenne sableuse et la dune presque nue. L'homme a bien tenté, parfois même avec succès, de les circonvenir, de les dompter. Il y avait longtemps que les animaux l'avaient fait : où sont-ils ?

4

Et les bêtes ?

Depuis les milliards d'années qui ont suivi la concrétion en une sphère solide de notre planète, concrétion de débris arrachés à l'Étoile, ou autre origine – voilà qui n'importe guère ici –, il s'est succédé une prodigieuse galerie d'êtres vivants dont l'homme, paraît-il, est le dernier en date, jusqu'ici du moins. Naturellement, je ne m'intéresse qu'à ceux qui nous entourent encore, dans cette infime pellicule de temps que nous appelons l'« Histoire ». Je laisserai donc aux paléontologues et aux enfants le soin d'évoquer les espèces disparues, inconcevables et généralement effrayantes jusqu'au ridicule, et qu'illustrent aujourd'hui tant de simulacres puérils.

Revenons à la réalité de l'Holocène terminal, postérieur à la dernière glaciation observée, quelque trente mille ans avant aujourd'hui. La plupart des êtres animés de ces quelques millénaires sont ceux que nous voyons autour de nous, ou plutôt au milieu desquels nous sommes engloutis. « Engloutis », car, pour un *homo sapiens sapiens* (quelle appellation grotesque !), on trouvera plus de cent autres espèces de mammifères terrestres, des milliers d'oiseaux, des millions d'insectes, des milliards de poissons.

Encore, sur ces cent mammifères, les seuls qu'il ait vraiment connus, il n'y en a pas la moitié qu'il ait fréquentés et une dizaine au plus sur lesquels il a pu exercer ses talents. Proportion dérisoire, mais qu'il n'est pas inutile de rappeler : l'homme est noyé dans le monde animal, mais il est convaincu de le dominer, parce que Dieu lui en aurait confié le soin. Quant aux animaux en question, à part un chien ou un cheval, ils ne se sont jamais aperçus de rien. Mais laissons ce constat débilitant qui ne troublait pas les gens du Moyen Âge, et voyons ce qu'était leur attitude

L'HOMME FACE À LA BÊTE

Dans l'Éden, hommes et bêtes vivent dans l'entente et le respect ; tous s'abreuvent à la Fontaine de vie, et l'amour de Dieu touche toutes ses créatures. C'est pourtant l'une d'elles qui précipite la Tentation et la Chute. Ainsi s'introduit le germe d'une « distanciation », comme diraient les psychologues, entre le monde des hommes et celui des bêtes. Que ce rôle négatif ait été dévolu au serpent, dès les premières rédactions crédibles de la Bible, ou que bien des auteurs médiévaux lui aient substitué le loup, c'est bien la crainte, celle de l'animal dangereux, qui s'est d'abord élevée entre l'homme et le monde animal

Aristote avait beau parler de la communauté de tous les êtres vivants, le monde chrétien n'y voit qu'une fiction. Saint Paul l'avait dit : les animaux sont des créatures de Dieu, mais ils n'ont pas d'âme ; tout au plus ce qu'il faut d'instinct et de sens pour être au service de l'homme. Et saint François lui-même parle au loup de Gubbio comme à un frère, mais un frère inférieur à qui il faut apprendre, puisque Dieu a donné à l'homme tout pouvoir sur sa création. Certes, la littérature médiévale n'a pas mesuré sa place aux animaux « humanisés », mais on les y décrit soit en leur montrant une complaisance un peu fade, comme le destrier Bayard qui tape du sabot quand son maître surgit, soit en leur prêtant une fâcheuse malignité, comme au goupil Renart ou au cheval Fauvel. Sous couvert d'un déguisement animal, ce sont là, certes, des satires de la société des hommes ; mais c'est bien le mépris des animaux qui sous-tend le récit. Cet état d'esprit est encore si évidemment celui de toute l'humanité aujourd'hui qu'il est à peine besoin de rappeler le panel d'injures animales dont usent les hommes les uns envers les autres, ou les qualificatifs traditionnels, mais généralement irréfléchis, dont on affuble les bêtes : l'oie est stupide, le coq prétentieux, le cochon sale, le bouc lubrique, le sanglier brutal, le loup cruel, le chat félon, et j'en passe pour aboutir au condensé des insultes : l'âne, ce solide, indispensable et laborieux ami de l'homme et qu'on juge entêté, paresseux, gourmand, laid, bruyant, stupide, et sur le dos duquel on exhibe les amants nus, surpris dans leur péché, en oubliant qu'il avait aussi porté l'Enfant en Égypte, et le Christ entrant à Jérusalem.

Le mépris est un remède contre la peur. Or l'homme, sans vouloir reconnaître que sa propre faiblesse en est la cause naturelle, a peur. Il a peur d'être attaqué par plus fort que lui. Alors, depuis les temps préhistoriques, et parce qu'il est le seul, en effet, à savoir le dominer, il se sert du feu pour éclairer le noir empli de dangers, et pour écarter les carnassiers qui voient la nuit ; alors, en effet, désarmé, il dort la tête contre le mur, je l'ai rappelé, pour éviter une attaque de dos. Cette peur est loin d'être sans objet. D'abord parce que nombre d'animaux causent indirectement à l'homme de graves offenses : le loup attaque ses troupeaux, le sanglier éventre ses chevaux, le criquet ravage ses champs, le rat dévore ses réserves. Mais le péril l'atteint aussi directement : les piqûres des insectes peuvent être cruelles, l'ours ou le sanglier blessés sont dangereux pour le chasseur, les reptiles silencieux et foudroyants mordent le paysan inattentif, le rat gris ou, pis encore, le rat noir propagent des maladies mortelles. Et même les animaux « domestiques » ne sont pas sans danger : le chien apeuré mord, le cheval irrité décoche de redoutables ruades. Quant au chat, que l'Église, encore à la fin du XIe siècle, et l'opinion publique au-delà, assimilent au sabbat, à la magie et au Diable, il griffe, il vole, il déclenche des crises d'allergie, et sa lubricité le rend odieux aux hommes, mais beaucoup moins aux femmes, comme en témoigne notre moderne publicité. Mais de tous, en ces siècles médiévaux – et pourquoi pas les autres –, c'est le loup qui concentre l'effroi et la haine : courageux, rusé, prévoyant, insaisissable, le « tigre de l'Occident » est le seul mammifère qui, affamé, s'attaque directement à l'homme : le voyageur égaré, le berger sans défense, le soldat blessé, l'enfant et le vieillard. Ses méfaits, grossis par la peur, se propagent de village en village, quand même la bête ne pénètre pas en ville lorsque la faim la tenaille, comme à Paris au début du XVe siècle. Les loups encombrent la mémoire enfantine, inondent la littérature, alimentent les récits d'épouvante. L'extermination de la bête, encouragée par toute une législation prévoyant des battues et des primes, n'a guère été achevée, en France du moins, qu'au XVIIIe siècle. Alors même qu'il ne constitue plus aujourd'hui qu'un péril pour les moutons mal surveillés, son retour, fût-il sévèrement encadré, provoque chez les villageois une fureur et une crainte renouvelées.

Toutes ces bêtes font peur, à coup sûr, mais, dans l'ensemble, elles ne suscitent pas de dégoût, parce qu'à des degrés divers elles appartiennent au monde anthropique : elles ont du sang, des poils ou des plumes ; on les voit le jour et elles dorment presque toutes la nuit ; elles copulent et défèquent comme les humains. Mais les êtres visqueux, gluants, froids et mous, comme les poissons et les reptiles, et les autres, insaisissables, noirs, invertébrés, souvent malodorants, comme les araignées, les fourmis, les cafards, tous les insectes, du moustique à la puce, sont répugnants et source de maladies. Avant que les progrès scientifiques aient mis en lumière le rôle des microbes ou des bacilles dans le déclenchement des pandémies, c'est aux piqûres de ces animaux qu'étaient attribuées les vastes hécatombes humaines au cours des siècles : dysenterie, choléra, malaria, et la peste naturellement.

Le respect et l'affection

Peut-être moins convaincues de la supériorité de l'homme que la société judéo-chrétienne, il n'a pas manqué de cultures pour lesquelles l'animal (ou certains animaux) est son égal ou même son dieu. Quelques-unes sont exotiques à nos yeux, comme celles de l'Amérique précolombienne ou de la Chine ancienne ; ou bien repliées sur elles-mêmes, comme celle de l'Égypte pharaonique où les dieux sont incarnés dans des bêtes. Plus près de nous, et peut-être non sans influence sur nous, les croyances indiennes ou iraniennes ne reculent pas devant une réincarnation dans un corps animal, ou sacralisent certaines bêtes : l'aigle et le faucon persans, la vache indienne. Et c'est sans doute par ce canal qu'est venu jusqu'à nous le culte du taureau, emblème de la virilité ; de Crète en secte de Mithra, il anime encore les festivités rituelles, sanglantes et brutales des arènes ibériques, basques ou languedociennes. Nul doute que les *aficionados* survoltés des corridas n'ont pas conscience qu'ils imitent ainsi les adeptes d'un culte oriental : la déesse Hathor, le roi Minos, la nymphe Io ou le dieu Mithra, voilà des noms qui ne leur disent probablement rien. Le christianisme, au moins en ses premiers siècles, n'a d'ailleurs pas rompu brutalement avec ces pratiques zoomorphes : il a affublé trois des quatre évangélistes de symboles animaliers glorieux – l'aigle et le lion, et le taureau une fois encore. Et si la vénération envers la bête s'est peu à peu effacée, l'hagiographie en a conservé le souvenir : Dieu peut prendre les traits du cerf royal, de la colombe ou de l'agneau comme symbole de paix ou de clémence. En plein XIIIe siècle encore, ne verra-t-on pas l'Église admettre, bien que du bout des lèvres, le culte de saint Guinefort, le lévrier qui sauva un enfant des morsures d'un serpent, emblème du démon évidemment ?

L'apport celtique ou germanique ne se dissoudra que lentement dans l'héritage gréco-romain et oriental. Comme tant de peuples à la recherche de vertus qu'ils n'ont pas, notamment de courage, de fidélité, de force, des groupes humains ont pu se donner des totems animaliers, en général liés à la nécessité de la chasse : le loup, l'ours, le sanglier, l'aigle. Nombre des anthroponymes ou des simples prénoms de notre monde actuel n'ont pas d'autre origine : nous sourions de « Bison futé », mais non de Bernard qui ne signifie pourtant rien d'autre qu'« Ours courageux ». On a longtemps avancé que le refus de consommer la chair du chien ou du chat venait de l'affection portée à ces animaux ; ou qu'inversement manger du cheval ou boire son sang tendait à emplir le guerrier des vertus « héroïques » qu'on prêtait à l'animal, et que l'Église avait ainsi interdit ces pratiques « barbares ». Malheureusement, l'archéologie a présenté des os de cheval portant des traces de découpe bouchère ; et la viande de chien, comme celle du loup, passe pour nauséabonde et indigeste – il est probable que ces problèmes n'ont pas arrêté les consommateurs asiatiques, qui goûtent ces chairs.

D'ailleurs, l'intérêt des hommes pour ce monde animal n'atteint pas forcément le niveau de la vénération. Elle se tient souvent à celui de l'admiration : la souplesse des félins, la grâce des oiseaux, l'élégance du cygne, le regard du chien ont ému les hommes et des artistes qui traduisent dans leurs œuvres le subconscient de leurs semblables : bas-reliefs égyptiens ou perses, bijoux germaniques, miniatures médiévales ; avec ce grand trou d'indifférence, au moins relative, où se placent la culture et l'héritage gréco-romains. Naturellement, moins l'animal est connu, plus il lui est prêté de vertus. L'éléphant, plutôt rare en Europe, est hors concours : il est puissant et docile, fidèle et chaste, timide et généreux, plein de sagesse et de science ; le dromadaire, le « vaisseau du désert », est sobre, d'une extraordinaire résistance et plein d'affection ; le lion est majestueux, empli de courage et de magnanimité. L'idéal étant la licorne, que personne n'a jamais vue, symbole de la chasteté mariale et de la pureté du monde. Bien sûr, on peut supposer que les doctes savaient que l'éléphant est capricieux, le « chameau », comme ils disent, d'un caractère odieux, le lion très lâche, et la licorne elle-même dévergondée.

Finalement, c'est plutôt le symbole que l'homme recherche dans l'animal ; peu importe qu'il y soit conforté par des contingences sociales, ou même économiques. L'âne que le Seigneur choisit comme monture est le symbole de l'humilité sacrée ; la colombe au rameau d'olivier est le signe de l'apaisement du courroux divin, comme le poisson dont j'ai rappelé que le nom grec (*ichtus*) est celui du Christ pêcheur d'âmes ; l'abeille qui donne le miel comme Marie donna le lait est le symbole de la famille ; et il n'est pas jusqu'au porc, dont le sacrifice à la veille de Noël ouvre les fêtes de tous, qui n'apparaisse comme un « signifiant » quasi mystique. Quant à l'ours des montagnes et des forêts occidentales, compagnon gourmand de l'ermite, bonasse et finalement peu dangereux, on lui trouve des vertus qui en font, pendant longtemps et bien avant le lion, le roi des animaux.

En réalité, de tous ces mammifères que l'homme nourrit, qu'il abrite, qu'il utilise, deux espèces, et deux seulement, ont établi avec lui de réels liens d'affection : le cheval et le chien. Car le chat, qui de nos jours envahit nos vies, continue à mener la sienne en indépendant, certains disent en égoïste, sûr qu'il est des faveurs que lui vaudront sa grâce, sa beauté, le calme presque thérapeutique qui émane de ses attitudes, de son contact même, apaisant et serein. Depuis le XVIIe et surtout le XIXe siècle, où sa réputation sombrement démoniaque s'est estompée, le chat est devenu l'exigeant réconfort de l'homme, de la femme surtout, mais il n'a jamais été au service de l'un ou de l'autre.

Tel n'est pas, évidemment, le cas du cheval, cette « noble conquête », comme dit la sagesse populaire, une conquête bien récente – quelque cinq à dix mille ans – et encore incomplète, car il ne manque pas de chevaux toujours sauvages à travers le monde. Ce que l'homme a espéré, cherché et trouvé chez cet animal élégant et fidèle, mais nerveux et fragile, c'est un compagnon de jeu et de travail, une monture abolissant les distances, une force intelligente et sensible. La capture et le dressage de cette bête capricieuse sont difficiles, et j'y reviendrai. Du moins le résultat est-il certain : le cheval dressé reconnaît son maître et s'attache à lui ; il devance parfois ses souhaits à la chasse, son ardeur et son courage à la guerre, et la littérature médiévale ne tarit pas de récits sur ce compagnon qu'on pourvoit d'un nom d'homme ; au reste, ces temps nous ont laissé plus de traités d'hippiatrie que de manuels d'éducation pour les enfants.

Enfin voici le chien, sous les cent cinquante formes qu'il prend, le plus ancien, le plus sûr compagnon de notre espèce. Il y a plus de trente mille ans qu'il est sur nos talons, suit nos pas ou court devant, devenu pratiquement incapable de vivre sans nous, le seul animal parvenu à une telle dépendance. Selon les temps, on a attendu de lui une garde à la maison, une aide à la chasse, une présence auprès des troupeaux comme auprès des humains seuls ou affligés. Les temps antiques lui ont été peu favorables ; le Moyen Âge l'a protégé ; notre siècle en est entiché. C'est que la bête est le symbole même de l'obéissance, de l'affection, du dévouement ; et la mort de son maître provoque parfois la sienne. Derrière le mépris dont, à la suite des Anciens, notre vocabulaire garde trace, le chien veille comme un recours assuré. Car, au travers de son cas, exceptionnel il est vrai, les espèces animales, les mammifères au moins, les seuls qu'ait fréquentés le Moyen Âge, ont bien été perçus comme des exemples à suivre, un monde de créatures où Dieu, peut-être, a déposé une part de sa bienveillance – et le chien en est l'image : ni fourbe, ni infidèle, ni lâche, ni inconstant, ni égoïste, ni inutilement cruel.

Ces sentiments ambigus que nous éprouvons envers le monde animal, pouvons-nous percevoir comment ils étaient reçus ? L'étude du comportement des bêtes est encore hors de l'atteinte de nos savants ; elle l'était encore bien plus aux siècles médiévaux, on s'en doute. La seule certitude des hommes du Moyen Âge, et elle est toujours la nôtre, est que tous les animaux qui ont remarqué notre espèce – ce qui exclut le monde des eaux et celui des insectes – ont peur, et fuient celui qui possède le feu et l'outil. Les médiévaux voyaient là le courroux divin, s'étendant du serpent puni par la Faute à toutes les autres bêtes ; nous admettons plutôt aujourd'hui que l'homme est le plus brutal des prédateurs, le plus égoïste, le plus cruel, presque « bestial », comme nous dirions avec une certaine audace. Même les espèces les mieux organisées pour se défendre contre l'homme, comme celle du loup au Moyen Âge, rusent et tendent des pièges à leur agresseur, s'entraident dans la chasse qu'il leur fait ; mais elles succombent inévitablement. Comment déceler la haine dans les yeux du cervidé forcé, de l'ours blessé, du taureau assailli de banderilles ? Inversement, pouvons-nous percevoir des signes d'intérêt, de curiosité, voire d'affection, chez les animaux qui vivent hors de notre contrôle étroit ? Mais les parasites qui nous assaillent, les oiseaux qui viennent se poser sur nos balcons sont seulement attirés par le souci de se nourrir, de notre sang ou de nos vivres. On dit volontiers, par zoophilie sans doute, qu'un bovin ne sera pas insensible à la présence de tel bouvier, ou qu'une chèvre ne se laisse pas traire par le premier venu, mais ce sont déjà des bêtes soumises. On avance aussi, plus scientifiquement peut-être, que l'odeur de l'homme – on la dit acide à l'égal de celle de l'urine – ou sa sueur très salée suscitent la convoitise ou l'intérêt de certaines espèces. Mais y a-t-il quelque affection en cela ? On mettra à part le cas des singes, avec lesquels le Moyen Âge occidental avait rarement à faire, mais qui, en bons frères d'origine, s'ils ne nous « aiment » pas, semblent bien proches, accessibles et d'ailleurs curieux de nous. On sera plus étonné sans doute, notamment parce qu'on ne voit pas le lien qui pourrait nous attacher à eux, que ce soient les mammifères marins qui donnent l'impression d'apprécier notre compagnie, de la rechercher même, comme les phoques ou les otaries qui ont hanté nos rivages jusqu'aux derniers siècles, parfois aujourd'hui encore, ou ces baleines de toutes tailles, dont on n'ira pas jusqu'à dire qu'elles s'échouaient sur nos côtes dans l'unique souci d'être dépecées et mangées par des villageois comblés. Le champion de la catégorie, amplement décrit, peint et chanté depuis l'Antiquité, est, comme on le sait, le dauphin dont les jeux aquatiques continuent de ravir les enfants, et qui semble se plaire à nos côtés. Il nous rendrait peut-être quelques services à la pêche, mais on ne l'a pas tenté. Cette nouvelle « conquête » de l'homme reste donc en attente.

Mais toutes les remarques qui précèdent ont un caractère universel, dans le temps surtout. Il vaudrait mieux à présent nous tourner vers les siècles médiévaux pour y rechercher ce que l'on sait, et ce que l'on fait.

Connaître et comprendre

Noyé dans le monde animal terrestre et même aérien, l'homme médiéval ne pouvait se contenter de subir le contact de la bête. La craindre, l'admirer sont des attitudes passives. Ne serait-ce que pour en circonscrire l'action et tenter de la dominer, il lui fallait bien l'étudier et en saisir les faiblesses.

Que sont les bêtes ?

L'Église le répète : puisque l'animal n'a pas d'âme, qu'il n'est qu'un reflet de la puissance de Dieu, son étude n'est ni utile ni souhaitable pour le Salut. S'attacher à lui est aux limites de l'idolâtrie. Que dire d'un éventuel contact sexuel parmi des groupes d'hommes que leur vie isole, comme les bergers en montagne : surpris, le coupable de « bestialité » ira au bûcher pour avoir insulté le Créateur dans son œuvre. La scolastique du XIIIe siècle y ajoute le risque de totémisation, d'assimilation, au moins intellectuelle, entre l'homme, seul objet digne d'étude, et la bête qui lui est normalement soumise. Et même les rares penseurs zoologues ont bien un point de vue anthropologique, que ce soit Isidore de Séville au VIIe siècle, Hildegarde de Bingen au XIe, Brunetto Latini au XIIIe. Leurs propos sur le monde animal suivent tous le même schéma : il y a des animaux qui « servent », d'autres qui « menacent » ; les vertus qu'on pourrait leur trouver n'ont d'intérêt que si elles les mettent en dépendance, en soumission envers l'homme. Ce n'est pas avant le XIVe siècle que le regard changera, et qu'on s'intéressera, au moins par l'œil, au monde animal, d'ailleurs sans que varie la position d'autosatisfaction et de mépris de notre espèce envers les autres – cette vanité encore si solide chez nos contemporains. Ce léger fléchissement du jugement est dû sans doute au développement d'un sens du réel dont ce n'est pas le seul terrain d'épanouissement : la curiosité se porte vers l'apparence, vers les mouvements et même vers les mœurs. C'est l'époque où des princes réclament des ménageries pour distraire leurs hôtes, où des artistes de la plume et du ciseau affinent les formes animales : le roi René se distrait à dessiner des lapins ; Gaston Phœbus, le comte de Foix, a peut-être lui-même illustré ses manuels de chasse. Toutefois, Buffon est encore bien loin.

Ce sont là propos de clercs, de doctes et de puissants. Mais le commun ? La majorité écrasante de ceux qui sont en contact quotidien, physique, naturel avec le monde des bêtes ? En fait, à lire les récits hagiographiques, œuvres de savants pourtant, ou les romans et les fabliaux, ils en savent autant, sinon plus, que les détenteurs de la Vérité. Car leurs connaissances sont directes, leurs observations visuelles : ils ont remarqué, enregistré, parfois soigné les maladies ou les sautes d'humeur du cheval ; ils ont adapté les espèces de chiens aux services qu'on en espérait ; ils ont compris comment favoriser le travail du bœuf selon le grain qu'il consommait ou le sol qu'il allait labourer ; ils ont réglementé la vie du mouton, ses déplacements, sa tonte, et les agnelages ; ils ont utilisé au mieux les multiples aptitudes du porc. Il n'y a guère, dans le cercle des animaux « domestiques », que le chat dont ils n'ont su ou voulu savoir les caprices. Certes, ils n'ont guère dépassé le niveau de l'observation extérieure ; mais l'usage fait des animaux pour « singer » les humains montre bien qu'ils percevaient des éléments de la réalité animale. Le *Roman de Renart*, ou d'autres après 1175, les « ysopets », petites fables populaires au même temps, ne sont pas que des histoires d'hommes : les mœurs des bêtes y transparaissent. D'ailleurs, les connaissances sur ce plan n'étaient pas inaccessibles : certes, le *Physiologus* de l'Antiquité tardive et les compilations qu'on en a faites jusqu'au XIIIe siècle sont en latin, donc de peu d'audience chez les humbles ; mais, à la fin du XIIe siècle et tout au cours du XIIIe, des encyclopédistes comme Barthélemy l'Anglais, Pierre et Vincent de Beauvais ou Hugues de Saint-Victor, tout en maniant la langue savante, ont nourri un genre littéraire susceptible de toucher les « petits » : des « bestiaires », souvent illustrés, et que l'on pouvait voir ou entendre expliquer par le curé du village.

Cette approche « populaire » du monde animal n'a évidemment rien de scientifique. D'abord, en raison du poids anthropologique dont je viens de parler et qui limite la réflexion. Ensuite, parce que l'écran des symboles voile la compréhension : comment parvenir à expliquer la croissance d'un dix-cors si l'on s'obstine à n'y voir que les commandements de Dieu ? D'où le maintien d'une forte proportion d'idées fausses, dont beaucoup tiennent encore bon : le saumon est le mâle de la truite parce qu'il lui ressemble et qu'il remonte les rivières pour pondre en amont ; le chien ne supporte pas le chat parce qu'ils sont les emblèmes de l'homme et de la femme en rivalité constante ; l'ours est débonnaire et fréquentable parce qu'il mange volontiers du miel, symbole du lait marial ; l'abeille est l'emblème même de la famille parce que, levée dès l'aurore, elle œuvre pour toute la ruche. Encore pourrait-on y ajouter les étranges descriptions des voyageurs partis en terres exotiques, comme Polo et tant d'autres marchands, ou celles des franciscains, évangélisateurs itinérants : ne disent-ils pas avoir vu par là des animaux extraordinaires, déformation de ceux qu'ils avaient laissés derrière eux ? Et leurs récits alimentent l'imagination : le cobra, donc les autres serpents, devient dragon ; le rhinocéros cornu est la licorne mâle ; le phoque femelle est la sirène tentatrice ; le félin ocellé, guépard ou panthère, est l'âme réincarnée d'un pécheur qui porte les signes de ses fautes anciennes. Et le sorcier vêtu de peaux de bêtes qui court les bois la nuit est le loup dévoreur des hommes, le « loup-garou », le *wehrwolf* germanique.

Cette ambivalence de l'animal explique d'étranges pratiques qui nous font sourire, tels les procès faits aux bêtes durant les siècles médiévaux : arrestation publique, accusation et défense du coupable, châtiment qui est la pendaison le plus souvent – ainsi du cochon qui a blessé un enfant, du blaireau puant qui a ravagé une vigne, du loup dévorant, déjà mort d'ailleurs mais quand même pendu, ou des insectes comme les hannetons. Ces simulacres, assez sérieux alors pour que le juriste Beaumanoir en réglemente l'usage, éclairent fortement la zone indécise qui sépare l'homme, qui est la dextre de Dieu, et la bête, qui est la créature désobéissante. Nous aurions tort d'en rire : notre équilibre nerveux dépend étroitement des dangers qui le mettent en péril. Plus que la dent du loup ou du chien, ce sont les sinistres hurlements nocturnes de l'un ou les interminables aboiements de l'autre qui créent l'état de tension, on dit stress aujourd'hui, nuisible à notre activité d'être exceptionnel.

Pénétrer ce monde

Les dangers s'estompent quand on les rend familiers. Depuis qu'il a débuté une vie de groupe, l'homme a tenté d'étendre son autorité sur les autres espèces, c'est-à-dire de les contraindre à son service, et même de se les attacher, de les « domestiquer ». Mais ce dernier stade implique un contact réciproque, presque affectif, si l'on veut bien le prendre dans la plénitude de son sens : à ce niveau supérieur, l'homme n'a jamais vraiment domestiqué que le chien, peut-être le cheval, et j'en ai parlé plus haut. Depuis des dizaines de milliers d'années, aucune espèce ne s'est soumise consciemment à son contrôle, même pas le chat, je l'ai dit. Encore trouvera-t-on, pour les deux premières de ces espèces, des chiens errants redevenus sauvages et des chevaux en liberté ; aucune autre branche animale n'a été « conquise ». Certes, les bovins, les moutons et d'autres sont commandés, surveillés, traits et tondus ; et les porcs sont menés à la glandée de septembre. Mais si l'on peut admettre que l'attrait de la nourriture ou le sentiment de la sécurité puissent suffire à les rendre dociles, on n'en dira pas autant des aurochs, des bisons ou des sangliers qui sont leurs frères sauvages. Quant aux pigeons, aux abeilles ou aux vers à soie, c'est se moquer que de les dire « dressés » ou même « élevés », et il en va de même pour les castors, les cygnes ou les faucons tant appréciés des médiévaux.

Il est difficile de savoir si les hommes de ces temps ont cru possible d'accroître leur contrôle sur le monde animal à leur portée. Au moins semble-t-il qu'ils ont été attentifs aux perfectionnements possibles de la capture et du dressage. La reproduction des espèces est évidemment un aspect essentiel de l'élevage ; on pouvait y exercer un contrôle humain. La monte ou la saillie des équidés et des bovins sont surveillées et même réglementées au village sous l'œil d'un sergent du maître : le taureau, l'étalon, le verrat sont dits « banaux » dès le XIIIe siècle, car leurs services ont un caractère quasi public, la composition et l'état des troupeaux ne pouvant être laissés au hasard ; l'exemple des truies couvertes en forêt par des sangliers mâles semble avoir été l'objet de précautions, probablement vaines. À l'inverse, la castration des mâles en surnombre était une nécessité, mais elle nous reste fort peu connue ; on ne l'approche à peu près correctement que pour le cheval, car cette perle de l'équipement militaire exigeait toute l'attention de l'aristocratie montée : à raison d'un étalon pour sept juments qui pouline-ront une fois l'an, il restera un nombre important de mâles pour la cavalerie guerrière. L'iconographie comme les récits de chasse ou de combat montrent indiscutablement des montures « entières » ; du moins peut-on le constater jusque vers le XIIIe siècle finissant. À ce moment, la castration du mâle s'est plus largement développée : la pratique était d'ailleurs ancienne, pour ne pas dire antique. Mais on n'a pas de preuve d'un usage systématique avant 1300 ; et l'on ne sait pas davantage si l'expression de « cheval hongre », par laquelle on désigne la bête mutilée, a une origine et un rapport réel avec les Hongrois, peuple cavalier il est vrai.

Si nous n'en savons guère plus pour d'autres espèces, en revanche la recherche d'amélioration par croisements de races ou par importation de reproducteurs exotiques occupe une bonne place dans les traités vétérinaires. On sait, par exemple, que la diversification des races chevalines provient largement des contacts avec l'Espagne « arabe » dès le XIIe siècle, ou avec le Proche-Orient au moment des croisades : aux chevaux d'origine européenne installés en Occident à l'orée du Moyen Âge, animaux lourds et puissants, s'ajouteront les « genets » (du nom des Berbères Zenata), rapides et légers, très aptes à la course, à la selle, et supportant bien les variations climatiques. L'archéozoologie, en plein développement, a d'ailleurs montré ces variations de poids ou de taille. Les bovins eux-mêmes, à l'ordinaire moins étudiés, sont touchés par le souci d'accroître leurs services : les cisterciens, comme toujours intéressés au progrès de leur propre richesse plus qu'à des considérations générales, ont, par exemple, encouragé l'implantation de laitières normandes en pays aquitain, à la faveur des « visites » de troupeaux que prévoyait l'ordre ; et saint Bernard lui-même, nous dit-on, expédia un frère quérir des buffles de la Maremme italienne pour ses troupeaux champenois. Le cas des moutons *merinos* à longs poils (encore un mot maghrébin sans doute, mais on hésite entre plusieurs) nous est encore plus connu, en raison de l'importance du commerce de la laine et de son travail. Introduites en Espagne au milieu du XIVe siècle, ces laines ont rivalisé jusqu'en Angleterre avec celles de Sheffield ou du Yorkshire. Et cette fois encore l'étude des squelettes d'animaux montre à l'évidence une évolution où l'homme a sa part. Resterait à éclairer un coin isolé du monde « domestique » : la basse-cour et sa volaille. Obscurité complète : la même, ou une autre au cours de dix siècles ? Soumise au vouloir de l'homme ou ne réagissant qu'aux contraintes de l'environnement ? Silence, ou plutôt rien que des mots, toujours les mêmes : poules, gélines, œufs, canards, coqs, chapons, oies ; pas un ossement, pas une iconographie correcte.

S'il est des animaux – le plus grand nombre – auxquels il n'est demandé que de servir l'homme sans vraiment le vouloir, il en est aussi que l'on dresse, dont on attend une participation plus personnelle dans leur service. Et si nous sommes bien renseignés à ce propos, c'est que les manuels cynégétiques, vétérinaires, hippiatriques, ou les encyclopédies à la Barthélemy l'Anglais fourmillent de recettes et d'exemples. Un trait l'emporte, qui justifie que les livres de comptes monastiques ou seigneuriaux se joignent aux œuvres de la théorie après le XIVe siècle : « dresser » est très coûteux ; il faut du personnel spécialisé, du temps et de l'espace. Même les pigeons exigent constructions, ramassages, curages : on en héberge plusieurs milliers dans les colombiers du seigneur, qui sont d'ailleurs l'enseigne de son rang ; il faut attirer les volatiles avec des leurres ou des appâts. Plus aisés peut-être seront le rassemblement des essaims d'abeilles, l'édification et surtout la surveillance des ruches, loin des prédateurs, mais aussi de tous les effluves qui incommodent l'insecte ; il y faut un intendant, un *apicularius*, dont la tâche ouvre sur la récolte et le travail de la cire, plus encore que sur ceux du miel. Dresser un furet à la chasse ou un faucon (et je reparlerai de ce dernier) est, là aussi, œuvre de technicien : ces animaux ne peuvent être attirés que par l'appât d'une viande ; mais il faut savoir les lâcher, les retenir, les ramener à la cage ou sur le poing.

C'est évidemment sur le cheval et le chien que s'exerce une surveillance étroite. Le premier, déjà rebelle aux rênes et à la selle, est dangereux au dressage, qui exige une longue patience et bien des précautions. Les haras – qu'on connaît dès le Xe siècle – sont placés en forêt, pour faciliter la capture au lasso puis les premières sorties. Certaines familles seigneuriales, comme celle des Rohan en Bretagne, se faisaient même une spécialité de ces écuries sauvages ; en France, on en trouvait dans les forêts d'Île-de-France, des bords de Loire ou du Roussillon. Tout un personnel de palefreniers (*poledarii* en basse latinité) s'y attachait avant que l'animal, jugé docile, soit exercé au combat ou au trait par un écuyer ou un valet d'âge certain, un « sénéchal » (*senex schalk*, ancien valet). C'est le vocabulaire romancé qui a déclenché les variétés de monture, beaucoup plus que les qualités de l'animal : le « palefroi », le *paraveredus* de la poste romaine, le *Pferd* germanique, porte les messages, c'est une bête de selle ; la « hacquenée », du nom de Hackney, village anglais, est une jument de trot, de voyage, plutôt réservée aux dames ; le « bidet », cheval « de poche », est un coureur commun ; le « sommier » tire son nom de ce qu'il porte ; le « destrier », le cheval de guerre, continue à diviser les historiens sur l'origine de son nom ; quant au « roncin », à la « rosse », il est n'importe quoi. Encore, après 1100 ou 1150, a-t-il fallu se poser le problème de la ferrure du pied, le travail du « maréchal » au château ou au village : usage quasi ignoré de l'antique, venu d'Asie peut-être, très lentement généralisé, et dont l'évident intérêt pour la résistance du sabot a été sans doute longuement négligé.

Le cas du chien, depuis des millénaires attaché à l'homme, était assurément plus simple, l'animal ayant assimilé depuis longtemps la notion de docilité envers l'être humain. Encore fallait-il, cependant, confier à des maîtres-chiens, responsables des meutes, le soin d'un dressage approprié à chaque espèce canine, face à chaque besogne attendue : le mâtin pour l'attaque du sanglier ou du loup, le dogue pour le troupeau ou la ferme, le lévrier pour le cerf « courru », le braque pour la chasse à l'arrêt, l'épagneul ou le barbet comme chiens terriers.

Dans ce dressage, on met rarement en valeur les efforts du maître pour amener la bête à une sorte de complicité avec l'homme. Pourtant, nombre de ces animaux « domestiques », ou qui le sont presque, goûtent des manifestations de nature ludique où l'on valorise l'animal en flattant chez lui des appétits ou des tendances plus ou moins conscients : le cheval aime rivaliser de vitesse ou de saut avec d'autres ; l'âne est tout réjoui d'être harnaché de pompons, le bœuf de voir orner son joug de fleurs, la vache de porter une sonnaille, ou le chien de « faire le beau ». Cet appel au fond de la conscience intime de la bête ne peut pas être, par commodité, qualifié d'« instinct » : le goût du « beau » n'en est pas un.

UTILISER ET DÉTRUIRE

Il n'est que trop visible, à la lecture de ces lignes, que, dans mon approche du monde animal, l'homme, qu'il soit un « ancien », un « médiéval » ou un « moderne », songe surtout à lui-même. Sa volonté de puissance et les moyens qu'il a de l'exercer lui ouvrent un double chemin : dans un milieu naturel qu'il a « anthropisé », modelé à son usage, comment et à quel point exploite-t-il l'animal ? comment aussi le supprime-t-il lorsqu'il n'en a plus l'usage ou lorsqu'il le redoute ?

Les services de la bête

On peut raisonnablement admettre que les premiers hommes qui l'ont pu ont d'abord vu dans l'univers animal une nourriture. Carnivore – mais depuis quand ? –, l'être humain a besoin de protéines animales pour son équilibre physique ou mental : viandes et chairs de mammifères, de volatiles ou de poissons. Et j'ai fait plus haut leur part dans l'alimentation médiévale. Si l'élevage peut avoir d'autres buts que de fournir des vivres, la pêche et la basse-cour ont surtout cet objet. Et il n'est pas excessif de dire que, sans le cochon, le hareng ou la géline, le monde chrétien eût péri. Mais j'ai souligné aussi qu'en dépit de croyances qui ne se sont guère formées qu'aux XVIIIe et XIXe siècles, et qui durent encore, une certaine indifférence traverse tout ce domaine de l'alimentation : nous restons incertains sur ce qu'étaient les fromages ou les espèces de poisson consommés ; nous devons convenir, fouilles à l'appui, que les traces d'os dans les dépotoirs alimentaires ne varient guère du château à la chaumière ; que les variations des repas relèvent soit de celles du goût, insaisissables, soit de contingences économiques aléatoires. La notion de plats régionaux comme celle d'une hiérarchie sociale dans les assiettes sont imaginaires : question de volume tout au plus. Encore les chrétiens se retrouvent-ils à égalité lorsque viennent les « jours maigres » ou le Carême. Certes, la place de ce dernier dans le calendrier correspond au vide des greniers ; mais on le respecte, même là où les réserves sont encore appétissantes. D'ailleurs, ainsi font les brigands eux-mêmes ou les routiers pillards : au Carême, on ne tue pas le bétail ; on se contente de poulets et d'œufs. Cette observance rituelle est une base du salut : Dieu a créé des « espèces maigres » le même jour que les autres ; on ne saurait bafouer son œuvre.

Il n'y a guère que le poisson dont le rôle n'est qu'alimentaire ; encore exige-t-il des rivages marins, puis salure ou fumage. Mais les dérivés qu'on en tire aujourd'hui semblent alors ignorés : on n'est en rien certain que des pratiques antiques comme la fabrication de colle à base de graisse de poisson pour oindre les amphores aient survécu à l'affaissement du commerce méditerranéen. En revanche, l'exploitation de la volaille ou des oiseaux capturés peut éventuellement dépasser la chair et les œufs : la plume et le duvet ont un emploi ménager qui dure encore, pour fourrer un oreiller, un matelas, une couverture, ou pour fournir au scribe et au miniaturiste la plume à écrire ou le pinceau en place du calame de roseau dont on fit usage au moins durant tout le haut Moyen Âge, voire jusqu'au XIVe siècle. On ne négligera pas ces aspects, pourtant si médiocres à première vue, des transformations techniques. La plume, d'oie surtout, a fortement influencé la graphie, rendant le tracé plus souple, les ligatures plus déliées, même et peut-être surtout sur le papier quand ce support commença à supplanter le parchemin au XIIIe siècle.

Les mammifères, eux aussi, ont pu fournir des éléments utiles au ménage ou même à l'artisanat, tels les poils de blaireau ou les soies de porc. Mais ce sont, évidemment, les peaux et les fourrures qui tiennent la première place. Cette fois, on en connaît bien la recherche et l'emploi durant le temps médiéval. L'image symbolique, vaguement germanique, en est celle d'un homme vêtu de cuir, de fer et de fourrure ; image romantique à coup sûr, mais non dépourvue de quelque réalité. Passons sur le fer ; mais la fourrure a bien été un élément important du vêtement ou du décor : l'écureuil, la zibeline, le lapin pour les parements ou les coiffures, tandis que l'ours, le renne, le loup garnissaient en « peaux vêtues » les manteaux ou les couvertures. Les prix atteints, sur les places de commerce d'Europe centrale notamment, par ces dépouilles et les « façons » dont elles font l'objet rivalisent dans les livres de comptes avec ceux des étoffes rares et des bijoux : la mode aidant en tous siècles, une « aristocratie de la fourrure » distinguera le riche ou l'«homme de cour » du commun à la veste de cuir ou du paysan en grosse laine.

Ce cuir, pourtant, joue un rôle à la fois modeste et immense : gants, ceintures, couvre-chefs, souliers, vestes, chausses, mais aussi selles, harnais, fourreaux, outres, bourses. Drues ou tannées, toutes les peaux se valent : bovins, moutons, chèvres, ânes et même chevaux, sans compter les peaux de la chasse et de la venaison, celles des cervidés, sangliers, blaireaux, loutres, castors, loups et renards, voire les dépouilles exotiques arrachées à l'Afrique ou à l'Asie, chameaux et léopards pour les amateurs d'originalité. Tanneurs et corroyeurs ont leurs ateliers en bord d'eau pour le nettoyage des peaux, mais également près des « hôtels » où s'écoulera la production de haute qualité, les cuirs les plus clairs et les plus souples. L'élite d'un métier qui reste cependant mal réputé, malodorant et malsain est tenue par les parcheminiers. C'est que la demande en peaux destinées à écrire ne cesse de croître. On a même avancé que le mouton, dont la chair n'est guère estimée, a été très largement élevé pour son cuir ; mais aussi, naturellement, pour sa laine.

Les temps médiévaux ignorent les textures élastiques, et plus encore le plastique ; le coton lui-même ne fera son apparition que par la Méditerranée, et guère avant la fin du XIIIe siècle ; le jute est ignoré ; le lin, rare ; le chanvre, bien rude ; la soie, coûteuse. C'est bien la laine qui est la base du textile médiéval. Mais il n'y a pas lieu d'entrer ici dans un exposé sur le travail des poils de mouton, à plus forte raison sur son organisation artisanale ; c'est, il est vrai, le seul « métier » organisé et réglementé verticalement, du berger tondeur au scelleur de drap à la halle. Ni non plus d'examiner le destin des touffes de poils selon qu'ils viennent du *churro* ibérique ou du *sheep* des Cotswold, ou qu'on les ait tirés des pattes ou du dos de l'animal : je ne fais pas ici une histoire de l'économie textile. Mais, puisqu'il s'agit seulement des rapports entre l'homme et la bête, on doit rappeler que la laine occupe dans la vie médiévale une place égale à celle qu'y prend le bois ; le Moyen Âge n'est donc pas seulement l'« âge » du cuir et du fer, mais aussi celui du bois et de la laine. Celle-ci est omniprésente dans la vie quotidienne : au fil de la journée, on la revêt, la recoud ; la femme la file sans arrêt, même l'enfant au sein ; elle obture les ais de la chaumière, recouvre les dormeurs et, chez les riches, se suspend aux murs en tapisseries isolantes.

À ces animaux, qu'il les ait capturés, dressés ou élevés, l'homme enlève leur chair, leur enveloppe, leur graisse, les produits de leur corps. Apparemment plus modestes, mais finalement essentiels, il en est auxquels il retire le fruit de leur propre travail ; et ce sont évidemment les abeilles qui viennent sous le regard. J'ai dit plus haut que, malgré les ruches, les règlements ou l'estime qu'il leur porte, l'homme n'« élève » pas les abeilles, mais les exploite. L'importance accordée à l'insecte se voit déjà dans les tarifs de composition pécuniaire du haut Moyen Âge par le coût exorbitant de l'amende due par qui vole ou détruit un essaim : une somme égale à celle qui châtie le détournement ou le vol d'un taureau, soit quelques milliers de deniers. Les engagements, au moins verbaux, auxquels se plient les perturbateurs de la paix de Dieu au XIe siècle comportent l'obligation d'épargner les ruches dans leurs violences. Et les propriétaires considèrent comme un droit seigneurial de lever une taxe sur ce qu'on en tire. On a longtemps pensé, on pense encore que l'homme attendait des ruches essentiellement le miel, qui reste le produit sucré le plus abondant et le plus recherché : ni la canne qu'on a tenté et réussi à acclimater sur les rives de la Méditerranée (Espagne, Sicile, Italie), et qui ne l'a été que tardivement et fort modestement même après le XIe siècle, ni la betterave et autres tubercules édulcorants à peu près inconnus, ni quelques très coûteuses épices apportées par le commerce d'Orient, comme la cannelle ou la vanille, ne pouvaient combler la part de glucides nécessaires à l'homme. Le miel, récolté dans des conditions techniques qui n'ont guère varié depuis ces temps, pouvait tenir cette place : on le consommait liquide, ou durci en pains, mêlé au vin pour donner des boissons « divines », mais des plus fades – l'hydromel, ou encore l'hypocras si l'on y ajoutait quelque herbe odorante –, ou encore en gelée finement tamisée, la « gelée royale », à laquelle on prêtait des vertus médicinales ou aphrodisiaques ; le monde de la cour en raffolait, en sorte qu'il fallut au XVe siècle en restreindre la vente. On a donc tendu à minimiser ce qui, somme toute, était le produit essentiel et le plus précieux du travail de l'insecte : la cire. Un essaim de dix mille abeilles pouvait produire un kilo de cette matière en un an, pour dix fois plus de miel. Or la cire, ce « plastique » du Moyen Âge, avait un emploi capital qui explique l'ampleur de son commerce : elle chasse l'obscurité sans la fumée de la torche de résine, sans le tremblement du bois enflammé, sans la faible luminosité de la lampe à huile. Cierges pour le culte, chandelles ou luminaire, bougies du quotidien, la cire écarte les ombres chargées de peurs et de périls que cache la nuit. Elle accompagne l'homme dans ses angoisses nocturnes, comme dans les joies des fêtes et des défilés. Et elle a toute sa place sur les tablettes à noter et dans les sceaux qui valideront un acte écrit.

Toute cette part de l'exploitation du monde animal n'allait pas de soi, et l'on ne sait pas, dans les premiers temps de l'histoire humaine, si l'on a d'abord songé à user du chien pour garder un troupeau, du cheval pour le monter, ou du mouton pour le tondre. Car tous ces animaux ont plusieurs faces : le chien rabat aussi le gibier, le cheval tire une charge, et la brebis donne du lait. Les services rendus par l'effort même de la bête seront donc multiples. Il est banal de le rappeler, car ils sont toujours ceux d'aujourd'hui – avec les réserves que la machine a pu introduire, naturellement. D'abord tirer et porter, ce qui est du domaine de la partie « domestique » de l'environnement animal : cheval, mulet, bœuf et âne sont alors les moteurs de la circulation des hommes et des choses, comme de la traction des charges ou des appareils agraires. Chacun, selon son aptitude, sera, avec un peu d'expérience, orienté au mieux des besoins : le mulet au pied sûr ira pour les terrains difficiles, l'âne au pas lent pour aller aux vignes ou au marché, le bœuf sans rival dans les champs ou l'essart, le cheval pour tout faire. Ce sera une question de structure physique, par exemple celle du pied ou des reins du cheval, pour désembourber la charrue en terrain gras ; ou de rapidité et de hardiesse pour porter un message et pour combattre. Mais ce sera un bœuf pour dessoucher un arbre ou tirer un fourgon. Question aussi de résistance à supporter le bât, ce sera l'âne ; ou la selle, ce sera le mulet. Question d'équipement enfin, en fonction de l'ossature ou même du caractère de l'animal, et j'en ai parlé plus haut. D'autres seront dressés à la chasse, on va le voir, et c'est alors le chien. Et, comme à l'ordinaire, c'est à lui que sera réservé l'essentiel : veiller, guetter, sentir, fouir ou, plus difficile, faire tourner l'attelage au bout de la raie tracée par la charrue, ou guider le cochon à nettoyer la cour. Enfin et pour tous, fournir de quoi fertiliser les champs par leurs déjections : bouse, crottin, colombine ou autre.

Voilà bien des services attendus. C'est, pour la plupart des animaux dont je parle, la rançon de la protection et du secours vivrier qu'apporte l'homme. Mais ce dernier est conscient que ces services ne sont pas d'un poids égal : son appréciation se traduit, dans les premiers siècles médiévaux au moins, par une sorte de hiérarchie des amendes encourues par celui qui aurait porté atteinte à une bête. Et cette échelle de valeurs traduit un comportement aujourd'hui différent : une jument pleine coûtera 1 600 deniers, un étalon un peu moins, un hongre la moitié ; le taureau est « coté » 2 000 deniers, mais la vache laitière le quart seulement, et le mouton un vingtième ; le porc atteint jusqu'à 500 deniers, mais le chat n'est pas remboursé. Certes, ce ne sont là que des textes réglementaires, qu'altèrent les contingences et les coutumes ; mais n'est-ce pas une indication qui éclairerait quelque peu le dernier aspect à présenter ?

Tuer est le propre de l'homme

Ce titre est à dessein provocant ; mais on va en trouver la justification. La peau, la chair ne peuvent venir que d'un animal mort, mais mort par la violence pour que l'une ou l'autre ne soient pas gâtées par la maladie ou le temps. Ne faut-il pas aussi détruire ce qui menace ou seulement gêne : les insectes, les rongeurs, les carnassiers, dont il faut préserver l'homme, ses animaux « domestiques » ou son bien ? Évidemment, on peut attendre que la Nature s'en charge, l'y aider au besoin. Dans l'univers, tout est équilibré : si un élément gonfle, un autre aussitôt le détruit ; et les espèces animales n'y échappent pas. Les médiévaux ont bien noté cette lutte quotidienne : la mouche mange le puceron, mais l'araignée la tue, et sera avalée par le petit rongeur, juste avant qu'un canard, à son tour, ne croque ce dernier, et qu'un rapace ne vienne à bout de l'oiseau. Cette « loi » de la force entraînait l'homme à s'égayer des combats entre animaux, source de spectacles ludiques ou de paris avantageux : nous n'avons renoncé ni aux combats de reines en montagne ni à ceux de coqs au village, voire de chiens et de chats. C'est par là que se glisse le mal : tuer une bête pour la manger peut en effet être une nécessité, comme il en va pour tout être vivant ; mais ce besoin et l'acte qui suit ne sont, en principe, empreints d'aucune jouissance, si ce n'est celle de satisfaire à une nécessité naturelle. Ainsi font les bêtes. Mais assister à un combat de coqs ou à une répugnante corrida comporte un fond de cruauté, voire de sadisme, qu'on a du mal, même chez les fanatiques, à couvrir du voile de la « tradition » (laquelle d'ailleurs ?), du « sport » (plutôt mortel !) ou de l'hypocrite prétexte que la bête peut se « défendre » (ce qui est se moquer ignoblement). L'Église a hésité longuement : ne pas tuer son prochain est une injonction divine ou une précaution évidente ; mais une autre créature de Dieu ? Poursuivant sans doute les usages antiques, l'Église est restée silencieuse sur la chasse ou la capture des animaux sauvages ; tout au plus a-t-elle opposé, dans les récits hagiographiques, le chasseur comme saint Hubert à sa victime où s'incarne, peut-être, Jésus et qui le convertira. À l'époque carolingienne, cependant, des voix s'élèvent, comme celle de Jonas d'Orléans, pour critiquer le plaisir de la chasse, source d'orgueil ou de jouissance quasi sexuelle. Mais l'assimilation traditionnelle de la force ou de la mission royale et seigneuriale avec l'imaginaire de la chasse en limite, évidemment, l'effet. Au reste, on voit là, en outre, un élément de l'équilibre aristocratique qui épaule l'Église et du confort paysan dont il faut soutenir la marche vers le Salut. D'ailleurs, les bêtes, notamment les méchantes « bêtes sauvages » qu'habite certainement Satan, n'ont pas à être sauvées : les évêques chassent et, au XIVe siècle, il y a des manuels de vénerie dans les bibliothèques de couvent. Et puis tant d'hommes s'entre-tuent inutilement, au cours des siècles, que les prêtres ont bien assez à faire en tentant d'arrêter ces flots de sang ; qu'importe celui du loup ! Cette attitude n'a guère varié : si l'on tient l'animal pour un être inférieur, promu au sacrifice par la main humaine, il ne saurait y avoir du mal à le supprimer, même s'il ne peut se défendre. On ira presque jusqu'à s'en réjouir, ce qu'un animal ne fait jamais, du moins autant qu'on le perçoive. Il est vrai que des esprits méditatifs, comme Albert le Grand au début du XIIIe siècle, mais aussi l'arrière-fond de la pensée médiévale, ont cette conscience profonde : tuer pour le plaisir est sans « noblesse » ; la preuve en est que le roi des animaux, le lion, le « Noble » du *Roman de Renart*, épargne ses victimes – signe d'une magnanimité qui le place au-dessus des autres.

Évidemment, la destruction d'une espèce animale n'entraîne pas forcément haine et violence. Les accès de malaria, ceux qui ont emporté l'empereur Otton III, le roi Philippe Auguste ou le poète Dante, sont des attaques sournoises qu'il est licite d'éventer ou de combattre : il faudra drainer les marais, mais aussi enfumer l'anophèle. Contre le pou, on usera de lavages de peau à l'aide de décoction aux herbes ; et on imposera aux navires quarante jours d'attente au large, pour que se meurent les vermines. Les criquets sont plus redoutables : si leur nuage s'abat sur un champ ou un terroir entier (ils sont des millions en vol, à obscurcir le soleil), c'est un désastre absolument total, et les manger ne sera que maigre consolation ; il faut les faire fuir par le fracas d'une musique rythmée – tant pis pour le voisin ! En réalité, la dernière attaque massive de criquets en Europe de l'Ouest a été notée en 873. On n'en a plus subi depuis ces temps, peut-être parce que les conditions climatiques ou biotiques ont entraîné l'animal plus au sud, vers les zones subtropicales où il sévit toujours, en dépit de nos défenses modernes ; mais on dit qu'il a tendance à remonter vers le nord !

Le reste relève de la chasse. Les passions que suscitent, en notre temps même, ces pratiques justifient que je m'y arrête dans le cadre des siècles médiévaux. Mettons tout d'abord à part les battues nécessitées par une recrudescence de dégâts aux troupeaux ou aux cultures, dus, par exemple, aux sangliers ou aux loups. Elles mobilisent, comme aujourd'hui s'il faut y recourir, intervention publique, important rassemblement de chasseurs, de chiens, de chevaux, établissement d'un plan de rabattage et d'une technique de mise à mort, d'autant plus délicate que, à l'exception de l'ours vivant isolé, les autres sont en hardes très fortes. Dans une telle tâche, assimilée à l'intérêt général, n'interviennent, en principe, ni joie ni haine : c'est un simple nettoyage en zone inculte. L'homme passe d'abord ; tant pis pour les bêtes. Ainsi ont été largement éliminés, entre le XIIe et le XVIIIe siècle, les loups, les lynx, les ours, les aurochs, les bisons d'Europe ; mais les renards, les rongeurs et les cervidés tiennent toujours bon.

La chasse individuelle ou en petits groupes est tout autre chose. Aujourd'hui, nos contemporains chasseurs n'attendent de leur activité ni complément alimentaire, ni attrait du risque, ni œuvre « écologique ». Ils invoquent souvent, mais à tort (en France du moins), une « tradition » ou une « conquête révolutionnaire », en se référant à l'abolition du monopole seigneurial qui datait de 1533, mais en oubliant qu'au Moyen Âge rien de tel n'existait ; ou bien ils parlent, et plus justement, de la convivialité ludique de la chasse ; et ils omettent, sincèrement ou à dessein, le goût de tuer qui habite, malheureusement et je l'ai dit vingt fois, l'esprit de l'homme. Aux siècles médiévaux, la situation est tout autre, même si l'on y retrouve cet appétit de la violence gratuite. La chasse est alors un pilier de la société, et la littérature du temps croule sous les miracles, les romans, les poèmes, les chroniques, les manuels, les procès aussi où elle tient la première place. L'iconographie, l'archéologie y ajouteront leur apport ; et on en sait presque plus sur la chasse que sur le commerce. Véritable passion de l'aristocratie mais aussi du commun, l'exercice a des motifs qu'on peut tenir pour invariables durant mille ans. Tout d'abord, la recherche alimentaire, qui en a été sans doute l'origine, n'apparaît pas comme une cause première. Les fouilles ont prouvé que les restes osseux de bêtes sauvages, venaison ou oiseaux, n'atteignent pas 8 % du total de la chair consommée, et guère plus au château qu'à la chaumière d'ailleurs : ce sont des volatiles, des cervidés, des rongeurs, omnivores pour la plupart ; les carnassiers sont réputés immangeables. On a, également, longtemps mis en avant la chasse comme exercice sportif préparant à la guerre : chevaucher en terrain difficile, servir un sanglier au coutelas ou un ours à l'épieu pouvait, en effet, apparaître comme une épreuve d'endurance, de courage et d'adresse. Mais seule l'aristocratie guerrière s'y trouverait concernée, et il y a loin de l'encerclement d'une harde de loups à la charge de cavalerie lourde. On songe donc aujourd'hui qu'il vaut mieux y valoriser le « déduit », le « desportement » qui autorisera même la présence des femmes : fuir ainsi et collectivement l'ennui des salles du château, l'inconfort de la chaumière, goûter l'odeur des bêtes et du bois, se libérer des contraintes et des œuvres quotidiennes, fréquenter, mais à plusieurs, l'inconnu ou l'imprévu – tout ce qui, de nos jours encore, donne à la chasse son rôle de passe-temps ludique.

Ce n'est pas tout : ne seraient ainsi justifiés ni l'équipement guerrier de nos chasseurs modernes ni l'acharnement des villageois d'autrefois à traîner au sol les dépouilles des proies. Il apparaît bien une dimension de violence satisfaite, de domination réalisée sur la nature sauvage, sur l'animal ; c'est une marque de supériorité, ce qui distingue le chef – le chef de famille, de clan ou d'État. Tous les rois chassent ou doivent chasser ; ceux qui s'y refusent, comme Charles V ou Louis XI en France, ont mauvaise presse. La domination et, au-delà même, le rite cérémonial de la virilité passent par la chasse. Et lorsque ce plaisir psychologique sera réservé, en principe, à ceux qui le paient – les riches et les nobles par la grâce de Louis XI en 1468, puis de François Ier en 1533 –, le paysan conservera avec acharnement la joie de braconner.

Les techniques de la chasse n'ont d'intérêt ici qu'en ce qu'elles se démarquent profondément des nôtres, dans lesquelles l'usage de l'arme à feu a fait disparaître la nécessité de la traque et le risque. Les textes médiévaux connaissent deux sortes de chasse, entre lesquelles se reclassent les hommes, les bêtes et les engins. D'abord celle « à la grosse bête », carnassiers, sangliers, ours, grands cervidés ; c'est une affaire d'équipes, de seigneurs et d'armes blanches. Puis celle de la « petite bête », lapins, oiselets, petits carnassiers ou chevreuils ; c'est la quête du paysan usant de ruse ou d'appâts. Ou bien l'animal est entraîné, à moins qu'il n'y vive communément, vers la garenne sableuse, les broussailles, et on l'y attend avec filets, collets, pièges à glu, éventuellement un petit arc qui tire à 20 mètres au plus. Ou bien, ce qui est plus « noble », on chasse « à force », « à courre », le cervidé, le sanglier, le loup, à l'aide de chiens, de couteaux, d'épées : chasse fatigante, aléatoire, mais tenue en haute estime. Il existe un troisième volet, aujourd'hui totalement clos, mais qui passait alors pour la chasse la plus distinguée, la plus « noble » : la chasse au vol, à laquelle se mêlent les dames. Une pratique venue d'Orient sans doute, où les petits rapaces – faucons, éperviers, gerfauts, vautours – sont dressés à découvrir et plaquer au sol une proie jusqu'à l'arrivée des chiens ou des hommes. Les manuels de vénerie, comme ceux rédigés, au milieu du XIIIe siècle, par l'empereur Frédéric II lui-même ou, cent ans plus tard, par le comte de Foix Gaston Phœbus, font grand cas de telles techniques : très coûteuses, car les rapaces sont rares et de haut prix ; très difficiles, car le dressage ne peut être laissé qu'à des spécialistes affirmés, qui y acquièrent renommée et pouvoir ; très conviviales aussi, car l'oiseau de proie est porté à la chasse par les dames elles-mêmes ; très reposantes enfin, car c'est l'animal qui obéit à la voix, au geste et aussi au leurre qu'il faut préparer pour le détourner de déchiqueter sur place sa victime.

La chasse est donc un élément essentiel de la vie médiévale, et hors de toute question de moment. La notion, pour nous familière, d'ouverture de la chasse n'apparaîtra qu'après la réduction des surfaces, dunes, bois ou maquis, qui en offraient l'espace : le début du XIVe siècle en France, par ordonnance royale, ainsi qu'en Espagne, mais par décisions municipales en Italie ; beaucoup plus tard en pays germaniques, où la dimension rituelle de la chasse était plus forte. C'est au même moment que les propriétaires de forêts, le roi, l'Église, les seigneurs, déjà inquiétés par le recul des bois devant le grain ou par le gonflement des privilèges d'accès usagers, accordés ou vendus aux villageois, entreprirent de clore l'espace boisé pour s'en réserver les gains de la chasse ou, d'ailleurs, de l'abattage des arbres. *Saltus* ouvert à tous, *res nullius* qui n'est à personne, *foresta* en dehors de tout droit, le bois devient alors un « défens », un lieu clos ; mais nous avons du mal à en percevoir l'effet sur la faune.

On ne peut quitter le domaine de la mort animale sans s'arrêter, même un court instant, sur la pêche. Court moment, en effet, car en réalité on ne sait rien ou si peu à ce sujet. J'ai dit plus haut combien la mer semble plutôt le monde du marchand que celui des pêcheurs – un groupe humain original, mais fermé aux autres comme aux historiens : des allusions aux barques frisonnes dans le haut Moyen Âge jusqu'aux ventes de harengs, fumés ou salés, accordées loin dans les terres, c'est tout. En fait, c'est la pêche en eau douce – lacs, rivières, retenues d'eau en amont d'un moulin – qui l'emporte ; carpes, brochets, goujons plus appréciés que d'autres. L'iconographie est assez riche, représentant les filets, les nasses ou, beaucoup plus rarement, des perches fixes ou mobiles. Mais la documentation est surtout surabondante dans le domaine procédurier : querelles interminables sur les emplacements de pêche, la nature des engins, le montant de la taxation seigneuriale. Comme les communautés monastiques ne consomment pas de viande, ce sont les moines, mangeurs de poissons et distributeurs d'aumônes, qui règnent amplement sur les droits de pêche au vivier, au moulin, sur le ruisseau. De ce fait, leurs archives abondent en querelles d'abbaye en abbaye, mais aussi avec les communautés paysannes soupçonnées, avec quelque raison, de troubler l'alevinage, de surexploiter l'étang, de tendre des filets à mailles trop fines. En France, Saint Louis s'en est ému : une ordonnance de 1259 a fixé des règles de pêche, dates, engins, mais avec quel succès ? Le vide documentaire est-il un signe de vacuité existentielle, ou bien ce type d'activité ne sécrétait-il rien d'autre que des traditions et des querelles orales ? Le poisson ne joue guère de rôle dans la littérature médiévale, et l'on semble indifférent aux espèces aquatiques ou à leurs mœurs. Sommes-nous dans l'erreur ?

Un bilan contrasté

Au terme de ce long développement sur le monde animal qui enserre celui de l'homme, est-il possible de dresser un bilan de leurs contacts ? Il ne peut s'appuyer, évidemment, que sur les observations faites par l'homme lui-même, soit sur ce qu'il a perçu comme un effet de l'activité animale sur lui-même, soit surtout sur ce qu'il a constaté comme résultat de son activité face à la bête. Malheureusement, ce dernier domaine ne laisse que des témoignages passifs ; de surcroît, l'homme du Moyen Âge a un jugement occulté par sa croyance en la pleine volonté et en l'essentielle connaissance qu'a la Divinité de sa Création. C'est dire qu'il faut nous armer de plus de déduction que de raison.

Le contact permanent avec le monde que l'homme exploite pour ce qu'il lui donne ou pour ce qu'il lui prend, en matière ou en service, a contribué à modeler dans la société humaine ou, à tout le moins, à renforcer deux traits régulièrement appuyés au Moyen Âge. Tout d'abord, la supériorité affirmée du sexe masculin. Parce que c'est lui qui chasse, qui pêche, qui laboure, qui dresse, qui défend, le mâle au contact de la bête a trouvé un élément de domination ; réputée – probablement à tort – plus craintive et plus faible, la femme se place sous son contrôle, au point même de passer, ici ou là, pour une autre créature inférieure, donc une « bête ». L'Église se tait ; elle-même, dans le service de Dieu, n'a-t-elle pas exclu la femme, réputée accessible depuis la Chute aux tentations de l'animal ? Dans le cas extrême des crimes de bestialité sexuelle, l'homme seul est poursuivi ; la femme y succombe peut-être aussi, mais la chose est si monstrueuse et stupéfiante que ce ne pourrait être qu'un geste animal, précisément, dont il n'y a pas lieu de parler. Ne serait-il pas utile, aujourd'hui encore où tant de chemin a été parcouru, d'observer le comportement des animaux eux-mêmes à l'égard des deux sexes – les « animaux de compagnie » naturellement, le chien, le chat, le cheval, ou plutôt la chienne, la chatte ou la jument ? Pensons à ce problème, même s'il n'est pas à mon horizon. Tout de même, si l'apport des textes sera bien léger, l'iconographie mériterait à ce propos plus d'attention qu'on ne lui en porte : le regard ou la place de la bête à côté du maître ou de la maîtresse ne donneraient-ils pas quelque indice qu'aurait perçu le peintre ou le miniaturiste ? a-t-il vu et voulu montrer quelque chose ?

L'autre effet touche, cette fois, la société humaine en son ensemble, notamment dans sa structure hiérarchique. Le contrôle des bêtes donnera des indices du rang où placer l'individu. Le cavalier domine physiquement le piéton, pas seulement à la guerre, mais aussi sur les voies du commerce ou de pèlerinage. L'homme qui chasse en meute avec rabatteurs et piquiers est normalement le maître, au moins de la forêt, car l'abondance ou la nature du gibier n'est pas directement en cause. Le propriétaire d'un coûteux pigeonnier disposera seul, face aux autres paysans, du fin engrais qui permettra d'orner sa table de fruits ou de légumes de choix, que les autres n'auront pu obtenir d'un sol ingrat. Et la fortune, naturellement, se compte en faucons, en chevaux, ou en trains de labour attelés. Quant à l'emprise économique de qui exploite le monde animal, il est inutile de revenir sur la place qu'il procure dans la vie quotidienne.

L'autre face du miroir est plus terne : l'homme a-t-il marqué de son autorité le monde animal ? Oui, à coup sûr, mais plutôt sur une longue durée qu'au cours du bref millénaire médiéval. Certes des espèces ont disparu, victimes des chasseurs ou du recul des zones où elles se terraient. Mais on peut prétendre qu'il s'agit, en réalité, plutôt d'une atteinte à l'équilibre zoologique du monde. Parfois, l'action de l'homme pourrait même être tenue pour positive : l'assèchement des marais ou le recul des bois ont porté de rudes coups aux moustiques buveurs de sang ; de meilleures pratiques de labour ont profondément aéré le sol, donc diminué le nombre des lombrics ou des larves de hanneton ; le contrôle des essaimages a privé bien des ours de leur nourriture préférée ; le rappel des porcs depuis les bois jusqu'aux étables a rompu les liens physiologiques avec l'espèce sauvage des sangliers. Mais des compensations naturelles suivent, à l'ordinaire, ces actions, et non toujours avec bonheur : la lutte contre les rapaces a profité aux rongeurs ; le recul de l'ours et du loup a favorisé le sanglier ; celui du héron, le progrès des insectes de rivière ; la guerre faite aux reptiles a ouvert les greniers aux rats. Dans l'ensemble, l'appât du gain et le pillage qui s'est ensuivi ont perturbé la répartition des réserves alimentaires des animaux et modifié ainsi l'écosystème. Parmi tant de cas, l'un des plus étudiés, sinon le plus important, concerne le mouton. Les observations fondées sur la documentation écrite ou sur l'archéologie sont sans appel : la spéculation sur la laine a déclenché, dès 1250 en Angleterre, un peu plus tard sur le continent, un gonflement irrésistible des troupeaux. Les « lords » et les couvents ont renoncé à la culture des grains pour se tourner vers l'élevage du mouton, « dont le pied change le sable en or », disait-on alors ; ils ont dressé des barrières autour des sillons abandonnés qu'ils ont livrés à l'herbe seule, la « campagne anglaise ». À ce moment des « enclosures », comme l'on dit là-bas, répond au XIVe siècle sur la Meseta ibérique la conversion en steppe des vastes domaines des « grands » et des ordres militaires, réunis dans une association de profits pastoraux à tout va, la Mesta. Dans les deux cas, les systèmes de mise en valeur collective des sols et les usages coutumiers qui formaient la base économique et le ciment du groupe villageois ont été détruits. En Espagne, ce fut le début d'une ruine qu'on teste encore ; en Angleterre, les paysans, dissociés et ruinés, affluèrent en ville, main-d'œuvre à tout faire et à bon marché, qui servira notamment à créer les entreprises industrielles naissantes de l'archipel : la supériorité économique et marchande de l'Angleterre des XVIIIe et

XIXe siècles sur le reste de l'Europe n'a guère d'autre explication.

Il resterait à chercher si, au-delà de ces coups de boutoir portés par l'homme aux mœurs des bêtes, il a pu en modifier la physiologie : j'ai fait allusion aux croisements de races bovines, à l'introduction d'espèces chevalines exotiques, à une notable variation de l'apparence extérieure du porc. Mais nous n'avons aucune certitude scientifique qu'il y ait eu là une sorte de politique d'amélioration des races ou de leur comportement. En revanche, l'archéozoologie pose des problèmes neufs, toujours ouverts. Par exemple, les nombreux témoignages osseux que les fouilles ont à présent multipliés attestent que les tailles au garrot du cheval, du bœuf ou même du mouton ont subi d'étonnantes variations : comparables aux nôtres à la fin de l'Antiquité, elles ont brusquement fléchi entre le IIIe et le Xe siècle, et ne paraissent reprendre – et nettement – qu'ensuite : question d'environnement biotique général ? types d'alimentation ou d'emploi ? introduction d'espèces nouvelles ? On voit bien l'importance, mais aussi les contradictions de ces données ; les chercheurs n'ont pas encore tranché.

Résumons-nous ; et sur un ton dont on se doute qu'il sera pessimiste. Depuis qu'il nous a laissé des traces de son activité, il y a 15000 ou 20000 ans, et notamment durant le millénaire médiéval, l'homme n'a pu domestiquer, ni même réduire à merci, aucune espèce animale de plus que ses ancêtres du Néolithique ; on a même plaisamment dit que c'était le chat qui avait domestiqué l'homme. Indiscutablement, l'être humain a pénétré, utilisé, parfois altéré ou modifié cette faune. Mais laquelle ? Celle-là seulement qui fréquentait ses lieux de vie, et nulle autre : des poissons, mieux vaut ne rien dire ; des insectes qui l'ignorent ou vivent de lui, on ne retiendra que l'abeille, ou l'épervier pour le monde aérien. Reste une poignée de mammifères, une dizaine qu'il exploite, cent autres qui lui échappent, et dont beaucoup, parfois bien proches, se rient de ses prétentions, comme le rat qui règne sous ses pieds.

Face au monde végétal dont la puissante indifférence continue à le dominer, face au monde animal qui l'ignore, l'homme est un être démuni, marginal en réalité ; n'ai-je pas d'ailleurs, et d'entrée, souligné ses faiblesses ? Les docteurs de la Loi, les soutiens de la Foi disaient bien que Dieu l'avait rendu maître de la Création. Peut-être faut-il donc l'entendre au sens figuré : lamentablement faible face aux autres êtres vivants, peut-être l'homme les domine-t-il par l'âme et l'esprit. Peut-être ? C'est à voir.

DEUXIÈME PARTIE

L'HOMME EN LUI-MÊME

Ce sont les corps et les gestes de ces gens que j'ai, jusqu'ici, tenté d'approcher, leur vie quotidienne, leur attitude en face d'une nature qui les domine ou se joue d'eux. J'en ai cherché les aspects purement matériels, d'aucuns diront même matérialistes. Je sais, autant que quiconque, combien cette démarche est biaisée : mes sources de connaissance sont profondément marquées par leur origine « aristocratique », même celles qui proviennent de l'archéologie ; j'ai donc dû souvent, plus souvent que je ne l'aurais souhaité, étendre au « commun » ce que l'on sait des « hauts hommes », ces moines, ces nobles, ces bourgeois, ces marchands dont je ne voulais pas parler pour éviter les écueils de l'histoire « sociale et économique ». Dans le modeste « pré carré » où je me suis tenu, je sais aussi quelle part j'ai dû faire à notre vision d'hommes du XXIe siècle : notre conception du temps qui passe, la place abandonnée à la machine qui nous aliène, ou même nos besoins vitaux ne sont pas, ne sont plus, ceux d'un paysan du XIIIe siècle ; si l'être humain est bien toujours le même, son attitude mentale a changé depuis ces temps éloignés, et j'ai dû souvent faire appel à l'inconnaissable pour cerner un rite ou un geste « irrationnel ».

Me voici, en effet, parvenu à l'orée d'un vaste domaine, lui aussi assez mal éclairé, celui des « superstructures » mentales, comme aurait dit le vieux Marx. Je m'y sens mal à l'aise, et n'avancerai qu'avec prudence : d'abord, parce que je reste davantage convaincu du rôle de la ferrure du cheval que de celui de la *Somme* de Thomas d'Aquin dans la marche de l'Humanité ; ensuite, parce que, compétent ou non, je suis désormais confronté à l'énigme que j'avais esquissée, ou plutôt esquivée, en ouvrant mon premier propos. L'homme n'est à coup sûr pas la plus belle réussite de la Création : la première fleur venue en convaincra le sceptique, j'espère ; mais il pense, il prévoit, il s'exprime certainement beaucoup mieux que tout autre être animé. En notre temps de contestations morales, ce problème de la « supériorité » humaine partage les penseurs, et va même jusqu'à opposer des partisans. Pour les « créationnistes », comme l'on dit outre-Atlantique, aucune discussion ne peut nuancer l'idée d'une volonté unique, d'un « dessein intelligent » de l'Être suprême : vision quasi indiscutée au Moyen Âge, et saint Paul, étendard gonflé par le Verbe divin, l'a implantée chez les chrétiens. Pour les « évolutionnistes », l'homme est au contraire le résultat de successives modifications, ou « perfectionnements » si l'on veut, depuis la méduse jusqu'à l'illustre Darwin, auguste père de cette vision plongeante que personne, au Moyen Âge, n'avait évidemment conçue. Mais voici que les ethnologues et les paléontologues ont bousculé ces théories :

l'homme ne s'est que très récemment détaché – peut-être à la suite de hasards heureux – du tronc des hominidés, et les « grands singes », chimpanzés, bonobos, orangs-outans et autres, conservent presque intactes nos caractéristiques physiologiques : ils ne sont pas nos ancêtres, mais nos frères.

Je n'ai nulle compétence pour faire entendre ma voix dans ce concert. Et ce que j'ai pu dire jusqu'ici laisse au lecteur le choix entre le doigt de Dieu aux murs de la Chapelle sixtine et l'ADN d'un gorille du Gabon. Tentons pourtant d'avancer vers cette autre face de l'humanité, sans être découragés par l'épaisse pénombre des *a priori*, des poncifs, des non-dits qu'ont jetés sur les âmes et dans les cerveaux de ces temps les dogmes et les usages, la Loi et la coutume.

1

L'homme et l'autre

« L'homme est un animal sociable », affirmait Sénèque, assez peu regardant sur l'application personnelle qu'il faisait de ce postulat. Et tous les amis de l'homme de renchérir : entraide, pensées communes, politesses, amitiés et groupements, tout dans la vie quotidienne et dans le monde entier témoigne, semble-t-il, de la force des sentiments de groupe, ou même de sentiments « grégaires » et dociles. « Semble-t-il » seulement : que de régions du globe, plus encore peut-être celles qu'on dit « développées », comme la nôtre, où l'on ne salue pas qui passe, ni ne lui « retient la porte », où l'incident dans la rue n'attire qu'une brève curiosité, où l'on ne sait rien de son voisin de palier, où la calomnie se double de servilité, sans évoquer plus que nécessaire l'étrange alliance du « comme tout le monde » avec un individualisme féroce, dont la télévision ou le téléphone portable sont, aujourd'hui, les deux plus larges avenues ! Ce n'est d'ailleurs pas là le propre de l'homme que de défendre ainsi son « territoire », forme première de l'instinct de survie ; il nous suffira de suivre du regard le comportement de deux chiens brusquement face à face : agressivité spontanée, puis approche méfiante et reconnaissance sexuée, deux étapes préalables que nous feignons ou avons pris l'habitude de dépasser. Mais le schéma est le même : recherchons-le dans le temps dont je parle.

Vivre en groupe

Le vocabulaire de notre siècle fourmille de termes « collectifs » : sectes, partis, sociétés, syndicats, clubs et bien d'autres. Il est presque aussi riche pour décrire l'isolement, la marginalité, la mise à l'écart, la solitude. La situation linguistique est tout autre au Moyen Âge : l'homme seul est un homme perdu ; il n'y a pas de mot pour le désigner, ou bien ces mots ont changé de sens. Le grec *monos* (« seul ») a donné « moine », mais qui vit avec d'autres ; le latin *solus* n'apparaît qu'en qualificatif à tout va ; l'« ermite » du « désert » (*eremos* grec) ou le reclus volontaire dans sa cellule urbaine ne sont que de pieux exemples de dépossession de soi-même dans la prière. Il n'y a qu'*homo* pour sortir du néant l'individu isolé et, sans adjectif, ce mot ne veut rien dire. Naturellement, la vieille fille, l'exilé, le ladre, le mourant sont seuls, mais parce qu'ils sont exclus du groupe social ou vont l'être. Ils n'ont pas choisi de vivre sans appui ; et cet appui, moral ou non, cette consolation dans le malheur, ils ne les auront qu'en leur temps, car Dieu veille si les hommes y manquent. Dans le monde laïc, ceux qui ont choisi la voie étroite de l'isolement volontaire ne sont qu'une poignée d'orgueilleux, dégoûtés d'un présent haïssable, adeptes du mépris du siècle (*contemptus mundi*). Le chemin qu'ils suivent devrait normalement les conduire au suicide ou, pour le moins, à l'ignominie ; ce sont des « désespérés ». Combien sont-ils ? L'Église refuse de les compter et même d'en parler : ils ne sont plus dans le troupeau du Seigneur ; ils ont abandonné leur âme à Satan ; ils n'ont plus rien d'humain. Mais les autres ? Tous ceux qui vivent en groupe ? Encore faut-il savoir pourquoi et comment.

Pourquoi se rassembler ?

Il y a bien des raisons de vivre ensemble, au-delà même du « feu » dont j'ai parlé plus haut. Ces motifs ne sont pas « naturels » ; ils ont été acquis au cours de tous les siècles accumulés, ceux du Moyen Âge comme le nôtre. Je vais énumérer les plus sûrs alors, mais au préalable est nécessaire une mise au point, disons « focale ». Le monde médiéval est dominé, dans toutes ses attitudes, par un état d'esprit dont nous ne connaissons plus que des lambeaux. En premier lieu, une vive conscience de la durée, de l'accumulation inévitable des siècles, d'une marche linéaire et implacable vers la « fin des temps », vers le Jugement. Peut-être trouverait-on là les racines du vif intérêt porté alors aux œuvres d'« histoire ». Cette attente eschatologique interdit une rupture de la destinée : on use de la parabole et même de la représentation de la roue de la Fortune qui, dans un mouvement perpétuel, précipite le puissant dans l'abjection avant de le ramener aux honneurs. Mais cette « révolution » est précisément le symbole de l'inutilité pour l'homme d'espérer se libérer de sa destinée. Un deuxième trait : ces gens sont des modestes qui ne songent ni à combattre le dessein divin, ni à renier le passé, ni à se gonfler d'une vaine gloriole. Au XIIe siècle, Bernard de Chartres dira : « Nous ne sommes que des nains juchés sur les épaules de géants ; nous voyons ainsi plus loin et mieux qu'eux ; mais nous ne serions rien s'ils ne nous portaient de toute leur hauteur. » Cet hommage aux « anciens » est bien éloigné de notre puérile autosatisfaction. Ces deux voiles dont se couvre l'altruisme sont plus épais qu'aujourd'hui ; mais ils laissent apparaître les motifs qu'avaient les médiévaux de se serrer entre eux, face à la Nature ou au hasard.

Aucun de ces motifs n'est exceptionnel : seules en varient, de ces siècles au nôtre, la couleur ou l'intensité. Les premiers appartiennent au domaine du cœur et de l'esprit : l'entraide, l'élan de charité, la générosité poussent l'homme dans les bras d'un autre. Nous y voyons un geste « gratuit », simple témoignage de notre idée du Bien. Je crains que cet entraînement n'ait eu au Moyen Âge un aspect plus contraignant : y renoncer serait, en effet, altérer gravement l'esprit du Salut et la bienveillance du Créateur ; des sept « péchés capitaux » dont les prédicateurs ne cessent de menacer le fidèle craintif, après 1250 ou 1270, quatre – l'envie, la paresse, l'avarice et l'orgueil – sont d'infranchissables barrières à la Charité, et « faire l'aumône », d'ailleurs à des moines beaucoup plus souvent qu'à un pauvre ou un voisin, me semble, en définitive et dans l'esprit du temps, bien plus une assurance qu'un don du cœur. Nous serons plus près de nous en dégageant les formes de cohésion qu'impliquent les égards que l'on doit à autrui. Les termes médiévaux sont riches de sens précis : politesse, civilité, urbanité sont construits sur et pour la ville, la *polis* grecque, la *civitas* et l'*urbs* romaines ; quant à la courtoisie, qui sent davantage sa campagne, la *curtis* qui la porte est seulement celle des grands et des riches. Aux champs, le commun ne pratiquait-il donc pas ces vertus ? Le paysan, indifférent à la ville, ne connaissait-il que la rusticité, le paganisme, la vilenie, des mots qui tiennent au sol ? Oui, si l'on en croit les portraits qu'en font les gens de plume et d'épée ; non, si l'on se donne la peine de scruter dans les récits des doctes les mouvements en faveur des autres, même s'ils se bornent à une curiosité dévorante pour ce que rapportent ou inventent le voisin, le pèlerin ou même le juif de passage.

Les contacts établis par un entraînement commun sur les voies du Salut, par une foi que partagent tous, par des croyances ou des mythes que le curé, en chaire, n'avait même pas à commenter ; cette unité des fidèles dépassait largement les valeurs proprement chrétiennes : elle débouchait (ou elle provenait ? on peut en discuter) sur (ou d') un esprit de conservatisme, on peut même dire d'immobilisme, qui cette fois n'a pas de répondant aujourd'hui. Puisque le « bien commun » doit l'emporter sur l'intérêt privé, puisque la foi ne se discute pas, puisque l'ordre du monde est à la volonté de Dieu, tout changement perturbera cet équilibre : *malae sunt novae consuetudines*, toute nouveauté est symbole de Mal ; toute rupture avec la coutume, tout choix de pensée (*heresis* grecque) sont inspirés par Satan. *Quieta non movere*, ne pas toucher à ce qui est établi, disait déjà Cicéron. On s'explique mieux, devant ce consensus frileux, que les effets d'une évolution technique ou économique, les audaces d'une pensée libérée, les mesures brutales d'un prince « éclairé » aient été systématiquement condamnés, même s'ils l'ont finalement emporté. Passé 1220 ou 1270, des pans entiers de la cuirasse des « certitudes » communes sont emportés ; mais, encore à ce moment, Frédéric II est excommunié, Thomas d'Aquin est désavoué, saint François échappe de peu au bûcher ; quant aux « hérétiques » avoués ou aux sorcières repérées, leur compte est bon. Naturellement, au XIVe siècle, la *via moderna* s'ouvre plus largement ; bientôt, ceux qui se cramponnent aux vieux usages seront « gothiques », « barbares », comme l'affirment les pétulants Italiens de la Pré-Renaissance.

Il me faudra moins de zèle persuasif pour passer au domaine matériel, car la vie en groupe y est une évidence et une nécessité. Même en me gardant, ainsi que je l'ai fait jusqu'ici, d'un tableau de l'économie, c'est une banalité que de rappeler combien les travaux de la terre, l'organisation des échanges, les étapes de l'artisanat et même les activités de guerre ou de pensée ne peuvent se concevoir qu'en équipe, famille, voisins, gens de même niveau dans la société. La mise en commun de l'outillage, l'entraide face à la Nature ou au monde animal, l'accord entre les hommes pour la garde du troupeau ou pour le guet en ville sont d'impérieuses nécessités. Naturellement, un gouffre s'ouvrirait devant moi si j'entreprenais de distinguer des nuances : le labour implique plus de soins communs que le clos de vigne ; la laine en ses diverses étapes de travail n'exige pas des efforts identiques à tous les niveaux ; je pourrais en dire autant du commerce, de l'école ou de l'hippiatrie. On verrait alors apparaître tous les effets de la hiérarchie du travail, jusqu'aux niveaux de pouvoir. Ce n'est pas mon propos : je me bornerai à répéter que tous ces hommes et toutes ces femmes sont liés entre eux par le travail, comme ils le sont par la foi. En outre, il n'y a pas de terre où l'homme n'a pas de regard ; aucun sol n'est *res nulla*, ni *res nullius*. Tout le sol est dévolu, fût-ce au fisc ; il a une destination, même celle de pacage sauvage. Les historiens se préoccupent de plus en plus des problèmes de l'habitat, en ville ou à la campagne, et je vais y revenir. Mais tous conviennent que la prise de possession du sol, les divisions ou les remaniements du parcellaire ou du bâti sont le fait d'un groupe : il peut être familial ou clanique, spontané ou dirigé ; dans tous les cas, cette implantation entraîne une résidence commune, celle de « manants » (du latin *manere* : demeurer), et les formes pastorales elles-mêmes n'y échappent pas.

Tous les éléments dont je viens de parler sont des manifestations actives, plus ou moins volontaires, du groupement. L'autre face en est passive, voire négative ; mais peut-être rampe-t-elle sous les gestes positifs : c'est la Peur. Ces gens ont peur et ils se rassemblent pour conjurer cette peur. Toute culture, toute civilisation même sont une lutte contre la peur : se garder du péril d'où qu'il surgisse, de la faim, de la douleur ; redouter la nuit « horrifique », repaire de la trahison ou de la violence. Ces sentiments tiennent à la préhistoire ; mais le monde animal les connaît aussi. Là où l'espèce humaine se détache des autres, c'est que la peur y prend une dimension métaphysique ; elle est plus qu'une crainte imminente ou une poussée d'adrénaline : elle est une angoisse de l'âme, et les temps médiévaux l'ont amplement subie. La peur de la mort n'est pas que l'appréhension de la fin ; pour l'homme, elle est aussi celle du salut compromis. Les souillures, celles du sexe, du sang, de l'argent, ne sont pas que des errements fâcheux qu'on pourrait corriger, c'est une injure irrémissible à l'œuvre du Créateur ; la nuit n'est pas qu'un espace dangereux à traverser, c'est le moment où se manifestent et luttent Dieu et les forces chtoniennes. Dans une atmosphère pesante où planent aussi bien la bienveillance que le courroux de l'Être suprême, il ne manque pourtant pas d'attitudes de défense : pas d'« esprits forts », certes, et à peine de sceptiques ; mais beaucoup de grimaces pour cacher l'effroi sous le couvert de l'ironie, de la prouesse provocante, du rire ou des pleurs exagérés. C'est ce mélange des peurs et des joies irréfléchies, ces réactions « semblables à celles d'un enfant », disait Huizinga, qui donnent aux temps médiévaux leur « fraîcheur » et leur « naturel ». Sur mille ans, les nuances ont évidemment marqué l'écoulement des siècles au gré de la clémence du temps, des aléas physiologiques, du climat religieux ou politique ; l'iconographie est ici reine, qui oppose les faces craintives aux yeux exorbités de l'âge roman au sourire de Reims, avant de retrouver les grimaces de terreur ou de mort du XVe siècle.

Comment se rassembler ?

Voici un groupe d'hommes à la recherche d'un sol où se fixer durablement : ils viennent d'une terre ingrate ou d'une ville trop peuplée, ou bien ils abandonnent le nomadisme, ou encore ils veulent étendre l'espace qu'ils contrôlent. Nous sommes en Europe, au Néolithique, ou durant les temps « antiques », ou en plein Moyen Âge, ou encore de nos jours. L'image est toujours la même et les premiers gestes toujours identiques. Le sol choisi est débarrassé des broussailles que l'on brûle, épierré des matériaux grossiers, et l'on en chasse les rongeurs et surtout les reptiles. En agissant ainsi, le colon d'aujourd'hui croit ne faire qu'œuvre d'utilité : il ne sait plus qu'il a marqué par là son emprise sur les forces de la Nature qui y dominaient, effacé les traces éventuelles d'une occupation étrangère et antérieure, et vaincu là les forces du Mal dont le serpent est l'emblème. L'esprit, le « génie » du lieu est ainsi apaisé et conquis. Il n'y a plus qu'à lui rendre l'hommage qui lui est dû : on dresse une « pierre levée » chez les Celtes ou les Germains, on trace un fossé avec talus en pays gréco-romain, on plante une croix chez les chrétiens, et une antenne radio aujourd'hui.

À moins d'un dessein arbitraire émanant d'un puissant, par exemple créer une « réserve » pour des vaincus ou des prisonniers (les Romains y étaient passés maîtres), le choix du lieu d'habitat répond à des motifs très simples : une terre bonne et saine qui a fait ses preuves, comme les *curtes* des domaines gallo-romains désertés ; un site où trouver un éventuel refuge, comme pour tous les « villages perchés » des pays du Sud ; un carrefour d'itinéraires fréquentés et utiles, comme aux confluents fluviaux ; un microclimat favorable, comme sur les adrets alpins ou le revers des dunes océaniques. La figure initiale des agglomérations campagnardes est fortement marquée par ce choix initial. Le « castro » provençal ou italien, le « castelnau » gascon, le « puech » auvergnat, les « terpen » frisons sont ramassés sur une hauteur ; les « bourgs » charentais, les « rupts » lorrains, les « villers » picards sont de gros tas en rase campagne ; les « longue rue » et les « ville neuve », en « arêtes de poisson » ou sur plan orthogonal, portent la marque d'un rassemblement conquérant ou d'une création autoritaire. Tous conservent la marque d'un rassemblement des hommes, spontané ou non, qui est une articulation capitale dans l'histoire de nos campagnes. Au terme italien d'*incastellamento*, qui insiste trop sur la place et le rôle du château, du *castellum*, dans le mouvement, je préfère celui d'« encellulement », fort peu euphonique il est vrai, mais qui a l'avantage d'insister sur la création d'organes centraux de regroupement en un tout. En un « tout » qui peut d'ailleurs s'égailler en hameaux, mais restant inclus dans un ensemble de terres, de droits ou d'obligations communes. C'est pourquoi je pense qu'il s'agit alors, mais alors seulement, d'un « village » au sens plein, qu'il soit groupé, distendu ou « éclaté ». Ce problème préoccupe beaucoup, et avec raison sinon avec sérénité, les historiens médiévistes ; il s'agit de rechercher la place des divers ressorts du phénomène : volonté d'un maître, effets de nouvelles structures claniques, voire conjugales, intérêts du moment dans une conjoncture démographique ou économique en mouvement ? Importent aussi les phases successives de cette morphogenèse, la tranche de temps où insérer cette *congregatio hominum*, ce regroupement des hommes qui s'est maintenu jusqu'au XIXe siècle finissant. Je tiens, quant à moi, pour un mouvement assez brutal dans les décennies encadrant l'illustre « an mil », dont ce serait l'apport premier : disons 925-1075. D'autres pensent différemment, mais c'est affaire de clercs.

Si je n'ai pas, à cette occasion, parlé des villes, pourtant objet d'admiration chez nos contemporains depuis Augustin Thierry, et surtout sous l'empire de la désertion rurale foudroyante de notre époque, c'est d'abord parce que je maintiens que, dans le temps que je parcours, mais de moins en moins j'en conviens, les villes sont secondaires, et que l'histoire des prieurs de Florence ou d'ailleurs n'est qu'occasionnellement celle des « gens du Moyen Âge » : nous sommes victimes de nos sources, voilà tout ! Ensuite parce que, dans le domaine dont je parle en ce moment, je pense que la « ville » n'est pas née et n'a pas grandi par d'autres voies que celles suivies par le village ; même dans les zones méditerranéennes réputées pour leur densité urbaine et l'importance du pouvoir citadin, le phénomène est le même : Athènes n'est qu'une acropole défensive, comme Rome avec le Palatin de

Romulus ; Marseille n'est qu'un bon mouillage, Lyon un confluent remarquable ; et, plus tard ou plus au nord, Venise n'est qu'un archipel de survie, Madrid ou Aigues-Mortes des créations artificielles ; et même Paris n'est qu'une cuvette de confluences. Le bourgeonnement ultérieur a eu bien des causes, mais elles sont ici hors de ma vue, et au reste de même nature que celles touchant les villages.

Reprenons donc le chemin des fondateurs ou des nouveaux occupants. Le site, choisi et marqué d'un signe d'appropriation, ne prendra vie qu'au terme de plusieurs étapes, celles sur lesquelles se querellent les historiens. Leur ordre relève, à mes yeux, de la simple logique et peut se tenir en peu de temps ; mais les contre-exemples foisonnent. D'abord enclore : non seulement pour se défendre, mais plus encore peut-être pour affirmer son droit sur ce qui sera bâti ou sur ce qui en dépendra : lieux d'échanges à défendre, sols voisins à isoler. On élèvera des murs, avec tours de guet et portes gardées, murs de rondins, de pierres concassées, de moellons taillés, ce qui est affaire de matériaux et de techniques de l'endroit. Ce sera, évidemment, le cas des habitats élevés à la dignité de « ville » ; mais, en campagne, les exemples foisonnent tant vers le sud de l'Europe qu'en son centre slave : que de murs « cyclopéens », de portes « romanes », de tours « féodales » dont les restes aiguisent la ferveur des touristes ! À défaut de murs, on entourera le village de palissades, un « tour de ville », un *Etter* germanique, jalonnées de croix et qu'a revitalisés la reconquête catholique du XIXe siècle. Mais l'essentiel reste le fossé, ou les fossés successifs s'il y a croissance ultérieure. Lorsque le village est « éclaté », ou lorsque la ville a développé ce qui est « en dehors » du lieu fortifié, les « faubourgs » (du latin *foris*, « en dehors »), on dessine ou marque même au sol par des bornes ou des croix l'extension de la zone sur laquelle s'étendront la justice et le droit, c'est-à-dire le « ban », des lieux bâtis. Le vocabulaire est riche : on dira en langues romanes « pourpris » (du latin *porprendere*, « occuper »), « plessis » ou « plouy » (d'un probable mot celte *ploicum* qui voudrait dire « enclos »), « pourchainte » (où l'on peut encore poursuivre et saisir un coupable), ou tout simplement « banlieue », la zone d'une ou plusieurs lieues de rayon au-delà des murs (quintaine, septaine, etc.) où l'on exerçait le droit local. Tout cela implique évidemment, comme la division des parcelles, des maisons et des terres, une maîtrise des procédés d'arpentage dont je reparlerai ; nous ne manquons pas de traités antiques ou de leurs copies sur le contrôle de l'outillage nécessaire à ces travaux ; l'archéologie et l'iconographie sont d'ailleurs à cet égard des appuis sûrs.

Après le mur, le nom. Ce qui nous semble une évidence quotidienne n'est pas aussi net aux temps médiévaux. La provenance d'un toponyme, ou une substitution ultérieure, révèlent des éléments capitaux, notamment sur les motivations des fondateurs. On a pu se contenter d'un trait d'occasion : « là où il y a » un pont, un gué, une colline (*briva*, *rito*, *dunum* dans le monde celtique), ou même seulement d'une indication topographique vague : n'a-t-on pas soutenu que, plus à l'est, Istanbul n'était pas la déformation du Constantinople antique, mais seulement la contraction de la phrase grecque *eis ten polin*, vers la Ville ? Que de Longueville, Pierrepont, Chaumont et tant de semblables en France ! Au niveau de plus forts groupements, en ville surtout, on optera pour le nom du peuple, de la tribu dont c'est le centre de rassemblement ; au besoin, les Romains y ajouteront la dénomination que porte l'unité militaire en garnison. En France pullulent les villes qui en gardent le souvenir : Limoges, Arras, Metz, cent autres dont Paris est le premier exemple. La recherche est même plus féconde lorsqu'il s'agit du nom d'un maître des lieux, fondateur peut-être, en tout cas du groupe qui vit sous son aile : tant de lieux de Gaule où le *-iacum* d'appropriation s'accole en suffixe à un nom d'homme dans tous les -y, -ac, -ieu, etc. Mais les siècles médiévaux ont vu éclore, en outre, appellations d'origine ou re-baptêmes, les toponymes placés sous le patronage d'un saint personnage (on dit Dom, *dominus* jusqu'au VIIIe siècle plutôt que saint, *sanctus* plus tard). S'il me fallait entrer dans une approche plus attentive, je devrais m'attarder dans cette voie d'accès quelquefois trompeuse, et je m'écarterais de mon propos ; bornons-nous à souligner que tous ces noms, géographiques, anthroponymiques, collectifs, sont l'un des plus puissants liens attachant les hommes à leur habitat.

Ce lien est également sacré, troisième étape de la mise au monde du cadre de vie. Qu'il s'agisse de l'enclos initial où s'est inscrit le groupe fondateur, ou d'une création imposée par le contact avec l'inconnaissable, il faut un élément spirituel au centre du groupe humain ; même s'il ne s'agit que d'un simple entrepôt, un *portus* marchand par exemple. Cet enclos est le lieu où s'exprime le divin : ce peut n'être que le cimetière, l'*atrium*, dans lequel règnent l'asile, la paix et dont j'ai déjà parlé en soulignant qu'ainsi ce sont les morts qui fixent les vivants. Mais l'enclos sacré abrite les images des dieux (ou de l'empereur), celle du Dieu unique ensuite : le *naos* gréco-latin, le *nemeto* des Celtes deviennent le *sacrarium* chrétien où l'on conserve les reliques et où l'on élèvera le sanctuaire principal du groupe de fidèles ; là affluent les voies de pèlerinage, et de là se dispersent les processions ou les chemins de croix. Un saint patron l'a sous son regard ; il a donné son nom comme « vocable » au centre paroissial, mais non forcément à l'habitat en son ensemble. C'est le Christ, la Vierge, un apôtre, un martyr, un propagateur de la foi ou tout autre personnage, fût-il païen, badigeonné en saint vénérable par la foule convaincue. Un curieux effet en découle souvent, mais qui m'entraînerait trop loin : l'audience du saint patron dépasse les murs, gagne par son vocable les villages ou les quartiers urbains voisins, parfois simples éclats d'un plus gros ensemble d'hommes dispersés ; il se crée ainsi des réseaux, soutien de liaisons non plus sacrées mais économiques. Ce phénomène dit « de centralité » est toujours tardif, parfois artificiel, mais il intéresse aujourd'hui beaucoup de médiévistes épris de « systèmes ».

Parvenu à ce point, je pourrais entreprendre une histoire évolutive de l'habitat, ne serait-ce que pour mettre à bas l'idée de l'«immuable sérénité des champs », du « village éternel » ou du « primat de la ville », sottises doctement répétées, alors que sous nos yeux mêmes éclate leur insanité. Mais ce serait, une fois encore, me laisser tenter par une exposition socio-économique hors de mon propos. Je m'en tiendrai donc à quelques observations qui me semblent suffire à éclairer ma route. En premier lieu, ces hommes ne tiennent pas en place : non seulement l'archéologie prouve que, tout au long des cinq premiers siècles médiévaux, disons jusqu'aux temps carolingiens inclus, les sites habités, les nécropoles, les itinéraires ne sont pas utilisés plus de cent à deux cents ans aux mêmes lieux, mais, quand vers 1200 ou 1250 des lambeaux de listes d'hommes peuvent être comparés de génération en génération, tant en ville qu'au plat pays, se révèle un véritable « mouvement brownien », disait Marc Bloch : censitaires ou artisans ne « tiennent » que deux ou trois lustres, puis vont ailleurs. On connaît ce phénomène très tôt dans les régions de documentation abondante et précoce : Catalogne, Italie, « Pays-Bas », bassin de Londres. Quant à l'osmose entre ville et campagne, elle paraît beaucoup plus vive qu'on ne l'imagine : les villes se gonflent aux XIIe et XIIIe siècles de l'afflux d'un surplus paysan non qualifié, puis se vident aux XIVe et XVe par un effort de contrôle sur la campagne désormais équipée et nourricière. Les villageois se réfugient en « sauvetés » en cas de crise politique, mais ouvrent « bastides » et « villes neuves » face à un essor démographique ou productif. Les villes bourgeonnent au-delà de leurs anciens murs et fixent la population autour de nouveaux points religieux ou commerciaux. À l'intérieur des murs, une spécialisation des activités ou du contenu humain suit la destinée locale, et enchante les historiens de la société urbaine ou de la prédication en ville : « cité » de l'évêque contre « bourg » des marchands, « métiers » contre « hauts hommes », « commun » contre « bourgeois » et, en cataracte dès qu'on tire ce fil, problèmes de droits et de chartes, de richesse et de puissance, de monnaie et d'échanges, d'accaparement et de « capitalisme », et, pourquoi pas ? de royauté et d'« État moderne ». Je ne suis plus sur ma toile et m'arrête.

Où se rassembler ?

Villageois ou citadins forment donc un tissu dense, à la trame plus ou moins serrée. J'ai dit plus haut qu'il nous est fort difficile d'avancer des chiffres globaux et d'esquisser une courbe évolutive de la population. Il est relativement plus facile de regarder de plus près les fils de la toile. On a bien des listes de tenanciers, de contribuables ou de requis, parfois nominatives, pourvues de données économiques ou professionnelles ; mais il faut rester au niveau des appréciations et des moyennes : les motifs du relevé, la compétence du scribe, la place demeurée vide des enfants et plus encore des femmes, le ressort territorial de l'enquête, la valeur du « feu » qu'adopte le comptable, sont autant de pièges. Et, naturellement, le cadre chronologique tardif, en général le XIIIe siècle au plus tôt, accroît la difficulté d'aligner des exemples à comparer. Tout cela me conduit à des simplismes. En zone de villages groupés, on a tenté des comptages, en France par exemple, en Picardie, Normandie, Flandre, Auvergne, Savoie, Provence ; l'archéologie a fourni des éléments de structures habitées. Des chiffres de 50 à 200 âmes pour des superficies de 2 à 4 hectares donnent des densités plausibles, compte tenu des espaces restés « ruraux ». En revanche, les chiffres urbains surprennent. D'une part, l'étendue du bâti et des jardins ou « courtils » adjacents est dérisoire, du moins au regard de notre vision d'aujourd'hui ; mais les plus vastes de ces villes, et en terrain plat, comme Paris, Milan ou Cologne, ne dépassent pas 500 à 600 hectares. Du fait de l'entassement de maisons à étages et sans guère d'espaces vides, la population est proportionnellement énorme : vers 1300, un minimum de 4000 à 6000 habitants pour les villes « moyennes », de 15000 à 30000 pour la plupart des cités dominantes, une cinquantaine en Europe de l'Ouest, avec de grosses métropoles entre 50000 et 100000 âmes : Londres, Milan, Cologne, Toulouse, Gand, Florence, peut-être Barcelone et Venise, et un monstre de plus de 200 000 : Paris. Au total, de 600 à 2 000 individus à l'hectare. Dans les conditions d'hygiène, de sécurité, de circulation, d'alimentation qui sont celles du temps, on a peine à croire à une vie quotidienne tolérable en ville. Avant même Villon ou Rutebeuf, contes, fabliaux et même iconographie multiplient les exemples des « cris et embarras » de Paris. Dans ce tumulte et cette presse, où se rencontrer quand on n'est ni un moine en son cloître, ni une « demoiselle » en son verger, ni un chevalier en une salle de château, ni un échevin à chaperon dans son hôtel ?

Dans la rue tout d'abord, parce que les maisons, subdivisées, comme je l'ai dit plus haut, en modestes logis, étroits et peu aérés, ne sont pratiquement, même en pays froid, que des abris pour la nuit. Les spécialistes d'histoire urbaine s'extasient sur les places de la seigneurie italienne bordées de palais municipaux, sur le parvis des cathédrales et des hôtels de ville en France et ailleurs, sur les beffrois avec leur balcon d'où les échevins débitaient leurs harangues et sur les carrefours où les petits frères juchés sur le piétement d'une croix ou d'un pilori ameutaient les commères. Ce qui reste de ce décor urbain, palais, hôtels, fontaines, tours « nobles », suscite toujours l'admiration confiante des touristes et fait rêver les amoureux d'un Moyen Âge doré. Que ne vont-ils derrière, là où vivait le petit peuple, le *popolo minuto*, le « commun », les *armen Leute*, les « pauvres », les *simplices*, tous les autres somme toute ? Ils y trouveraient des rues étroites, de six à dix mètres de large au plus, avec un caniveau central recueillant les eaux de ruissellement et les débris ménagers, et rarement pavées en Europe du Nord : qui ne connaît l'anecdote du roi Philippe Auguste incommodé par la puanteur des ruelles dans la Cité à Paris ? Des fenêtres en encorbellement tombent débris et eaux usées jusqu'au milieu de ces boyaux ; seul, sous les auvents, le « haut du pavé » n'est pas atteint et on le laisse aux dames s'il y en a. Pour les saletés, s'en chargeront les chiens et même les cochons errants, si l'on en croit l'abbé Suger, un homme sérieux ; il faudra attendre le XIVe siècle pour que les éboueurs enlèvent ces déchets. Futailles, tas de bois, empiétements des riverains, charrettes à âne ou tombereaux poussés à bras, quelques cavaliers, chaînes tendues le soir pour une vaine protection, lumignons tremblotant la nuit en quelque niche de façade, pollution, puanteur, le tout est recouvert d'une couche de règlements inutiles, censés assurer le repos et le confort du citadin. Un tel tableau « romantique » est sans doute exagéré, j'en conviens. D'abord parce que l'urbanisme à l'antique tient bon ici et là, ou renaît peu à peu ; ensuite parce que ce portrait vaut surtout pour les quartiers où vivent les « mécaniques », ceux de l'activité artisanale intense, valets et maîtres des métiers « ignobles », bouchers, corroyeurs, savetiers, tanneurs, gens du métal et du bois – nombre de nos rues en ont gardé le souvenir dans leur nom. Mais, en dépit de leur arrogance, les gens des villes ne peuvent repousser l'idée qu'on vit mieux, au jour le jour, au village.

Se rencontrer dans la rue pour y discourir est donc des plus aléatoires. Mieux vaut chercher un espace plus libre. Les Anciens l'avaient évidemment compris : leurs vastes « thermes » étaient terrains de sports autant que de bains, lieux d'échanges d'idées ou d'argent. Lorsqu'ils tentaient d'urbaniser un pays conquis jugé trop rural, donc mal tenu en main, les Romains, en Gaule, en Espagne, en Bretagne, commençaient par implanter un camp militaire, puis un lieu de spectacle, et enfin des thermes pour attirer la foule soumise. L'archéologie a dégagé fréquemment de ces « agrovilles » ; beaucoup avortèrent, mais d'autres, mieux placées sans doute, ou lieux de culte anciens, prospérèrent comme « colonies », voire comme « cités ». Si les pouvoirs médiévaux n'ont rien tenté de tel, ils ont laissé se développer, parfois même créé, des zones *non aedificandi*, comme disent nos édiles. Quant à la fontaine, si elle est comme souvent d'origine princière ou échevinale, elle est symbole du pouvoir urbain, voire royal ; c'est auprès de son bassin qu'on trouvera le « parlement des femmes », comme à la source au village. La halle, parfois gigantesque en Italie, aux Pays-Bas, est un autre monumental lieu d'échanges de toutes sortes où, sous l'œil de sergents assermentés, on trouve disponibles les étalons des mesures, calibrées pour le liquide ou pour les grains, pour tout ce qui sera mesuré, pesé, et taxé naturellement ; il y a là des bancs pour les chalands, et des tavernes, comme lieux de contrats et centres de violences. Des bornes, des estrades pour le crieur public, le franciscain en transes révolutionnaires ou le dominicain prêchant la concorde et condamnant le commerce – *inhonesta mercimonia*, dit Thomas d'Aquin. Si la ville s'est élevée au niveau d'une foire internationale, comme en Champagne, en Lombardie, au Brabant, en Angleterre ou près du Rhin, la halle devient son cœur, même si l'on vend et achète aussi hors des murs. Au village, le cadre sera plus modeste ; on se contentera d'un espace souvent encore herbeux, le *green* anglais, le « couderc » aquitain, le « baile » normand, lieu de rassemblement du troupeau commun d'abord, et de l'ensemble des villageois ensuite, qui l'ont préféré à l'église paroissiale ou à l'*atrium* voisin. Là se dresse une croix et, à son pied ou tout près, le « perron », le banc de pierre où le seigneur du lieu rendra ses sentences.

Ces villes agressives et hirsutes et ces villages lents et simplistes ne voguent pas à l'aventure sur un océan sans limites. Tous sont contenus solidement dans un maillage de liens communautaires qui donnent leur sens aux rencontres ou aux aspirations communes. Le premier de ces liens est la paroisse. Il n'est pas question d'entrer, ici, dans l'histoire de la cellule paroissiale, encore moins dans l'étude de sa fonction religieuse. Mais seulement de rappeler qu'en France, comme dans la plupart des pays chrétiens, le ressort territorial de la paroisse est devenu celui de la cellule première de la vie en groupe, tant en ville qu'au village ; que la « commune » ainsi bien appelée est, pour les hommes qui pratiquent un culte comme pour tous, le cadre encore actuel de leur vie. Les juristes s'agitent et protestent, notamment pour le tissu urbain qu'on a remanié et qu'on remanie encore aujourd'hui ; mais ce sont broutilles que tout cela. Depuis qu'il est sorti des « cités » qui l'ont accueilli durant des siècles, le christianisme est devenu rural, assez tôt aux rives de la mer latine mais guère avant les VIIe et VIIIe siècles plus au nord, plus tard encore vers les régions baltiques ou slaves, et j'y reviendrai. Mais ce sont les fidèles et seuls ces derniers comptent, qui se reconnaissent bien, chaque fois qu'ils en sont requis, hommes de telle paroisse, et non de telle seigneurie, ou de tel village ou quartier. Quand, en 1215, au IVe concile du Latran, on intima l'ordre à chaque croyant de ne se reconnaître que d'une seule paroisse, ce n'était en rien une nouveauté, seulement un moyen d'éviter que les revenus tirés par le desservant des sacrements qu'il dispensait, les « oblations », ne restent dans la bourse du fidèle sous prétexte qu'il « n'était pas de cette paroisse-là ». Les taxes levées sur les fidèles, les dîmes, servent à l'entretien de celui qui a la charge, le soin, la *cura* des âmes, ou à la rigueur de son remplaçant, le *vicarius* ; la dîme aussi, entière ou par fragments, se vend, se donne, s'achète, et elle joue un rôle essentiel dans l'autorité de l'Église en ces temps. Tout cet ensemble de droits et de biens est chose commune, c'est l'« œuvre » dont tous les fidèles ont charge d'assurer le bon fonctionnement ; ils en surveillent la comptabilité, désignent des hommes sûrs pour former le bureau – on dit ici et là la « fabrique » – chargé du contrôle : ce sont les marguilliers, les gens « du registre » (*matricularii*), et comme la paroisse est aussi tout le territoire qu'habitent les gens du village ou du quartier, c'est l'édifice ecclésial lui-même ou l'*atrium* voisin qui seront lieux de rencontre, de refuge, de contacts. C'est là que l'émotivité est collective, y compris lorsque la structure de l'habitat pourrait inciter à la dispersion des efforts en commun.

S'ils ne se retrouvent pas dans l'église, les plus pieux, peut-être aussi au départ les plus déshérités des hommes, peuvent espérer des autres un geste de fraternité, de charité, d'assistance. Mais on ne saurait se contenter d'une aumône individuelle, occasionnelle ou même furtive. Des groupements de piété ont, de tout temps, rassemblé les hommes de cœur ; ils ont formé des « confréries », des « charités » – et, comme parfois il fallait rassembler de l'argent pour les pauvres, des « guildes » (*Gold* ou *Geld*, l'argent). Ces groupements, profanes et spontanés, se sont mis à pulluler dès le VIIIe siècle, où l'on en connaît nombre, en ville surtout. L'Église s'émut, parce qu'elle s'attribuait le monopole de la charité ; qu'elle avait « ses » pauvres, quelquefois inscrits sur des registres dont on surveillait la mise à jour ; et qu'en outre elle voyait poindre là des rassemblements aux limites de la secte. La législation carolingienne a donc condamné ce que l'archevêque Hincmar lui-même appelait des « désordres ». Vaine précaution : les confréries se sont camouflées en simples œuvres pies en faveur des lépreux, des hôpitaux. À partir du XIIe siècle, beaucoup, transformées en groupements de travailleurs d'un même métier, ont servi de cadre au monde ouvrier en ville ; d'autres, devenues des fraternités pénitentielles, furent prises en main par les ordres mendiants, les franciscains surtout, et se regroupèrent dans des séances de chants, de prière et de musique. Au XIVe siècle, on en comptait 75 à Florence, 95 en Avignon, soit une pour 300 ou 500 habitants. Certaines, tombées dans des déviations quasi insurrectionnelles sous la pression des calamités du moment, se livrèrent à partir du XVe siècle à des défilés mystiques et exubérants, comme ces bandes de « flagellants » qui ameutaient les villes du Rhin et du Rhône.

Ces phénomènes restaient essentiellement urbains. À la campagne, l'autorité de l'Église demeurait plus rigoureuse et de telles déviations étaient vite canalisées vers les sanctions religieuses, qui mêlaient le pénitent à l'hérétique, et le déviant au sorcier, avec le bûcher pour horizon. En revanche, et cette fois plus largement au plat pays, les dévots pouvaient espérer trouver le salut dans un pèlerinage. La dimension spirituelle prime. Non qu'il n'y ait pas eu, à cette occasion, des débordements fâcheux, par exemple au XIe siècle, au moment des troubles entraînés par la mise en place de la paix de Dieu, ou au XIIe les excès de bandes armées comme les « paziers » du Berry, ou les « encapuchonnés » du Velay portant cagoule, ou plus tard les *laudesi* italiens se disant disciples de saint François ; ces mouvements désordonnés se vêtaient volontiers du costume de pèlerin. Mais ce sont là des exceptions en face du personnage du pèlerin « normal ». Les *peregrini* sont des « étrangers qui marchent » : ils sont seuls ou en troupe, obéissant à un vœu d'expiation, parfois même condamnés par justice à cette errance. Ils ont un statut juridique reconnu : vêtement, insignes, laissez-passer, sauf-conduit religieux ou laïc. Leur but est de se rendre auprès d'une sainte relique, pour la voir, la toucher, obtenir ainsi une « assurance » sur l'Au-delà. En dépit de cet arrière-plan religieux indiscutable, l'opinion, alertée par l'Église établie, ne leur est pas favorable. D'abord, il n'est pas conforme à la notion d'ordre voulu par Dieu d'itinérer ainsi, parfois sans but précis : Rome a gardé le plus mauvais souvenir et une grande méfiance à l'égard des Irlandais et des Saxons itinérants des premiers siècles chrétiens, de tous ces prêtres sans attaches, ces *Wanderprädiger*, qui vont sur les routes pour prêcher à leur convenance ; la réforme « grégorienne » y mettra bon ordre. Et puis il faut inciter le fidèle à se méfier de ces voyageurs insolites : qui les envoie ? Dieu ou Satan ?

En suivant ainsi ces errants, je m'écarte évidemment des cadres de regroupement, profanes cette fois. Deux d'entre eux sont essentiels, et d'ailleurs amplement connus et étudiés : le « métier » et la seigneurie. Ils sont même les cellules économiques ou sociales les plus certaines de ces temps, en sorte que je pourrai m'en tenir à quelques mots seulement tant on en a parlé. Les « métiers » tout d'abord. Paysans émigrés en ville ou gens du cru, des hommes se retrouvent pour pratiquer un travail, de « secteur secondaire » diraient nos économistes, c'est-à-dire de transformation des matières. Ils ont entre eux des liens de famille ou de provenance ; peut-être appartiennent-ils aussi à une même confrérie ; ils travaillent de leurs mains, et à l'intérieur d'un atelier approprié ; ils sont « valets », *knechten*, *operaio*, et un « maître » les salarie. Le voisinage dans une rue ou un quartier plus que d'autres réservés à la même activité, le « compagnonnage », le partage du pain au travail, l'étroite sujétion des statuts et règlements qui dominent l'embauche, les salaires, les horaires et la vente, tous ces éléments forment un ciment entre tous ces « mécaniques ». On m'épargnera tout le reste : les rivalités entre les maîtres et dans l'atelier, la lutte avec les autorités municipales, les oppositions entre ouvriers des villes et rivaux des champs, l'hostilité entre maîtres et valets, le cas des travailleurs non inscrits au « métier », les « effrois », « commotions » ou grèves en ville, le va-et-vient des salaires ou des prix, et puis le chômage, l'errance, l'exclusion. Et recouvrons tout cela de ce qui est mon sujet : tous, qu'il s'agisse de la leçon de l'Église ou d'une vue frileuse de l'économie, sont convaincus que l'objectif indiscutable de leur effort est le « bien commun » et la « bonne marchandise », et que toute concurrence ne peut être qu'une source de violence et un déni du vouloir divin.

Aujourd'hui, un individu questionné sur ce qu'évoque en sa mémoire le Moyen Âge de tous les jours répondra : « Les seigneurs », et il aura raison. Poussé plus avant, il ajoutera : « La féodalité », et cette fois il aura tort. Je ne dirai, en effet, rien de cette dernière, pas plus que des excroissances exogènes – noblesse, chevalerie, vassalité et autres – que l'on y ente. Quoi que l'on pense de la réalité, de l'importance et des mutations de ces notions, elles ne sont que des épiphénomènes sur le terrain que je parcours. Je m'en déchargerai en disant que les riches et les puissants qui chassent ou guerroient de concert, et s'ennuient longuement ensemble dans les salles inconfortables des châteaux, connaissent ainsi un type de rapprochement, mais profondément marqué d'un stigmate social : c'est la « vie de château » ; celle qui ne concerne qu'un homme sur vingt. Il n'est d'aucun intérêt de savoir si, en outre, on lui a confié une tenure « féodale » ; cette fois, c'est un sur trente. Quant aux sentiments d'un « vassal », ils relèvent de surcroît du profil commun. En revanche, la seigneurie est « incontournable », comme on dit sans cesse aujourd'hui : elle constitue le cadre même de la vie quotidienne, qu'elle se moule ou non sur la paroisse ; elle est urbaine autant que rurale ; et, aux derniers siècles médiévaux, en Europe du Sud, la « seigneurie » est la ville elle-même. Cette fois, le problème ne peut être éludé : la société médiévale est bien une « société seigneuriale ». C'est un abus de langage, hélas avalisé depuis Marx par d'illustres historiens comme Marc Bloch, que de parler de « société féodale » ; je crois avoir fait justice de cette inutile boursouflure d'un phénomène finalement marginal, minoritaire, superficiel et qu'on doit à la provenance de nos documents, presque tous aristocratiques.

Cela dit, la question, comme pour les « métiers » tout à l'heure, ne saurait être exposée ici dans sa plénitude. Je laisserai donc à dessein de côté quelques aspects de base, mais qui ne me semblent pas ressortir à mon cadre « humain ». Ainsi de l'origine pré- ou post-carolingienne de la « seigneurie », de sa nature privée ou publique, des dimensions territoriales ou hiérarchiques de ces cellules de commandement, à plus forte raison de leur évolution entre l'an mil et le XIVe siècle, où elles tendent à s'immerger dans les cadres politiques régaliens. De même, je ne développerai ni la spécificité des pouvoirs seigneuriaux de l'Église, notamment conventuelle, ni la figure urbaine du pouvoir seigneurial, ni le rôle des agents de la seigneurie, curé compris, auprès des assujettis, ni la ponction économique sur leur travail. Je ne détaillerai pas le « ban », c'est-à-dire le pouvoir de juger, de poursuivre, de taxer les hommes à la place d'un État longtemps défaillant. Mais, en revanche, je m'arrêterai au rôle de la seigneurie, éventuellement du seigneur lui-même, sur le groupement et l'esprit de rassemblement des hommes, qui est mon sujet. Ce qui apparaît au premier abord, c'est la contrainte, d'ailleurs source de cohésion chez les « sujets » ; c'est elle qui, qualifiée au besoin de « terrorisme » seigneurial, vaut si mauvaise réputation au Moyen Âge, accompagnée d'un flot de légendes absurdes d'origine « romantique » où l'on voit les maîtres piétiner à cheval leurs propres blés, violer les filles, jeter les hommes aux « oubliettes », quand ils ne les égorgent pas, et laisser crever les mendiants. Il serait temps de rappeler que le montant des taxes à payer au sergent est très inférieur à celui qu'exige aujourd'hui le percepteur ; que la justice rendue au pied du château est beaucoup plus rapide et clémente que nos interminables et douteuses procédures ; que la sécurité assurée par une troupe de sergents armés ou de guerriers de métier logés au château n'est pas moins efficace que celle qu'essaient de maintenir d'innombrables ou, au contraire, d'insuffisantes escouades de policiers ; et que la pseudo-« anarchie féodale » est un mythe, car jamais peut-être les hommes n'ont mieux été tenus en main qu'alors. Contraintes militaires ? Nulles, car l'homme de peu est réputé inapte au combat ; une taxe ou quelques jours de terrassement s'y substituent. Exigences « banales » pour l'usage d'un moulin ou d'un pressoir seigneurial ? Ces commodités, elles aussi propices aux rencontres, sont bien inférieures à nos « taxes d'habitation ». Et je pourrais poursuivre sur la ponction faite sur le produit du travail, sur les taxes marchandes aux péages ou « à la valeur ajoutée », et même sur les limitations des droits de la personne. D'ailleurs, les révoltes paysannes, et même celles des villes, n'ont pas pour objet, avant le XIVe siècle du moins, de jeter à bas le « système seigneurial » ; ce sont ses déviations, ou bien la misère, qui les provoquent.

Faire la queue au moulin, curer ensemble le fossé du château, venir travailler en équipe quelques jours à la moisson sur la terre du maître, voilà qui rassemble déjà ; mais le ciment essentiel de la seigneurie réside dans les « coutumes », les « franchises » obtenues du maître. Il a fallu parfois le payer pour qu'il cède ou partage un droit ; mais il n'y répugnera pas, car son intérêt lui-même est en jeu : fixer les travailleurs, asseoir son autorité par quelques concessions mineures, transformer en « usage » commun ce que l'on ne pouvait exploiter seul avec profit – un bois, un étang, une garenne. La plupart de ces « abandons » sont le fait d'une entente dont nous connaissons mal les étapes : le maître sera souple s'il ne s'agit pas de ses droits de justice et de guerre ; mais il faudra payer pour qu'il accorde des droits d'accès aux terres vides, « vaines », broussailles, friches, taillis même, devenus « communaux ». Au terme de ces mutuelles concessions, on pourra dresser un acte écrit. On en a conservé en masse, pour le Xe siècle déjà en Espagne, aux XIe et XIIe en France du Nord, au XIIIe en Allemagne et en Italie. Des sols productifs pour une paysannerie dont le volume croît ; de l'argent pour les seigneurs dont l'équipement militaire ou les dépenses de prestige augmentent : ces « chartes », ces « assises », ces « rapports de droits », ces *fueros* matérialisent les « conquêtes » paysannes.

Ne succombons pas à l'idée d'un « âge d'or », même si l'on pourrait le déceler entre 1180 et 1240 dans l'ensemble de la chrétienté. Il y a de mauvais maîtres chez qui les discordes mutuelles obscurcissent le sens même de leur intérêt, ou qu'anime un « esprit de classe » dont la littérature répercute l'écho. Les pires sont les hommes d'Église, les cisterciens particulièrement, adeptes du « faire-valoir direct », et qui ne portent aucun intérêt aux paysans voisins. Quant aux villageois eux-mêmes, ce serait une vision irénique que de les croire tous concernés et ravis par les privilèges accordés : on peut même avancer qu'une cassure sociale, de plus en plus large, se créera entre ceux qui peuvent payer une taxe récapitulative de tous les avantages arrachés et les autres restés « à merci ». Dans les villes, si souvent brandies en exemples, cette fracture interne est plus nette encore, parce que ceux qui ont mené la lutte d'émancipation sont déjà des privilégiés, maîtres des métiers, aristocrates urbains, marchands ou armateurs, et qui ne s'oublieront pas dans les avantages obtenus. On vante et scrute les textes délivrés par l'autorité de l'endroit ; ils peuvent aller jusqu'à l'auto-administration, la constitution de milices armées, accompagnées d'un serment de « commune », c'est-à-dire d'entraide spontanée, fin XIe et XIIe siècles aux Pays-Bas, en Italie ; mais les conditions sociales différentes et le cadrage chronologique particulier interdisent d'admettre ce que la vulgate historiographique répète toujours : la primauté du mouvement urbain sur celui des villages. Peu importent, au reste, les arguments en chaque sens : voilà les hommes rassemblés, et c'est l'essentiel.

Rire et jouer

Toute culture possède un large éventail de jeux ; certains, parmi les plus simples, comme lancer un objet ou exercer sa force, sont de tous temps et de tous pays. Quant au rire, dont on affirme avec sérieux qu'il est « le propre de l'homme », sans beaucoup dépasser l'autosatisfaction, il est de tous siècles, même s'il en est qui ne semblent guère s'y prêter ! Mais s'il existe des jeux individuels, et si l'on peut rire tout seul, ces deux manifestations du corps et de l'âme paraissent plutôt de nature collective.

Définir le rire pourrait passer pour une quête oiseuse. Il est pourtant l'expression visible d'une disposition naturelle à se réjouir, comme les larmes à s'affliger. Cette gaieté ou cette peine pourraient ne pas se traduire par des mouvements musculaires ou glandulaires visibles par autrui ; ou se limiter à l'esquisse d'un léger rictus ou à l'humidité plus grande d'un œil. Mais les siècles médiévaux n'ont pas cette retenue : les manifestations caractérielles sont brutales et intenses. Elles juxtaposent, je l'ai dit, la bonne volonté et la cruauté, la fureur et la charité, le rire et les pleurs ; et ces derniers sont intarissables, bruyants, désordonnés. Le sourire ou la tristesse contenue sont des attitudes artificielles, commandées et, de surcroît, réservées aux usages « courtois » où règne l'hypocrisie ; aussi bien est-ce presque toujours affaire de poète ou de romancier, à peu près jamais de peintre ou de chroniqueur. Mais lorsque l'on quitte l'espace confiné des sentiments « de classe », ce ne sont qu'éclats impétueux et bruyants, ou torrents de cris et de larmes ; les gestes ou les grimaces sont excessifs, membres tordus, bouches béantes, gesticulations. La littérature commune, « dits », nouvelles ou fabliaux, parfois quelque sculpture isolée, fourniront mille exemples du rire : un spectacle inattendu et comique, comme une chute ridicule, une bévue calamiteuse, un bon tour joué à un riche, un bon mot rapporté par un clergeon ; et, naturellement, l'inépuisable répertoire des plaisanteries ou des calembours, sexuels chez l'homme, scatologiques chez la femme. Le rire éclate à la taverne, dans la rue, au marché. L'Église fronce le sourcil ; elle perçoit sans peine, derrière cette gaieté, les tentations de la médisance et de l'envie, la source d'un désordre. Et elle se pose sérieusement l'insoluble question : « Jésus a-t-il ri ? »

C'est par le déportement festif que s'extériorise d'abord la joie, et surtout la joie collective. Les siècles médiévaux ont fort goûté les fêtes, et elles continuent d'intéresser les municipalités d'aujourd'hui en quête de menus profits, à défaut d'authenticité historique. Les occasions sont innombrables. Parfois elles sont liées aux circonstances, comme les « entrées » des princes en ville ou, plus modestement, des relevailles au village. Parfois elles sont rituelles dans l'année, et d'origine païenne quoique badigeonnées de christianisme : Noël évidemment, la « typhaine » (l'Épiphanie) célébrant les Rois Mages, la Chandeleur qui est la fête des relevailles de Marie, Pâques, ou plutôt « Pâques fleuries » (c'est-à-dire les Rameaux de l'entrée du Christ à Jérusalem), et puis la Pentecôte, les Rogations, l'Ascension, la Saint-Jean et j'en passe. Toutes, ou presque, sont d'origine profane, à connotation sexuelle ou chtonienne. Toutes s'accompagnent de rites alimentaires : le porc, la galette, la crêpe, l'agneau..., ou bien d'intérêt rustique : brûler les mauvaises herbes, chasser les insectes, rassembler les bêtes. Cette dimension païenne a bien été comprise, captée et assimilée par l'Église qui, après avoir tempêté entre le Ve et le IXe siècle contre ces *simulacra* venus d'Orient ou d'extrême Occident, a fini par admettre que les invocations à la Lune ou l'eau bénite répandue sur les champs secs pouvaient être récupérées pour la plus grande gloire de Dieu. En revanche, elle a échoué en face des fêtes de subversion, par essence contraires à l'ordre : la « fête des fous », le 1er janvier, où tout est bouleversé dans les choses, souvenir du jour de prise en charge des magistrats romains ; le Carnaval du Mardi gras, protestation satanique contre le Carême de privations qui s'annonce (sans doute venant de *carnem levare* : enlever la viande) ; le charivari des jeunes, dont j'ai dit un mot, et qui fait éclater l'hypocrisie matrimoniale.

Toutes ces fêtes nous étonnent par leur variété, leur abondance, leur couleur. Pour mieux les comprendre, il faut se rappeler qu'en ces siècles le travail continue à paraître comme une contrainte, et que l'*otium*, le loisir, est un idéal que l'on tente d'atteindre. On a d'ailleurs calculé que, toutes nuances de lieux et de temps écartées, et aussi bien en ville qu'au village, un bon tiers des journées est « chômé », cause ou effet de la liesse populaire. Naturellement, les cortèges qui se forment alors, croix et bannières en tête, ne se bornent pas à rire et à crier : on y chante en chœur. Voilà un domaine sur lequel nous ne savons à peu près rien. On trouve représentées, peintes ou sculptées, des vielles à deux cordes, des trompes, des flûtes, des caisses à frapper ; parfois, mais installé à la maison, un psaltérion à trente-deux cordes, ancêtre de notre piano. Depuis que Gui d'Arezzo les a imaginées au milieu du XIe siècle, on trouve aussi des manuscrits « à portées musicales », destinées à permettre de placer les notes sur une gamme, au lieu des simples signes de montée ou de descente du son qu'étaient les neumes (de *pneuma*, le souffle). Mais ces rudiments de solfège ne touchent que les pièces liturgiques, sans modulation notable, « de plain-chant », comme l'on dit ; en sorte que nous ne savons rien des mélodies populaires, chansons « de toile » pour les dames, chansons à boire ou à danser. Car la danse accompagne la fête. Elle non plus ne manque pas de représentations figurées, où l'on voit citadins et paysans former des rondes pour les deux sexes, claquer en rythme des sabots, échanger les positions des bras ou du corps. Et si la danse paraît plus rare dans les milieux sociaux plus élevés de la ville, c'est là pourtant que se décèlera, mais guère avant le XVe siècle, la danse à deux, la carole, où les corps se touchent : horreur et dépravation qui fait se voiler la face aux gens d'Église ; parce que si les chanoines dansent eux aussi à certains jours de fête devant l'autel de leur église, c'est en se tenant par le doigt, le plus chastement du monde.

La fête, donc la beuverie, donc la taverne, donc les rixes, donc le désordre inutile. Ne pourrait-on pas orienter cet appétit ludique vers quelque forme plus morale, ou en tout cas plus pacifique ? Les salles de château ont connu, dès le Xe siècle, le passage de chanteurs, de baladins, de musiciens errants venus mimer devant la jeunesse guerrière éblouie les exploits amoureux ou violents des héros, *canzone* d'Italie et d'oc, « gestes » de France et d'oïl. Mais c'est affaire de privilégiés, même si notre littérature y place, et dès le XIe siècle, nos plus anciens textes conservés en langue vulgaire. Le « commun » n'y a sans doute pas accès ; aussi lui offrira-t-on, résurgence antique peut-être, des spectacles déjà « mis en scène ». À défaut de combats de gladiateurs ou de fauves dont on raffolait à Rome, mais dont on n'a pas de traces sérieuses au Moyen Âge, il y avait alors foule autour des champs clos où s'affrontaient les champions des « duels judiciaires », ou bien au pied du pilori où l'on fouettait un gueux ; quoi de plus digne d'égayer qu'une pendaison et, plus encore, une décapitation ? N'existe-t-il pas encore aujourd'hui des pays qui se disent « chrétiens » fervents et où l'on se presse pour voir la mise à mort d'un condamné présumé coupable ? Détournons les yeux, pour les porter plutôt vers la renaissance du théâtre populaire. C'est en Italie et en France du Nord que s'est réveillée cette fête collective du spectacle « à personnages », qui ravissait les Anciens. L'origine pourrait en être, au XIIe siècle, les grimaces des bandes errantes de « jongleurs » (*joculator*, celui qui s'amuse), de « trouvères » (*trobador*, celui qui trouve et imagine), qui s'exhibent sur les places de la ville en interprétant des « farces », des « sotties », composées par eux-mêmes ; à moins que, en équipes plus « professionnelles », ils ne dressent des estrades et ne montent des décors où ils présentent des œuvres « de métier » (*ministerium*, d'où la trompeuse traduction de « mystère »). Après le XIVe siècle, ces spectacles sont pris en main par les puissances municipales, pour éviter des débordements de spectateurs enthousiasmés, et par l'Église qui y trouve un champ d'action plus sûr que les prêches incontrôlables des petits frères franciscains. Le spectacle est gratuit, se déplace dans la ville, dure plusieurs jours, change de sujet au gré des acteurs qui se remplacent en cours de tournée. Il s'agit de moquer l'autorité, mais aussi de mettre en valeur les vertus morales de la société. Ce théâtre est pour tout le monde, bien qu'il n'y ait pas de femmes sur les tréteaux, même pour interpréter le rôle de la Vierge ; ne voyons d'ailleurs là ni « machisme » ni mépris : simplement, il n'est pas décent de livrer femme, sœur ou fille aux regards du public. En revanche, le succès est tel que nous avons conservé des « suppliques » adressées aux autorités pour obtenir un congé afin de se rendre au spectacle.

Défiler en criant, danser en groupe, frapper des mains au théâtre pour marquer sa joie sont des attitudes collectives, conviviales, mais dépourvues d'une implication personnelle ; on y est noyé dans la masse anonyme. Tel n'est pas le cas du jeu, même du jeu en équipe. On y trouve, en effet, un investissement complet, puisque le jeu a un objectif : gagner de la gloire ou de l'argent – ce qui déclenche, si l'on perd, de la honte, de la colère, et alimente le besoin de tricherie. Ces sentiments s'apparentent évidemment à l'orgueil, à l'envie, à la colère et même au rejet de l'intervention divine. Dès les temps carolingiens, l'Église condamne le jeu comme une immoralité et une déviation de la notion du loisir qui ne doit être consacré qu'à Dieu. On connaît assez bien aujourd'hui ce qu'était le jeu médiéval, au moins en France, au milieu et à la fin du Moyen Âge. Le plus souvent, il est pratiqué par équipes rivales, et ce sont alors généralement des jeux de balle comme la paume ou de ballon comme la soule. La paume est surtout urbaine, se livre parfois à couvert et sans déplacement marqué : on use d'une raquette pour frapper l'«éteuf», ancêtre de nos balles de tennis, qu'on adresse à l'adversaire au-dessus d'un filet ou contre un mur, habituellement en bois. La soule est plus « populaire » et rassemble de gros effectifs de joueurs ; c'est alors souvent une affaire de famille, de clan ou de quartiers en ville. Tandis que la balle de la paume est une boule de laine ou de paille dans une gousse, ici il s'agit d'une boule dure, en bois parfois même, qu'on frappe au pied, à la main ou avec une batte – on hésite donc sur sa progéniture : football, rugby, base-ball, cricket ?

Ces jeux demandent de l'espace, des spectateurs, des arbitres. Tel n'est pas le cas du jeu de dés ; ce n'est qu'un jeu de hasard, ce qui lui donne le premier rang dans le domaine de la tricherie, de la contestation, de la violence. Il est universel, constant, et remonte quasi aux temps néolithiques. Et comme il engage des sommes d'argent parfois considérables chez les grands du monde, il est plus que tout autre condamné par l'Église. Cette situation n'est pas celle des cartes ; elles ne s'introduisirent guère avant la fin du XVe siècle : on les disait venues des Indes, et Rabelais en connaissait trente-cinq règles. Mais si le hasard subsiste, ne serait-ce que dans l'attribution des cartes aux joueurs, une part de tactique leur donnait un lustre que n'avaient pas les dés. Mais, balles, dés ou cartes, tous cédaient devant le « roi des jeux » et le « jeu des rois » : les échecs. Cette fois, il y a deux joueurs, mais de haut vol, et soutenus par des amateurs dévoués prêts à tout. Car le jeu est comme un miroir de la vie ici-bas, avec le symbolisme de ses pièces, sa tactique presque guerrière, faite d'audace et de prudence, exigeant mémoire et coup d'œil, à peu près accessible aux seuls hommes d'âge et d'expérience. En Occident, il est connu dès le VIIIe siècle, venu sans doute des Indes par la Scandinavie ou par l'Espagne. C'est un combat ; alors on ne triche pas aux échecs. Mais lorsqu'on perd, la colère peut éclater en violence : Robert, fils du Conquérant, et battu par son père, ne lui a-t-il pas, dit-on, fracassé un échiquier sur la tête ?

Il n'y a pas que la soule, les dés ou les échecs, mais aussi le tir à l'arc, les quilles, les osselets, la marelle, le trictrac et bien d'autres. Ils faisaient rire ou pleurer selon l'issue de la partie et le sens de l'humour. Mais, comme les fêtes, la danse et le théâtre, ils soulevaient des passions qui pouvaient rapprocher, mais aussi opposer les hommes. Mieux valait les prévenir et les contenir.

Précautions et déviations

Pour qu'une société ait quelque cohésion, pour qu'elle puisse, par exemple, résister à de violents coups du sort portés par une autre forme sociale, ou même par la Nature, il ne suffit pas que les hommes soient rassemblés, de plus ou moins bon gré, dans des cadres de vie, une paroisse, une seigneurie, un

« métier » ou tout simplement des « frontières ». Il y faut d'autres liens, parfois d'origine ethnique ou linguistique, parfois de conceptions morales ou religieuses. Si ce socle identitaire vient à se desceller, et avant qu'un autre ne s'y substitue, une crise de conscience de soi ébranle les esprits et déclenche des bouleversements matériels aussi bien que moraux. Depuis qu'il y a une histoire des hommes, ces crises n'ont pas manqué ; par exemple, dans le cas de l'Europe, lors du contact entre les cultures méditerranéennes et germano-celtiques, du IIIe au VIIIe siècle, ou encore au moment de la brusque ouverture de l'Europe vers les mondes extérieurs, de l'Amérique aux empires coloniaux, XVe-XVIIIe siècle. Tout permet de penser que nous vivons depuis une cinquantaine d'années l'aube d'un pareil bouleversement : le fond de nos structures de communication se délite ; l'héritage des unités politiques ou « nationales » se dissout ; les fondements éthiques sont ébranlés. Mais ces phénomènes sont lents. Comme pour le réchauffement climatique, c'est une bien grande naïveté que de se croire capable de les freiner ou de les hâter ; il faudra sans doute un ou deux siècles pour que se dégage quelque chose de nouveau.

Il n'est donc pas inutile de s'interroger sur la solidité du ciment maintenant la société médiévale, particulièrement entre les deux bornes que je viens de rappeler, le VIIe et le XVe siècle. Aujourd'hui, en Europe du moins, ce qui donne sa spécificité à un groupe original, c'est une relative homogénéité ethnique, une langue donc une culture uniformes, une histoire vieille et commune, des attitudes et des habitudes enracinées, et des limites administratives et politiques clairement définies. Ces éléments font que l'observateur verra « des Anglais », « des Français » ou « des Italiens ». Or il faut constater que la situation médiévale est tout autre : dans un cas comme celui de la France, ni unité de peuplement, ni conscience d'une « patrie » et encore moins d'une « nation », ni langue commune, ni frontières, ni destin indiscutés ; mais, en revanche, un moule de croyances à peu près étanche : la chrétienté. Tous ces hommes se croient ou se disent « chrétiens » ; il y a bien quelques rebelles, de gros noyaux juifs et des musulmans ici et là, mais ce ne sont que des grumeaux, en principe des exceptions. Or, aux yeux des autres peuples, de l'Islam par exemple, ces gens sont des « Francs » : l'erreur est évidente, mais elle provient de ce qu'en ces temps le profane et le sacré sont mêlés, le pouvoir est théocratique – c'est le *dominium*, celui de la foi et celui du peuple « dominant ». Ce type de société est aujourd'hui à nos portes, et André Malraux n'avait sans doute pas tort de prédire un « siècle religieux ». Mais revenons aux temps médiévaux.

L'Ordre et les « ordres »

L'Ordre céleste domine le monde ; il est fondé sur une harmonie cosmique établie de tout temps. Dans un schéma universel, l'homme ne peut être qu'un élément sans libre arbitre ; tel il est, tel il sera. Dans les plus anciennes sociétés, l'Égypte, le sous-continent indien, peut-être déjà au milieu des groupements néolithiques dont nous n'avons que d'infimes reliques (et j'écarte, on s'en doute, tout l'Extrême-Orient que j'ignore), toutes ces sociétés donc ont pris conscience que leur équilibre, l'Ordre supérieur qui les régit, impose en leur sein des rôles, des « fonctions » distinctes : il convient que certains soient les intermédiaires entre les humains et les forces divines, que d'autres assurent l'encadrement, au besoin armé, de tout le groupe, tandis qu'aux derniers échoira la fonction de production, celle des nouveaux hommes et celle des vivres. Rien de surprenant dans cette tripartition ; cependant, Dumézil et d'autres ethnologues la jugeaient plutôt caractéristique de la culture indo-européenne primaire. Mais ce que l'on peut retrouver en Europe de cette vision du monde, chez les Gréco-Romains, chez les Celtes ou chez les Germains, ne porte pas, semble-t-il, de contenu spirituel : on a l'impression que le juridique et l'économique priment dans la représentation des hommes, sur leur responsabilité morale ou religieuse. Au reste, ni les néoplatoniciens de l'époque impériale, ni les Pères de l'Église au moment de l'éclosion chrétienne n'embrassent dans leur réflexion un tel type de répartition des humains : libres ou esclaves, chrétiens ou « gentils », puis moines ou laïcs, vierges ou mariés. Mais ces appréciations ou bien s'écartent de la volonté du Créateur, ou bien ne touchent qu'un aspect secondaire de la vie de groupe.

C'est aux temps carolingiens, à la fin du IXe siècle, que s'esquissa la mutation essentielle : chez Érigène, chez Héric d'Auxerre, point l'idée que l'Ordre de Dieu repose sur les trois fonctions, sur les trois « ordres » dont j'ai parlé, et que chacun d'eux a été conçu pour une mission spécifique, correspondant à un statut social également spécifique. La formulation de ce « schéma » par Adalbéron de Laon vers 1020 ou 1030 deviendra la règle intangible adoptée par les doctes : *oratores, bellatores, laboratores*, triade que l'on traduit, et assez mal, par : « ceux qui prient », « ceux qui combattent », « ceux qui travaillent », autrement dit les clercs, les guerriers et les autres, ou, si l'on veut, l'Église, la noblesse et le peuple. À peine plus tard, au temps d'Abélard et de saint Bernard, on formulera même une hiérarchie entre ces ordres : le premier rang pour les clercs, car ils dépendent de l'autorité pontificale, dépositaire ici-bas de la volonté divine ; le deuxième aux combattants qui sont, forcément, les plus forts, les chevaliers, les *armati* ; le reste est la masse confuse des autres, le troisième, le « tiers » comme l'on dira plus tard, majoritaire en nombre, certes, mais simple troupeau de fidèles, *grex fidelium*. Ainsi se trouvent mêlés le religieux et le social, le sacré et le profane, comme le veut le climat général de ces siècles. En outre, chaque homme, placé par Dieu en un ordre et non un autre, ne peut en changer : le tenter serait faire un choix de vie (*haeresis*) évidemment condamnable, et j'ai souligné plus haut ce trait d'immobilisme social flagrant.

Notre rationalisme, hérité des Lumières, a vite fait de stigmatiser un Ordre fondant ainsi une criante inégalité sociale : clercs et nobles se gobergent dans l'oisiveté de la sueur et des larmes des « petits ». Grossière erreur d'appréciation, que véhicule en outre la malheureuse notion d'un « féodalisme » fondé sur la violence seigneuriale et l'assujettissement des « serfs », les *servi*, les « esclaves » du vocabulaire latin. C'est oublier complètement que le « schéma trifonctionnel » est l'image de ce que veut Dieu, parvenir au Salut, but premier de notre vie ici-bas. Or, dans cette quête universelle du salut éternel, qui suffirait déjà à la résignation des plus faibles, l'éclairage mental n'est en rien le nôtre : face à Dieu et à sa volonté, il n'y a pas de riches et de pauvres, de maîtres et de sujets, mais seulement des chrétiens en attente du Jugement. Or, ce jour-là, le clerc qui a failli à sa mission pastorale, le guerrier qui s'est couvert de violence, de luxure ou d'argent ont beaucoup moins de chances d'obtenir le salut que l'ouvrier de ses mains, exténué de fatigues. En réalité, on ne prendra conscience de cette divine injustice qu'au XIVe siècle, ou plus tard encore, lorsque faiblira le ministère de l'Église ou que l'ordre des guerriers se laissera peu à peu glisser dans le péché.

En fait, avant même que Guillaume d'Ockham ou d'autres docteurs ne commencent, vers 1350, à élever des doutes sur l'excellence du choix divin, ou que les paysans révoltés d'Angleterre en 1381 ne se demandent ce qu'il en était au temps d'Ève et d'Adam, les fissures sont visibles dans le schéma enseigné par ceux qui savent. C'est l'Église elle-même qui a, la première, contribué à désorganiser ce cadre de vie qui soutenait pourtant sa puissance. Au fur et à mesure qu'elle valorisait le rôle et la place du principe hiérarchique dans ses propres rangs, notamment en vantant la supériorité du pape sur tous les chrétiens, même ceux du deuxième ordre, en s'acharnant à se pourvoir de biens matériels souvent mal acquis, en taxant de simonie, c'est-à-dire de matérialisation profane, tout ce qui portait atteinte à sa fortune, ou de nicolaïsme les manquements moraux en son sein, elle offrait le flanc à des soupçons qui l'éloignaient par trop de sa mission première. Dans le vocabulaire même dont on usait dans son groupe social, le mot « ordonner » glissa à l'unique sens d'entrée dans ses rangs, comme si son ensemble était le seul aimé de Dieu, le terme d'« état » désignant dès lors les deux autres parties du schéma divin, ainsi ramené au seul niveau du profane.

L'ordre des guerriers pourrait me retenir puisque les problèmes posés par ses divisions internes, ses statuts variants, ses activités matérielles dans la vie politique et économique, encombrent nos voies de recherche. Je me bornerai à une seule considération, mais que je crois capitale : alors que l'ordre des *oratores* défaillait sans rémission, et que celui des *laboratores* éclatait, comme on va le voir, les *bellatores*, quant à eux, ont conservé une indiscutable homogénéité, au moins de façade. Certes, les franges ont été grignotées par des éléments sortis du « tiers » ; les usages familiaux, les intérêts matériels ont érodé la force de l'ordre ou l'ont acheminé vers une structure de caste. Mais, dans cette évolution même, le rôle de glaive de Dieu a survécu ; on parle plutôt d'« honneur » et de gloire que de religion et de défense chrétienne, mais la « noblesse » n'a pas failli à sa tâche.

Dans cette histoire des liens spirituels unissant les hommes, le cas du « tiers état » est beaucoup plus complexe. Il n'est cependant pas dans mon propos d'entrer dans une étude de l'évolution du sentiment religieux chez les humbles, c'est-à-dire chez tous ceux qui ne sont pas des deux ordres « dominants ». Je me bornerai à élargir les trois brèches que les siècles ont fait apparaître dans le schéma trifonctionnel, et qui lui ont peu à peu retiré son rôle de ciment social. Le premier élément de dissolution provient des insuffisances de perception chez les clercs qui prétendaient encadrer le statut matériel des hommes. Lorsque, au XIe siècle encore, à plus forte raison auparavant, les penseurs classaient les fidèles, les *laboratores* étaient pour eux les travailleurs manuels, et le travail, ainsi réhabilité, se trouvait hissé au niveau d'une valeur morale. Mais ces travailleurs qui doivent nourrir les autres sont évidemment les paysans, écrasante majorité du tiers. Or la croissance urbaine, un peu partout en Europe, selon des formes et des rythmes locaux, débute à la fin du XIe siècle, se gonfle, inonde la chrétienté, triomphe partout. Aux XIIe et XIIIe siècles, le monde des villes rassemble quatre ou cinq hommes sur dix en Italie, trois ou quatre en France, presque autant en Allemagne ou en Angleterre. Or ces gens entrent mal ou pas du tout dans le cadre idéal : les forces qui les animent sont plus proches de l'intérêt individuel et de la réalité locale ; leur culture tend à personnaliser l'individu, à tisser des liens seulement profanes. En outre, leur rapport à l'argent est constant ; parfois même, salaire ou vente, il est le fondement de leur système économique. Naturellement, tous ne sont pas drapiers, usuriers ou maîtres de métier ; aucun d'ailleurs n'ignore la force des confréries ou le culte marial. Mais leur « profil » n'est pas celui du *laborator* des champs. Comment insérer dans un monde seulement tripartite ceux qui pratiquent le commerce « déshonnête », qui « ne sont ouvriers de leurs mains », comme se félicite Rutebeuf, ou qui se « consolent de vivre pauvre loin d'un riche seigneur de terre », comme dit Villon ? On adapte la pastorale, on tente de farcir les dits et les fabliaux de préceptes moraux, et les « mystères » de données pieuses. Peine largement perdue ; la « naissance de l'esprit laïc », comme l'on a dit avec quelque enflure, a rongé la spiritualité du tiers.

La deuxième atteinte est plus sournoise : dans le schéma, on a simplement oublié la liberté. On l'a oubliée non parce qu'on la tenait pour sans importance, mais parce qu'au regard de Dieu tous les fidèles sont des âmes de même poids. Même le rigoureux droit romain admettait qu'un esclave n'était pas qu'un simple corps. Les penseurs chrétiens n'estimaient donc pas que ce groupe d'hommes pouvait apporter quelque nuance au schéma établi. Aux temps carolingiens, la notion : « Il n'y a que deux sortes d'hommes, le libre et l'esclave », est une observation purement laïque, où n'intervient pas la notion du Salut. Et l'Église chrétienne avait beaucoup recruté de ses premiers adeptes chez les non-libres ; elle ne jugeait donc pas scandaleux de disposer elle-même d'abondants troupeaux d'esclaves, et cela jusqu'en plein Xe siècle. Certes, elle condamnait en théorie le trafic et même l'emploi de la chair humaine, mais seulement au nom de la charité, et non pas du Salut ; elle plaignait les « fils de Cham », ce fils de Noé dont Dieu avait condamné la descendance, la race des Noirs.

Mais il n'était pas question d'entrer dans le monde des clercs sans avoir d'abord racheté sa condition de non-libre. C'est pourquoi, dans aucun des écrits rédigés par les doctes, la division des hommes ne se fondait sur l'idée de liberté ou de servitude. Ce sont nos esprits raisonneurs qui condamnent cet aveuglement répugnant. Même après que l'esclavage à l'antique – ou à la mérovingienne – se fut évanoui pour toute une série de raisons que je n'exposerai pas, la catégorie des assujettis, des « attachés », les *servi* du vocabulaire antique, les « serfs », comme disent les historiens, apparut toujours aux clercs comme sans rapport avec la « fonction » du tiers. On peut discuter sur les étapes et le contenu de la servitude, souligner les incontestables efforts d'affranchissement de la part de l'Église après l'an mil, mais la tare de la servitude reste indélébile ; et l'on ne peut qu'être surpris que l'Église ait toléré, voire elle-même pratiqué, les entraves persistantes à la liberté de certains croyants, comme de ne pouvoir ni se marier, ni se déplacer, ni disposer des fruits de son travail, pourtant en principe béni, sans l'autorisation d'un maître se disant chrétien, et parfois d'Église de surcroît. Si le « schéma » avait déjà été dépassé par l'irruption des gens de la ville, cette fois c'est dans son principe d'égalité en face du salut qu'il était atteint.

Il le fut aussi, peut-être plus gravement encore, dans un éclatement interne de la notion d'ordres maintenant la société en paix face à des fonctions précises, voire uniformes. La stratification en couches superposées à l'intérieur de chacun de ces groupes provenait évidemment d'une évolution au cours des siècles. Mais, pour les deux premiers ordres, le mal n'était pas trop grand. Après tout, qu'il y ait eu parmi les clercs certains pourvus d'« ordres mineurs » et d'autres d'« ordres majeurs », ou qu'il y ait eu des moines « ordonnés » prêtres et d'autres non, qu'il y ait eu aussi une hiérarchie dans le droit accordé à certains d'octroyer tel ou tel sacrement, tout cela n'altérait pas la mission d'intermédiaire entre les laïcs et Dieu. De même, tout l'attirail féodal ou non, chevaleresque ou noble, aînés ou cadets, dans lequel se débattaient les *bellatores* n'enlevait pas au deuxième ordre son rôle de combattant. C'est dans le tiers que s'introduisit le germe de décomposition. Déjà s'opposaient en son sein libres et serfs. L'évolution économique fut le moteur le plus puissant de l'éclatement interne : en effet, parmi les gens du « commun » se dégagea la masse des « pauvres », *vilissimi*, les « menus », les *armen Leute*, le *popolo minuto*, tous ces gens sans terre, sans outils, sans métier, sans argent, sans logis parfois, n'ayant donc « ni feu ni lieu », bientôt « ni foi ni loi ». Or leur nombre croît, en ville surtout, car au plat pays la Nature peut continuer à veiller au minimum. L'Église est consciente que cet état déplorable ne peut qu'altérer la foi de ces chrétiens oubliés, les pousser à contester un schéma qui prétend les étouffer au milieu de tous. Par les prêches dès le XIIe siècle, par les *exempla* commentés ensuite, elle tente de faire l'éloge de Dame Pauvreté, passeport pour l'Au-delà ; Jean Gobi va même jusqu'à établir avec sérieux des échelons dans la pauvreté, pour démasquer les « faux pauvres », assure-t-il, ou, pis encore, les « mauvais pauvres ».

C'est se moquer ! En dépit des combats d'arrière-garde face à la débandade de l'économie seigneuriale aux XIVe et XVe siècles, l'abandon d'un espoir ici-bas entraînait une cassure fatale à l'intérieur d'un « ordre » qui prétendait ne voir que des chrétiens « travailleurs », tous en marche et en commun vers le Salut.

La Paix et l'honneur

Les désordres souvent sanglants qui secouent la vie des peuples ou, du moins, des « nations » scandent interminablement les « Temps modernes », et plus encore « contemporains ». Non que les siècles médiévaux offrent un visage irénique, mais la guerre, dont je reparlerai, et les « effrois », dont je ne parlerai pas, ont une dimension de moindre ampleur d'abord, plus circonstancielle ensuite : ce sont des troubles d'origine familiale ou de modeste finalité territoriale ; on n'y invoque ni le droit des gens, ni les fondements de la société, ni les « nations » qui n'existent pas. D'où l'importance de « rencontres », mais entre princes, et destinées à se conclure assez vite par un accord de compromis. Ces entrevues de pure forme avaient pour intérêt d'arrêter le conflit un certain temps ; la liste en est longue, dès le haut Moyen Âge : Strasbourg (842), Saint-Clair-sur-Epte (911), Yvois (1022) s'égrènent ainsi. Le temps passant et les problèmes prenant d'autant plus d'ampleur, il s'agit, à la fin du Moyen Âge, de « conférences » : Montereau (1419), Arras (1435), Bruges (1472), qui réunit un empereur, deux rois, un « grand duc d'Occident » et Venise.

Plus tard, au XIXe siècle par exemple, l'histoire fourmille, de Vienne à Versailles, de tels « congrès ». Et les célèbres « entrevues » qui prétendirent régler les effets de la dernière guerre mondiale sont de la même eau ! Aucune d'elles ne comporta une consultation des individus ; les puissants taillèrent dans la masse humaine au mieux de leurs intérêts. Quant aux essais internationaux qui sont aujourd'hui plus en cour, ils sont aussi nécessaires et souhaitables qu'inefficaces dans l'ensemble.

Mon propos n'est pas de mesurer le poids des « résolutions » de l'ONU, mais de rechercher aux temps médiévaux l'amorce d'une quête de la Paix, avec une majuscule et englobant tous les hommes. Cet essai eut lieu, et il est resté, très justement, l'un des symboles du Moyen Âge, même si son efficacité s'est lentement altérée. L'historiographie traditionnelle souligne à l'envi, vers 880 ou 950, la progressive déficience de l'autorité publique, un moment revivifiée par les Carolingiens. Et d'opposer à l'éclat des guerriers d'Austrasie les désordres, les violences, le « terrorisme » de l'«anarchie féodale ». Pour justifier l'ardent désir d'apaisement des victimes d'un tel désordre, clercs emplis de vertus et pauvres paysans écrasés, on invoque ces « terreurs de l'an mil » qui hanteraient les esprits de ces temps. Après de rudes querelles entre les admirateurs de Michelet et les dévots du positivisme à la XIXe siècle, les historiens aujourd'hui sont à peu près d'accord : les « terreurs » de l'an mil n'ont jamais existé ; tout au plus trouvera-t-on une sourde inquiétude devant une mutation sociale perçue, mais non comprise. L'anarchie est une vision de savant : il s'agit en fait d'un retournement lent, d'un ou deux siècles, du public vers le privé, avec les ajustements inévitables de l'encadrement des hommes ; quant au « terrorisme », il n'est que la marque du retour au village des guerriers montés que l'arrêt des razzias d'esclaves outre-Elbe laissait sans activité organisée. Les questions de violence ou de moment dans ces phénomènes relèvent de la querelle érudite : laissons-les. Il est toujours aventureux, et quelquefois faux, de projeter d'un temps sur un autre les contingences d'un moment ; mais je ne cache pas combien je trouve résonner du même timbre l'an mil et l'an deux mille !

Ne nous égarons pas et revenons au Xe siècle, un siècle que l'on ne saurait qualifier de « sombre nuit » ou de « souriante aurore », comme le fit à son terme le Bourguignon Raoul le Glabre dans sa phrase célèbre sur « la blanche robe d'églises dont se revêtait le monde fatigué ». Quelle fut l'origine de ce lent ensoleillement ? La fin des Carolingiens ? C'est un détail. La poussée démographique ? Oui, mais est-ce une cause ou un effet ? Et d'où venait-elle, d'ailleurs ? Une origine extra-humaine, don de Dieu ou mouvement des masses océaniques ? Nous sommes sur un terrain mouvant ; nous ne pouvons prendre pied que sur une certitude, mais difficile à cerner : le regain de la foi. Elle quitte, en effet, les nuées de la théorie savante pour prendre un cours terrestre, une forme plus humaine. En son propre sein, l'Église ouvre les voies de pureté, d'action militante, qui vont du ressourcement monastique de Cluny (910) à la réforme « grégorienne » du XIe siècle bien avancé. Entre ces deux dates, les hommes se regroupent, le cadre seigneurial se met en place, les paroisses prennent pied, et les morts ne font plus peur. Mais il faudrait encore une étape pour consolider la chrétienté dans ses premiers pas : la voici.

Cette étape, c'est la paix jurée entre les hommes. Même si l'inspiration en a été largement populaire, les petits, les faibles n'avaient pour l'obtenir aucune force réelle. C'est l'Église qui en prit l'initiative : son autorité, ses biens, sa hiérarchie exigeaient calme et soumission. Des évêques, moins souvent des moines, organisèrent des conciles – ce qui restait juridique, donc théorique –, où l'on prodiguait conseils et menaces ; puis des assemblées où venaient, de plus ou moins bon gré, des seigneurs, des hommes d'armes, parfois des gens de la ville. Comme, dans cette société qui n'écrit pas, le verbe est l'expression de l'autorité, on fait jurer solennellement aux hommes armés de conserver sur leurs terres la paix entre eux et à l'égard des faibles, clercs et hommes de peu : c'est la Paix de Dieu ou, sous une forme plus modeste, la Trêve de Dieu. Le serment est public, sur une relique ou sur la croix ; il engage l'honneur et surtout le salut. Y renoncer ou le refuser est se condamner par là même à la damnation éternelle. Le mouvement débuta en France du Centre vers 990, gagna la France du Nord vers 1020, la France de l'Est puis l'Allemagne après 1050, la Méditerranée avant 1100. Ceux qui s'y refusaient, outre les menaces infernales, y étaient contraints par la force. Et l'Église n'hésita pas, pour le « bien commun », à armer des bandes paysannes pour épauler les soldats de la Paix.

En principe, la notion de l'ordre public, donc d'un cordon de sécurité autour de la société, était ainsi atteinte. Il ne faudrait cependant pas verser dans l'optimisme. On invoquera certes longtemps la paix assurant le bien commun, mais les déviations s'esquissèrent vite. D'abord, l'autorité à l'intérieur du corps ecclésial tendit à se concentrer sur la hiérarchie séculière, pape compris, après 1050 ou 1070. De ce fait, les ordres monastiques s'engagèrent, vers ces dates ou à peine plus tard, dans des mouvements très actifs de refonte d'une piété plus austère, davantage séparée du commun, et souvent dressée contre la partie séculière du clergé. Ensuite, il apparut assez vite que le recours à une espèce de « force populaire » paysanne, pour mater les seigneurs rebelles, risquait de rompre le schéma trifonctionnel : le tiers ne saurait se substituer à l'ordre des guerriers ; en sorte que, dans un deuxième temps, les « institutions de paix » tendirent à glisser vers un rapprochement des deux premiers ordres pour contrôler le troisième. Par ailleurs, ceux des *bellatores* qui n'avaient pas ou peu de terres à gérer avaient quelque peine à quitter combats et rapines. L'Église, s'appuyant sur le caractère militant de la foi rénovée, n'eut pas grand mal à orienter le zèle belliqueux des *armati* vers la guerre sainte : les « pré-croisades », comme l'on dit, débutèrent en Espagne et en Sicile dès 1040 ou 1060 ; ce mouvement de « régurgitation » de la force armée dura deux siècles et demi, aussi longtemps que la Paix de Dieu.

De cet effort pacifique, deux éléments moraux sortent renforcés. Le premier est la place du serment dans les relations entre les hommes. J'ai souligné son rôle de substitut au contrat écrit, procédé de type marchand qui finira par l'emporter en ville. Le commun et la plupart des guerriers sont *illitterati*, c'est-à-dire ignorants du latin ; mais ils se sentent, en le prononçant, sous le regard de Dieu : pour un accord, un engagement, un compromis, un arbitrage, le serment n'est pas la formulation mécanique qu'exigent nos tribunaux. Outre le salut, il engage l'honneur de chacun. Cette notion est, bien naturellement, innée chez l'homme : touché dans ses sentiments d'orgueil blessé, de bien dérobé ou de simple humiliation, l'homme de ces temps n'accorde aux circonstances de l'insulte aucun argument atténuant, et la vengeance doit être totale, sans condition de « paix », vînt-elle des « amis ». Ce sentiment, presque animal dans ses manifestations de violence, ne semble pas avoir été touché par la Paix de Dieu.

Alors, si la Paix ne peut venir à bout des heurts entre individus ou entre groupes sociaux, peut-être y parviendra-t-on par une autre voie. La formule des juristes romains reste-t-elle encore vraie : *pax est lex et lex est pax* ?

La Loi et le Pouvoir

« Coutume » est un des maîtres mots des temps médiévaux : *consuetudo, usus, habitus,* « ce qui se fait », « ce qui s'est toujours fait » ; « ancienne » si elle est attestée depuis dix ans au moins, au dire des vieillards que l'on consulte très officiellement au village ; « de toute antiquité » si l'on doit remonter en deçà. C'est donc une jurisprudence qui se renouvelle au fil des cas enregistrés, et se perpétue par la mémoire, de génération en génération. Elle touche à tout ce que l'Église n'a pas le pouvoir de trancher en cas de litige : les problèmes d'héritage, la gestion fiscale, les conflits d'intérêt ; car la paix n'est qu'un principe, une théorie assaisonnée de sanctions purement spirituelles. Dès lors, la diversité des pratiques locales ou des traditions « ancestrales » entraîne une pulvérisation des cas et des solutions, soit selon le lieu, soit selon la personne. Le Verbe règne.

À me lire, on pourrait donc croire que le juge, quel qu'il soit, le notaire ou le scribe sont sans repères dans la nuit. Il n'en est rien. L'Écrit existe ; la Loi est là, et il arrive parfois au notaire, en Europe du Nord en tout cas, de qualifier de *lex* un simple *usus*. Comme à l'ordinaire, je ne m'engagerai pas dans un secteur technique, d'ailleurs des plus encombrés ; je ne ferai pas une histoire du Droit, en ne retenant que ce qui sert mon propos. Le point de départ, tout d'abord. L'Antiquité méditerranéenne, d'esprit très juridique, légua aux siècles médiévaux un énorme bagage écrit de droit civil et pénal, des « codes », et ce en deux vagues successives : d'abord un condensé du Ve siècle, appelé « théodosien », du nom d'un empereur régnant alors ; puis un ensemble développant tout cet héritage et qualifié de « justinien », parce qu'on le compila durant le règne de cet empereur à Byzance, mais qui ne parviendra à l'ouest, par juristes italiens interposés, qu'après 1010 ou 1020 – ce fut le *Corpus juris civilis*, dont l'écho résonne encore dans nos lois. Des traditions celtiques, nous ne savons à peu près rien ; mais les Germains, et de toutes provenances, véhiculaient un arsenal de « lois », surtout pénales mais de tradition orale. La phase de contacts, de synthèses partielles, de mise par écrit de tout ce bagage, enrichi des leçons de la vie quotidienne dans la population et surtout chez les responsables du pouvoir, demanda quasi six siècles et se fit au bénéfice du droit territorial face au droit personnel. À cet égard, la Loi, écrite ou non, contribua à consolider, localement au moins, les liens entre les hommes.

En raison même de sa territorialité, le droit offrit des faces très différenciées que l'historien a le plus grand mal à classer. Dans une esquisse grossière, je dirai que le droit écrit « romain » l'emportait en Italie ; qu'en Espagne il était fortement contaminé par des usages locaux, ainsi qu'en France au sud d'une ligne La Rochelle-Lyon ; plus au nord, ce ne seront que des bribes glissées à l'intérieur des « coutumes ». Mais que de nuances ! En Espagne, les conditions de la survie chrétienne en montagne devant l'invasion musulmane valorisèrent les dispositions défensives, en consolidant les communautés militaro-pastorales, les *concejos*, ou les enclos fortifiés à dominante religieuse, les *sagreras* ; même en Catalogne, restée plus « romaine », cette situation altéra fortement l'héritage antique. En Italie, centre principal de la diffusion du droit romain, c'est l'essor urbain qui donna à la pratique juridique une teinte autoritaire quand il fallut aux citadins soumettre à leur contrôle les villageois et les seigneurs du *contado*. La subtilité d'esprit, traditionnelle en ce pays, y fit merveille pour tourner, à cette occasion, toutes les obligations légales. À l'époque des descentes de Barberousse dans la péninsule, l'évêque de Freising, Otton, s'ébahissait que ce fût la patrie du droit où on ne l'appliquait pas, et il attribuait cette anomalie, qui révoltait ce bon Allemand, à une connaissance si subtile du droit qu'elle permettait d'en découvrir aisément les lacunes et les faiblesses.

En pays de droit coutumier, même diversité. Pourtant, à ce propos, le cas de l'Angleterre reste particulier. En raison de la prépondérance écrasante des grands domaines, les « manoirs », et d'un fort contrôle royal sur les bourgs, les *townships*, la coutume se développa soit sous une forme manoriale, soit sous celle des hommes libres (*franci plegii*). La fusion se fit très précoce et très vigoureuse dans l'archipel : ce fut la *Commonlaw*, alors que sur le continent triomphaient les usages locaux.

Le propre des données juridiques est d'enregistrer dans un texte, souvent dans une conjoncture particulière, les nouveautés du moment ; de ce fait, le temps nécessaire à l'assimilation et à la mise en pratique de ces *novae consuetudines* avait pour effet d'établir une distance entre la réalité et un texte déjà dépassé au moment où l'on voulait en user. Cette malédiction avait bien évidemment été observée par les juristes. Ils pensèrent donc surtout à fixer dans les coutumes ce qui pouvait avoir force permanente et aspect commun ; par exemple, la nature des relations de famille, agnatique au sud mais cognatique au nord, ou les formes de l'héritage, à parts égales ou non. Là où dominait la marque romaine, ce pouvait n'être qu'un dépoussiérage ; ailleurs, il fallait

« rédiger » les usages, au risque de les figer. On s'y attela vers la fin du XIIe siècle, par exemple de part et d'autre de la Manche. En ville et à la campagne, sans que l'on sache bien qui commença, la mise par écrit des « franchises », « lois », « assises », « keures », *Landfrieden* et autres s'épanouit entre 1180 et 1260. En Angleterre, au travers de la *Common-law* ravivée, en France, sous l'impulsion de Saint Louis, on entreprit une mise au net des usages. Dans le royaume de France, des noms comme ceux de Philippe de Beaumanoir, de Pierre Flotte et de Guillaume Durand, ou de Nogaret en pays d'oc à peine plus tard, les « Miroirs » rédigés en Allemagne aux mêmes moments comme celui d'Eike von Repgov, sont d'évidentes preuves de ce souci de voir clair. Mais il faudra encore longtemps, 1454 en France, sinon au temps de François Ier, pour que le pouvoir royal ordonne la mise au net de toute la jurisprudence accumulée sur les pratiques locales primitives.

Naturellement, ce serait une grande naïveté que de supposer les bienfaits qu'une loi « rédigée » pouvait apporter aux pauvres gens dont je parle surtout ; ce serait une affligeante « banalité », sans jeu de mots facile, que de rappeler qu'en tous siècles la Loi a pour objet de consolider l'ordre du moment, et que cet ordre est inévitablement celui des plus forts et des plus riches, armés ou non – « armés ou non », parce que l'Église y ajoute, en ces temps, que le désordre déplaît à Dieu et que, bonne ou mauvaise, la Loi des hommes cédera toujours devant celle du Créateur. En déduira-t-on, comme le rabâche une tradition historiographique ignare, que la justice médiévale n'était que chevalets de torture et gibets ? C'est complètement méconnaître l'état d'esprit des juges médiévaux. Le souci du Salut, le leur et celui des prévenus, les conduit à chercher d'abord la transaction, l'accommodement, le compromis, avec leurs inévitables effets financiers : *Justicia est magnum emolumentum*, « La justice est un grand profit », dit la sagesse populaire. Si l'arbitrage par deux représentants des parties en procès, et un troisième qui tranchera, au besoin, après enquête, a eu un succès éclatant dont tant de sources attestent la généralité, ce n'est pas faute de tribunaux, mais parce que le poids des familles, des témoins, des garants fonde le jugement. Il serait, cependant, erroné de croire qu'à toutes les occasions la justice prévaudra au bénéfice du mieux soutenu. À cet égard, un coup d'œil sur notre justice publique et codifiée devrait nous inciter à quelque indulgence. Au reste, les hommes de ces temps s'en remettaient à Dieu pour redresser leurs erreurs. Certes, des juges professionnels, experts en droit, notamment écrit, sont, comme leurs successeurs, empêtrés dans le formalisme et d'une exaspérante lenteur ; mais ils sont, en principe, équitables. Les autres juges, souvent simplement désignés, *electi*, par un pouvoir local, pourraient apparaître partiaux : au moins sont-ils rapides ; et il n'y a guère de traces dans nos textes de plaintes élevées contre les sentences d'un seigneur ou d'un collège d'échevins. En outre, le recours à un jugement prononcé par une assemblée d'hommes « probes et justes », les douze « jurés » d'Angleterre, offre dès le XIIe siècle l'exemple d'une justice non professionnelle ; y répond, en France, l'ouverture d'un droit d'appel à une justice supérieure, celle du roi par exemple.

Lorsqu'il faut prononcer une sentence, le juge n'envoie pas systématiquement à la potence, ou au « mur », le cachot à perpétuité. J'ai dit qu'il préférait de loin l'accord. Il pourra aussi, dans un cas confus, recourir à la décision divine qui le libère d'un choix difficile : le principe de l'« ordalie », c'est-à-dire de l'épreuve physique (fer rouge, eau bouillante) imposée au coupable éventuel pour qu'il y trouve la force de prouver son bon droit grâce à l'aide de Dieu, n'a guère survécu au XIIe siècle. On la remplaça par le duel, opposant deux champions chargés de départager au combat les causes rivales. Mais, outre le caractère assez aléatoire de cette rencontre où deux professionnels, payés pour s'y livrer, ne tenaient guère à y laisser leur vie, l'interdiction de ce procédé irrationnel l'emporta au XIIIe siècle, sous l'impulsion de Saint Louis en France, par exemple. La sentence prononcée sera évidemment graduée selon la gravité du délit : le crime « de sang » a fait couler le sang et le fera couler. On y englobe ce qui a porté atteinte à l'ordre général, le crime, l'attaque à main armée, l'incendie volontaire : brûler une grange est aussi grave que tuer son père. En outre, la sentence s'accompagne de sanctions financières, et les premiers siècles médiévaux nous ont laissé d'interminables listes d'amendes, du « prix du sang », le *wehrgeld*. C'est une remarquable source d'information pour l'historien sur la valeur relative des hommes, des animaux, des immeubles, entre le VIe et le IXe siècle. Si ces tarifs s'effacèrent peu à peu de la pratique judiciaire, l'amende accompagnée de saisie de biens, ou d'une destruction (comme celle de la maison, l'« abattis »), voire d'un pèlerinage obligé, devint la plus coutumière des sanctions : elle avait alors pour effet quasi inévitable soit de ruiner à vie le coupable, soit de le condamner à un exil définitif. Quant aux peines corporelles – plutôt mutilation que mise à mort par pendaison –, on ne saurait les nier, pas plus que les tortures physiques destinées à arracher des aveux vrais ou faux ; nous avons d'ailleurs fait beaucoup mieux depuis, et on laissera l'idée des « oubliettes » aux guides des châteaux en ruine. Reste le bûcher purificateur ; mais c'est l'Église qui décide qu'on en usera contre l'hérétique ou la sorcière, bien qu'elle n'ose pas elle-même y porter l'étincelle.

Qu'il ait ou non affaire avec la justice, qu'il ait ou non juré de suivre des pratiques religieuses ou profanes, et, même, qu'il soit paysan, bourgeois ou chevalier, l'homme sent que s'exerce sur lui un pouvoir, un *dominium*. Parfois il le subit simplement parce que sa place dans le schéma divin lui en impose la règle. Parfois il y participe lui-même, dans sa famille, à l'assemblée du village où on le convoque, voire à l'assise qui se tient sur la place de la seigneurie en ville. Le vieux mot germanique de *bannum*, repris par les historiens, n'est pas le plus utilisé dans les textes évoquant le Pouvoir. On dira *potestas, auctoritas, ministerium*, des termes qui n'ont pas tous un même contenu. Mais laissons ces problèmes de mots, car en réalité ils englobent tous un même principe : donner des ordres et veiller à leur exécution. Les hommes de science se sont penchés sur les racines de cette hiérarchie de l'autorité ;

ils ont invoqué leurs principales sources de réflexion : Aristote et Augustin chez ceux qui pensent, la Bible ou les totems ancestraux chez ceux qui croient. Ils en ont tiré deux principes qui ne se contredisent pas. D'une part, guerrier, magique, matériel, le Pouvoir est fils de la conjoncture ; il soutient en effet un rapport de forces, muable évidemment selon les temps, et qu'illustre le symbole de la roue de la Fortune dont j'ai parlé. Mais d'autre part ce pouvoir qui s'exerce, en principe, du haut vers le bas est systématiquement limité ou combattu par un contre-pouvoir : la frérèche s'oppose à l'aînesse, le testament au préciput, la communauté au « tyran », le *consilium* à la *discretio*, ou les confrères aux échevins. Tous invoquent le « bien commun », qui ne sera pourtant obtenu que par un équilibre dont l'argument, moral si l'on veut, est « prendre pour donner » : pour le premier ordre, l'âpreté gestionnaire, mais l'aumône ; pour le deuxième ordre, la pesante « rente seigneuriale », mais la protection et la justice ; la rapacité ou la ladrerie pour le marchand et le laboureur, mais la sueur pour tous deux. Naturellement, je gomme toutes les nuances qu'apporte une société multiple : au XIVe siècle, le poète Chaucer détaille ainsi trente formes d'autorité dans le monde anglais de son temps.

Les domaines où s'exerce ce pouvoir, les formes qu'il prend, les acteurs qu'il mobilise nécessiteraient de ma part une étude de la société en ses rapports internes, par exemple celle de l'administration, publique ou non ; mais quelques aperçus suffiront. À l'intérieur du groupe familial ou clanique tout d'abord : le Pouvoir est celui du sang, je veux dire de la défense des biens matériels ou moraux accumulés depuis plusieurs générations ; c'est aux mâles (le père, les frères) d'assurer la stabilité héritée des ancêtres, et l'instrument en sera la foi – non pas celle que l'on doit à Dieu, mais seulement la *fides*, la « bonne foi », dont la rupture provoque l'exclusion du membre coupable d'avoir repoussé les obligations presque charnelles qui sont le ciment du groupe : le fils rebelle, le cousin prodigue, l'épouse infidèle. Mais on n'oubliera pas qu'ici le contre-pouvoir est fort : c'est celui des femmes, dont j'ai longuement parlé plus haut ; celui de l'Église aussi, naturel défenseur des laissés-pour-compte.

Justement, le pouvoir de l'Église est celui qui offre le plus de diversité et d'objets. En premier lieu, et par raison d'être, l'Église dispose des clefs du Salut, et ne manque jamais de menacer d'en priver ceux qui contrarieraient sa fonction pastorale, certes, mais aussi ses positions terrestres. Mais elle possède une arme plus efficace que la prédication persuasive ou les *exempla* moralisants : elle est la maîtresse de l'Écrit ; c'est par lui qu'elle parvient à imposer sa vision temporelle du monde. L'énorme masse de manuscrits d'Église venus jusqu'à nous en porte témoignage : elle a exercé le contrôle de toute information jusqu'au développement urbain des XIIIe et XIVe siècles. Si l'on ajoute que, sur le plan purement matériel, elle tient et exploite un bon tiers du sol, on peut mesurer que le *dominium* de l'Église est le premier dans la société médiévale ; qu'elle est donc le socle sur lequel repose le « féodalisme », comme disent les dévots de Marx. Elle contrôle, visite, juge, exploite, mais aussi elle soutient, nourrit, enseigne, cautionne. Elle dispose pour ce rôle à deux faces de toute la solide hiérarchie cléricale, du moins jusqu'à ce que s'échappent d'entre ses mains les écoliers raisonneurs, les moines séparatistes, les desservants indignes et les esprits forts. Mais ces désertions ou ces contre-pouvoirs ne naîtront pas avant le XIVe siècle. Durant quatre ou cinq cents ans, l'Église a maintenu son contrôle sur les âmes et sur les corps.

Le cas des *bellatores* est plus simple : ils ont la force armée ; ils sont, plus ou moins amplement, maîtres du sol : ils savent exiger des autres hommes ce qui assure leurs dépenses de guerre ou de prestige. Selon la terminologie des scribes qui se tiennent à leurs côtés, ils exercent la *potestas* qui protège, le *districtum* qui juge, l'*exactio* qui prélève. Pour les faire sentir, ils disposent d'agents payés, de forces armées, et comptent sur une *fides*, une soumission qu'alimente la protection assurée par eux ; si elle vient à faiblir, et ce sera le cas dès le XIVe siècle, le pacte est rompu. Mais, à l'intérieur du deuxième ordre, l'historien rencontre un autre problème : celui des relations internes de pouvoir que posent la vassalité et la féodalité. J'ai repoussé tout à l'heure les termes de « société féodale » et de « féodalisme », et je n'ai pas l'intention d'en discuter à nouveau. D'abord, pour ne pas ajouter à l'écrasante littérature qui s'y consacre ; ensuite, parce que je ne crois pas à leur intérêt, ni même à leur existence. Naturellement, ces propos paraîtront provocants, mais si l'on veut bien s'y arrêter, on conviendra qu'il ne s'agit là que d'un épiphénomène social, touchant un ou deux hommes sur vingt, une simple pellicule institutionnelle. Comme la quasi-totalité de nos sources écrites, non moins d'ailleurs qu'archéologiques, sont profondément attachées aux deux ordres dominants, l'historien a du mal à résister à l'entraînement qui le mène, s'il n'y prend garde, à prendre un évêque essentiellement pour un seigneur et un paysan pour un « vassal ». Que la domination matérielle des guerriers ne soit en rien une fiction, voilà qui est certain ; mais en quoi un château serait-il ou non « féodal » ? Pourquoi l'homme des champs et même celui des villes changeraient-ils leur vie quotidienne sous prétexte que leur seigneur a, ou non, mis ses mains entre celles d'un autre, ou échangé avec lui un baiser sur la bouche ? Importe-t-il vraiment que le commun sache que son seigneur est « lige », ou a bien fourni les services de conseil et de guerre auxquels son serment le convie ? Pour lui, c'est un maître armé, voilà tout. Toute cette gesticulation « féodale » ne concerne qu'un mince morceau de la société ; le commun n'y entend rien, et s'en soucie peu.

Le cas du tiers appelle moins de remarques, en dépit de son poids social ou, plutôt, à cause de lui. Le pouvoir d'un paysan, d'un bourgeois, d'un marchand sera celui d'un père sur sa famille, d'un propriétaire sur ses outils. Et si les obligations paraissent l'emporter sur les droits, c'est ici, et plus qu'ailleurs, que les contre-pouvoirs sont les plus forts, face au contrôle spirituel des clercs ou matériel des guerriers ; mais leur nature est nécessairement défensive. Seuls, peut-être, les gens des villes, s'ils ont su et pu s'ériger en communautés (tantôt religieuses, tantôt économiques, tantôt politiques), disposeront alors, eux aussi, d'un pouvoir de contrôle : d'abord à l'intérieur de leur ordre – un maître n'est pas un valet, un échevin un homme de métier, un drapier un tisserand –, mais aussi sur tous ceux, notamment des deux premiers ordres, qui doivent supporter la rivalité d'une justice urbaine, s'accommoder de l'esprit de liberté qui y croît, se soumettre à la « loi du marché » qui y règne, et dont l'argent est le ressort bandé contre leur économie de simple subsistance.

Au-dessus de cet ensemble social, finalement assez équilibré dans ses principes, existe-t-il un pouvoir supérieur, dans le climat de confusion entre profane et sacré de ces temps ? En d'autres termes, l'homme médiéval a-t-il conscience qu'il peut y avoir un recours et une protection venus d'en haut ? Sait-il ce qu'est un duc, un prince, un roi, un empereur ? Plus encore : a-t-il conscience d'appartenir à un « État », à une « nation » qui n'auraient pas seulement la couleur d'une chrétienté ? Oui et non à la fois. Et bien que je m'éloigne, ici, certainement de mon objet principal, je dois m'y arrêter. Les chroniques narrent, l'iconographie reproduit la liesse populaire au bord des routes que suit le roi Philippe revenu vainqueur de Bouvines, les fêtes qui accompagnent les « entrées » royales tout au cours du XIVe siècle, la tristesse des sujets devant la mort de leur roi « bien-aimé », Charles VI, le fou, ou la fidélité de Jeanne, dévote du « gentil Dauphin ». Notre époque, qui a porté la personnalisation du pouvoir supérieur à un niveau digne des monarchies absolues du XVIIe siècle, s'intéresse beaucoup à la progressive « montée en puissance » de l'autorité royale ou princière dans l'Europe du Moyen Âge finissant. On rencontre en effet, en ces temps, les mêmes procédés qu'aujourd'hui pour valoriser le maître de l'État : propagande que diffusent des chroniqueurs stipendiés, des agents d'exécution aux ordres, des clans familiaux ou partisans, des rites de sacralisation. L'empereur, qui est allemand depuis le Xe siècle, les rois de France, d'Angleterre, de Castille et de Sicile, les ducs ou comtes de Provence, de Bourgogne, de Catalogne ou de Milan, et même de simples seigneurs de ville comme à Venise ou à Florence, sont l'objet et les acteurs d'une « religion royale », équivalant à une religion civique à la romaine : le chef est beau, fort, juste, courageux ; il est le maître du sol et du sous-sol, le protecteur du vulgaire, le garant de la paix, le mécène à l'occasion et le chef de guerre toujours. Il a une charge d'origine spirituelle qu'il met en pratique dans sa vie privée comme le saint roi Louis ; sacré, il est homme d'Église, à qui l'on ne peut refuser ni la foi ni l'impôt. Il est presque par essence un « bon roi ».

Telle étant l'image idéale que reflètent les « Miroirs du prince » qui font fureur dès le XIIIe siècle, quelle attitude a le bon peuple devant ce maître lointain ? À l'époque carolingienne, l'idée surgit dans l'entourage de Charlemagne, surtout après son couronnement impérial, de faire jurer obéissance à tous les sujets du souverain : idée magnifique, mais pratiquement inapplicable, comme presque toutes celles de ces temps. À en croire les annales, la décision fut prise et appliquée ; mais, face aux moyens de communication du IXe siècle, on a toutes raisons de douter. L'expérience ne fut d'ailleurs pas reprise, sinon sous l'aspect atrophié des serments de foi personnelle demandés aux nobles qui dépendaient directement du prince, en Allemagne vers 1050 par exemple. On tint bien, au début du XIVe siècle, des réunions consultatives qualifiées abusivement en France d'« États » ou d'« États généraux » ; depuis cent ans alors, en Angleterre et en Castille, on connaissait de telles consultations. Mais on n'y a rien fait qui satisfasse le commun : ses représentants sont largement écrasés par ceux de l'Église et des « nobles » ; au mieux, quelques villes essaient d'y faire entendre leur voix quand il faut envisager de donner de l'argent. Pour le reste, les ordonnances princières, dictées par l'entourage clérical ou aristocratique du souverain, suffiront, croit-on, à répondre aux problèmes du « peuple » : on y parle de duel, de blasphèmes, de bonne conduite, de travail et de charité. Cette fiction « démocratique » est d'autant plus surprenante que la tranche de temps qui, en Occident, va de la Grande Peste à la Réforme, disons de 1350 à 1550, est celle où les désordres politiques et les soubresauts économiques font se lever dans l'Archipel, en France, dans l'Empire, en Italie ou en Espagne les vents puissants d'individualismes opposés et de contestation générale. C'est pourquoi, sans doute, le chantier de recherche le plus largement ouvert aujourd'hui est celui de la naissance de la notion d'« État », voire de « nation », qui soutiendra l'époque « moderne ». Restons à ces prémisses : il est douteux que l'idée de « France », la conception de *Gallici* pour s'en tenir à ce pays, aient pénétré le commun avant longtemps.

Lorsqu'en 1346 un paysan picard rappela à Édouard d'Angleterre l'existence du gué qui lui permit de passer la Somme avant Crécy, il ne faut en rien l'accuser de « traîtrise à la patrie », comme on le disait au XIXe siècle : au contraire, l'homme restait avant tout fidèle à son seigneur local, le roi anglais, qui était en effet comte de Ponthieu. Quand Jeanne d'Arc, presque cent ans après cependant, déclare qu'elle se range parmi les « bons Français », elle veut dire « régnicoles », c'est-à-dire ceux qui suivent le roi dans son destin, roi qui se trouve être le roi de France ; mais il n'y a alors que les doctes pour dire *Francigeni* : les autres, paysans, marchands et même seigneurs, se disent bretons, catalans, normands ou savoyards. Un autre temps viendra où l'idée d'être « national » touchera le village : je ne le vois pas à mon horizon.

Les bavures

L'homme est sur terre par la volonté du Créateur ; s'il y souffre, c'est le fait d'un destin dont l'issue lui échappe ; la résignation sera son lot. L'absence ou le rejet de toute perspective de réincarnation ultérieure lui impose la tâche de se tirer pratiquement seul d'affaire. Mais les sourds murmures que l'on perçoit au travers de la littérature, les marques de la douleur sur les traits ou dans les gestes qu'a retenus l'artiste montrent bien que l'homme est à la peine et que l'harmonieux édifice de la Paix, de la Foi et de l'Amour divin n'est que virtuel.

Tout d'abord, la violence est partout. C'est un trait sans cesse accolé à celui de « médiéval » et, pour une fois, il est malheureusement justifié ; l'étonnant est plutôt que ce soient nos siècles qui s'en indignent. Sur mille années d'histoire, il est tentant de chercher des phases de vive pression de la violence ou, au contraire, de reflux. La quête est de pure théorie, et de surcroît assez vaine puisque nos sources écrites restent largement aristocratiques, donc mutilées, et que, devant un château incendié, les archéologues n'ont pas de réponse certaine. Si un siècle est muet, comme du Ve au VIIIe, ou comme le Xe, il a mauvaise réputation, il nous paraît tout noir – le *dark age*, comme l'on dit outre-Manche. S'il regorge d'œuvres, écrites ou peintes, comme les XIVe et XVe, on a vite fait de trier l'ivraie et d'exalter le bon grain. Entre ces créneaux, la « blanche robe d'églises » de Raoul le Glabre, l'aura des écoles, une progressive acculturation du vulgaire, l'épanouissement d'un présumé consensus moral, tout cela donne bonne figure aux XIIe et XIIIe siècles ; et un bref éclair sur le IXe vaut aux Carolingiens une flatteuse réputation. Ici comme ailleurs, peut-être l'illusion nous guette-t-elle ? Sur tout ce millénaire que je survole à tire-d'aile, on peut être certain que le « Quelle époque ! » est de règle. D'un bout à l'autre, le cri sera le fil conducteur ; cris de joie, d'alerte, de douleur, de haine ou d'amour : « Noël », « Haro », « Sus », « Notre-Dame », sans compter les « vilains serments », les jurons où l'on mêle le nom du Seigneur, le Père ou le Fils, comme les inévitables *Mein Gott* ou *God damn* qui, dans le vocabulaire populaire de France, ont valu aux Allemands le surnom de « maingots » et aux Anglais celui de « godins ».

La violence est donc d'abord verbale : les insultes touchant à l'honneur ou au sexe, les malédictions que l'on croit volontiers efficaces s'accompagnent de gestes de défi, de crachats, de bourrades. Beaucoup plus que les actes eux-mêmes, lésant les biens ou même les personnes, c'est l'injure, le « démenti » qui exigent réparation immédiate, ou déclenchent la haine, l'*odium*, familiale ou villageoise. Elle sera la source de la vengeance, en général armée, et rebondissant de génération en génération, si une rixe décisive n'a pas réglé la querelle. Cette place prépondérante de l'honneur, cette rage de riposte, la « faide », la vendetta, déborde dans toutes les lettres de rémission du Moyen Âge finissant, où on l'invoque comme une excuse à la violence. Elle touche aussi bien les princes que les villageois, et dure des années, pesant sur l'attitude politique des grands ou sur l'activité professionnelle des petits. L'Histoire résonne de ces querelles, depuis les Mérovingiens, où elle tient lieu de politique, jusqu'à Louis XI en France, où elle anime toujours les luttes fratricides ; il s'y mêle jalousie, félonie, rivalités de mariage ou d'intérêts, motifs de guerres et de pillages, et elle s'alimente peu à peu aux luttes politiques : Armagnacs et Bourguignons, Montaigus et Capulets, et mille autres exemples qu'on me dispensera d'aligner. À cette aune, une rivalité opposant deux forces animées de motifs théoriques, comme celui de la supériorité du pouvoir pontifical sur celui de l'empereur germanique, fait très bonne figure, celle d'un idéal à défendre et non d'un règlement de compte, malgré deux siècles de conflits sanglants et de joutes verbales.

En narrant l'histoire de son temps, le début du XVe siècle, le « Religieux de Saint-Denis » souligne la place du non-dit dans ces manifestations vindicatives ; il valorise alors une autre forme de violence agressive, mais sournoise : la rumeur, le murmure, le « ragot » autour d'un prince, d'un officier, d'un dignitaire. Cette contagion de la calomnie, privée ou publique, a, pour l'historien, l'évident intérêt de révéler le subconscient populaire : ces allusions marquent en effet souvent l'anxiété latente envers le contexte économique ou politique du moment ; et le mythe populaire de la « trahison », ou l'idée fixe du « complot », dont on raffole en France, ont connu de beaux jours à la fin du Moyen Âge.

Violence verbale, directe ou feutrée, cette attitude est évidemment contraire à l'Amour et à la Paix ; et elle débouche sur des brutalités physiques. Qu'un sergent seigneurial ou échevinal saisisse brusquement au col, jette à terre ou frappe du poing quelque délinquant présumé, c'est là un comportement de basse police qu'on trouvera partout et en tous temps ; on peut seulement supposer que la faiblesse des moyens de défense corporelle ou juridique de l'homme soupçonné de fraude ou de rébellion a favorisé le développement d'un climat d'hostilité entre l'individu menacé et l'agent d'exécution du maître. Cette fois encore, les lettres de rémission fourmillent de cas de sergents bousculés, voire « navrés » ou tués par des délinquants, parfois groupés en bandes. Dans les « effrois », la foule, facilement excitée par un meneur, portera la main sur un agent du pouvoir, communal ou royal. Mais, contrairement à notre tendance actuelle, et il en sera ainsi pendant des siècles encore, l'autorité suprême n'est pas en cause : c'est que le roi ne savait pas, c'est tout ; et l'on compte sur les doigts d'une main les cas de monarques – qui sont sacrés, il est vrai – ou même de grands princes assassinés. C'est dire l'émotion du vulgaire lorsqu'on porta la main sur un duc d'Orléans, puis un duc de Bourgogne, au début du XVe siècle ; encore la foule n'en mesurait-elle pas les désastreux effets politiques.

Ces cas sont graves, mais rares ; ils ne doivent pas nous dissimuler la petite violence quotidienne, plus subtile que brutale. Ce sont alors plutôt ce que nous appelons des « incivilités » : un groupe de vilains s'entend la nuit pour déplacer les bornes qui marquaient les terres du maître ; le braconnage au piège et au filet, l'abattage clandestin de chênes seigneuriaux, la fraude sur les mesures de la halle ou du port, toutes attitudes qui n'ont que l'intérêt pour but. Mais dans ce combat occulte où l'on ajoutera les corvées sabotées, l'outillage détérioré, le pain trop léger ou le drap trop court, l'historien se réjouit de percevoir les formes larvées de la « lutte de classe ». On n'oubliera tout de même pas, même si on ne les voit pas toujours à la main, que tous ces hommes ont des armes ; c'est même là l'un des signes de la liberté et, en prétendant en interdire ou limiter l'usage, Saint Louis fit scandale et échoua. Couteau, hache, dague sont vite brandis dans les champs, à la taverne, au moulin, au marché, comme une menace ou comme un geste de défense. Quant au vol, l'arraché paraît des plus communs, plus fréquent aussi que le bris de porte et l'effraction, sans doute parce que ces derniers, pratiqués en bande souvent, peuvent être débusqués par le guet nocturne et qu'ils sont passibles des peines de sang. L'assassinat, surtout prémédité, semble moins commun qu'aujourd'hui ; peut-être parce que ses motifs les plus courants – jalousie, intérêts d'héritage, rivalités de famille – se soldent très souvent et très vite par un accommodement financier ou une vengeance réparatrice.

Tous ces hommes, et même toutes ces femmes, qui brandissent un couteau ou insultent leur future victime sont des gens ordinaires. En principe, ils n'ont pas le droit d'user de violence, pas plus que les clercs du premier ordre ; ce serait offenser Dieu que de recourir aux armes. Mais pour les *bellatores*, c'est au contraire leur métier, leur fonction, leur « ministère ». Je n'ai pas l'intention d'énumérer des guerres, ni même de me pencher sur la mentalité de l'homme d'épée ; mais, bien que largement minoritaires en nombre, les guerriers ont dans la société un rôle considérable qui doit m'arrêter. Une fois encore, l'historiographie traditionnelle est dans l'erreur : les interminables conflits, dynastiques ou non, les coups de main de château en château, les cavalcades bruyantes de « damoiseaux et gentes dames » ont immergé le Moyen Âge dans un océan de désordres brutaux, « anarchiques » et incompréhensibles. C'est une mauvaise interprétation de ces « guerres ». Il ne s'agit que de la forme la plus quotidienne, la plus naturelle de l'activité des « nobles », des gens équipés d'armes et dont c'est le genre de vie ordinaire. La *werra*, on dira « chevauchée » si l'affaire dure et a quelque dimension politique, est un raid de quelques jours, mené par une bande de jeunes cavaliers, plus ou moins cousins, contre un château voisin, pour des motifs d'honneur lésé, de jalousie, de bousculade, ou seulement pour se distraire, gagner une fille ou un peu d'argent. Au passage, on brûle quelques chaumières ou un hôtel en ville. Puis c'est une réconciliation bruyante avec beuverie, baisers et serments d'amitié. Au-delà de couleurs différentes selon les siècles, ce climat dangereux n'a pas figure flatteuse aux yeux du commun, qui y perd du bien sinon la vie. Ce sont ces coups de main, où l'on s'exerce à la bataille, qui ont valu au Moyen Âge sa mauvaise réputation. Ce jugement est hâtif, et d'autant plus regrettable qu'il y a également la guerre (*bellum*), la vraie, publique, encadrée, durable, mais tout à fait rare. C'est affaire de grands personnages ou, à tout le moins, si le roi ou le comte ne la dirige pas, un aspect des obligations vassaliques, et « féodales » s'il y a lieu, l'«ost ». Cette fois, la chose devient sérieuse : quelques milliers d'hommes au plus, mais des chariots, une remonte cavalière, et des morts, plutôt des captures d'ailleurs, pour en tirer rançon. Les motifs en sont clairs, souvent graves : des affaires politiques et même économiques à la fin du Moyen Âge. Mais les opérations militaires sont diffuses : des sièges, des surprises, des razzias ; les batailles proprement dites sont exceptionnelles et assez rarement décisives, à moins de très grosses pertes humaines. En revanche, la durée de ces engagements est grande, et elle s'éteint plutôt par lassitude. Mais c'est un abus de langage, malheureusement avalisé par la tradition, que de croire à une continuité des campagnes militaires. Ni à l'occasion des descentes allemandes sur l'Italie et Rome, de 1050 à 1200, ni au cours des deux grands conflits entre les rois de France et d'Angleterre – l'un entre 1153 et 1259, l'autre de 1337 à 1453 –, on ne s'est battu sans arrêt. L'exemple, si souvent cité en France, de la « guerre de Cent Ans » est le meilleur : sur les cent trente et quelques années du conflit, on n'en comptera pas plus de la moitié où se déroulèrent des « chevauchées », de modeste volume en réalité.

Effectifs, armement, tactique, victimes au combat ou effets politiques ne sont en rien mon sujet. Je le retrouve au moment d'en estimer le coût, qui croît au fur et à mesure du perfectionnement de l'armement, ou de l'engagement massif de mercenaires aux XIVe et XVe siècles. Or ces charges ne peuvent être compensées que par les rançons, le butin ou les réquisitions ; « la guerre au parfum d'argent », disait déjà au XIIe siècle l'abbé de Cluny, Pierre. Pour l'emporter, il faut donc dépenser et, pour payer, il faut prendre ; et si l'affaire tourne mal, il faut recommencer – ressort incassable des rebondissements constants des conflits. Or qui va payer, si ce n'est le commun : réquisitions d'armes et de montures, taxe de défense, l'*exactio*, la « taille » ou un autre mot, paiement de la rançon du maître capturé au combat, et ravages à supporter sur le bétail, les grains, la vigne, la maison, raflés, détruits, brûlés ? Certes, en principe, tout homme libre doit servir en armes, mais on a vite compris que ce matériel humain était inefficace au combat ; c'est d'ailleurs alors, à la fin du XIe siècle, que se met en place le schéma qui réserve le combat aux seuls *bellatores*. Cette évolution a eu deux effets capitaux : puisque les hommes libres ne risquent plus leur vie, ils paieront en argent ou en corvées ; mais si l'on manque de combattants, il faudra engager des mercenaires. Or ces derniers, entre deux campagnes, entendent faire la « soudure » en pillant villes et villages, ce qui est peut-être pire que les exigences du maître. Le mal a débuté, souvent sur initiative royale, en France, en Angleterre, plus tard en Castille, ou par décision urbaine en Italie, aux Pays-Bas, vers le milieu du XIIe siècle, et a pris toute son ampleur au XIVe. Les hommes, groupés en « routes », en « compagnies », en milices, proviennent de pays en surplus démographique ou trop pauvres ; on les appelle de noms parfois inexacts : Brabançons, Génois, Navarrais. Ils ont des chefs qui ont passé contrat, *condotta*, avec une ville, un prince, et ne se battent, d'ailleurs souvent fort bien, que pour celui qui paiera le plus. Or, au plat pays et en ville même, on sait bien qui, finalement, devra payer : l'approche des « caïmans », « écorcheurs », « coquillards » ou autres est guettée : on barricade les portes ou on fuit en forêt.

Deux manifestations guerrières encore, mais bien différentes. La première est sans effet sur le populaire et s'apparente à l'imaginaire ou au jeu aristocratiques. L'errance des chevaliers d'aventure en quête d'exploits individuels en est une face : on court la fille, le duel ou, pour être davantage admiré, le vase sacré du Graal. Toute une défroque « courtoise » déguise ces agitations qui ravissent les historiens de la littérature ou ceux de l'iconographie ; mais on a peine à croire que les aventures de Perceval et des chevaliers d'Arthur, ou les coups d'épée de Roland, aient égayé les soirées à la chaumière, ou servi de modèle à un homme simple, quel qu'il soit. Et les joutes d'équipes cavalières, les tournois étendus sur plusieurs jours, qui trompaient la vie de château aux XIIe et XIIIe siècles, n'auront d'intérêt pour le spectateur du commun que ravalés au niveau de heurts individuels entre champions, au besoin élevés au rang de héros sportifs.

La seconde est autrement plus importante. C'est la croisade : la guerre sainte contre le païen ou l'infidèle. Cette guerre-là est juste ; l'Église la prêche, les rois, les empereurs la mènent. S'interroger sur ses motivations est simple, mais obligerait à bien des nuances : surplus démographique de cadets sans terre ? recherche de débouchés dans des « échelles » commerciales ? extériorisation de l'esprit belliqueux que ne peut museler la Paix ? crainte réelle d'une poussée musulmane en Méditerranée ? Tout cela sans doute, mais surtout mouvement de piété agressive, non pour convertir mais pour refouler l'Islam, une *djihad* chrétienne. Arracher Jérusalem aux Égyptiens, aux Arabes ou aux Turcs, s'installer solidement sur toutes les côtes du Proche-Orient, récupérer l'Espagne, la Sicile, les Pouilles, tout cela n'est pas que politique et intérêt. L'Islam l'a bien compris et en conserve, aujourd'hui encore, un cuisant souvenir. C'est qu'il ne s'agit pas, ou pas seulement, de grosses expéditions princières que numérote dévotement l'historiographie de tradition ; mais d'un puissant mouvement populaire, une manifestation de foi, un pèlerinage armé que tous peuvent tenter. Il n'y a pas « les » croisades, mais « la » croisade : tous les ans, par eau ou par terre, des seigneurs en armes, mais aussi des valets, des paysans, des marchands partent pour l'Orient. Le voyage est ruineux, le retour incertain, le danger très réel, mort ou capture ; mais le pèlerinage sur les terres que parcoururent le Christ et ses apôtres, s'il n'a débouché finalement sur rien de durable, a été en Occident, de 1060 à 1300, un grand moment de piété. Tous sont touchés : nos textes le montrent ; et l'on parle du Saint-Sépulcre et de Saladin dans les chaumières, pas de Lancelot ou de Guenièvre.

La guerre, la violence et la ruine qui l'escortent sont, à coup sûr, des « dégâts collatéraux » dans l'application de la Paix ou de la Loi. Me voici face au dernier, aujourd'hui le maître de nos vies quotidiennes, sinon de toutes nos pensées : l'argent. Il n'est question ici ni de finances publiques ou privées, ni de prix ou de salaires, ni de frappe ou de circulation d'espèces, ni de procédés comptables ou bancaires, ni de masse ou de politique monétaires, ni même de commerce ou d'échanges ; mais seulement de la place de l'argent dans la mentalité, dans l'approche de la vie ici-bas, pour tout homme de ces temps et, pour une fois, à quelque ordre qu'il appartienne. Une première remarque éclairera le rôle, en principe inadmissible, de l'instrument monétaire : jusqu'au XIIIe siècle, plus tard même si l'on se tient à la campagne, l'argent est un élément secondaire de la vie quotidienne. Pis encore : un tabou à respecter. Du Veau d'or à Judas, l'Écriture le voue à la détestation divine ; Aristote, chez les Gentils, en conteste même le pouvoir, bien que l'économie antique ne l'ignore pas. L'Église chrétienne admet certes le commerce et la richesse, mais elle y voit une donnée *inhonesta* et valorise la pauvreté, car on ne peut « à la fois servir Dieu et Mammon » ; de son côté, saint Luc dénonce le symbole de la corruption, celle du corps dont l'argent domine les efforts, et celle de l'âme qu'envahissent la convoitise et l'envie. Ce rejet catégorique est soutenu, au moins jusqu'au XIIe siècle, par la nature foncière de l'économie : une économie de subsistance où les transactions peuvent parfaitement se satisfaire du troc, du contre-don ou de l'objet en nature, qu'il s'agisse d'amendes, de redevances ou de salaires. C'est dès l'essor urbain et la formation d'un groupe de marchands professionnels, entre 1100 et 1250 selon les régions, que l'argent s'insinue dans la vie pratique. L'Église persiste, en dépit de l'évidence et de la part qu'elle y prend elle-même, à considérer l'argent ou sa manipulation comme une source de péché, à plus forte raison le commerce, le placement, les bénéfices qu'on en attend. Son ire vise surtout le prêt, pourtant source de tout investissement, et dont elle ne se prive pas : prélever un intérêt au terme de l'avance consentie, sous prétexte du risque couru ou du manque à gagner, équivaut à vendre du temps, celui de la durée du prêt ; or le temps n'appartient qu'à Dieu ; c'est donc un vol punissable. Et s'il y a excès, « usure », par exemple à un taux de 20 % du capital, le péché est mortel et mène à Satan. Face à cette attitude de crispation, qu'au besoin l'Église transgresse elle-même, le commun a-t-il opposé quelque résistance aux tentations du mal ? En ville, certainement pas : outre la croissance de notre documentation comptable, urbaine ou même seigneuriale, la littérature du

XIVe siècle établit bien ses classements sociaux en fonction de la richesse mobilière et du rapport à l'argent. Les choses sont moins sûres au plat pays, et les rébellions contre la fiscalité croissante ne seront pas avant 1400 ou 1450 le ressort essentiel du sursaut paysan : c'est aux défaillances du pouvoir seigneurial et à son autorité judiciaire que s'en prennent les « Jacques » du Bassin parisien vers 1350. En définitive, je ne crois donc pas raisonnable de rechercher, et avec acharnement, comme sont tentés de le faire beaucoup d'historiens aujourd'hui, les traces d'un « système capitaliste » médiéval avant 1450 ou 1500, et d'ailleurs en ville exclusivement à ce moment.

Et les gens d'ailleurs

Voici un homme venu d'ailleurs, peut-être pourtant d'un pays proche ; il a entendu dire qu'ici on accueillait facilement contre le paiement d'un « entrage » ; et il se gardera de dire s'il est libre ou non, au cas où un ancien maître le réclamerait. Il se réfugiera même plus aisément en ville, dont on dit, mais avec plus d'audace que de certitude, que « l'air y rend libre » (*Luft macht frei*). Mais, malgré tout, il est « du dehors », « horsain », quelqu'un d'ailleurs, un « aubain » (*alibi*, autre part, dit le latin) ou un « forain » (de *foris*, en dehors), un « estrange ». Il n'a droit ni au serment commun qui le protégerait ni à paraître dans les assises ou à ester dans les plaids ; tout au plus peut-il, s'il se sent menacé, trouver quelque sécurité dans une confrérie où il paiera cher, ou s'introduire dans un métier, s'il est admis à exercer une activité artisanale. D'ailleurs, un maître en manque de main-d'œuvre peut lui-même rechercher ces gens, des « hôtes » qu'on enverra défricher ou charroyer. Cependant, ce migrant peut n'être qu'un passant, un écolier, un marchand, un prédicateur itinérant – on dit un « gyrovague » –, ou un artiste qui va de cour en cour, un baladin, un trouvère, peut-être un pèlerin, et, naturellement, un officier muté de poste en poste. Au passage, tous ces gens ont des contacts avec les autres hommes, mais qui restent superficiels, fugitifs. Au contraire, si l'étranger s'installe, s'il forme un groupe spécifique avec sa famille ou des compagnons, s'ouvre alors le champ de sa relation avec ceux du lieu.

La xénophobie est un sentiment animal universel : il se fonde sur une réaction de rejet quasi biologique vis-à-vis de celui qui n'est pas de même sang, de même tribu ou de même nature ; et l'homme, à cet égard, ne diffère des autres bêtes que par l'effort, plus ou moins difficile, qu'il fait pour dominer cette pulsion négative. Les Anciens avaient largement contribué à conforter cet individualisme hostile. Même les philosophes les plus ouverts au monde classaient les hommes selon leur langue, leur apparence, leurs mœurs, même si ces « catégories », comme disait Aristote, n'entraînaient ni haine ni mépris, simplement une méfiance et une incompréhension ; ainsi, ce n'est qu'à la fin des temps romains que « barbare » perdit sa signification de « barbu » ou de « bafouillant », et se chargea d'un contenu négatif. Naturellement, la Bible, les Mages ou le message chrétien apportèrent des nuances, non sans des *a priori* solides ; car si Dieu affirme ne pas distinguer entre ses créatures, il n'en a pas moins « élu » le peuple juif comme porte-parole de sa Loi. En outre, si la foi chrétienne prétend réunir tous les hommes, saint Paul distingue des chrétiens les « Gentils », les « autres gens ». On s'explique donc bien que les siècles médiévaux aient été profondément hostiles à l'étranger. Non tant par son altérité biologique, sa carnation, sa pilosité, ni même peut-être sa langue ou sa religion ; mais parce qu'on soupçonne en lui des mœurs propres à son groupe d'origine : l'imaginaire se substitue alors à la connaissance. L'étranger est porteur de menaces ; il est en dehors des réseaux collectifs ; on doute de son sens de l'honneur ; il est vite accusé de forfaits, de fraudes, d'empoisonnements. Même là où on finit par l'admettre, comme dans les villes d'Italie, on le place sous un statut particulier, des tarifs d'amende spécifiques, la menace d'une saisie de ses biens à sa mort, le « droit d'aubaine ». La situation s'aggrave à partir du XVe siècle, lorsque se produisirent les deux mouvements complémentaires d'un renforcement de l'État et de la naissance de sentiments « nationaux ». À ce moment, l'étranger devra choisir : devenir « sujet du prince » en se soumettant à la règle commune, ou s'enfuir, au mieux se retirer et devenir « un étranger » dans le sens actuel du mot.

Cette xénophobie n'est pas du « racisme », pour user d'un mot moderne. Pour le devenir, il faudrait que se conjuguent au rejet le mépris et l'ignorance. Rien de tel n'atteindra l'écolier en Université, le facteur d'une succursale bancaire ou même le serf en fuite : ils sont tous enfants du vrai Dieu ; parfois les doctes les écoutent avec intérêt, les princes en sont curieux. Mais le climat change si l'aura chrétienne fait défaut : alors l'«infidèle », le Sarrasin, le Maure, le Turc (tous ces termes sont confondus et interchangeables), bref le « mahométan », est un réprouvé, un ami de Satan ; s'il a une âme, elle ne peut être que vendue au Diable. Est-ce la crainte qui l'emporte ou le mépris ? Les deux conjugués peut-être. Il y a bien quelques esprits curieux qui voient plus loin que le turban ou le Croissant : honnêtement ils traduisent le Coran, comme Pierre le Vénérable, l'abbé de Cluny, au XIIe siècle ; ils lisent et discutent la médecine d'Avicenne, la philosophie d'Averroès ; quelques-uns parlent avec émotion de la magnanimité de Saladin, voire tombent dans l'admiration comme l'empereur Frédéric II, excommunié il est vrai, qui « aimait entendre monter dans la nuit l'appel du muezzin ». Mais tout cela est une affaire de riches et de savants ; dans le commun, on en reste à la vision de l'Église orthodoxe : traiter un homme de « Sarrasin » est l'insulte suprême, qui signifie « criminel » et « sans loi ». Il est vrai qu'il y a peu de groupes musulmans dans le corps de la chrétienté : deux seulement, numériquement et économiquement secondaires, et tous deux exclusivement méditerranéens, ceux dont on n'a pas tenté ou réussi la conversion. Il y a d'abord les esclaves, vendus après razzia ou traite commerciale aux riches marchands, d'Église éventuellement : ils sont en Ligurie, au Levant, en Catalogne, en Provence ; ils sont manœuvres, domestiques, soumis à de dures conditions qui vont jusqu'à la mise à mort à l'antique, avec la pitoyable échappatoire de la gérance d'une étable ou du lit du maître. Et cette fois s'introduira, peut-être, l'idée d'une race méprisable : car, passé 1400, les esclaves sont surtout des Noirs, la couleur du Mal. Les autres sont très particuliers : il s'agit des *mudejares* de Sicile, du Portugal, d'Andalousie, qui n'ont pas fui devant la Reconquista chrétienne en Espagne ou dans les îles, entre 1170 et 1300 ; ils continuent sous contrôle chrétien à parler l'arabe, pratiquent leur foi et usent de leur loi. Comme ils sont isolés, marqués depuis le concile de 1214 d'un habit spécial, et d'ailleurs sans réactions sérieuses contre leurs maîtres, on les laisse en repos, sans compter leur utilité dans l'artisanat ou le commerce. Mais une attitude de mépris se dessine à peine à leur encontre.

Comment ne pas m'arrêter enfin au cas des juifs ? Leur histoire est l'un des filons indiscutables des cultures de l'Europe et de l'Orient. Durant deux millénaires, au milieu d'éclatantes avancées et d'effroyables malheurs, sous les yeux stupéfaits, admiratifs et courroucés du monde chrétien comme de l'Islam, le peuple « élu » par Dieu, celui d'Abraham et de la Bible – ce « Livre des trois religions » –, a occupé, triomphant ou persécuté, une place exceptionnelle dans la société. Malgré son volume assez faible, son histoire est parfaitement connue, car la vie des juifs est très groupée, très organisée, et nous a laissé des sources d'information de grande richesse, qui vont des discussions théologiques au prix de la viande *kasher*. Dans l'histoire des juifs médiévaux, il y a plusieurs voies d'approche ; suivons-les.

La première concerne l'évolution de leurs rapports avec le pouvoir chrétien, et je n'évoquerai pas leur sort dans l'Islam. De la destruction du second Temple en 70 de notre ère et de la « diaspora » qui s'ensuivit jusqu'au IVe siècle, où a triomphé la foi chrétienne officielle, l'existence du peuple juif apparaît comme concentrée dans des groupements fixes tout au pourtour de la Méditerranée. Puis, jusque vers le Xe siècle, les rapports entre eux et les royaumes chrétiens paraissent assez paisibles. Aucune tentative sérieuse de conversion, ou même d'isolement, n'est visible. Dans la partie méridionale de l'Europe, et particulièrement dans les zones partiellement et lentement islamisées, la place des communautés semble bonne, voire excellente, en Espagne ou en Italie. La période du XIe au XIVe siècle est la plus dramatique, sans doute en raison de l'éveil de la piété chrétienne, et de la puissance de l'Église établie et conquérante. Encouragée probablement par l'autorité royale ici, par la prédication pieuse là, une hostilité jusqu'alors muselée secoue la population chrétienne. Déjà isolés par leur mode de vie, ici-bas ou au-delà, obstinément rebelles à tout effort de conversion, entêtés dans leur refus de tout accommodement en quelque domaine que ce soit, les Juifs sont insultés, poursuivis, chassés, puis attaqués et massacrés : des pogroms éclatent sur les pas des foules « croisées » du XIe et du XIIe siècle, vers 1100 dans la vallée du Rhin, puis dans celle du Rhône après 1140 ou 1160, suivis de confiscations et d'expulsions violentes, par exemple au temps de Philippe Auguste et de Philippe le Bel en France. D'ailleurs, l'Église renchérit : en 1215 au Latran,

Innocent III impose aux Juifs le port d'une coiffure spéciale et d'une « rouelle » sur leurs vêtements ; quant à Saint Louis, saisi par une dévotion agressive, il ordonne de parquer les Juifs, toujours rebelles à la « vraie foi », dans des quartiers clos en ville. De telles mesures de ségrégation ont alors renforcé la cohésion des communautés juives dans leur piété, leurs usages, leur isolement. Sous l'effet des terreurs que provoquèrent, aux XIVe et XVe siècles, les malheurs épidémiques ou guerriers, la persécution s'accéléra en France du Sud, en Espagne, en Allemagne, où s'étaient regroupés des ensembles très solides. Cette fureur s'apaisa quelque peu après 1450 et, cette fois, la papauté et la bourgeoisie urbaine y contribuèrent, non par charité ou par compréhension, mais parce que l'économie, où les Juifs tenaient leur rôle, en imposait l'idée ; au reste, plus haut dans le temps déjà, c'est ainsi que se justifiait, après leur exil plus ou moins réussi, le rappel des communautés en France ou ailleurs. Il est vrai que, au-delà de mon horizon, la Réforme et l'intransigeance catholique qui suivit rendirent plus difficile encore la situation des Juifs.

Si cette « histoire » est mouvementée, scandée de spoliations et de massacres, puis de rappels intéressés, c'est parce que la vitalité du « peuple élu » est multiforme. Durant les siècles antérieurs au XIe, on les voit occuper des fonctions de cour, ou même militaires, en Espagne ; ils exercent des métiers particuliers, mais très rémunérateurs, comme ceux d'éleveurs de chevaux ou de teinturiers. Peu à peu évincés de ces secteurs économiques par une Église méfiante, ils durent, après le XIe siècle, adopter les pratiques d'intermédiaires qu'encourageait leur dispersion même. Déjà c'est sur eux que, au IXe siècle, les Carolingiens s'étaient lâchement déchargés du soin de convoyer vers Byzance ou l'Islam le bétail humain raflé chez les Slaves par les valeureux guerriers du « grand empereur ». Ce rôle dans la traite des esclaves, ils le conserveront dans l'Islam, en dirigeant les troupeaux de Noirs de leurs comptoirs maghrébins jusqu'à leurs communautés espagnoles, siciliennes ou provençales. Et ce sont encore eux qui, au XIIe siècle, affrètent les bateaux chargés d'or sénégalais ou éthiopien qui débarquent en Europe, pour bouleverser l'économie. Quant au commun des villes et plus encore des villages, ce sont eux, toujours eux, qui assurent le prêt sur gages, à haut coût ou à petite durée, voire souvent à taux usuraire. Et la vindicte populaire, évidemment imperméable aux effets du retour de l'or en Occident, commence à nourrir une haine féroce à l'égard du petit colporteur et de son âne, allant de village en village, indifférent aux furibondes condamnations de l'Église, mais indispensable aux petites gens. En revanche, on ne les voit pas dans les grandes entreprises commerciales ou bancaires où règnent les Italiens : ils savent bien qu'ils seraient trop exposés aux saisies brutales qui accompagnent les déconfitures de compagnies aventureuses. Pour les princes, les saisies sur les biens juifs ne sont finalement pas, et pour cette raison, des recours fiscaux sérieux.

« Déicides », les Juifs, dit l'Église ? Pourtant elle tolère le culte, protège les synagogues, consulte les rabbins. Naturellement, aux XIIIe et XIVe siècles surtout, elle laisse courir des récits horribles de sacrifices d'enfants, d'hosties profanées, ou ne réfute pas les racontars sur l'empoisonnement des puits, les complots pour exterminer les clercs. Mais le commun a vite tranché : le Juif est hors de la Loi, hors du sacré. On ne sait et ne veut pas savoir ce qui se passe dans ses fêtes de « sabbat » ; surtout lorsqu'en son sein même le peuple juif, enfermé après 1300 dans son ghetto, se scinde en piétistes rigoureux et réputés plus dangereux que leurs frères méditerranéens, restés plus proches des chrétiens, Ashkénazes contre Séfarades. Alors la crainte et l'indignation pieuse deviennent aigre méfiance, puis jalousie par ignorance, enfin haine, celle qu'on porte aux sorciers souillés de péchés diaboliques. Il faut s'en laver et, pour cela, il faut tuer. Mais tuer ce peuple qui est le témoin de l'ancienne Alliance, ce peuple en qui Dieu a voulu s'incarner, ces Juifs qu'il faut regarder comme la face négative mais indestructible du message divin, le peut-on ? N'est-il pas le reflet de l'Ancien Testament ? N'apparaîtra-t-il pas le jour du Jugement comme le témoin de ce qui était « avant » ? Il n'y a là chez les petites gens du Moyen Âge nul mépris, nul dégoût : le « racisme » n'a rien à voir là-dedans ; et l'«antisémitisme » lui-même, dont raffole notre temps, n'a pas de sens au Moyen Âge.

Voici donc nos hommes vivant en groupes plus ou moins denses, plus ou moins conscients de leurs liens communs. Droits, devoirs, contacts avec l'autorité quelle qu'elle soit, fréquentation du voisin ou de l'étranger, usages dans ou hors la Paix, voilà les traits qu'il m'a bien fallu emprunter aux divers

« états » de la société. Mais, à ce niveau, les différences tendent déjà à s'estomper entre forts et faibles, riches et pauvres, villageois et citadins. Ces similitudes, les retrouverons-nous en pénétrant à présent dans les cerveaux et dans les cœurs ? Ces « gens du Moyen Âge », que savent-ils ? Que pensent-ils ?

2

La connaissance

Si le lecteur m'a suivi jusqu'ici, il n'aura pas manqué de noter combien je me réfère souvent au monde des animaux, dans lequel je place tout de même l'homme parmi les plus doués ; peut-être même s'en sera-t-il irrité. Pourtant, on ne peut nier que, parmi les plus proches de nous, les seuls d'ailleurs que nous puissions observer sérieusement, ne manquent pas les attitudes identiques, selon évidemment les espèces et les caractéristiques biologiques qui sont leurs : vivre isolé ou en groupe, en ville ou à la campagne, manifester joie ou affliction ; ils jouent, se battent, s'arrachent leur nourriture et marquent leur territoire ; ils ont même une mémoire, dont l'ouïe et l'odorat sont certainement les vecteurs les plus sûrs. Nous nous déchargeons trop vite de toute curiosité à l'égard de tels comportements en les qualifiant d'« instincts ». Et il est certain qu'apprendre à un éléphant à compter selon nos usages, à un singe à jouer la comédie en costume ou à un chien à faire des tours de passe-passe n'en fait à nos yeux que des « animaux savants » – nous voulons dire « humains ».

Il me faut donc, à présent, renoncer à invoquer la bête, et me consacrer à l'homme seul. Car je dois convenir que l'on n'a jamais vu même un chien tenir une plume ou disserter d'Aristote. En pénétrant maintenant dans le cerveau et le cœur de l'humain, ma tâche devient bien délicate. Ou bien ma documentation est volatile, inconsistante, parfois de pure spéculation, ainsi autour de la notion de « mentalité » ; ou bien elle est solide, datable, abondante, mais elle court les sentiers battus et ne touche qu'un petit paquet d'hommes. Pour mieux me faire comprendre, je dirai que le rêve et son rôle me fuient entre les mains, mais que parler des écoliers dans les rues de Paris est éculé. Approchons-nous d'eux cependant.

L'INNÉ

L'homme parle, écrit, et s'exprime aussi, par des gestes ou des mimiques. Tous ces procédés traduisent un sentiment ou une idée, celui ou celle du moment même où l'on s'exprime, ou bien ils sont l'aboutissement d'une réflexion intime, parfois lointaine. Dans les deux cas, la base en est le trésor de connaissances accumulées dans le cerveau : les unes l'ont été par hérédité ou inconscience ; les autres ont été acquises au cours des ans.

La mémoire

« Et vous ferez cela en mémoire de moi », dit le prêtre au moment de l'Eucharistie. « Et ce fut fait en un temps dont il n'est mémoire », porte le scribe au bas de son procès-verbal. La *memoria* est le pont entre Dieu et sa créature, le socle sur lequel s'élève la société, le réservoir où se conservent les exemples, les modèles, les programmes de vie. Tout le devenir est dans le passé, et un monde craintif et désarmé, comme le sont les siècles médiévaux, a besoin du secours de la mémoire, individuelle ou collective, c'est tout un. C'est elle qui soutient la coutume, alimente les précédents, écarte les imprévus, justifie le pardon. On n'a pas grand-peine à cerner ce qu'en attendent notamment les petites gens. D'abord le souvenir des temps anciens, tels que les ont rapportés les « conteurs » de profession, ou les vieux du village ; on en répétera la leçon pour doter les générations qui suivent de la notion d'un passé qui engendre le présent, et lui donne un sentiment de profondeur, un « sens historique » à partager en commun. Ensuite une connaissance fondée sur l'expérience quotidienne, celle des recettes de métier à l'atelier ou aux champs, celle des limites de terroirs, des accidents végétaux ou naturels, sur lesquels s'appuient le parcellaire, un dîmage, un droit d'usage, la portée d'une « justice ». En l'absence de plan ou d'un bornage indiscuté, il faut réunir, et sur la place publique, tous ceux qui savent ou pourraient savoir ; et nombreux sont les actes d'accommodement où, avant de rédiger son texte, l'enquêteur énumère les noms et, s'ils disent le savoir, l'âge des témoins dont on sollicite l'avis. Apparemment, le plus difficile est de retrouver les noms : l'oubli villageois paraît complet, au moins avant le XIIIe siècle. Si l'éventail des noms de baptême est, dans l'ensemble, assez large, il se referme en paquets compacts dans un cercle de villages voisins : ici on dira massivement Hugues et Guillaume, mais à côté prédomineront les Guy et les Robert. Ces similitudes pourront même dénoncer des provenances au départ insoupçonnées ; alors, entre deux « Jean », seul le « le petit » ou « fils d'un tel » permettra d'éviter la confusion – espoir des plus minces, au reste. Quant au sobriquet qui pourrait devenir héréditaire, il apparaît bien après que le « Jean, fils de Jacques » s'est effacé des usages, guère avant le XIIIe siècle à la campagne – j'en ai parlé plus haut. À la ville, la division du travail, sensible dès le début de l'essor urbain avant 1200, entraîna beaucoup plus vite l'arrivée du « surnom », celui qui souligne une activité ou un trait de caractère. Comme la raison première de l'oubli est le sentiment de l'inutilité, on comprend qu'en ville le système des métiers impliquait de ne pas perdre de vue, comme on le faisait aux champs, la continuité du lignage, ascendants et descendants.

Toutes ces remarques concernent le tiers. La situation devient plus complexe lorsque l'on aborde les deux autres ordres. C'est qu'outre la nécessité de retenir, comme le vulgaire, tout ce qui touche leur vie courante, ces hommes ont une fonction qui entraîne d'autres exigences. C'est surtout le cas des *bellatores*, les plus faciles à cerner. Rien que de naturel au premier regard : ces hommes de guerre sont aussi des gestionnaires ; ce qui a trait à leurs biens leur importe. Ils emploient des sergents, des parents pour rappeler ce qu'ils ont, ce qu'ils peuvent espérer ; près d'eux il y aura dès le XIIIe siècle, comme pour les marchands à la ville, des comptables ou des scribes aux ordres. Ils apprendront d'eux ce qu'il est profitable de garder en mémoire ; au besoin ils se font lire et répéter, ou ils récitent eux-mêmes comme ce seigneur de Guines dont j'ai parlé, des recettes en forme de distiques ou de poèmes rustiques. Normandie et Angleterre avant même 1200, Italie aussi ont conservé nombre de ces « traités » d'agriculture (les housebonderies, *Husbandry*), fruits d'une expérience parfois monastique et qui profitent aux maîtres des domaines et à leurs gérants. Mises par écrit, ce sont certes des œuvres de clercs, mais qui ne s'expriment que grâce aux rapports qu'en font les hommes de métier.

L'aristocratie a aussi deux autres lieux de mémoire qui, cette fois, lui sont propres. En premier lieu, l'imaginaire de leur cadre social s'alimente à des récits amoureux ou guerriers, où se mêlent les exploits de héros mythiques et ceux de leurs propres ancêtres. Ces récits, il est indispensable de les entendre débiter, chanter, mimer devant tous, vieux qui les enrichissent de leurs propres souvenirs, jeunes qui y puiseront des exemples et des motifs d'orgueil. Naturellement, les auteurs qui se donnent le mal de rédiger, puis de réciter ces « gestes », ces *canzone*, ces *romenceros*, sont des professionnels, par moitié poètes et historiens. Et pour retenir eux-mêmes ces récits ou les faire retenir ensuite, ils usent de procédés de mémorisation très simples : rythmes, assonances, répétitions, stéréotypes que les auditeurs attentifs peuvent à leur tour fixer dans leur mémoire. Le deuxième champ de souvenirs de l'ordre aristocratique n'a pas seulement cette couleur idéologique ; il est aussi politique, et concerne la mémoire des noms. C'est sur elle que se fonde largement la prosopographie, si cultivée par l'historien des filiations, des généalogies et du pouvoir. Énumérer la succession des ancêtres, surtout celle des branches les plus prestigieuses du tronc familial, est d'une absolue nécessité politique et même économique : elle justifie l'autorité sur les autres, grands ou petits ; elle rapproche du niveau royal ou princier, où le principe de légitimité héréditaire est la règle. Les liens, tissés puis rompus à l'occasion d'un mariage ou d'un héritage, se traduisent par des déplacements du bagage onomastique qui passionne les historiens du droit et de la famille. Nous avons conservé nombre de ces généalogies établies au moment où le pouvoir des seigneurs ressentait l'exigeant besoin de renforcer son contrôle sur les petits : fin du XIe-milieu du XIIe siècle. Plus tard, ce souci de connaître les racines de l'autorité sur les gens et sur les biens gagnera les hommes des villes, la bourgeoisie, les maîtres des compagnies marchandes surtout. Mais le pouvoir qui en découlera sera, alors, uniquement économique et non pas idéologique. Naturellement, ces « mémoriaux » ont été établis par des hommes de plume, même si le maître affecte d'en être l'auteur, comme le comte d'Anjou Foulques le Réchin, au XIe siècle. Parfois, l'importance de ces relevés est telle qu'on voit fort bien les procédés de travail du clerc aux ordres, par exemple sous la plume du chanoine Lambert d'Ardres pour les sires de Guines : il a questionné jeunes et vieux, lu quelques textes, écouté des légendes ; sa mémoire est donc au deuxième degré. Elle se développe en ondes concentriques, en remontant l'une après l'autre chaque branche du tronc central ; il y a des lacunes qu'il avoue ou que l'invention comblera. Dans ces listes, les femmes ne manquent pas, en tout cas lorsqu'elles ont apporté terres et gloire. L'idéal est de parvenir ainsi jusqu'à la *stirps*, la racine royale, carolingienne : trois siècles après sa mort, Charlemagne, et même ses médiocres successeurs, forment toujours la référence majuscule, dans la littérature épique comme dans les généalogies des XIe et XIIe siècles. Descendre du « grand empereur », quelle gloire ! Inutile de dire qu'en dépit des accumulations légendaires, ou du zèle acharné de beaucoup d'historiens, germanisants en majorité, personne n'y est parvenu avec certitude. En général, les listes établies remontent à un siècle ou deux avant le moment de les mettre par écrit. Mais pour aller plus haut ? Serions-nous capables de le faire nous-mêmes sans l'aide de l'état civil ? Et il y faut des points de repère : « Avant, je ne sais rien », est censé dire modestement le comte Foulques, « parce que je ne sais pas où mes ancêtres sont enterrés ». Nécropoles, constructions, « obits » récités de génération en génération, relaient la mémoire des survivants. Une fois de plus, ce sont les morts qui soutiennent la gloire des vivants.

Le cas des hommes de prière est plus clair. Ils sont les seuls à tenir la plume en ces domaines, avant que ne surgissent les « livres de raison », les *ricordanze* des bourgeois du XVe siècle. Au besoin, ils appliqueront à leur propre cas les procédés techniques de mémorisation qu'un « haut homme » leur aura demandés pour lui-même : c'est sa propre famille que scrute, au milieu du XIIe siècle, Lambert de Watreloo, chanoine de Cambrai. Et comme l'Église est passée maîtresse en l'art de gérer ses biens et ceux des autres, les clercs, eux aussi, doivent se soucier de compter, de vérifier et de se souvenir. Mais un autre domaine s'ouvre à eux. Détenteurs de l'Écrit, ils en sont les gardiens et le canal vers les fidèles : ils doivent leur lire, leur réciter, leur commenter le Livre saint évidemment, mais aussi les Psaumes qui scandent la liturgie, les *exempla* qui nourrissent leurs sermons, les « martyrologes » où l'on porte les noms des saints à révérer, les obituaires où l'on inscrit les fêtes à célébrer. Tout cela doit être retenu, au besoin enrichi. C'est chez les clercs que les techniques de mémoire se sont le plus tôt et le plus parfaitement développées : chaîne de mots soutenue par le recours à la répétition d'une donnée centrale ; idées de départ déclenchant la répétition et le commentaire ; formulaires soutenant les paragraphes d'un discours, ces *incipit* dont raffolent les spécialistes de la diplomatique sacrée ; usage systématique du « par cœur » qui demande des séances de répétition avec chants, ou psalmodie – un mot dont le sens même est révélateur.

Dans ce recours à la mémoire, tout un fonds de connaissances communes sert de réserve où puiser. J'ai déjà parlé à plusieurs reprises de ces *exempla*, ces anecdotes moralisantes rapportées au milieu du XIIIe siècle par des enquêteurs dominicains comme Étienne de Bourbon ou Césaire de Heisterbach. Ces textes ont vivement intéressé les historiens de la pensée – on n'ose dire de la « culture » – populaire. Ce sont en effet des récits que les frères prêcheurs ont colligés, plutôt à la campagne d'ailleurs, pour les condamner ou les redresser ; des récits qui témoignent de souvenirs anciens, de croyances marginales, de fantasmes tenaces, que charrie la mémoire collective du *vulgum*, des *minores*, des *illitterati* : c'est le « folklore », la culture du peuple, comme l'on dit au XIXe siècle finissant. Pris dans une acception méprisante, ou à tout le moins péjorative, dès l'origine de son apparition aux Temps modernes – et ne l'est-il pas encore ? –, le folklore est vu, aujourd'hui, comme l'une des voies d'accès les plus sûres à la psychologie du commun, ou à la solidité des traditions anciennes. Il convient cependant de rappeler que les notions qu'il véhicule ne sont pas que « populaires » ; il ne manque pas de conciles du haut Moyen Âge dont les canons se bousculent pour condamner des croyances, des rites, des formules venus de temps fort anciens, celtes, germaniques ou gréco-romains : nous ne croyons plus aux fées, mais le « Dieu vous bénisse » ou le « À vos souhaits » qui saluent poliment l'éternuement d'un proche sont des formules classiques d'exorcisme contre l'esprit du Mal censé posséder le malheureux enrhumé – formules condamnées et interdites par le concile de Leptines de 742 !

L'imaginaire

Qu'il y ait aujourd'hui de braves gens pour se faire peur avec des dinosaures en carton, ce n'est pas « imaginaire » puisque jadis ces grosses bêtes ont réellement existé ; mais que, depuis le Xe siècle sinon jusqu'à aujourd'hui, en Europe du Nord au moins, des femmes aient cru voir des chevauchées nocturnes et aériennes, celles de la « Mesnie Hellequin », ces chamanes sorcières menées par la déesse de la Nuit, est le transport dans leur subconscient d'une « invention » sans autre origine que leur peur de la mort et celle du noir : elle est « imaginaire ». Cet imaginaire s'alimente donc à des pulsions instinctives et à des interprétations irraisonnées. Ce vaste champ de recherche où s'ébattent avec joie les historiens des idées et les maîtres de la psychiatrie n'a guère de limites, ni en ce qui touche la profondeur des mythes qui s'y étalent, ni en ce qui est le mélange de la mémoire déformée et du pur fantasme. Les médiévaux n'étaient pas indifférents aux productions de l'imaginaire, mais ils les condamnaient quand elles leur étaient rapportées : au XIe siècle, Burckard de Worms y voyait des racines païennes à arracher ; au XIIIe, les dominicains y décelaient des déviations hétérodoxes. Cet imaginaire est un lot commun à tous : ordres, états, sexes, âges ; et si nous atteignons surtout celui des clercs qui s'en expliquent ou des paysans qui l'avouent, c'est pure affaire de sources.

C'est le rêve qui en est, comme aujourd'hui encore, le support le plus solide et, au Moyen Âge, la voie la plus sûre pour le débusquer. Les saints, les moines moins saints parlent de leurs rêves ; les rois, les princes aussi, et quelques autres qui en disent peu. Ces témoignages sont évidemment plus proches de ce qu'on croit avoir rêvé que de ce qu'on a réellement rêvé. Même si sa teneur est sacrée, l'Église se méfie du rêve : elle y redoute les pièges de Satan. Ne voit-on pas en effet un prince prendre, sous le prétexte d'un songe, des décisions brusques et irraisonnées ? Ou, même, que penser d'un membre du premier ordre qui en son sommeil s'est vu révéler par un saint homme – c'est alors un « bon rêve » – le lieu où gisent ses ossements : l'« invention » de ces reliques prend alors plus que son sens actuel. De quoi rêvent tous ces hommes ? Comme aujourd'hui sans doute, des épisodes de la veille, des problèmes du lendemain, des angoisses ou des espérances de leur vie ici-bas. Pour avoir droit à être narrés, il faut que ces rêves parlent de Dieu, du Livre saint, du Salut, de la mort, et on en fait alors, comme dans toute hagiographie, un récit arrangé et didactique : c'est une *visio*, pas un simple *somnium*. Mais attention à ne pas aller au-delà de cette simple *apparitio* : ce serait se laisser captiver par le venin de la divination, où s'alimentent la prémonition, la prédiction, le rejet du Verbe qui parlait dans les rêves. Dès le XIIe siècle, les premiers conciles du Latran interdisent formellement l'interprétation des rêves. Mais ce sont là des attitudes de clercs : au temps de Jean de Meung et du *Roman de la Rose*, au temps de Dante en Italie, au début du XIVe siècle, le rêve se désacralise, il devient l'écho profane du quotidien ; mais peut-être seulement parce que les rêves du commun arrivent alors dans nos sources.

On ne rêve pas que de saint Benoît, des méfaits de l'orage, ou de ses aïeux. Parfois se glisse soudain dans le songe un épisode étonnant ou un personnage extraordinaire : éveillé, on décrit soi-même ce témoignage ; et il n'est pas sûr qu'au terme même de son récit, décrypté par ses soins, le rêveur ne se persuade pas lui-même qu'il a bien vu ces « merveilles », ces *mirabilia*. On s'est donné bien du mal pour découvrir dans les récits de Marco Polo ou ceux de Mandeville la part de l'invention pure et celle de la déformation plus ou moins consciente : il n'y a pas, comme ils le prétendent, d'hommes se protégeant de la neige par leurs pieds géants, ni de licorne, vierge ou non, ni de hérissons pendus aux arbres ; mais il y a des marcheurs pourvus de raquettes, des rhinocéros et des bogues aux platanes. Il y a dans les inventions du voyageur ou du rêveur une part spontanée d'analogies pressenties et de volonté créatrice. L'imaginaire s'alimente donc à une réalité plus ou moins bien dominée : si, aux XIVe et XVe siècles, on croit voir partout des êtres difformes, des animaux fantastiques ou des squelettes, les routiers, les loups aux portes de Paris et la peste y sont pour beaucoup. Naturellement, on ajoutera à ces rêveries tout le volant des pulsions sexuelles ; elles jouent dans le diagnostic du psychiatre d'aujourd'hui un rôle déterminant : imaginés ou réalisés, les contacts charnels occupent une place de choix, et de tout temps, dans nos rêves. Mais c'est là un domaine sur lequel on jette un voile de décence et de crainte religieuses. Bien rares sont les récits qui font quelque allusion à ces images interdites ; à la rigueur, les fugitives tentations dont un saint Antoine ou tout autre ermite saura triompher. Un cas pourtant, apparemment moins fréquent ou flagrant : les rêves nourris par l'androgynie. Quand et comment, à la fin des temps, se mêleront les sexes, s'en effaceront les particularités, pour que toutes les créatures, après le Jugement, ne fassent plus qu'« une seule chair », comme les anges ? Question capitale pour le destin de l'humanité que celle du sexe des anges. Bombardés en 1453 par l'artillerie de Mahomet II, les docteurs de Constantinople tentaient d'y répondre avant de s'abandonner à l'infidèle. Et nos contemporains qui ricanent d'une telle occupation en un tel moment n'ont rien compris à l'ultime angoisse des chrétiens de là-bas ; les Turcs y ont coupé court.

Parmi les « arts » – nous disons les disciplines – qu'on enseignait aux écoles, et dont je reparlerai, il en était un aux contours très flous : la musique. Mais s'il englobait évidemment ce que lui donne notre sens commun, il fallait en ces temps le traduire par « harmonie » : celle du firmament, de la Nature, des phénomènes extra-humains. Et si j'en parle ici, c'est parce que j'y vois un élément de don naturel, une aptitude innée à saisir les exigences de l'harmonie. Nul doute qu'aux siècles médiévaux on se persuadait sans peine que c'était là que s'exprimait le mieux la volonté d'équilibre voulue par Dieu ; le contact avec cette évidence n'avait rien à attendre de la Parole, et encore moins de l'Écrit. C'est dans la Nature que l'on s'instruit sur Dieu, affirmait saint Bernard en 1150, lui-même pourtant fin lettré et prédicateur infatigable. Mais, pour tirer profit de cette harmonie de l'œuvre divine, il faut avoir, et c'est inné, le sens et le goût du Beau. En un tel domaine, l'historien reste perplexe. Sur un millénaire, comment déceler ce que l'homme a trouvé « beau », puisque ce sentiment, personnel et intime, échappe à une définition, encore plus à un classement ? Nous ne disposons que de deux voies d'approche, toutes deux fort exiguës. Les prêcheurs, les chroniqueurs et, pourquoi pas ? les poètes louangent la Beauté à l'égal d'une des Vertus. Mais leur discours est simpliste : pour un être vivant, un paysage, une œuvre humaine, est « beau » ce qui est « bon », c'est-à-dire ce qui plaît ou s'efforce de plaire à Dieu ; c'est un hommage à la Divinité ; c'en est même le reflet. La « bonne ville » est calme, ordonnée, active, elle est « belle » ; le « bon » chevalier pratique le courage, le dévouement, la chasteté, il est « beau ». Mais l'autre voie n'est pas plus convaincante : c'est celle des représentations, notamment peintes sur les manuscrits, les fresques, les toiles, ou sculptées aux murs ; et, faute d'exemples certains, on pourrait y joindre sans doute les jardins. Or la déception nous guette : en principe, un prince « en majesté », un seigneur en gisant sur sa dalle funéraire, un ange du Jugement et même le Christ dans sa mandorle des absides d'église doivent être « beaux » ; or ils se ressemblent tous. Il y a bien, de siècle en siècle, des gestes ou des expressions du temps ; mais rien que de l'idéal abstrait. Il faut attendre le XIVe siècle pour que s'esquisse une révision du « bon » correspondant au « beau », un retour aux traits réels : peut-on alors trouver « belles » les têtes de Charles V ou de Du Guesclin à Saint-Denis ou à Amiens, alors que ce sont de « bons » hommes ? En vérité on est passé, sans transition, de la beauté imaginaire au réalisme cruel. On ne s'étonnera pas qu'une dimension sociale y jette son venin : tout de suite, dès les tympans romans, les petites gens sont « laids ». Le seul domaine où s'esquissait un goût du beau est celui de la représentation féminine. Le caractère universellement masculin du monde des artistes (des poètes aussi d'ailleurs) l'explique bien. J'ai dit un mot plus haut de l'idéal féminin, pour le moins des plus théoriques. Aux derniers siècles médiévaux, le goût du beau se porta de plus en plus non sur le visage de la femme, qui resta presque toujours encore stéréotypé, mais sur sa silhouette, par exemple par un goût prononcé pour la gracilité des membres, la souplesse apparente de la taille, l'importance donnée à la poitrine, au cou ; la représentation échappe alors aux canons de l'harmonie pour verser dans la sensualité. La mode, celle des vêtements ajustés – pour les deux sexes d'ailleurs –, valorise le corps, ce qui est dévoilé, parfois indécemment, et ce qui est caché, avec hypocrisie. Mais chez l'artiste, c'est alors plutôt rechercher l'attention du spectateur ou de l'auditeur qui guide son pinceau, ou sa plume.

Un dernier domaine, fort bien maîtrisé aujourd'hui en France : le rôle de la couleur. Il est essentiel, à coup sûr, dans le décor interne, voire externe, des édifices, dans les armoiries que l'on généralise dès le XIIe siècle, mais surtout dans les costumes, y compris les costumes de travail. On a soigneusement noté les phases de succès de telle ou telle nuance – le blanc, le noir et le rouge avant l'an mil, le bleu des XIIe et XIIIe siècles, le vert et le jaune du Moyen Âge finissant –, mais sans qu'en apparaissent vraiment les raisons ; au reste, la sagesse populaire affirme qu'on n'en discute pas, car c'est affaire de goût et de mode. Mais le sens symbolique des couleurs est un domaine où l'imaginaire se saisit mal ; ce qui éclate en revanche aux yeux de l'historien est un Moyen Âge qui n'est ni noir ni d'or, mais éclatant partout en nuances vives, brillant de toutes les couleurs, devenues le naturel adjuvant du beau.

La mesure

« Il n'est pas nécessaire de réfléchir, il suffit de compter », dit la sagesse populaire. Encore faut-il le savoir et le pouvoir. Peu de domaines opposent autant notre temps aux siècles médiévaux. Pour nous, un litre, une heure ou un kilomètre sont des données qu'il n'y a pas lieu de discuter, et le monde entier s'y est rallié, non sans difficultés d'ailleurs. Comme l'on sait, seules les îles Britanniques et quelques territoires qu'elles dominèrent jadis sont restés fidèles à un système obscur, archaïque et confus, venu du Moyen Âge, et peu en importent ici les raisons. En revanche, le sentiment de désordre, de caprice et d'irrationnel que suscitent de telles pratiques aux yeux de qui y a renoncé est celui de l'historien face à la « mesure » médiévale. Et, bien qu'on ne naisse pas en sachant compter, le support mental qui sert de socle à la société peut être rangé parmi les sentiments innés. La notion de mesure est en effet une pulsion personnelle ou, si l'on veut, collective, mais alors celle d'un groupe, d'une famille, d'un clan, d'un village : elle est un des caractères originaux de ce groupe. En sorte que l'éparpillement des données que fournissent les sources conduit chaque historien médiéviste à flanquer son étude d'une « métrologie » locale, aussi confuse qu'inutile. L'entreprise est en effet d'autant plus vaine que, comme disait Protagoras aux temps grecs, « l'homme est la mesure de toutes choses », ce qui n'a pas seulement l'aspect d'une maxime moralisante, mais permet de rappeler que parler en « pieds », en « pouces », en « pas », en « coudées » ou en sacs, en journaux ou en gerbes n'a arithmétiquement aucun sens. Et quand même parviendrait-on à établir des rapports ou des moyennes, il resterait qu'une mesure de grain dite « rase » et une autre dite « comble » peuvent aller du simple au double selon qu'on arrête ou non le calcul au bord même de la mesure ou au-delà ; ou encore qu'un « journal » de terre n'est pas le même que laboure un bœuf ou un cheval. À quoi bon alors s'acharner à pointer du doigt des appréciations grossièrement erronées, et que l'on s'obstine à croire l'effet de la malhonnêteté ou de l'ignorance ? Même au sommet des sociétés, les erreurs peuvent être énormes : en 1371, l'administration d'Angleterre prétendit taxer les paroisses du royaume ; elle les estima à 45 000, et il y en avait au plus 6 500. Alors ? Ce bagage documentaire est-il nul ? Et faut-il se contenter des estimations, quasi muettes, des actes de la vie quotidienne – « ma terre », « ma dîme », « mes droits d'usage » – ou des expressions qui ne veulent dire que « grand », « nombreux », « important », qu'il s'agisse de maisons, de morts ou de profit ? Oui, sans doute. Mais, en se plaçant au niveau de tous ces hommes ignares ou doctes, le nombre n'est rien : il n'est qu'œuvre de Dieu et, tel qu'il apparaît, il ne peut être discuté, rectifié, à plus forte raison détourné ; alors fausser un compte est une insulte au Créateur, presque un crime de sang. En outre, s'il est sacré, le nombre est aussi le signe du pouvoir : celui de Dieu, certes, mais au besoin celui du roi, du prince ou, plus modestement, celui du seigneur ou de la ville. Public ou non, mais variant et personnalisé, il est aussi symbole, ce qui justifie que l'on n'en recherche pas forcément la valeur comptable. Cette fois, c'est le message antique, plus ou moins christianisé, qui obscurcit la valeur numérique : au chiffre un, expression de l'unité divine, répond la triade, celle du Panthéon égyptien ou védique avant la Trinité chrétienne ; le quatre est le nombre de la perfection géométrique, celui de la Jérusalem céleste, celui du Temple et de la maison de Dieu ; le sept est celui de la Genèse et du calendrier juif, en restant la valeur de la semaine. Quant au six, il a pour lui de signifier « beaucoup », puisqu'il dépasse ce que peuvent compter les doigts d'une main : six compagnons, soixante navires, six cents tués, six mille âmes, ou ce qui ne peut même pas se compter : six fois six, trente-six.

Les questions que posent au chercheur l'histoire et le groupement des chiffres découlent évidemment de ces propos. Elles sont loin d'être claires ; en voici quelques-unes. Le système duodécimal a régné sur le calcul jusqu'au triomphe du système métrique au XIXe siècle. Hérité de l'Antiquité méditerranéenne, et adopté de ce fait par l'Église chrétienne, il a une origine volontiers discutée : les lunaisons, faciles à observer, ont rythmé – et rythment toujours dans l'Islam – l'écoulement du temps annuel ; mais elles ne cadrent pas avec le temps de révolution de la Terre autour du Soleil. Il faut donc recourir soit aux constellations observées dans le ciel et que Ptolémée s'efforça de regrouper en douze, soit plutôt au message biblique, celui des douze tribus d'Israël. Le nombre de vingt, qui entre en composition avec douze, par exemple dans le système monétaire de ces temps, passe pour rappeler les vingt doigts de nos quatre membres, ce qui n'est guère convaincant. Quant au zéro, inconnu des Anciens qui lui préféraient l'oméga de l'alphabet grec pour marquer la fin de toutes choses, comme l'alpha pour en ouvrir la liste, il ne s'introduisit dans la comptabilité occidentale qu'aux Xᵉ et XIᵉ siècles au plus tôt, sous l'influence byzantine, elle-même éveillée par le contact de l'Inde qui en faisait usage depuis plus d'un millénaire. On peut d'ailleurs ajouter qu'en dépit des commodités comptables qu'il permettait, le zéro ne fut guère d'un usage courant avant le développement des pratiques commerciales ou fiscales au XIIIᵉ siècle. Peut-être le symbolisme du zéro, ce cercle parfait qui n'a ni début ni fin, le rangeait-il au niveau de Dieu et non à celui des hommes. Un autre problème, mais non des moindres : la substitution des chiffres « arabes » aux chiffres « romains ». Cette fois, causes et étapes sont bien visibles : ce fut le contact avec l'Islam, et l'Orient en général, au moment des échanges économiques et culturels, et après 1050 lors des croisades, voire plus tôt encore par l'intermédiaire de l'Espagne ou de la Sicile. En usant du zéro, l'évidente commodité d'écriture s'imposait, en dépit de la résistance des clercs ; écrire 198 au lieu de CXCVIII constituait un progrès indiscutable. L'apparition de cette pratique nouvelle se distingue dans un premier temps au travers de la documentation marchande italienne, ou chez les scribes d'Église en contact avec l'Est, fin XIᵉ-début XIIᵉ siècle.

L'allusion qui précède sur les perfectionnements de la comptabilité médiévale mène tout naturellement à l'équipement technique ou mental de tous ceux qui avaient contact avec l'arithmétique et la géométrie, deux des « arts » qu'on enseignait aux écoles. Nous ne savons pas grand-chose des connaissances des Celtes ou des Germains en matière d'arpentage ou de mesure de l'espace ; elles étaient certainement solides, puisque César lui-même a relevé la précision et les équidistances des tracés ou des points de regroupement gaulois ; quant aux Scandinaves du VIIIe au Xe siècle, ils n'auront besoin de personne pour dessiner au sol, en Irlande, au Jutland ou en Normandie, les limites des parcelles dévolues aux guerriers ou à leurs hommes. Mais c'est évidemment l'héritage gréco-romain qui a servi de modèle pendant mille ans. D'Hésiode, huit siècles avant notre ère, à Boèce, cinq siècles après, en passant par Pline, Varron ou Columelle, les leçons et les exemples ont afflué dans la chrétienté. On peut même dire qu'avant le XVe siècle elle n'y a rien ajouté : des dessins comme ceux de Villard de Honnecourt au XIIIe, des fragments cadastraux du XVe, toute l'iconographie aussi en témoignent ; chaînes graduées, mire et chevalet, compas et fils à plomb, équerre et niveau à eau, sans compter, pour le bâti, treuil à poulie ou balanciers à contrepoids. Les « bâtisseurs de cathédrales » n'étaient sans doute que des bénévoles du dimanche poussant une brouette, et les enquêteurs du cadastre florentin de 1427 que de simples manieurs de plume, mais il y avait au-dessus d'eux des maîtres d'œuvre sur chantier et des ingénieurs du cadastre. Et comment ne pas rappeler pour finir que c'est en ces mêmes temps que naquirent d'abord cette primitive machine à calculer qu'était l'abaque aux cadrans compliqués, qu'une tenace tradition attribue au génie de Gerbert d'Aurillac, futur pape de l'an mil ; ensuite celle de la comptabilité en lignes et en colonnes, pour nous évident *b a ba* de tout registre comptable, mais invention au XIIe siècle finissant de ces marchands et banquiers italiens soucieux de voir clair et vite.

On se gardera de mettre en lumière les erreurs de calcul qui truffent la comptabilité médiévale, commerciale ou fiscale : ces gens n'étaient pas plus inexperts, inattentifs ou malhonnêtes que nous ne le sommes ; mais, en matière de données estimées en numéraire, ils étaient sans cesse induits en erreur par les valeurs courantes des espèces métalliques qu'ils devaient convertir en unités « de compte ». Et sans entrer dans une histoire de la monnaie qui n'a pas sa place ici et m'entraînerait trop loin, qu'il me suffise de rappeler quelques bases simples, fort différentes des nôtres. La valeur des sommes à régler ou à encaisser s'estime d'après une échelle numérique qui n'est qu'une somme abstraite, sans frappe « réelle » : une livre (c'est d'ailleurs un poids de métal à l'origine) équivaut à vingt « sous » (le mot signifie seulement « ce que l'on paie »), et un sou à douze deniers (pis encore ici : *denarius*, c'est « ce qui se vend »). Mais cette étrange inter-relation, présumée fixe, ne l'est qu'en théorie : ainsi, rien qu'en France, on compte une trentaine d'échelles de compte, en fonction du lieu de frappe ou des usages anciens d'origine oubliée. Il y a toujours vingt sous dans une livre, mais cette « livre » n'est pas la même à Paris, à Tours, à Vienne ou ailleurs, et parfois dans des rapports très différents : estimée « en parisis », une somme ne fera que 80 % de celle exprimée « en tournois » ; et si le comptable ne s'est pas donné le mal de préciser, parce que cela ne fait pas de doute pour lui, l'historien est précipité dans l'erreur.

Ce premier obstacle franchi, le suivant est pire : on paiera la taxe ou l'objet à l'aide de jetons métalliques de poids, de « titre » et d'apparence différents ; ils ne portent aucune indication chiffrée, et on ne les distingue que par un nom commun qui leur sert d'identité : un écu, un agnel, une couronne, un franc (c'est un homme en armes), cent autres, ici ou ailleurs, florin, ducat, matapan, marabotin, etc. Or, et de ce fait, la valeur comptable de ces espèces n'est nullement fixe : elle varie selon le marché ou la volonté du monnayeur, donc selon la zone où ces données s'appliquent. En quel métal, d'ailleurs ? À l'époque carolingienne, la rareté, l'inexistence même de filons d'or en Europe occidentale, le refus obstiné de l'Église de puiser ou de « liquider » les trésors accumulés par elle soit dans les temples antiques, soit par le profit de la traite esclavagiste, ou simplement tirés des redevances versées par les « colons » travaillant ses terres, tout cela mena le pouvoir à renoncer à toute frappe de monnaie en or. Passons sur les conséquences de paralysie commerciale face à un Orient, grec ou musulman, resté bimétalliste. Comme l'argent, en revanche, ne manque pas à l'Ouest, on s'en tint à lui. Mais au moment où les trois cultures méditerranéennes entrèrent en contact durable, dès 1020 ou 1050 dans l'ensemble méridional de l'Europe, l'or redevint nécessaire pour solder des transactions désormais considérables. Cette « faim » d'or est invoquée, plus tard, pour expliquer le ressort des expéditions de conquête européenne vers l'Afrique ou l'Amérique, qui en étaient riches ; mais on peut aussi y voir l'un des facteurs déterminants des expéditions violentes vers l'Islam, badigeonnées en « croisades » pieuses. L'or vient en effet du Soudan, de la haute Égypte, des Indes. Il peut être convoyé par caravane ou par bateau jusqu'en Sicile, aux Baléares, en Espagne, depuis le début du XIIe siècle. Cet afflux par le négoce ou la violence déclencha après 1250 la reprise de la frappe de l'or en Occident ; un nouvel avatar provint d'ailleurs du rapport de valeur des deux métaux, or et argent, extrêmement fluctuant. Cet imbroglio eut deux conséquences : il ouvrit la voie à une spéculation marchande déchaînée, et favorisa les caprices du coût de la vie. Il entraîna aussi, chez les historiens d'hier comme chez ceux d'aujourd'hui, le sentiment désagréable qu'une étude des prix, des salaires, donc du « niveau de vie », si elle ne s'appuie que sur ces sables mouvants, est parfaitement irréaliste, et c'est la raison pour laquelle je m'en dispense ; et que dire des élucubrations sur le rapport avec le franc Poincaré ? Pourtant, les hommes de ces temps avaient bien conscience des inconvénients d'un tel désordre : Justinien, Charlemagne, des papes eux-mêmes esquissèrent des projets réformateurs, et la littérature aristocratique en créditait un fabuleux Alexandre le Grand. Mais les conditions d'une mise en place sérieuse n'existaient pas, et il faudra attendre les « Lumières » et même le XIXe siècle pour le tenter.

Au reste, qu'il s'agisse d'un espace, d'un volume ou d'un nombre, l'approche médiévale ne peut être la nôtre : c'est une approche à deux dimensions, héritée de la pensée grecque. Paysages ou quantités ne sont pas appréciés « en profondeur », d'où une certaine indifférence à la géographie avant le XIIIe siècle : les nombres n'ont pas plus de « volume » que ce que la vue enregistre ; ainsi, Pierre Damien traverse les Alpes sans s'en apercevoir, tel saint Bernard ne voyant pas qu'il longeait le lac Léman. C'est que le monde, œuvre de Dieu, est dans un état de fixité qui ne tolère aucun examen critique ni, évidemment, « raisonnable ». Après tout, les philosophes grecs avaient ainsi distingué le *macrocosmos*, qui est l'ensemble du monde créé par les dieux ou la Nature et qu'on ne saurait donc changer – c'est ce qu'affirmaient Aristote et même Platon –, et le *microcosmos*, le petit monde quotidien où s'agitent l'homme, le citoyen, le voyageur, comme le voient Pythagore ou Ératosthène. Il faut attendre le XIIIe siècle et le contact de l'Islam pour que le développement du sens géographique dans la chrétienté ébranle la placidité des doctes ; ce qu'avaient déjà supposé les savants grecs ou indiens, et vérifié, au moins en partie, les voyageurs musulmans, devient une question lourde de conséquences : la Terre est-elle plate ou ronde ? fixe ou mobile ? Voilà qui préoccupe ceux qui savent et qui ne craignent pas d'affronter l'Église, cramponnée aux affirmations bibliques. Mais les autres ? Tous les autres, ceux dont je parle le plus souvent ? Eh bien ! ils ne s'en soucient probablement guère : ils n'ont déjà pas tellement de moyens de scruter, de prévoir, de subir le rythme et les caprices du temps, alors comment s'intéresser à l'espace au-delà du champ, de la colline, de la ville proche ? En chaire, le curé parlera peut-être de Jérusalem, de Rome, de l'Éden, mais ses ouailles ont-elles quelque idée des lieux et des distances ? « Est-ce là cette Jérusalem où nous nous rendons ? » fait dire l'historiographie populaire aux pauvres gens allant pieds nus jusqu'au Saint-Sépulcre et qu'étonne chaque cité au passage.

L'ACQUIS

Le terme de « culture » est bien commode, comme celui de « société ». Ni l'un ni l'autre, en effet, n'ont un contenu ou même un sens précis, ce qui permet d'en vulgariser l'emploi. Pour le premier de ces mots : masse des connaissances ? idéologie et croyances ? « mentalités » et règles de vie ? Et pour l'autre : compositions internes ? types de rapports entre humains ? nature du travail ? Cette querelle de mots, de surcroît farcie d'aperçus personnels ou de contingences immédiates, n'est pas inutile : elle dégage notamment l'horizon que prétend embrasser celui qui en use. Pour moi, ce sera, ici, la masse des connaissances qui gouvernent l'action des hommes au cours des temps médiévaux – disons les cordes, sensibles ou insensibles, qui sous-tendent leur vie. Elles peuvent provenir du domaine de l'inné, et je viens de les évoquer ; elles sont aussi très largement acquises, et il faut s'y arrêter.

Mais deux avertissements préalables s'imposent. Il nous est beaucoup plus difficile de comprendre et d'expliquer l'importance qu'avait en ces temps un problème comme celui des « universaux », les oppositions des concepts, que de parler de la peste ou du travail de la laine. La raison en est claire : nous ne passons plus aujourd'hui par le filtre de l'Église chrétienne, qu'il s'agisse de « culture générale » ou d'ivresse scientifique. Notre savoir n'est plus corseté par la conviction que connaissance, hiérarchie et talent sont liés, et que, pour comprendre et apprendre, il faut posséder et entretenir les sept « vertus théologales » : foi, espérance et charité, ce qui est le minimum pour un croyant, mais aussi prudence, justice, force et tempérance, comme l'exigeait Thomas d'Aquin ; et nous en sommes loin.

Le deuxième correctif n'est en somme qu'une simple observation comptable, trop souvent oubliée. Mille années est un temps trop long, une trop vaste durée pour que les rythmes d'évolution de la pensée puissent se comparer à ceux de notre petit bout de siècle. À bien y réfléchir, la contraction du temps qui passe obscurcit notre jugement d'une manière stupéfiante : on a fort justement rappelé qu'il s'est écoulé autant d'années entre le Mérovingien Grégoire de Tours et saint Thomas d'Aquin qu'entre ce dernier et Jean-Paul Sartre ; mais dans nos manuels scolaires, notamment ceux qui survolent la littérature et la pensée, dix pages suffiront pour la « pensée médiévale », écrasées par les cinq cents qu'on consacrera aux temps qui suivent.

Le geste, l'image, la parole

C'est une banalité que de rappeler que n'importe qui n'apprend pas n'importe quoi et n'importe comment. C'en est une autre que de s'arrêter sur le cas de tous ceux qui font profession, mieux encore « ministère », de transmettre la connaissance ; et comme ils sont loin d'être tous des membres du premier ordre, j'y reviendrai tout à l'heure. C'en est une troisième enfin que d'affirmer doctement qu'en ces temps médiévaux comme au Néolithique ou comme aujourd'hui, l'être humain, normalement pourvu de l'usage de ses sens, s'instruit en regardant, en imitant, en écoutant et en lisant. Ce qu'il peut faire ensuite de ce qu'il a ainsi appris n'est pas en question ici, mais seulement ses procédés d'acquisition, et les siècles médiévaux offrent à cet égard bien des particularités.

Des quatre voies qu'empruntent les données nouvelles, deux sont encore, et de plus en plus peut-être, les nôtres. La première est la vue : le « choc des photos », comme disent les journalistes, fixes ou mobiles, qu'elles mettent sous les yeux une atrocité guerrière, un exploit sportif, une crème pour la peau, les vertus d'une automobile ou toute autre chose qui intéresse le nourrisson comme le vieillard, est aujourd'hui la source première et l'instrument premier des acquisitions intellectuelles. Dans les temps médiévaux, la miniature, la fresque, la sculpture en sont les supports majuscules : on y trouve l'illustration de scènes religieuses, guerrières, légendaires, où le spectateur alimentait même ses connaissances techniques : habits, outils ou gestes quotidiens. Le contenu symbolique de la plupart de ces représentations touche surtout les intellectuels ; il mérite un regard plus appuyé, sur lequel je reviendrai. Mais, pour s'en tenir à l'historiographie de tradition, voir dans cet art de la figuration une « Bible de pierre » ou une « encyclopédie populaire », c'est aller trop loin, me semble-t-il. Les manuscrits ornés de lettres peintes et de figurines, et même ceux qui se veulent « pratiques » comme les bestiaires illustrés, ne sont accessibles qu'aux riches et aux clercs : peut-on sérieusement croire que les *Très Riches Heures* du duc Jean de Berry, au début du XVe siècle et si somptueusement décorées, aient été autre chose qu'un égoïste plaisir de collectionneur ? Quant à la « Bible de pierre » en question, outre les difficultés d'interprétation qui rendent toujours perplexes les historiens de l'art, comment peut-on imaginer que le fidèle ait pu trouver à s'y instruire quand la sculpture est placée à la base d'une tour-lanterne ou sur un chapiteau à quatre faces juché à plus de dix mètres du sol, à moins qu'à le regarder le fidèle ne cesse de prêter la moindre attention à l'office divin qui l'a pourtant amené là ? L'historien de la pensée se délecte à scruter ces œuvres ; personnellement, je crois que le commun n'y trouvait qu'un plaisir de l'œil : il ne s'y instruisait guère.

Le deuxième canal qu'emprunte la connaissance est le geste : celui qui, venu d'en haut, révèle et enseigne ce que sont le pouvoir, la pratique, l'expérience. Imiter ce geste ou cette attitude est une source d'information ; elle peut être immédiate ou exiger un temps d'assimilation. Comme aujourd'hui, le « stage » est l'étape préalable, le premier stade de la compréhension et du savoir : apprendre à guider l'attelage, à manier la faucille, à filer la quenouille dès les premiers âges, puis à ranger la maison, à tenir le feu, à filer la laine, à forger le fer, enfin à naviguer, à voyager, à vendre, sous le regard d'une mère, d'un père, d'un confrère, d'un « maître ». Les techniques d'aujourd'hui diffèrent parfois, mais les principes sont les mêmes : imiter le geste, c'est, peu à peu, apprendre à se substituer à son auteur, épouser sa fonction, son rôle. J'ai dit quelques mots plus haut sur le sens symbolique de ces gestes, sur les liens qu'ils créent entre ceux qui les font et ceux qui les imitent. Les siècles médiévaux sont riches de cas aujourd'hui bien dépourvus de leur ancienne puissance. Mais quelques exemples sont encore compréhensibles pour nous : s'asseoir dans la grande salle quand les autres sont debout, en chaire quand les autres n'ont que des bottes de foin à l'Université, sur un trône quand les autres sont à genoux, en bout de table lorsque l'on est le plus âgé ou le plus important. Ne scrutera-t-on pas, alors, comment font le « maître », le seigneur, le « professeur » ? Ou encore manier le bâton, insigne de l'autorité qui ordonne, celui du père courroucé qui châtie, celui du berger en chef ou de l'intendant aux champs, celui de l'officier en fonction, celui du roi enfin, sceptre en main. Un dernier cas, mais bien typiquement médiéval celui-là : authentifier une décision qui exige pour cela un geste visible de pouvoir. Notre signature doit être autographe, c'est-à-dire qu'aucune autre volonté ne peut aller à son encontre. Faute de savoir signer, l'homme médiéval trace une croix, s'il est un pauvre homme (on a pourtant des croix de main royale), ou bien il esquisse un *signum*, un S barré précédant ou accompagnant son nom qu'a tracé un scribe de profession ; s'il a quelque puissance, ce sera le nom entier en lettres ornées, son « monogramme », dont il trace quelques jambages s'il est roi. Mais l'essentiel est l'apposition sur le document d'une empreinte, plaquée ou pendue sur des lacs de cuir ou un écheveau de fibres, un « sceau » en cire qui porte une marque, un emblème, une figurine propres à l'auteur de la décision, qui pose publiquement sa main sur l'acte et le signe, en témoignage d'authentification. Parce qu'il fuyait, en 1194, devant son ennemi Richard Cœur de Lion, Philippe Auguste avait, dans sa hâte, jeté à la rivière son grand sceau et la matrice où on le coulait ; le roi fut contraint de lui substituer une nouvelle empreinte. Naturellement, il y eut en ces temps des sceaux qui étaient faux, comme il y a aujourd'hui des signatures contrefaites ; mais ce qui compte ici, c'est la force du pouvoir qu'implique le geste, graphique ou non. L'imiter est bien la marque que l'on entend se substituer à la force d'autrui.

Ce sont maintenant les « voies » les plus ordinaires de la connaissance qui s'ouvrent à nous : parler, lire et écrire. Nos contemporains parlent à tort et à travers, lisent de moins en moins, se contentant d'*abstracts* et de *mails* ; et ils n'écrivent plus du tout : ils cliquent et faxent, si possible en abrégeant les phrases et même les mots. Mon propos n'est pas d'en soupirer, mais de souligner qu'aux temps médiévaux la situation était tout autre. Ce sont le Verbe de Dieu et les Saintes Écritures qui soutiennent la connaissance. Lire, écrire nous paraissent à l'évidence notre moyen de communication avec autrui ; mais il s'en faut de beaucoup que ce soit le lot de tous. En sorte que, dès le départ, se pose la question du nombre des « lettrés », c'est-à-dire de ceux qui savent lire et écrire couramment ; ensuite, celle de la langue dont ils usent. Je ne puis éviter de m'y arrêter. Tout de suite, une fracture capitale s'ouvre dans la société : une part, mais vraiment misérable, d'individus possèdent des aptitudes qu'ils ont acquises par profession, puisque leur « ordre » est celui des gens qui savent, et ils ont appris dans les écoles à lire et à écrire afin de communiquer la parole de Dieu. Pour la quasi-totalité, ce sont des clercs ; au cours des siècles, leur nombre est resté à peu près constant : quelque 20 000 sur les 3 millions d'Anglais de 1450 ; une proportion avoisinant les 10 % en France sans doute. Quant aux gens des autres ordres, si la moitié d'entre eux savent lire, ceux qui écrivent sont en nombre infime ; le chroniqueur Villani dit bien que, en 1370, 70 % des Florentins s'y comptent, mais c'est probablement pure vantardise de citadin arrogant. Passons pour les marchands et quelques princes un peu policés, mais c'est sans doute tout, avant 1250. Grégoire de Tours affirme que le Mérovingien Chilpéric, faute de connaître ses lettres, prétendit en inventer d'autres ; et Éginhard nous explique que Charlemagne, en dépit de ses tenaces efforts, ne put jamais tenir une plume : est-ce la faute de ce lointain VIIIe siècle ? Mais, en plein XIe, le Capétien Henri Ier en est encore à authentifier un acte avec une croix. Que dire alors de ses contemporains à la campagne ! Au XVe siècle, il faudra fabriquer des cachets en bois, enduits d'encre, pour permettre à des *condottieri* de signer leurs « montres » de mercenaires ; des Italiens pourtant, les gens les plus déliés du temps.

Qu'ils parlent, qu'ils lisent ou qu'ils écrivent, les hommes et les femmes de ces temps ont été affrontés au problème de l'expression linguistique. Cette très vaste question doit me retenir un moment. La langue du Pouvoir, de la Loi et de la Foi est le latin, même là où aucun soldat ou magistrat romain n'avait mis le pied, soit plus de la moitié de l'Europe « chrétienne ». Que vers le sud du continent, disons en dessous d'une ligne Loire-Danube, un latin dégradé, mutilé, contaminé par des tournures, des accentuations, ait pu quand même former la base d'une langue vernaculaire ouvrant la porte et les oreilles à la langue sacrée peut s'admettre, mais non dans les pays « barbares », francs, saxons, scandinaves, slaves ensuite. D'ailleurs, même là où le « bas-latin » restait vaguement perceptible, celui de l'ibérique n'était pas celui du gallo-romain, lequel n'était pas celui du transalpin. Or les clercs qui entouraient Charlemagne, et provenaient de diverses contrées, entreprirent de purifier la langue sainte : en y réussissant, ils firent une œuvre admirable, mais ils rendirent ce latin « pur » absolument inaudible au commun, aussi bien en ville, où une certaine « élite » pouvait peut-être l'entendre vaille que vaille, qu'au village où le curé, en chaire, dut rapidement le traduire en vulgaire pour se faire comprendre. Relativement aisée en pays « latins », la tâche devenait sans limites quand il fallait passer du latin carolingien « ravalé » au picte, au breton ou au saxon.

Entre 800 et 950, du nord au sud de l'Europe, le reflux rassembla le vernaculaire dans le domaine de la communication de tous les jours, et le latin triomphant ne fut plus que la langue des doctes. On se demande dans de telles conditions si le code, la chronique, le poème ou le roman, rédigés en latin, du IVe au XIIIe siècle, avaient la moindre chance d'être perçus ou suivis par le vulgaire – par le vulgaire de ce temps, certes, mais aussi par le nôtre puisque, en France par exemple, on enseigne (ou l'on enseignait !) aux enfants que la « littérature » du Moyen Âge n'avait rien à offrir, avant Joinville ou Villon, que trois phrases datant d'un serment de 842 à Strasbourg, une « cantilène » en l'honneur d'une sainte femme au début du XIe siècle et la *Chanson de Roland* à peine plus tard. Puisque tout le reste, et encore pendant longtemps, était en latin, cela n'existait pas : on ne le lit pas, *non legitur*. Mais quand il fallut rédiger un contrat marchand, mesurer un champ, désigner un outil ou même prononcer une sentence, il fallut bien se faire comprendre ; dès lors, la langue parlée exigeait sa place dans les écrits où il faut éviter la contestation, l'erreur, le dol. Dès la fin du XIe siècle, noms, mots, formules en langue commune s'introduisent à l'intérieur du texte latin. En Catalogne, en Provence, en Auvergne, et en Italie naturellement, ce fut chose aisée ; plus au nord, au XIIe siècle, on hésite encore : on dit *gallice, quo vulgo dicitur*, suivis du terme vulgaire. En sorte que bientôt, et pour simplifier les choses, c'est le texte entier qu'on rédigea en vulgaire, en anglo-normand, en oïl, en picard, en lorrain ; en pays d'oc, on usera du poitevin, du gascon, du toulousain, du provençal.

Ces textes sont d'abord destinés aux gens des villes qui en ont besoin dans la vie quotidienne, ou à l'aristocratie qui veut entendre chanter des exploits à imiter. Passé 1240 ou 1250, le pas sera franchi partout. Et si nous ne pouvons entendre les voix, au moins pouvons-nous lire les écrits.

Et l'écrit

Dans une civilisation du geste et du verbe, l'oralité est, à coup sûr, le support de la communication et de la connaissance ; mais l'écrit conserve le pouvoir magique que lui ont conféré les Saintes Écritures. Baiser la Bible, déposer dans la tombe le phylactère qui porte invocation et identité du défunt ne sont pas que des « signes » de la piété ; c'est une marque de soumission au pouvoir de la chose écrite quand elle doit toucher l'éternel : conception méditerranéenne peut-être, mais les runes scandinaves avaient sans doute une même valeur. Faute d'avoir des voix, l'historien a donc des textes et de toutes natures. Ils sont innombrables, et c'est pure coquetterie d'érudit que d'affecter une grande tristesse de la disparition de tant d'entre eux ; en réalité, et honnêtement parlant, on n'a pas consulté ou utilisé plus du quart de ceux qui sont conservés dans nos dépôts d'archives. En s'en tenant à la France seule, en ne comptant ni les textes juridiques, ni les œuvres littéraires, ni les premiers documents notariaux ou comptables, c'est-à-dire en se bornant aux seuls actes « de la pratique », sait-on que nous possédons dans nos collections publiques, pour la période IXe-XIVe siècle, plus de 5 000 cartulaires, c'est-à-dire des recueils de copies, de quelque 200 pièces chacun, à peu près autant de documents originaux ou en copies isolées, soit près d'un million et demi de textes ? Et ce volume triplera aux deux derniers siècles médiévaux. Certes, la répartition dans le temps, et dans l'espace aussi d'ailleurs, est fort irrégulière, et les disparitions doivent autant à la volonté des contemporains qu'aux accidents naturels ou humains ; on a éliminé les documents jugés inutiles ou sans valeur durable, ce qui a accru la masse préservée des textes de nature « juridique ». C'est justement ce souci de trier et de classer qui, à la fin du XIe siècle, marque le triomphe progressif de l'écrit. Mais le témoignage de ces textes est partiel et partial, car ils ne nous montrent le monde que tel que le voyaient les clercs ; c'est une contrainte et une mutilation qu'il ne faut jamais perdre de vue.

L'art d'écrire s'apprend à l'école ; il n'est pas inné. Il est difficile, car il n'est pas seulement la tenue d'une plume ou d'un ciseau ; il faut aussi posséder la connaissance du latin, des auteurs antiques, des « philosophes », des Pères, tout ce qui fait l'objet de la « grammaire » et de la « rhétorique » dans les écoles et dans les monastères. Il faut aussi être maître des mots, de leurs sens divers, de leurs contenus opposés, ce qui ouvre à la discussion et à la persuasion. Toute une technique, largement d'origine grecque, celle de la *disputatio*, doit permettre de faire progresser la réflexion chez les doctes et la croyance chez les fidèles. La « dialectique » permet l'étude des idées générales, des concepts, des « universaux », comme l'on dit au Moyen Âge : Dieu, le Bien, le Mal, les Vertus, le dogme… L'apport médiéval dans cet essor de la pensée est prodigieux. Malheureusement, est-on certain que le vigneron ou le tisserand y aient été en quoi que ce soit mêlés ?

Si j'écarte, dans un premier temps, le poids des connaissances acquises par l'écrit, je dois d'abord examiner quelques problèmes de nature technique, simple survol de questions pratiques. En voici quelques-unes. Qui écrit ? Des hommes en quasi-totalité ; nous avons bien quelques signatures féminines, mais les rares œuvres prêtées aux romancières ou aux poétesses, une poignée d'ailleurs, de Dhuoda au IXe siècle à Christine de Pisan au XIVe, ne nous sont pas parvenues de leur main ; de plus, les « lais » de Marie de France ne sont probablement pas d'elle, et c'est sans doute Abélard qui a écrit les lettres d'Héloïse. En ces temps, et pour bien des siècles encore, les femmes ont la parole, mais non la plume. Les hommes qui rédigent sont quelquefois des laïcs, comme les tabellions italiens dès le VIIIe siècle, ou les comptables marchands et les scribes des villes au XIIIe, lorsque l'économie a exigé la multiplication des écrits. Mais dans l'écrasante majorité ce sont des clercs, tâcherons des bureaux d'écriture épiscopaux que sont les « officialités », chapelains des princes ou des seigneurs, moines surtout, travaillant à dix ou vingt sous la dictée, dans les *scriptoria*, les « écritoires » des couvents, pour multiplier les copies d'œuvres pies, au risque évident d'inattention ou d'incompréhension, qui font fleurir les erreurs, à la grande joie de nos érudits tatillons.

Les foudroyants « progrès » actuels dans le tronçonnage de la langue, syllabes avalées, contraction des mots, ivresse des sigles incompréhensibles aux non-initiés, autant en paroles que par écrit, nous interdisent de critiquer les procédés d'abréviation systématique des scribes médiévaux. Cette pratique a connu un usage constant dans certains types de textes, philosophiques ou scientifiques, ou à certaines périodes, XIe-XIIIe siècle surtout. Elle n'a jamais reçu d'explication satisfaisante : souci d'aller plus vite ? économie de place ? nature de l'instrument graphique ? On en discute, comme pour nos usages modernes. Mais on comprend les difficultés supplémentaires à la lecture d'un document médiéval : il dresse devant nos contemporains des obstacles de taille. Quant au geste graphique lui-même, il exige pour être déchiffré des techniques souvent ardues de lecture paléographique. Certes, l'histoire de l'écriture est bien maîtrisée aujourd'hui : elle fait toute sa part au support ou à la nature de l'instrument, et à leurs contraintes ; mais aussi au volume des textes à rédiger, à l'importance du témoignage, au public qu'ils concernent. Des « notes brèves » de notaire, des plumitifs de greffier en justice iront jusqu'à paraître « illisibles », comme les qualifie le profane. Mais un diplôme royal, un contrat « parti », c'est-à-dire rédigé en deux exemplaires, un bail à ferme seront soignés, voire pourvus de filets colorés et de lettres ornées. Et, naturellement, de telles remarques valent pour les œuvres littéraires, juridiques ou philosophiques dont l'ornementation, de surcroît, va jusqu'à la miniature, qui exige l'appel à un artiste, et soutient un large volet de nos connaissances, spirituelles et plus encore matérielles. On retiendra aussi qu'à certains siècles, par souci de clarification, souvent d'origine royale, ou publique en tout cas, le geste a repris une régularité qui nous enchante. Le dépouillement des ligatures et des déformations abusives, héritage quasi immédiat des graphismes de l'Antiquité tardive et de son épigraphie, l'écriture sur pierre, donna naissance d'abord à l'« onciale » des VIe-VIIe siècles, puis surtout à la « caroline », issue de l'« école du Palais » carolingien au temps de Louis le Pieux et à la fin du IXe siècle ; elle fut suivie d'une cursive plus hâtive, qualifiée de « gothique primitive » entre 1150 et 1250, enfin de la « romaine » d'Italie, à laquelle l'imprimerie, dès les presses des Manuce autour de 1500, conféra la dignité d'un clair graphisme qualifié abusivement d'« humanistique », et qui est devenue la nôtre, sans résistance sérieuse des claviers d'ordinateur.

Si les temps médiévaux n'ont pas, avant leur fin, durablement marqué nos manières d'écrire, ils ont laissé une base capitale de notre culture écrite. De l'encre, celle de la Chine ou de l'Égypte anciennes déjà, je ne dirai qu'un mot : mélange aqueux de noir de fumée, de colle et de sulfate de fer, avec des nuances qui ne préoccuperont que les chimistes. Des instruments à écrire, guère davantage : le ciseau sur la pierre, le stylet sur la brique molle ou la cire, le calame de bois dur pour le support végétal, la plume d'oiseau – l'oie de préférence – pour la peau animale. Ce qui en découle, ligatures, épaisseurs, pleins et déliés, intéresse les savants ; le commun n'en a cure. En revanche, c'est l'essentiel, deux problèmes méritent un arrêt ; ils nous importent d'autant plus que nos procédés modernes en ébranlent fortement le long usage.

Le premier touche au support matériel de l'écrit. Éliminées les inscriptions lapidaires ou l'épigraphie tumulaire, les siècles médiévaux ont usé de supports végétaux ou animaux. Nous n'avons pas conservé, ou pas découvert, de traces d'écriture sur des écorces, comme celles de bouleaux en pays slaves, mais des plaquettes de bois de diverses origines, peupliers ou conifères surtout, enduites de cire pour y porter des inscriptions ou des dispositions à effet immédiat, dont on effaçait ensuite la trace. Ce procédé, très largement en usage aux temps antiques, a été longtemps jugé secondaire aux temps médiévaux ; mais, quelques traces archéologiques à l'appui, on se demande aujourd'hui si cette pratique, qui n'a évidemment guère laissé de traces, n'était pas à mettre au rang de nos « brouillons », « notes de service » et « aide-mémoire ». Le support végétal privilégié dans les temps anciens était, comme l'on sait, le papyrus, roseau semi-aquatique et dont les tiges, à l'égal de celles du sureau, fendues, croisées et encollées, fournissaient une solide trame quasi textile. L'usage en est attesté en Extrême-Orient et en Égypte longtemps avant notre ère, et l'Antiquité méditerranéenne en a largement usé. Malheureusement, bien que très souple et rebelle au feu, ce support d'origine subtropicale résiste fort mal au froid et à l'humidité, comme aux rongeurs. En outre, son apport en Occident, une fois l'Islam maître des rives méridionales de la Méditerranée, devint si onéreux qu'on dut y renoncer au VIIe siècle ; l'Italie et la Curie romaine tinrent bon jusqu'au milieu du XIe, puis l'abandonnèrent. L'état lamentable des lambeaux « mérovingiens » atteste suffisamment cet échec. Le papier, qui tire son nom du papyrus, relève des mêmes procédés de fabrication ; connu en Chine avant notre ère, c'est une pâte de coton ou de sciure de bois, elle-même souple et même plus résistante aux caprices du temps, mais très vulnérable au feu, et fort goûtée des rats et des vers. Parvenu en Islam occidental, Sicile et Andalousie dès le XIe siècle, on ne le trouve en pays chrétien – et uniquement à base de bois – qu'au milieu du XIIe siècle, en Roussillon, en Provence. Mais dans la pratique quotidienne il n'apparaît qu'au XVe siècle, et encore sa soif de l'encre le cantonne-t-elle aux brouillons et plumitifs dont il boit le texte des deux côtés à la fois. Cette infirmité redoutable du papier, comme autrefois le coût exorbitant du papyrus, assurèrent le triomphe du support animal : le parchemin, du nom probablement de la région de Pergame en Asie Mineure ; il était d'ailleurs connu et utilisé avant la chute de Rome. Il s'agit de peaux jeunes, sans rognures et sans œil, soit de veau mort-né – c'est alors le précieux « vélin » –, soit plus communément de mouton, finement tondues. Imputrescible, ininflammable, rebelle à l'eau et à la dent, récupérable après grattage, le parchemin n'a contre lui que son étroite dépendance à l'égard des éleveurs et des tanneurs. Même de coût limité, il est l'objet d'un commerce actif, surtout lorsque se développe l'écrit, celui des psautiers de bourgeois, ou, dans les écoles, la pratique des « feuilles volantes », les *peciae,* pour annoter les paroles du maître ; des foires en font même un article de choix, comme celle du Lendit, en face de Saint-Denis, et pour les écoliers de l'université de Paris.

Un deuxième élément suffirait à donner aux temps médiévaux une place de premier ordre dans l'histoire de la culture en Occident ; et peut-être, malheureusement, en apercevons-nous la fin. Ces siècles ont inventé le livre, le *codex* comme disent les doctes. Tandis que les usages antiques avaient privilégié les textes en rouleaux, les *rotuli* fixés à un bâton à chaque extrémité, et que l'on déroule ou enroule selon les besoins de la lecture, c'est dès le IIe siècle de notre ère que surgit l'idée de coudre sur un côté des feuilles séparées, maintenues dans une reliure commune. Or, si le papyrus se prêtait mal à ce traitement, en raison de sa mollesse naturelle, le parchemin, au contraire, permettait par ce procédé une lecture de plusieurs passages d'un même texte par simple usage de plusieurs doigts, et sans nécessité de manipuler le rouleau pour y parvenir. Si la conservation des *rotuli* était certainement plus aisée, celle des *codices* le devint dès que se fortifièrent les reliures, en bois parfois, qui autorisaient leur rangement à la verticale. Le but à atteindre, permettre une consultation multiple, élimina la pratique du rouleau. Cette manipulation, de simple bon sens, s'efface aujourd'hui, comme on le voit, devant les remarquables « progrès » que constituent les écrans, déroulant leur texte en continu sauf à recourir à des manœuvres complexes, par un surprenant retour à des usages abandonnés pour leur incommodité.

Qu'apprendre ?

Dans une société qui tient encore étroitement à la Nature et aux besoins de survie qu'elle satisfait, il est bien certain que l'on n'a nul besoin de connaître la *Logique* d'Aristote, pas même de savoir lire ; seule la maîtrise des gestes importe. Mais dès que le groupe devient une société d'hommes, il faut d'abord qu'il se dote d'une langue d'échanges entendue de tous ; alors, l'oral et le bon usage qu'on en fait dès les premiers âges n'imposent en rien qu'on la lise ou écrive : la parole se chargera de la diffuser, de la répéter. Voilà un niveau de « culture » qui pourrait suffire à l'homme de peu. Mais s'il se hisse au niveau d'un ensemble vivant en société, le chiffre pour la vie d'échanges, le texte saint pour marquer une croyance s'imposent ; il faut alors s'en remettre à un homme de l'art ou réciter un texte appris par cœur. Dans ces deux cas, l'intervention d'un « spécialiste » qui a les connaissances suffisantes et peut servir de « passeur » entre l'homme et la science, entre le croyant et Dieu, est indispensable. Cette remarque, particulièrement banale, a pour objet de cerner tout de suite deux contraintes : d'une part, le « commun » n'a en principe rien besoin d'apprendre et s'en remet à ceux qui savent ; d'autre part, ceux qui savent sont les ministres de la Divinité. Dans un tel type de société, ce sont donc les clercs, et eux seuls, qui sont maîtres de la connaissance, au moins sur la ligne de départ. M'occupant surtout des « petits », je pourrais donc m'arrêter là. Mais ces clercs ont aussi pour mission d'encadrer ces hommes sur la voie du Salut ; il faut donc qu'ils diffusent vers le bas ce qu'ils ont acquis par le haut. Un curé de village, un chapelain de château, un chanoine en ville en auront le soin : ils commenteront les épîtres ou l'évangile du jour, feront réciter des psaumes au texte obscur, voire incompréhensible, mais qui sont les chemins de la foi, comme le sont les sourates du Coran pour les « infidèles » ; peut-être expliqueront-ils les raisons d'une décision des pouvoirs locaux, s'ils l'ont eux-mêmes saisie ; ou bien ils rappelleront la coutume du lieu. En ville, l'audience ainsi captée pourra être relayée par la circulation de recueils légers, illustrés au besoin, et auxquels le nom de « manuels » sera des plus appropriés ; mais ceux-là même ne passeront qu'entre les mains d'une minorité de citadins ou de seigneurs, ayant accès à la lecture, en langue vernaculaire naturellement. À partir du XVe siècle, lorsque le niveau culturel s'élèvera, bestiaires et traités d'agriculture, comme la *Fleta* anglo-normande ou le *Viandier de Taillevent* au XIVe, toucheront plus que l'élite. Le volume des textes profanes qui se veulent didactiques prend son envol aux derniers siècles médiévaux, quand la « culture livresque » pénètre dans la masse jusqu'alors *illitterata*.

Cette « culture », les doctes l'ont acquise aux écoles et je vais y venir. Mais elle est, à peu près entièrement, un héritage de l'Antiquité. Elle constitue la base du savoir que l'on attend d'un « citoyen », d'un homme libre au regard du droit, assez fortuné pour ne pas être contraint à travailler de ses mains, en mesure d'exercer au besoin un rôle civique ou politique (deux adjectifs qui évoquent la ville) ; en somme, ce que l'on attend d'un « honnête homme », comme l'on dira à l'âge « classique ». Le souci de réglementation qui sous-tend la réflexion romaine avait introduit au début de l'ère chrétienne, par exemple sous l'influence de « rhéteurs », c'est-à-dire d'avocats professionnels comme Quintilien au Ier siècle, l'idée d'un enseignement par disciplines, par « arts », c'est-à-dire par types de métier qui auraient à en user. Ce cadrage dépassa les bornes des siècles romains ; il fut récupéré à l'aube des temps médiévaux, aux Ve et VIe siècles, en Italie par les conseillers des princes, comme Boèce ou Cassiodore, puis adopté par l'Église et ses lettrés comme le fondement technique de toute réflexion sur l'Écriture ou le dogme. On y accédera par trois voies – le *trivium* – difficiles à dissocier, car elles s'épaulent l'une l'autre : la grammaire pour maîtriser la langue sacrée, la rhétorique pour accumuler et définir les notions juridiques et morales, la dialectique pour organiser un raisonnement et opposer les réponses. Tant à l'époque des maîtres grecs avant notre ère qu'au moment où se développera au Moyen Âge un enseignement de haut niveau, la grille de réflexion, le système logique de pensée sont ainsi fixés. Réunir les données acquises, c'est la *quaestio* ; en tirer un enseignement, c'est la *sententia* ; la soumettre à la critique, c'est la *disputatio*. Qu'il s'agisse des règles de la vie courante, d'un problème de droit ou de morale, et même d'une notion abstraite, de foi, de dogme, telle est la démarche que l'on suit aux « écoles », la « scolastique ». L'Église l'a faite sienne, tout en redoutant, en condamnant même parfois, l'étape de la *disputatio* par laquelle les esprits subtils lui échappaient. Car lorsqu'il s'agit d'une question touchant à la foi, à la Divinité ou, plus simplement, au Bien et au Mal, le risque d'une déviation dans la bouche du maître qui soutient une réponse pourrait bien entraîner erreur et hérésie chez le docte et chez ses auditeurs. C'est d'ailleurs là que se place l'apport principal de la réflexion médiévale dans l'histoire de la pensée occidentale. Et, sans entrer par trop sur un domaine qui excède mes compétences comme mes convictions, je dois rappeler l'importance de deux questions dont on débattit dans les écoles et en chaire du XIe au XVe siècle.

Tout d'abord, et sous la forme que lui donna Anselme du Bec dès 1100 : « Faut-il croire pour comprendre ? Ou comprendre pour croire ? » Dieu ne peut être que pour la première réponse : la réflexion ontologique est donc à la base de la foi, et corsète tout l'enseignement de l'Église dominante. Hésiter à répondre, c'est-à-dire soumettre à réflexion les « preuves » de l'existence de Dieu, c'est s'écarter de la vraie voie, comme le fait Abélard à peine plus tard : *Sic et non*, « Oui et non ». C'est au XIVe siècle seulement que l'apport, d'origine anglo-saxonne, des vertus de l'expérimentation pour éclairer le débat fera peu à peu pencher pour le « non ». Le deuxième problème, fort lié au précédent d'ailleurs, souligne le poids et le goût des mots dans la société médiévale. Les concepts, les « universaux », qui nous servent à désigner un ensemble de notions ou d'idées, existent-ils en tant que tels ? Sont-ils des choses, des « réalités », des *realia* ? À l'admettre, on est ainsi « réaliste », alors même que ce terme aurait aujourd'hui plutôt un relent de scepticisme. Ou bien ne sont-ils que des mots, *nomina*, des notions intellectuelles imaginées par l'homme et rien d'autre ? L'admettre, c'est être « nominaliste ». Tant qu'il s'agit d'éléments proprement humains, comme celui de « femme » ou de « nature », ce pourrait n'être que jeux d'esprit. Si l'on discute de notions plus morales – le Bien, le Mal, le Beau, le Vrai –, un risque paraît, mais modeste puisqu'il n'entame pas la foi. Mais si c'est de Dieu qu'il s'agit ? Est-il « réel », et n'a-t-il donc besoin d'aucune démonstration à l'égal d'un postulat ? Ou bien est-ce une création de l'esprit humain ? Les réalistes invoqueront Platon et l'âme ; les nominalistes tiendront pour le « premier » Aristote et la nature. Dans un camp Augustin et les Pères, dans l'autre le musulman Averroès et les « catégories » du « deuxième » Aristote. Lorsque, au XIIIe siècle, s'introduisirent en Occident, par les soins des penseurs « arabes », la totalité de l'œuvre du maître grec et ses contradictions, c'est cette pensée même que l'on se déchira. Un compromis faisant quelque place à la raison, pour tirer Aristote vers la pensée chrétienne, fut bien tenté par Thomas d'Aquin : il lui valut d'être condamné en 1277, puis canonisé en 1333, enfin hissé aujourd'hui au sommet de la révérence de nos philosophes, car ainsi va la pensée.

Si je me suis longuement attardé à ces problèmes quasi d'ordre métaphysique, c'est pour souligner l'aveuglement de tant de « modernes » devant les progrès de la pensée humaine en ces siècles qu'ils qualifient de « gothiques ». Mais je ne suis pas dupe : ni le vigneron de Bourgogne, ni le berger des Causses, ni le tisserand de Flandre n'ont entendu parler d'Aristote, peut-être même pas leur curé de village. Or, par un curieux renversement que notre temps actuel rend plus sensible encore, tout un pan de connaissances a davantage de chances d'intéresser le commun d'à présent que celui des temps anciens : ce sont les « sciences », comme l'on dit par commodité aujourd'hui, toutes ces disciplines où l'âme n'a rien à voir, mais où l'homme de tous les jours pourrait trouver son grain. Or le *trivium* ne peut que leur ouvrir un aperçu idéologique, et l'Église n'y est guère versée. Mieux encore, elle s'en méfie comme pouvant devenir le repaire du doute et de l'hérésie. Leur enseignement figure bien dans la scolastique : ce sont les « quatre chemins », le *quadrivium*. Mais en ces temps aucun d'entre eux n'a mené bien loin, ou plutôt ils n'ont produit que des gloses, c'est-à-dire des commentaires, ou bien des traductions, des descriptions sans vue d'ensemble. Les « inventions » sont même presque toutes le développement, au mieux la systématisation, de découvertes antiques, ce qui n'est pas rien, certes, mais fait pâle figure dans le « bilan » médiéval : que valent le vilebrequin ou le montage à clin, face à la *Somme* de saint Thomas ? Le *quadrivium* ouvre sur des domaines dont j'ai d'ailleurs parfois parlé plus haut. Ainsi de la « musique », qui est l'étude de l'harmonie des sons et de celle des formes. Les moines, clunisiens notamment, ont amplement utilisé les trouvailles de Gui d'Arezzo, en fixant sur les portées musicales de l'Italien les six notes de base que, depuis le XIe siècle et en les suivant, on continue à désigner par les initiales de chaque verset d'un hymne à saint Jean. On a bien affirmé qu'il fallait aussi voir dans la « musique » l'art de gouverner les hommes, mais on a du mal à en donner des preuves ! L'arithmétique et la géométrie, qui viennent ensuite, ont certainement permis constructions et arpentages. Les carnets de dessins, comme ceux de Villard de Honnecourt au XIIIe siècle en France du Nord, attestent bien une maîtrise des règles de la géométrie ; mais les erreurs d'estimation dans les distances ou les perspectives « cavalières », les tâtonnements aussi des architectes dans le calcul des poussées et du poids des voûtes dressées au-dessus de nombre d'édifices, tout cela montre bien que l'expérience au chantier a souvent prévalu sur le calcul en salle pour le bâti ou la mesure. Quant à la voie de l'astronomie, sans cesse menacée par la crainte d'être taxée de glissement vers l'astrologie, elle se bornera longtemps au comput et à l'observation des mouvements dans le ciel, d'ailleurs niés par Aristote ; il faudra attendre, au XVe siècle, l'afflux des manuscrits grecs et arabes pour arracher cette science au simple psittacisme.

« Manuscrits grecs ? » Oui, et même lus dans le texte quand on est un « humaniste » comme Salutati avant 1400. La connaissance de la langue dans laquelle tant d'œuvres venues de l'Antiquité étaient rédigées n'avait jamais été perdue ; mais elle se confinait dans quelques couvents, ceux qui avaient gardé contact avec l'Orient, ou bien chez quelques savants curieux, tel Scot Érigène aux temps carolingiens. Mais c'était plutôt le monde des marchands qui s'y frottait, par nécessité professionnelle naturellement. On traduisait en passant par des intermédiaires ibériques, siciliens, byzantins. Pour tous les autres, on abandonnait : *graecum est : non legitur.* L'Italie, comme à l'ordinaire plus ouverte sur le monde, créa même un enseignement du grec à Florence au milieu du XIVe siècle, mais sans guère de succès. Même les esprits déliés, comme Pétrarque à la même époque, ou Boccace, ne connaissaient que quelques mots, tout en professant une vive admiration pour la « langue des dieux ». Pétrarque avait acquis un Homère qu'il avait placé sur un lutrin au centre de sa demeure, venant le baiser tous les jours et y invitant ses hôtes. C'est la décomposition des derniers lambeaux de l'empire d'Orient avant 1453 qui fit affluer en Italie des érudits ou des collectionneurs, arrachant leurs trésors aux Turcs. Certains, comme le cardinal Bessarion, arrivèrent même avec de véritables bibliothèques ; des pontifes, comme Nicolas V, multiplièrent les ateliers de traduction, et l'imprimerie fournit en 1476 la première édition d'une grammaire grecque. Devenu accessible, et même, après 1500, objet d'une mode érudite, le grec réhabilité ne fut pas sans danger pour l'Église : on se trouva souvent face à de mauvaises traductions d'autrefois, qu'il fallut rectifier. Bien que je répugne, à l'ordinaire, à user du mot de « Renaissance » qui jette un injuste opprobre sur les temps antérieurs, il faut convenir que le retour du grec provoqua un choc profond, et même au-delà du petit cercle des « humanistes » professionnels : ce n'était pas en latin qu'avaient été rédigées les Saintes Écritures, mais en araméen, en hébreu, en grec, avec des traductions successives ; que valaient alors la Vulgate latine de saint Jérôme au IVe siècle, les commentaires de saint Augustin au Ve, d'Isidore de Séville au VIe, de Grégoire le Grand au VIIe, puisque ces savants, ces théologiens pensaient et écrivaient sur des traductions, peut-être douteuses ? À l'inconfort global des fidèles au XVe siècle, le doute s'ajouta : on peut avancer que l'accès au grec fut l'une des racines de la Réformation de l'Église.

Et où ?

Tout homme est légitimement habité par le souci de transmettre le fruit de ses efforts ici-bas. Instruire ceux qui suivront est donc une préoccupation naturelle : on peut la satisfaire en apprenant à ses fils ou à ses filles gestes et recettes quotidiens. C'est évidemment le cas des sociétés « primitives » : c'est alors la parenté qui enseigne, et cela n'exclut pas l'innovation et le progrès. Mais s'il s'introduit dans le groupe, par exemple, l'idée d'une divinité à servir, ou bien si le souci d'accumuler prend place dans l'esprit, il faut aller au-delà, par exemple user des chiffres et des lettres, ce qui implique qu'on les connaisse soi-même. Pour les filles, cela pourrait suffire : procréer et entretenir le feu n'exigeaient pas qu'on en sache davantage. Mais si l'homme prétend s'occuper des affaires d'un groupe, s'il doit argumenter, vendre ou acheter, il lui faudra apprendre, et hors de chez lui. Ces considérations banales ont pour objet de montrer que l'homme pourrait en effet parfaitement demeurer, comme un simple animal, dans la « sainte ignorance » à laquelle saint Bernard l'invite à se contenir, afin de se consacrer entièrement à la louange de Dieu. Mais s'il ne veut ou ne peut se contenter de cette « oisiveté », il doit passer sous le contrôle de ceux qui savent, et qui, aux temps médiévaux, sont tous gens d'Église. L'école s'ouvre donc à nos yeux.

Les temps antiques ne connaissaient rien qui y ressemblât. Les maîtres, rhéteurs, *grammatici* ou sophistes, n'obéissaient à aucune organisation d'ensemble ; ils professaient sans lieu d'étude fixe, sans contrôle aucun, selon la demande des riches qui les payaient pour avoir accès à leurs connaissances ; cela limitait évidemment leur audience à une élite. À la fin des temps romains, certains étaient même de statut servile ; beaucoup, introduits de ce fait dans les premiers groupements chrétiens, y dispensèrent leur savoir. Cette espèce de professorat libre, largement profane et presque exclusivement réservé aux familles les plus aisées, s'apparentait plutôt à un préceptorat laïc. On a la preuve, en dépit de la désastreuse réputation intellectuelle de l'époque « barbare », que ce type d'enseignement subsista avec un certain éclat jusqu'au VIIe siècle en Gaule, en Espagne, en Italie. Dès ce moment pourtant, la contagion d'un enseignement introduisant des données proprement chrétiennes ébranla de telles pratiques. En effet, les monastères attirèrent à eux une « clientèle » d'enfants ou même d'adultes, en général de provenance aristocratique, et auxquels on se proposait d'enseigner, outre les « arts » dont je parlais plus haut, les rudiments du dogme. Irlandais, Anglo-Saxons, mais aussi Italiens arrachèrent donc peu à peu, et avec l'appui de l'Église romaine, leur influence aux grammairiens d'antan.

C'est l'époque carolingienne qui a constitué la césure la plus nette. Pour une fois conforme à sa réputation quasi hagiographique, Charlemagne a réellement imprimé sa marque à l'histoire de l'enseignement en Europe ; ou ce fut, en tout cas, son entourage de clercs anglais, italiens, espagnols. Un capitulaire, une *admonitio generalis* de 789, prescrivit l'installation d'une école dans chaque paroisse pour les plus démunis des sujets âgés de sept à douze ans. Cette disposition, comme la plupart de celles qu'on imagina en ces temps, ne fut sans doute pas suivie de réels effets pratiques. Elle restera bien, cependant, à la racine de la légende de l'empereur barbu louangeant les écoliers pauvres et dociles et fustigeant les élèves riches et paresseux ; qu'on prenne garde néanmoins que la fameuse « école du Palais » ne fut jamais qu'un modeste cercle de conseillers oisifs où le prince n'était pas le seul à ne pas savoir écrire. Mais l'effet évident de ces préoccupations, même restées théoriques, fut bien de faire passer définitivement l'enseignement aux mains de l'Église.

L'histoire de l'école, dans un pays comme la France fort attaché à sa « culture », est très connue et je vais me contenter d'une esquisse afin de ne pas tomber tout de suite dans la traditionnelle et béate admiration pour les universités, ce « bel enfant » du Moyen Âge. Tout d'abord, si j'étais logique avec mon objectif tant de fois affirmé, je m'en tiendrais là. Certes, l'enseignement destiné aux petites gens a, comme un fil rouge à suivre, modestement traversé tous les siècles. Les « petites écoles », comme l'on dira au XIXe siècle, sont toujours là. Les garçons, de sept à douze ou quatorze ans, sont invités à écouter, ou écoutent vraiment, le curé de la paroisse ; en ville, ce sera un *magister*, désigné par l'official de l'évêque. Les élèves sont réunis, à six ou dix, dans un local spécial où on leur apprend... on ne sait trop quoi : la lecture, le calcul certainement, le chant, notamment pour les Psaumes. Le maître est un clerc, à l'occasion un chanoine ; sa science est souvent discutée par les parents des enfants, en sorte que l'on a plutôt l'impression qu'il s'agit d'une garderie plus que d'un lieu d'étude : les enfants s'y battent, jouent à la balle ou aux dés, cassent leurs tablettes d'étude, mais sont volontiers battus par le maître. Aux XIVe et XVe siècles cependant, ces espèces de propédeutique à l'Université se sont renforcées par l'adjonction des notions de savoir nécessaires, en ville au moins, à un élargissement des moyens de connaissance quotidiens ; les « recteurs » de ces écoles nous apparaissent alors plus savants, plus écoutés. Le bilan est-il dérisoire ? Peut-être, notamment si l'on y joint une inévitable partition entre ville et campagne, entre riches et pauvres, entre garçons et filles, ces dernières ignorées de nos sources et probablement cantonnées à des rudiments « domestiques ». Au moins s'amuse-t-on bien à l'école, si l'on en croit ceux qui, tel Guibert de Nogent, ont été affligés par une mère abusive d'un précepteur brutal et ignare : Guibert soupirait de voir, de ses fenêtres, s'ébattre dans la cour les écoliers de son village. Mais l'essentiel est bien qu'il continue à couler un mince filet de savoir profane durant le règne de l'Église dominante.

Au-delà de ces rudiments, il y a l'enseignement sérieux, celui que dispense l'Église établie, celui dont est presque sortie toute la « culture » médiévale. On distinguera deux grandes phases chronologiques et une coupure en chacune d'elles. La première couvre les Xe, XIe et début du XIIe siècles. L'enseignement y est presque exclusivement celui que dispensent les moines. Il reste replié sur lui-même ; il est l'œuvre de bénédictins, ceux de Cluny, plus avides de recherches que ceux de Cîteaux, adeptes d'une extrême modestie du savoir. Tous se sont instruits par la lecture et la critique des manuscrits rassemblés par eux ; et ils ouvrent leur *studium* aux autres religieux, à quelques aristocrates curieux, ainsi qu'aux « donats », aux « oblats », ces jeunes enfants qu'ils accueillent pour en faire plus tard des moines. Enseignement de riches, pour les riches ; mais formidable quête de textes et de commentaires ainsi préservés du néant. L'éveil des villes au XIIe siècle a cependant fait sentir avec force la nécessité d'instruire aussi des laïcs dont les affaires exigeaient quelque culture profane. Les évêques et leurs chanoines ont alors ouvert leurs cloîtres à un enseignement moins confidentiel et religieux. Du heurt entre ces deux « filières » naquit cette « Renaissance du XIIe siècle » qui n'est pas que livresque ; ce fut la valorisation de la *disputatio* face à la répétition mécanique du « réalisme » à la saint Anselme. Ces écoles urbaines entreprirent d'essaimer au lieu de se fermer : elles justifièrent l'accès à une hiérarchie du savoir, et à une possibilité d'enseigner à son tour, la *licencia docendi*, le droit d'enseigner, conféré par l'évêque. Hugues de Saint-Victor, Pierre Lombard donnèrent ainsi aux écoles de Paris un renom égal à celui de Bologne où Gratien, au même moment, renouvelait l'étude du droit, celui de Justinien, le *Corpus juris civilis*. Parfois, certains maîtres estimaient qu'il fallait aller plus loin : vers 1120 ou 1130, Abélard rompit même avec fracas tout lien envers cet enseignement qu'il jugeait frileux.

Alors s'ouvre une deuxième phase, celle de l'histoire des universités, ce saint des saints où médiévistes de profession et public éclairé communient avec émotion. On a tant fait couler d'encre et de salive sur ce majestueux « héritage » médiéval que je n'y apporterai que quelques bémols. La création de ce qu'on appelle un *studium generale* est un phénomène exclusivement urbain : tant pis pour les quatre hommes sur cinq qui vivent à la campagne et n'en ont probablement jamais entendu parler ! En outre, il ne s'agit, somme toute, que d'une forme d'association de métier, comme il en existe tant d'autres en ville : le rapprochement des maîtres et des écoliers, l'*universitas magistrorum et scholarium,* un fort groupement pourvu, comme il est naturel partout ailleurs, de solides statuts et d'un encadrement ferme. Cependant, son originalité vient de ce qu'elle dépend uniquement du pape ou, à la rigueur, comme en France, du roi ; ce qui la fait échapper au contrôle théorique de l'Église établie, et lui permet de s'ouvrir à tous. Les maîtres ne sont payés que par leurs écoliers, à moins qu'ils ne soient moines eux-mêmes. La moitié au moins de ceux qui fréquentent ces lieux, maîtres et écoliers, ne sont donc que des laïcs : ils n'ont prononcé aucun vœu. Les leçons sont d'ailleurs données dans les rues, sans local fixe ; les « collèges », qu'on voit fleurir grâce aux mécènes – souvent princiers – qui les créent, ne sont que des logements pour écoliers pauvres, même s'il arrive, comme pour celui de Robert de Sorbon à Paris, qu'on en vienne à y enseigner. Les écoliers qui ne sont pas parvenus à obtenir une bourse familiale ou un « bénéfice » d'Église, telle la « chapellenie » d'un riche bourgeois, battent le pavé, et à grand bruit. On a progressivement rangé les auditeurs, en raison de leur « nation » d'origine, ou même de la « faculté », de la nature, de leurs études. Ces catégories débouchent sur un cursus scandé de contrôles qui sont loin d'avoir tous disparu : de seize à vingt ans, l'étude des « arts » dont j'ai parlé plus haut et que sanctionne le grade de « bachelier » (probablement un mot d'argot ibérique qui voudrait dire « mâcheur de biscuit » !) ; deux ans plus tard, la *licencia*, mais qui n'a valeur de diplôme pratique que quelque six ans après, selon la discipline choisie, mais qu'à peine 20 % des écoliers décrochent au terme d'examens pointilleux. Encore faut-il quelques années de plus pour la médecine ou le droit. Quant à la théologie, il faut attendre de toucher au-delà de la trentaine pour l'enseigner à son tour.

Bel édifice qui enthousiasme l'historien ; en réalité, magma informe et sans cesse en formation. Certes, les résultats brillent : une ouverture vers l'extérieur, un brassage sans limite des appétits juvéniles ; rien que du neuf et du louable. Mais pour toutes les formes de pouvoir, quelles qu'elles soient, il n'y a là que des éléments purement négatifs : pour le roi et sa police, l'évêque et ses chanoines, l'abbé et ses moines, le pape et ses dogmes : désordres, blocages, déviations, concurrences, querelles incessantes.

C'est nous qui vénérons l'Université médiévale ; il n'y a pas d'écho de cette admiration chez les contemporains. Au reste, l'ouverture d'une dernière tranche de temps dans ce survol rudimentaire le montrera sans ambages : les institutions universitaires sont apparues, assez massivement, à la fin du XIIe et au cours du XIIIe siècle. Par une sorte de nationalisme attardé, Lombards, Anglais, Catalans et Parisiens se disputent la priorité de ces créations – Bologne ? Paris ? Oxford ? Montpellier ? – entre 1195 et 1220 ; puis une vingtaine d'autres en cent ans. À Paris, de cinq à huit mille écoliers et une quinzaine de collèges, une centaine de maîtres laïcs. Mais la fêlure est immédiate : dès 1230 à Paris, les ordres mineurs, les « mendiants », ont bien senti le danger, pour le contrôle de la foi, de la connaissance et du dogme. Ils s'introduisirent dans l'Université par le haut, c'est-à-dire en se saisissant de ce qui était leur spécialité, leur supériorité : la théologie. Ils inondèrent peu à peu tout l'organisme universitaire, contribuant ainsi et très vite à en dénaturer la raison d'être, pour n'en plus faire dès le XIVe siècle que la caisse de résonance de leurs propres doctrines. Les universités se multiplièrent alors dans toute l'Europe, mais en se mutilant l'une l'autre ; elles passèrent au rang d'instruments des pouvoirs locaux, se figèrent dans un raisonnement ratiocineur qui valut peu à peu au mot de « scolastique » tout son poids péjoratif. Le personnel enseignant, qui restait laïc, glissa, quant à lui, au niveau de la caste héréditaire largement pourvue de biens matériels. Qu'on ne s'y méprenne pas : les grands esprits du temps, un Thomas d'Aquin, un Albert le

Grand, un Buridan, un Bonaventure et tant d'autres, sont des « universitaires », mais d'abord des « frères mendiants ». Et les docteurs du XVe siècle, un Gerson, un Cauchon, si décrié pour une autre affaire, ne sont en rien des esprits de second ordre parce qu'ils étaient, eux aussi, des universitaires. Mais le temps de l'Université rayonnante n'est plus : pratiquement, il aura duré un siècle. Désormais, les esprits curieux cherchent la science ailleurs : auprès de princes mécènes, à Florence, à Rome, à Paris, on ouvre des « académies » pour les riches penseurs, pour les « intellectuels » et non plus les « professeurs ». Le temps d'Abélard est passé : voici celui de Pétrarque, de Ficin, bientôt celui d'Érasme.

L'EXPRESSION

Littré l'affirme : « exprimer » signifie faire jaillir au-dehors ce qui est au-dedans, par la force au besoin. Le mot « extériorisation », s'il n'était fort laid, serait plus approprié qu'« expression » pour qualifier mon propos d'à présent. Ce que l'être humain ressent intimement dans son corps, ce qu'il a imaginé, ce qu'il a appris, ce qu'il veut faire connaître aux autres et leur faire comprendre, c'est à peu près tout ce dont j'ai parlé jusqu'ici. Pour atteindre ces buts, l'homme dispose de bien des voies : il peut recourir au geste, et j'ai rencontré ceux du métier ou des rites ; il peut discourir, voire crier, et sous toutes les formes qu'autorise la voix, en famille, au marché, en chaire. C'est même là une source historique de premier ordre à laquelle j'ai souvent fait appel ; de véritables spécialistes de la parole s'y sont même fait une place de choix : ceux qui ont réuni les « cris de Paris », ceux dont la mission est de propager la voix de Dieu, ceux qui se donnent pour tâche de soutenir les bonnes mœurs et la morale courante, comme le font les frères prêcheurs, dominicains ou franciscains. Le chant et la danse soutiendront de leurs rythmes les échanges, profanes ou non. Pourtant, toutes ces manifestations « naturelles » nous restent difficiles à atteindre parce que l'Église, maîtresse du savoir, redoute les écarts de langue ou d'attitude qui pourraient en provenir. C'est ainsi qu'elle est parvenue à discréditer ou, en tout cas, à occulter jusqu'à nos jours des attitudes « populaires », comme celles qu'exprimaient dans les rues les bandes de « Goliards », écho de la liesse et de l'indiscipline de la jeunesse écolière (l'origine du mot est discutée, mais c'est sans importance). Ces *juvenes*, ces *scolares* s'opposent à l'Ordre, celui de l'Église, celui de la bourgeoisie, par des cris, des défilés, des chants ou d'autres excès que l'on range vite et avec soulagement dans le secteur de l'«anarchie ».

Si ces formes d'expression nous échappent malheureusement trop, en revanche nos manuels croulent sous celles qui nous semblent les plus évidentes et que nous saisissons bien : ce qui a été écrit, ce qui a été bâti et décoré, la littérature et l'art. Et même si les « petits » que je poursuis n'ont jamais lu la chronique de Froissart, ou compris grand-chose au message du tympan de Vézelay, il faut bien que je m'y arrête.

Qui écrit et quoi ?

À ces deux questions de départ, les réponses ne sont pas d'égal intérêt. La première ouvre sur une liste de centaines de noms et de dates à ranger par siècles, par régions, par catégories sociales, voire par sujets traités, bref sur une « histoire de la littérature ». Immense grenier ! Je ne peux qu'en balayer quelques coins. Ce qui me paraît le plus proche de mon point d'observation n'est pas une nomenclature d'écrivains inspirés : jusqu'au XIIe siècle, ils sont presque tous gens d'Église, écrivent en latin et sont donc, en l'état, inaccessibles à l'écrasante majorité des « illettrés ». J'ai déjà parlé du recul de la langue sainte, de l'irruption des plumes profanes et laïques. Ce qui m'importe n'est pas le nom de l'«auteur », mais de chercher sa part personnelle dans l'œuvre qu'on lui attribue. S'il est homme de Dieu, baignant, parfois dès l'enfance, dans l'océan des sources sacrées, cette part personnelle ou directe ne se mesurera qu'au-delà des emprunts, quelquefois des plagiats qu'il s'est permis ; mais c'est alors une affaire de sources d'inspiration et d'influences étrangères. Qu'il ait ensuite confié la plume à un scribe professionnel ou qu'il ait rédigé de sa main est secondaire : c'est une affaire d'enquête autographique quasi impossible et toujours décevante. Mais quand il s'agit d'un laïc, la difficulté devient grande et la recherche essentielle, surtout si cet « auteur » nous a fourni un texte rédigé en latin alors qu'il ignore cette langue ; et cela même, d'ailleurs, s'il s'agit d'une langue vernaculaire. Un exemple, aisé à circonscrire : le sire de Joinville est l'«auteur » d'un *Livre des saintes paroles et des bons faits de notre saint roi Louis,* en réalité un recueil des souvenirs personnels du sénéchal de Champagne comme confident (dit-il) de Saint Louis, et ancien combattant de la croisade d'Égypte. L'œuvre, rédigée dans le but d'aider au dossier de canonisation du roi, a été présentée en 1309, alors que l'auteur avait dépassé quatre-vingts ans ; il évoque donc des événements qui ont un demi-siècle. Le problème n'est pas de scruter la validité des souvenirs d'un octogénaire, ou celle d'un écrit rédigé à des fins hagiographiques, mais de savoir comment ces récits ont été rassemblés. Joinville savait écrire ; nous avons conservé dans un acte d'administration d'une de ses terres deux lignes de sa main, mais d'une extrême maladresse. Il n'a donc pas tenu la plume en 1309 ; pourtant, la vivacité du récit, le style original, le piquant des anecdotes attestent une pensée très personnelle : a-t-il dicté ? Et, dans ce cas, à partir de quoi ? Sa seule mémoire, une enquête, des notes prises au cours des ans ? Si l'on ajoute la relative rareté des manuscrits portant l'Histoire du roi, quelques-uns seulement avant le XVIe siècle, on peut conclure que l'une des plus célèbres œuvres de la littérature française médiévale n'a été ni reçue ni diffusée même chez les gens de cour, et qu'elle est donc restée inconnue du « public ».

L'exemple de Joinville est illustre et m'a retenu par cela même ; mais on peut l'étendre à la quasi-totalité des « auteurs » laïcs. Un éventail instructif :

Guillaume IX, duc d'Aquitaine, poète truculent de langue d'oc, ou Foulques, comte d'Anjou, féru de généalogies, aux XIe et XIIe siècles, la comtesse de Die ou Marie de France et ses « lais » (si elles ont existé), Guillaume le Maréchal et son autobiographie, ou Chrétien de Troyes et ses romans, au XIIIe, tenaient-ils la plume ? Certainement pas ; mais qui alors s'interposait entre leur « œuvre » et le parchemin où on l'a transcrite ? Curieusement, c'est peut-être chez les plus humbles que nous aurions le plus de chances de débusquer d'authentiques auteurs-écrivains, car ils sont fréquemment amenés à se présenter eux-mêmes, et leur « parcours » : ainsi font souvent les « troubadours » des chansons d'oc dans une *razo* préalable au poème ; les « jeux » et les « dits » artésiens du XIIe siècle ont des auteurs connus qui se nomment et se vantent, Adam de la Halle ou Jean Bodin, qui n'avaient sans doute pas de quoi payer un scribe de leur bourse. Évidemment, c'est aux XIVe et XVe siècles que l'on a plus de certitude : ce sont sûrement Froissart, le « Bourgeois de Paris » ou Villon qui ont rédigé leur texte, qu'ils ont même écrit sur parchemin. Et comme ils n'étaient naturellement pas destinés à la publicité, les « journaux », les « mémoires », les « livres de raison » des bourgeois ou des marchands des temps finaux du Moyen Âge n'ont reçu de personne le soin de regrouper des souvenirs personnels.

Il est plus facile, et d'ailleurs plus riche d'enseignement, de poser la deuxième des questions évoquées en débutant. Qu'écrivent ces gens ? Ce qui amène à un survol de ce qu'on appelle les « genres » littéraires. La réponse est très claire : les dix siècles médiévaux nous ont laissé les témoignages de toutes les formes d'expression de la pensée occidentale, fruit des héritages gréco-romain et celto-germanique, avec ici et là quelques nuances, il est vrai, et surtout deux exceptions sur lesquelles je m'arrêterai ensuite. D'abord des traités et des œuvres de piété, dépendants par moitié de la philosophie grecque ou « arabe » et de la foi chrétienne ; leur écho et leur matière brute nous pénètrent encore. Ensuite toutes les formes de rappel du passé, chroniques, annales, biographies, où l'Antiquité méditerranéenne avait ouvert une voie royale, parfois depuis l'origine de l'homme jusqu'à la « fin des temps » ; l'Église y tenait la main. Puis, comme un prolongement poétique, des épopées guerrières, des « gestes » (le mot veut dire « prouesse »), les sagas scandinaves, les chansons germaniques des *Niebelungen*, les « cycles » carolingiens, tous s'appuyant sur la classe dominante des chefs de clan ou des chefs de guerre ; mais l'Antiquité n'avait-elle pas connu l'*Iliade* et l'*Énéide* ? Puis tout le secteur aux faces multiples de la poésie (lyrique, burlesque, moralisante, didactique, satirique) ; des récits de voyages, des descriptions de villes ou de contrées, des manuels techniques, du théâtre enfin, bien qu'assez tard. Tout cela, plus ou moins intact, attire toujours nos plumes ; et d'autant plus que certains « genres » peuvent, plus que jadis, tenter les hommes d'aujourd'hui que nous disons, ou même que nous croyons « lettrés ». Laissons donc cet inventaire quelque peu fastidieux.

Mais voici du nouveau, d'autant plus intéressant qu'il ne peut invoquer de paternité antique et qu'il est aujourd'hui, au contraire, des plus cultivés. Tout d'abord, nous vivons au milieu des dictionnaires et des encyclopédies, et peu importent ici les motifs de cet engouement. Mais l'invention est médiévale : regrouper tout ce que l'on sait ou espère savoir. Peut-être par une attitude de défense dans un monde qui pourrait s'écrouler, et dont on veut rassembler l'héritage : et ce sont les *Étymologies* d'Isidore de Séville au VIe siècle. Ou, au contraire, comme une base de départ optimiste pour un avenir à éclairer : et c'est le *Speculum* de Vincent de Beauvais ou les nombreux *Miroirs* du XIIIe siècle. Il n'y est pas, ou à peine, question d'aborder les données retenues à la manière alphabétique des mots ou des notions ; seuls peut-être les petits recueils illustrés comme les bestiaires y recoururent. Au contraire, le Moyen Âge a triomphé dans le domaine des tableaux généraux, mis en vers ou non, et en langue vulgaire le plus souvent : les vingt mille vers du *Roman de la Rose*, et surtout la partie qui est l'œuvre de Jean de Meung à la fin du XIIIe siècle, et les dix mille de la *Divine Comédie* de Dante au début du XIVe offrent un tableau du monde ; et le nombre considérable des manuscrits qui nous en sont parvenus, plusieurs centaines, semble attester un succès excédant bien largement une simple élite. Il faudrait sauter par-dessus les siècles « modernes », tous pénétrés d'un « humanisme » où l'homme est tout, pour retrouver un tel niveau : et ce seront les « Lumières », bien plus tard.

L'autre secteur littéraire né aux temps médiévaux est le roman. Pour nous, c'est le type même de l'œuvre écrite : on en publie aujourd'hui en France plus de sept cents chaque année. L'Antiquité avait bien connu quelques contes à personnages, au temps d'Horace ou d'Ovide, mais le « genre » était, semble-t-il, peu goûté. Les premières « chansons » en latin ou en vernaculaire qui inaugurent cette approche sont du XIe siècle et souvent versifiées ; fabliaux et « nouvelles » se multiplient entre 1170 et 1230, comme une preuve de l'acculturation du populaire ; entre le milieu du XIIIe et le XVe siècle, c'est une floraison, de l'Anglais Chaucer à l'Italien Boccace, en passant par les auteurs du *Renart*, par Rutebeuf ou par *Aucassin et Nicolette*. Le « roman », qui n'est à l'origine qu'une œuvre quelconque en langue romane, devient un écrit dont les caractères sont constants : une anecdote, des personnages typés, un sujet profane et une esquisse de sentiments personnels ; la dimension chrétienne, les vertus héroïques s'effacent devant un réalisme mêlant une historiette captivante à la vie quotidienne. Les conteurs sont des professionnels, probablement des clercs, mais de modeste culture comme leur éventuel public ; la plupart sont pour nous anonymes. À l'origine de beaucoup de ces romans, le goût – mais nullement une réelle connaissance – de l'Antiquité a ouvert un filon d'aventures extraordinaires dont un étrange Alexandre le Grand est l'ahurissant héros ; un autre sera qualifié de « matière de Bretagne », un magma celtique, scandinave, saxon, peut-être ibérique, où s'agitent Arthur et ses chevaliers, Tristan ou Siegfried, dans des « cycles » dont les rebondissements occupent la période 1150-1350. Passé ces dates, c'est en Italie et en Allemagne que pénètre le goût du conte, mais l'inspiration, soumise à des conditions différentes de réception, a une autre résonance.

Pour qui et pourquoi écrit-on ?

Ces deux questions sont l'aboutissement même du survol qui précède, et il est assez artificiel de vouloir les séparer. À la première, la réponse est forcément simpliste si l'on n'y mêle pas les résultats de la seconde, essentiels pour mon propos. On écrit en fonction de son public, qu'il s'agisse de l'instruire ou de le distraire. Contrairement à tant d'auteurs plus tardifs, sans compter notre temps où c'est chose commune, les gens du Moyen Âge ne tiennent que bien rarement la plume pour parler d'eux-mêmes : un Guibert de Nogent qui rabâche une enfance malheureuse, un Joinville porté à valoriser sa place et ses exploits, un Abélard qui s'épanche en lamentations intimes, un Villon qui se flatte d'une vie de mauvais garçon sont tout de même des exceptions. Les autres sont préoccupés de narrer des exploits guerriers, diplomatiques ou seulement sexuels, d'accumuler des exemples, des leçons, des recettes dont ils souhaitent qu'on use. S'ils sont d'Église, ils espèrent convaincre le fidèle de la puissance divine ; s'ils sont laïcs, ils veulent nourrir la *memoria* ou seulement divertir sans en tirer bénéfice personnel ; ils useront alors aussi bien des récits héroïques que des écrits eschatologiques. Car il faut capter l'attention de l'auditeur, et elle varie au cours des temps. L'historien d'aujourd'hui ne peut guère que percevoir quelques lueurs projetées par la vie sociale : ainsi, le gonflement du public citadin soutiendra le goût pour le théâtre et aussi le conte plus ou moins lubrique ; le progressif repliement de l'aristocratie sur ses valeurs de classe sera la base de l'essor « courtois » ou épique ; le développement de la curiosité scientifique, qu'alimentent les traductions de l'arabe ou les récits des voyageurs, nourrira la littérature de contestation ; et la poésie aux multiples visages sera évidemment le reflet du climat moral, ou tout simplement matériel, du temps. Nous ne sommes pas assez avertis de l'attitude des lecteurs en face des œuvres auxquelles ils ont accès ; nous n'avons pour en juger que le témoignage du nombre d'exemplaires de telle ou telle œuvre parvenus jusqu'à nous – mesure bien imparfaite, non tant en raison des pertes, accidentelles ou non, que de la nature même du public concerné : ici riches guerriers amateurs de « gestes » illustrées, là hommes « menus » qui feront passer de main en main un « dit » sur mauvais parchemin. Un seul trait pour caractériser tous ces siècles si différents des nôtres : la contre-littérature, celle qui attaque une œuvre ou un auteur au nom de principes présumés bafoués, n'existe pas ; ou bien murmure-t-elle seulement dans des « lettres » ou des sermons – l'Église a pu, il est vrai, en effacer les traces. En sorte que l'on a le sentiment que le public ne conteste rien du message qu'on lui propose ; la fameuse doctrine de la « trahison des clercs » n'existe pas au Moyen Âge ; aussi bien, au terme de ces temps, les doctes continuent-ils à se déchirer en latin dans des querelles desséchées, mais qui n'intéressent pas du tout l'homme des chaumières.

Or c'est lui qui m'importe d'abord, ou le compagnon en ville, ou le marchand au quai. Dans de telles conditions, la réponse est simple : l'homme du commun veut bien entendre et même lire, si possible dans sa langue quotidienne, les « moralités », tout ce que confirmera le curé en chaire, ce qui pourra alimenter une discussion domestique ou le récit d'un « conteur ». En ville, il ira se réjouir aux « jeux », aux « sotties », aux « mystères » qu'on jouera devant lui, et même auxquels il participera ; il connaîtra et approuvera les fabliaux et la poésie populaire, qui flatteront son goût pour la satire, le scabreux et les « belles histoires ». Mais, en dépit de leur caractère commun, il n'est pas sûr que les diverses « branches » du *Roman de Renart* aient eu le succès qu'on leur prête à l'ordinaire.

Vertus morales ou guerrières, amour sublimé ou délicat, sensibilité chrétienne ou esprit de clan, tout un secteur de la littérature médiévale apparaît uniquement couvert et conçu par une classe sociale, qui est la seule à la goûter ou même à la comprendre. Comme pour tant d'autres secteurs de la vie en ces temps, on voit s'écarquiller les yeux de nos contemporains sur la littérature « courtoise », un adjectif obscur et, en général, bien mal compris. Cette littérature ne met en scène que des héros, des combattants de la Foi, des hommes et des femmes de haut, très haut rang, et qui se livrent de subtils combats sexuels, sur lesquels on ne cesse de discuter : réalité ou fiction ? séduction ou machisme ? héroïsme ou hypocrisie ? Cette littérature émane de professionnels férus de symboles et farcis de stéréotypes ; elle reste assez savante en son fond et puise volontiers dans l'antique, le folklore – notamment celte –, l'histoire sainte ou les fantasmes ethniques. En vrac, cela donnera les rois des jeux de cartes : David le psalmiste, Alexandre l'aventurier, César le maître du monde et Charles le roi des rois ; assez curieusement, il n'y manque qu'Arthur (pourtant « l'ours », en grec *arctos*, est bien le roi, mais des animaux) et son escouade de quêteurs du Graal, le vase qui recueillit le sang du Christ sur la Croix. Intéressant domaine où s'épanouit l'imaginaire des puissants ; mais peut-on vraiment croire que ces personnages et leurs extraordinaires démêlés aient en quoi que ce soit soulevé l'émotion de plus d'un homme sur dix ? D'ailleurs, les gens d'Église ont tôt fait d'apercevoir Satan sous l'armure de Lancelot.

La part de l'artiste

Or Satan est bien visible en dehors des chansons courtoises : il était sculpté sur les tympans de Saint-Lazare d'Autun, à la Tentation et au Jugement, comme sur cent autres édifices, peint dans les entrelacs d'initiales des *Moralia in Job*, sur les fresques d'Asnières-sur-Vègre, partout en images effrayantes. Il n'avait nul besoin de discours pour se manifester : il était serpent, loup, animal monstrueux, flamme parfois. L'homme qui l'avait ainsi représenté exprimait lui aussi un sentiment : l'art est donc bien l'une des voies de la connaissance. Mais, plus encore que pour l'écrit tout à l'heure, il ne saurait être question de dresser d'interminables listes de monuments ou d'œuvres peintes et sculptées. Cette nomenclature n'aurait qu'un intérêt : montrer qu'il nous reste, en définitive, de l'époque médiévale, parfois encore intacte, une masse d'œuvres bâties, de décors peints et sculptés, d'objets vils ou somptueux en bois, en métal, en verre, en ivoire, en étoffes ou en pierre, qui est, au bas mot, plus de cent fois supérieure au total de tous les écrits sur lesquels je tentais d'informer mes lecteurs. Cette mine prodigieuse a fait l'objet d'inventaires parfaitement incomplets aujourd'hui encore, même dans des pays curieux de leur culture ancienne comme la France ou l'Italie. Pour compliquer encore l'approche de ce trésor, on soulignera que nombre de ces œuvres, le bâti surtout, accumulent les altérations et les remaniements des siècles successifs, en fonction des nécessités du moment, ou de la mode tout simplement. Alors qu'un témoignage écrit accepte mal les remaniements, sinon sous la forme de « gloses » ajoutées par un lecteur sourcilleux, il n'y a guère d'églises ou de châteaux qui n'aient été l'objet d'adjonctions, de transformation, de remodelage et de changements de décor sur une période de mille ans. Nous admirons les cathédrales gothiques du XIIIe siècle et les forteresses du XIVe, mais nous avons complètement oublié que ces chefs-d'œuvre ont succédé à d'autres, systématiquement détruits : le gothique est né sur les ruines de l'art roman, et ce dernier avait anéanti l'art carolingien. S'il se trouve que, par un hasard surprenant, coexistent encore ces phases successives de construction, comme à la cathédrale de Beauvais, l'effet est saisissant.

On ne s'attachera donc pas à une étude évolutive de toutes ces œuvres. Elles sont filles des possibilités du lieu et des besoins du moment : la pierre a souvent remplacé le bois non en raison de ses aptitudes ignifuges, mais parce qu'elle permettait, par exemple, l'édification de structures arrondies ; dans les châteaux, les tours rondes ont ainsi éliminé les tours carrées parce qu'elles effaçaient les angles morts en cas d'attaque ; la pierre de taille a supplanté la pierre sèche, les lits de brique et l'*opus spicatum* lorsque furent reconnues les techniques romaines de cimentage et que la scie longue fut introduite dans les carrières ; la peinture à fresque des murs s'est effacée lorsque la peinture à huile et sur toile, plus appropriée aux goûts nouveaux, se vulgarisa. L'outillage agricole, le harnachement des chevaux, les machines à tisser ou à broyer furent affinés par la fréquentation des techniques venues de la Méditerranée ou de l'Europe centrale ; quant à la miniature, devenue hors de prix quand il fallut multiplier les exemplaires, notamment avec l'impression, elle céda devant la gravure sur bois enduite d'encre, puis sur cuivre. Je pourrais donner bien d'autres exemples des modifications de la technique en tous domaines ; mais qu'il suffise d'ajouter que tous ces « perfectionnements » ont un fond social, ou moral, parfois même économique : le gonflement démographique en ville a jeté à bas des églises devenues trop petites, le choix des sites de châteaux neufs est lié à l'apparition de l'artillerie de siège. Et, aux derniers siècles médiévaux, ce sont la peste et la guerre qui ont déclenché ce courant artistique « macabre » où la Mort joue un rôle forcené, comme naguère le culte de la Vierge avait multiplié nativités, crucifixions ou assomptions.

En toutes ses expressions, l'art médiéval recouvre mille ans. C'est dire que rechercher ses traits « constants » relève d'une quête sans limites, puisqu'on vient de le voir étroitement fils de son temps. Si je vais cependant m'y exercer, ce sera en gardant à l'esprit que notre temps et sa sensibilité ne pourront sans doute pas nous donner sans risque d'erreur les clefs de l'art médiéval. Il faut ajouter, en outre, que le bâti comme le décor sont œuvres de spécialistes chez qui, comme aujourd'hui il est vrai, l'inspiration n'est pas forcément l'écho du sentiment ou des goûts du populaire. D'ailleurs, on ne voit ni comment ni pourquoi on aurait consulté les paysans d'un village ou les compagnons d'un atelier avant d'élever ou d'orner une église ou un château. J'ai dit plus haut que les « bâtisseurs de cathédrales » étaient plutôt des bénévoles de la brouette, et qu'en ville surtout, lorsque les bourgeois estimaient qu'ils avaient suffisamment versé d'argent pour un chantier qui n'en finissait pas, ils refusaient de poursuivre les frais, et le chantier restait inachevé, comme à Beauvais ou à Cologne ; encore heureux si l'on avait eu le temps de construire en tout ou partie une des tours de façade : Sens, Strasbourg, Troyes, Amiens et tant d'autres.

Cela dit, qui est essentiel à mon niveau, il apparaît certain que les maîtres d'œuvre sur les chantiers, dans les ateliers artisanaux, ou les moines miniaturistes des couvents subissent des contraintes plus spirituelles encore que matérielles ; certes, ils sont le reflet de ce que pensaient et entendaient alors les pauvres gens comme les riches hommes. Mais il est parfois aisé de déceler la part personnelle de l'artiste quand même on lui aurait passé commande d'un thème ou d'un plan ; les masques et les grotesques des stalles et des chapiteaux, les esquisses satiriques à la plume légère qui se glissent dans les initiales d'un beau livre, le sens de l'humour qui anime même des Jugements derniers comme celui d'Autun sont la preuve d'une liberté d'exécution et même, peut-être, d'une intention libératrice en face d'un « programme » que l'on entend ainsi circonvenir. Il devient alors difficile d'interpréter une forme ou un thème dans l'absolu : tout apparaît symbole, c'est-à-dire cadre de pensée simplifiée ; pour nous, le seul intérêt sera de se demander si ces appels au subconscient avaient quelque chance d'être captés par les humbles. Je puis en énumérer plus d'un : d'abord l'appel à la lumière, emblème de la maison de Dieu qui entre ainsi dans le quotidien ; le principe de la verticalité, emblème de la régénération de l'homme face à l'horizontal du Mal rampant ; la nécessité d'une centralité, celle des parties sacrées de l'édifice ou du décor, le point de convergence des lignes dans un dessin, crucifixion, croisée d'ogives, figure du Christ. Les formes géométriques les plus simples auront, sous cet éclairage, une valeur de signifiant symbolique. Le carré, celui de la Jérusalem céleste, de l'*aula* royale, du camp romain, sera l'image établie d'un monde clos. Le cercle sera le chemin suivi par les astres dans le ciel comme dans la Création divine, qui, sans début et sans fin, est l'image de la perfection. La spirale au contraire, cercles successifs et continus partis d'un centre unique, sera comme une image de l'infini. La croix enfin, bien plus que l'emblème du Christ supplicié, sera l'image des quatre directions qui écartèlent l'homme, directions astronomiques et physiques plus encore que spirituelles ; la croix mise en mouvement sur elle-même sera le symbole du monde mobile, et l'art grec en faisait grand usage, bien avant que, « gammée », comme l'on dit, elle soit emblème de régimes politiques se voulant nouveaux. Tous ces traits et bien d'autres conservent aux yeux de l'historien une dimension purement théorique, mais riche d'intérêts mêlés. En bas, là où grouille le monde des humbles, peut-on espérer percevoir un écho de ces spéculations ?

Dans le cours de mon récit, peu de développements m'auront laissé autant d'insatisfaction que celui qui s'achève. J'ai dû souvent, et m'en suis expliqué, simplifier ou écarter des objets dont l'étude sérieuse aurait exigé des développements m'éloignant de mon point d'observation : ainsi lorsque s'étaient ouverts à moi les secteurs de l'économie ou de la hiérarchie sociale. Cette fois, le sacrifice a été autre, du moins d'autre nature : je n'ai pas eu à rejeter ce qui pouvait m'apparaître comme « hors sujet », mais j'ai eu à tailler dans une masse sans limites ; dans cet océan de noms, d'œuvres, de filiations, j'ai pêché quelques épaves. Cette fois, c'est la place qui m'aurait manqué si j'avais voulu dire, fût-ce le principal. J'en ai certes des regrets, mais je me rassure aussi : me voici sorti du domaine de la forêt et face à celui de l'esprit : savants ou ignares, attentifs ou distraits, de sens délié ou de matière grossière, tous ces gens ont une âme ou croient en avoir une.

3

Et l'âme

Dans la description qu'il fait du château d'Ardres, élevé sous ses yeux à l'aube du XIIe siècle, le chanoine Lambert détaille les divers niveaux de l'édifice : en bas, presque dans le sol, en tout cas supportant tout l'ensemble, la pierre de la motte, les bêtes, l'eau, le foin, les vivres ; au-dessus, la cuisine, le grenier, le réduit où l'on fait du feu pour les malades ou les nourrissons ; puis la salle où se groupent les hommes autour du seigneur ; à l'étage, les chambres, celle de la dame pondeuse, noyau de la famille du maître, le dortoir des garçons, les chambres des filles ; encore un étage, celui de la garnison qui surveille les alentours ; enfin, tout en haut, le plus près possible de Dieu, la chapelle, le « temple de Salomon ». Face à ce croquis, les archéologues restent fort émus ; mais peu importe que cette description soit, ou non, pure œuvre d'imagination : pour moi qui en ai gravi tous les étages, me voici parvenu face à la porte de l'oratoire sacré.

Au fronton, il n'est pas écrit la menace de Dante : « Laissez ici toute espérance », mais la phrase d'un historien d'aujourd'hui : « Le Moyen Âge n'a jamais été chrétien. » Ce spécialiste de l'Église catholique du XVIe siècle veut dire, naturellement, que « chrétien » contient les canons contre-réformateurs du concile de Trente. Or ce Dieu, nous l'avons pourtant rencontré presque dans toutes les pages qui précèdent : qu'il soit ou non « chrétien » à la sauce tridentine est secondaire ; qu'on ait vu en lui une seule divinité en trois personnes, avec une prédilection pour le Fils plutôt que pour le Père, ne l'est pas moins. Ce qui éclate évidemment, c'est que « Dieu » est la forme suprême de la supériorité de l'esprit sur la matière : appelons ce Dieu chrétien selon l'usage et la lettre, mais c'est tout.

Il serait trop court de s'en tenir à ce constat : le Moyen Âge aurait pratiqué un « déisme » simpliste, voire grossier. Sans trop s'attarder au discours de ceux qui font profession de disséquer le dogme et de poursuivre les rebelles, l'historien de ces temps doit tenter d'affiner l'enquête. Si le chrétien médiéval qualifie le musulman de « mécréant » et le juif de « déicide », il s'entend répondre par le premier qu'il est polythéiste, et par le second qu'il est idolâtre. Tous trois pourtant vénèrent Abraham et le Livre ; c'est dire que s'opposent donc non les dogmes, mais les mentalités. Voilà lâché un mot piège : peut-on espérer définir ce qu'est une « mentalité » ? Et la définir « médiévale » d'abord, et « chrétienne » ensuite ? À la première question, on pourra donner une réponse assez large pour tout embrasser : pour un homme comme pour un groupe, c'est une manière particulière de sentir et de penser dans un cadre social précis ; il y entre de l'inconscient, notamment collectif, un bagage de données ou d'usages, une certaine façon de les traduire, et on n'y trouve guère de « raison ». Quant à la seconde question, la réponse semble peu discutable : il n'y a pas « une » mentalité médiévale, car sur mille ans il va de soi que les cadres sociaux, culturels, spirituels, se sont modulés ; mais « des » mentalités successives, au fil des tensions de chaque moment. C'est pourquoi l'on peut dire que les formes de représentation ou d'expression de ces mentalités n'auront de cohérence qu'en prenant soin de les éclairer conjointement sous leurs faces jumelées, culturelle et sociale.

Une troisième question offre plus de difficulté. On a dit de l'homme qu'il était un « animal idéologique », c'est-à-dire soumis à la pression des idées, actes et paroles qui l'assaillent. Or l'extrême faiblesse de ses moyens de défense contre la Nature, sinon contre lui-même, le plonge dans une peur constante dont j'ai dit quelques mots plus haut, et le pousse dans les filets de la religiosité. Ce sera donc bien dans l'idée de Dieu qu'il cherchera refuge, réconfort, soumission. Il pourra s'unir à Lui par l'esprit s'il aspire à suivre la reconnaissance écrite de la foi révélée, ou bien par le cœur s'il peut s'abîmer dans la méditation mystique : Abélard est convaincu par la première voie, et saint Bernard par la seconde ; quant aux ministres du culte, ils ont pour tâche de renforcer ces appuis. Mais ce Dieu qu'on invoque, peut-il être spécifiquement « chrétien » ? Et ces gens du Moyen Âge, s'ils ne sont pas doctes, comment le conçoivent-ils ?

J'ai peu de goût, et encore moins de compétence, pour m'avancer avec audace au milieu de querelles dogmatiques. Je me bornerai donc au niveau le plus modeste, celui, précisément, où se tient le petit peuple médiéval dont j'essaie de sonder les reins et les cœurs. J'en diffère toutefois sur un plan d'importance : je tiens l'homme, et en tous temps, pour un animal, très « évolué » certes, voire « supérieur » si l'on y tient, mais une créature parmi les autres. Or cette vue « matérialiste » n'a aucun sens au Moyen Âge : l'homme est l'aboutissement de la Création, mais « ni ange ni bête » ; il a en lui un reflet, une *imago* de l'Être suprême : il échappe donc à toute étude rationnelle. Pourtant, lui-même a bien conscience que la perfection n'est pas son lot ici-bas, tout au plus une promesse. Le Créateur l'a plongé dans un océan peuplé d'écueils, de tentations, d'illusions ; pour éprouver ses forces sans doute, le contraindre à un effort personnel vers le meilleur, le mener à s'interroger sur lui : « Connais-toi toi-même », disait déjà Socrate. C'est donc que, avant de comparaître à la fin des temps, il lui faudra choisir entre le Bien et le Mal.

Fin du dualisme

Aux yeux de tous les hommes et au regard de leurs intérêts matériels, la Nature est animée – si le mot n'est pas trop fort – de mouvements dont les uns sont bons pour les espèces vivantes, mais non les autres : température, humidité, altérations du sol. Inutile de s'attarder sur ces évidences, sinon pour rappeler que toute société plus ou moins jugée « primitive » y puise l'idée du bon et du mauvais pour la survie des espèces, donc, en se hissant au niveau de l'esprit, celle de ce qui est le Bien et de ce qui est le Mal. Or ces forces échappent à l'homme : elles viennent donc d'un monde supérieur, celui des « dieux », bienveillants ou courroucés. De l'Égypte ancienne aux mondes scandinaves en passant par les gesticulations du panthéon gréco-romain, bons et mauvais dieux se disputent l'homme et le monde, et même la vie et la mort. Mais si ces oripeaux se déchirent, si l'on s'élève à l'idée d'un pouvoir supérieur unique, il devient évident que ce pouvoir est lui-même déchiré entre deux forces d'égale puissance, en lutte constante et se disputant le contrôle de la créature. Telle est la conviction de nombre de croyants dans l'Asie moyenne ou orientale, par exemple dans l'ancienne Perse ou en Asie Mineure aux Ve et VIe siècles avant notre ère. Le dieu unique Ahura Mazdâ assemble les deux forces antagonistes, que seul le feu séparera à la fin des temps. Un prophète comme Zarathoustra (Zoroastre, comme disent les Grecs) l'érigea en dogme dualiste à l'époque des souverains achéménides, les IVe et IIIe siècles avant le Christ. Diverses variantes de cette vision eschatologique se maintinrent solidement en ces régions, jusqu'au IIIe siècle de l'ère chrétienne, où le « prophète » Manès lui donna un second souffle et son nom de « manichéisme ».

Ce partage de Dieu, cet éventuel triomphe de Lucifer sur Yahvé, repoussé par les Juifs, était évidemment inacceptable pour les chrétiens. La dualité entre le Père et Lui-même incarné en Jésus ne constituait en rien une dualité, encore moins un dualisme, puisque Dieu est l'esprit même du Bien. Aucune allusion, d'ailleurs, n'évoque ce problème dans les Évangiles. C'est, comme à l'accoutumée, saint Paul qui a dénoncé le premier ce qui n'était pas une « hérésie », mais une négation de l'unicité divine. Il y était, en outre, encouragé à la même époque par la dangereuse vigueur du culte de Mithra qui offrait quelques ressemblances avec le message du Christ, tentant force adeptes et étant même reçu avec faveur à Rome. Au même moment, du reste, se développaient dans les communautés chrétiennes savantes des querelles dogmatiques sur la nature du Fils face au Père, qui elles non plus n'étaient pas sans quelque retentissement parmi les élites « barbares » nouvellement appelées à la foi chrétienne. Il fallut trancher, au risque très réel de schismes internes : une série de conciles généraux, entre 325 et 471, c'est-à-dire quand subsistait encore la fiction d'un Empire unifié, condamna ces doctrines, et notamment le dualisme. Les séquelles des interprétations sur la filiation christique s'effacèrent en Occident au VIIe siècle lorsque les populations ralliées à l'hypothèse arienne se soumirent au dogme romain, au moment même où, en Orient, l'Islam engloutissait en son sein ce qui pouvait encore en témoigner.

Il est inutile de dire que le tout-venant des populations chrétiennes de l'extrême Occident ne se soucia pas exagérément des contorsions des Pères conciliaires. Pourtant, revenant de croisade à la fin du XIe siècle et dans les premières décennies du XIIe, plusieurs seigneurs affirmèrent qu'ils avaient rencontré chez les « bougres », les Bulgares, dont ils traversaient le territoire, d'étranges « chrétiens » qui croyaient à deux faces de Dieu ; on les appelait bogomiles, sans bien savoir l'origine de ce nom. À peine plus tard, vers 1140 ou 1160, l'infatigable défenseur du dogme romain, saint Bernard, en dénonça la présence dans la vallée du Rhin. Et me voici parvenu face à l'un des poncifs les plus solides de l'histoire médiévale, et qui continue à faire la fortune des bibliothèques populaires : les cathares. Deux observations préalables et d'intérêt inégal. La première est d'ordre linguistique : le mot « cathare », « pur » en grec, n'a aucun contenu spécifique ; il n'a guère été utilisé avant le XIIIe siècle où on le mêle volontiers à celui de « vaudois », une simple déviation disciplinaire dont je redirai un mot, ou de « bougres » à cause des bogomiles, ou encore d'« albigeois » qui est une extrapolation excessive du rôle joué par cette région dans le conflit armé qui se déclencha, voire de « patarins » qui est un mouvement de révolte sociale milanaise sans rapport avec le catharisme. À l'intérieur même de ce groupe, les titres de « bons hommes » ou de « parfaits » que l'on donnait aux meneurs n'ont pas de sens religieux particulier. Le deuxième problème sort d'une rectification que rend indispensable la lecture d'à peu près toute la littérature consacrée à cette question : une « hérésie » est un choix – c'est le sens du mot – face à une décision dogmatique ou disciplinaire que l'on conteste ; c'est une déchirure dans le corps même de l'Église. L'Orient byzantin en fourmillait, peut-être parce que l'activité de la pensée religieuse y était plus frémissante et diverse qu'à l'Ouest. Il y en eut aussi en Occident – j'en dirai quelques mots –, mais elles restèrent très personnelles, sans réelle audience et de courte durée. Or le catharisme n'est pas une « hérésie » : c'est une autre croyance, foncièrement antichrétienne, donc inadmissible ; l'Église ne s'y est pas trompée dans son acharnement à l'anéantir. Le dualisme des cathares opposait, en effet, l'âme dominée par Dieu et la matière dominée par le Mal. Et tout ce qui touchait à la matière, le sexe, la chair, le sang, était symbole du Diable : pas de viande, pas d'acte sexuel, pas de coups. Mais alors Dieu, qui est âme, n'a pu se faire chair en Jésus : l'Incarnation n'est donc qu'un piège de Satan, et le Christ un imposteur ou l'esprit du Mal. Ce n'est plus une hérésie, c'est une négation.

L'épisode cathare soulève deux questions. La première a été largement étudiée et nos sources, dont plusieurs sont cathares, ne laissent plus guère d'ombre. Repérés au long du Rhin, en Lombardie, en Catalogne, puis densément de la moyenne Garonne à la Provence, des groupements cathares sont solidement organisés vers 1150-1170, sans que l'on sache bien les étapes de cette installation : prédications efficaces, tenue de « conciles », tournées de discussion avec des dignitaires catholiques, organisation d'une sorte d'Église. Vers 1200, le danger paraît assez clair pour que Rome s'inquiète ; le roi de France – c'est Philippe Auguste – ne dit rien, et semble seulement attendre de pouvoir s'introduire dans le Midi ; c'est le pape Innocent III qui prend l'affaire en main après l'assassinat d'un légat. La suite est connue : une ruée de barons du nord de la France, bénie par le pape comme une « croisade » – et c'en est une en effet –, avec massacres probablement abominables, batailles, mises à sac et destructions ; puis le roi s'en mêle, descend à son tour en pays d'oc et s'installe sur place. L'affaire a duré vingt ans, de 1209 à 1229 ; quelques points forts tiendront bon jusque vers 1250 ou 1260, et longtemps après on se recommandera encore des cathares, ici et là. Les deux résultats essentiels et immédiats crèvent les yeux : pour éviter le retour du mal, l'Église a créé un corps d'enquêteurs, d'« inquisiteurs » de la Foi, en en chargeant des docteurs frères de saint Dominique ; et le roi de France touche à la Méditerranée.

Mais le problème a une autre face. Pourquoi et comment une telle doctrine, somme toute d'une rigueur exceptionnelle – ainsi de se laisser mourir de faim pour ne pas toucher un aliment –, a-t-elle pu s'implanter, et farouchement, au pays du soleil et des troubadours ? Aucune explication ne donne une vraie satisfaction. Écœurante dégradation des mœurs du clergé local ? Il n'y avait pas que là. Prédication d'apôtres bulgares ? Aucune trace sérieuse. Vieux fond dualiste basque ou catalan ? Mais pourquoi à ce moment, et pure hypothèse. Pas non plus de meneur prophétique, ni de provocateur venu du Nord ; peut-être faudrait-il cependant chercher dans cette dernière voie. La brutalité des hommes de guerre venus du Nord montre assez que l'esprit de cupidité les lançait à l'assaut de terres plus riches et moins peuplées que les leurs ; le roi a laissé faire – mais ne les y aurait-il pas incités ? De leur côté, les gens du Sud ne cachaient pas leur mépris pour ceux du Nord, ni leur esprit indépendant : alors, un règlement de compte qui résonne toujours dans le subconscient occitan ? Autre hypothèse : en mêlant comte, seigneurs, artisans et paysans dans un même mouvement, les cathares adoptaient, par rapport à l'impérieuse obligation des « ordres », une attitude presque révolutionnaire qu'il fallait châtier, au moins aux yeux de l'Église ; mais était-ce là une cause ou un effet ?

Ce sont ces obscurités qui nous empêchent de bien situer l'épisode cathare des XIIe et XIIIe siècles. J'ai du moins tenté de le dépouiller des défroques, notamment régionalistes, dont on l'affuble, faute de mieux, et que vénèrent toujours quelques nostalgiques. Quant à l'idée même de la double face de l'Être suprême, elle fut pourchassée avec acharnement par les frères de saint Dominique, les « prêcheurs », maîtres dès 1235 des pouvoirs de poursuivre et de juger. Mais il convient de ne pas confondre les « inquisiteurs » du XIIIe siècle avec leurs féroces successeurs du XVIe. Bien que tout tribunal réuni pour juger d'une cause condamnée à l'avance conduise plus souvent au bûcher ou à l'enfermement perpétuel qu'à l'amende ou au pardon, les juges de ce temps, comme Bernard Gui leur maître, à défaut d'être de tendres agneaux, montrèrent une finesse d'appréciation qui les maintint dans la modération. Quant au populaire, il resta ébranlé par les échos du conflit : sans en examiner la réalité, la qualification de « satanisme » dont on avait accusé les cathares et accablé, en toute occasion et à tout propos, les déviants ou les sectes, elle se fondait sur le souvenir de la « croisade des Albigeois ». Ce fut une des accusations que l'on porta contre les Templiers lors de leur procès au début du XIVe siècle.

La vertu et la tentation

Comme d'autres, j'emploie le mot « Église » à tout propos dans mon tableau de ces temps ; il est malheureusement empli de contradiction, puisqu'il englobe à la fois la structure hiérarchique qui recouvre le dogme chrétien et guide ou surveille le fidèle dans son passage ici-bas, et l'ensemble de ces fidèles, l'*ecclesia* dans son sens grec d'« assemblée », bien au-delà des seuls ministres de Dieu. Prise en cette acception, qui est d'ailleurs celle de ces temps, l'Église médiévale est l'organisation sociale dans son ensemble, l'expression dominante des baptisés, le socle de toute représentation. Ce qui la domine n'est donc ni le pape, ni un évêque, ni des moines, mais l'idée d'une cohérence spirituelle entre tous, et au-delà de toutes contradictions ou nuances « religieuses ». Cette cohérence se fonde sur la Vertu, c'est-à-dire sur le courage, le mérite, l'énergie physiques ou moraux, qui, selon les Anciens, distinguent l'homme de la bête. Cet effort vers l'intérêt commun doit être spontané et n'a nul besoin d'un code. Pourtant les doctes, en ces siècles, se sont efforcés de l'encadrer, selon un esprit de système qui est une des marques de la « culture » occidentale. J'ai parlé plus haut de ces sept « vertus », si souvent symbolisées par des effigies, et qui sont les voies de la perfection pour tout homme, chrétien ou non : les trois vertus à dimension morale, Foi, Espérance et Charité, et les quatre vertus à dimension plus « humaine », Prudence, Justice, Force et Tempérance – ainsi parlait Thomas d'Aquin au milieu du XIIIe siècle. Dans son souci de bien garder en main le contrôle du troupeau des baptisés, l'Église – et cette fois sous la forme d'un corps organisé – a multiplié les incitations à servir, fût-ce avec quelque effort, cette marche vers l'idéal. C'est pourquoi elle a longtemps marginalisé la question de la grâce accordée par Dieu au fidèle pour l'aider à faire le bien, et ce afin que ne s'introduise pas une discrimination entre ceux qui auraient reçu ce don et les autres, cantonnés au seul niveau des « œuvres ». On sait la part faite au XVIe siècle à ces questions lors de la Réforme.

En revanche, la mise en œuvre de ces vertus est vite apparue à l'Église comme nécessairement modulable en fonction des « états » de la société. Au-delà de la répartition de cette dernière en trois « ordres » voulus par Dieu et dont j'ai si souvent parlé, les prédicateurs se sont montrés très ouverts aux appréciations quasi « sociales ». C'est peut-être dans la vertu de charité que cette souplesse s'est manifestée le plus clairement : la compréhension, voire l'indulgence, à l'égard du prochain, qui nous semblerait la forme la plus évoluée de la charité, n'est pas la face la plus valorisée de cette vertu en ces siècles ; ou, plutôt, elle y prend l'aspect, plus mesuré, de l'aide envers les nécessiteux. L'activité hospitalière, sous l'égide monastique ou épiscopale, existe certes dès les premiers siècles chrétiens, et enflera au moment des crises épidémiques ou économiques des XIVe et XVe siècles, mais il s'agira plutôt d'asile, de refuge, souvent provisoires et dépourvus de toute assistance thérapeutique. Un geste comme celui de Saint Louis créant une maison de soins pour trois cents aveugles nécessiteux (les « Quinze-Vingts ») reste une exception. Cette forme assez rudimentaire, quasi superficielle, de la charité ne provient pas de ce que nous appellerions une « sécheresse de cœur », mais de la rencontre de deux conceptions antinomiques. En premier lieu, c'est Dieu qui a voulu accabler l'aveugle, l'invalide ou le pauvre. Ces disgrâces, dans le plein sens de ce mot, ne seront volontairement choisies que par le clergé qui y puisera la pureté qu'exige son « état » ; les autres subissent et n'ont pas à attendre d'assistance spontanée. Au XIVe siècle, lorsque les défaillances du système économique seigneurial multiplieront les « nouveaux pauvres », le soupçon de « mauvais pauvre » ira jusqu'aux confins de la déviation volontaire, donc de l'hérésie. Une sélection plus rigoureuse écartera des hôpitaux les étrangers à la ville, ou les hommes assez valides pour être expédiés sur un chantier quelconque. La seconde conception comporte un correctif, mais lui aussi discutable : posséder une aisance matérielle ici-bas apparaît légitime ; la question de la « pauvreté » du Christ déchira l'Église au début du XIVe siècle. Fidèles à la leçon de leur maître François d'Assise, les « frères mineurs », face à la richesse évidente et scandaleuse d'une Église croulant sous les legs et les dons, prônaient l'abandon de tous biens aux pauvres. Mais cet acte de charité « pure » choquait ; il ne manquait pas de chrétiens pour qui Jésus avait été propriétaire, ou qui se félicitaient des pillages des croisés chez l'infidèle. L'excès de richesse étant une puissante source où alimenter quelques-uns des péchés capitaux, il faut pourtant donner, et sous forme d'une aumône volontaire. Thème classique de prédication pour une Église qui a vite compris qu'on pouvait persuader le fidèle que donner à l'Église c'était donner à Dieu ou aux pauvres, et s'assurer par là une « indulgence » lors du Jugement. Le don qu'on amènera le riche à faire lors d'une fête, d'une bonne récolte ou, tout simplement, lorsque la Mort sera là, devient donc, chez ceux qui le peuvent, une espèce de « devoir d'état », d'obligation sociale : le cœur y sera peut-être, mais comme complément. En sorte que la charité, en ses deux sens, risque de ne plus être que la modeste aumône d'un fidèle, lui aussi modeste. Malheureusement pour l'historien, ces réelles charités n'ont pas reçu l'honneur d'être mises par écrit.

Ce long propos au sujet d'une des vertus cardinales les plus nécessaires à la vie spirituelle des hommes, je pourrais le renouveler pour d'autres ; la même conclusion en sortirait, je pense : gardienne des voies du Salut, l'Église n'est cependant pas un Cerbère chrétien. Elle distingue parfaitement les modules et les limites de la Vertu selon les « ordres » qui traduisent la volonté de Dieu, et les « états » qui proviennent de celle des hommes. Ainsi les clercs, moines et séculiers, qu'on a qualifiés de « rentiers de la prière », doivent-ils donner l'exemple face à des laïcs que l'on sait inévitables pécheurs. Toute une structure hiérarchisée et close contribue à jouer le rôle d'une forteresse de la Vertu, refuge et citadelle. C'est sans doute la raison pour laquelle l'Église s'est dotée, parfois dès les premiers siècles de son existence mais non sans difficulté, d'un statut exceptionnel : le « for » ecclésiastique, qui met ses membres ou leurs biens « hors » (*foris*) du contrôle laïc. Ce privilège n'a pas qu'un but d'autodéfense ; il est plutôt la marque d'une spécificité morale, et c'est véritable hérésie que d'en dénoncer l'abus comme l'ont tenté, aux XIVe et XVe siècles surtout, nombre de clercs, indignés de voir couvrir par cette exception les outrances de la richesse ou du laxisme.

Les autres ordres échappent, en effet, à cette rigoureuse discipline de la Vertu. Des guerriers, on peut redouter les excès du « paraître », l'appétit des honneurs, l'indomptable force des intérêts claniques, mais on leur pardonnera assez aisément ces écarts s'ils restent fidèles à leur devoir d'état, celui de défendre et de combattre. Le troisième ordre se rachètera de lui-même, par les « vertus » du travail, depuis que ce dernier est sorti de l'opprobre qui le stigmatisait jadis. Ce sont les marchands dont le salut sera le plus difficile à préparer : maîtres du temps et du chiffre, qui ne devraient être que des attributs de Dieu, menant une vie équivoque et suspecte, animés du souci d'accomplir par eux-mêmes leur salut, ils sont volontiers soupçonnés d'agir au nom du Diable, et l'Église répugne souvent à leur prodiguer sa confiance et sa charité. En 1198, la canonisation d'un marchand de Crémone, dont on ne connaît que le surnom de « brave homme » (*homo bonus*), fit sensation, mais ne fut guère renouvelée.

S'il est difficile au fidèle menant une existence « commune » de rester à l'abri des traditionnelles tentations et des pièges tendus par Satan, une énumération des faux pas sur la voie du salut prendra vite l'aspect d'un simple tableau des faiblesses de l'homme, qui le suivent au moins depuis la fin de ces « âges d'or » qu'imaginait la sagesse antique. De ces tentations, deux cependant méritent d'être mises en lumière aux temps médiévaux, parce qu'elles sont apparues aux penseurs de ces siècles les plus difficiles à contrôler. La première est la tentation de penser hors de la Loi dictée par Dieu ou, du moins, énoncée en son nom par ses ministres. On a parlé de « naissance de l'esprit laïc » à la fin du XIIIe siècle, et l'expression a été jugée excessive. À coup sûr, la notion de la liberté de penser hors du cadre imposé, plus encore celle du libre arbitre, ne semblent pas s'être épanouies avant les temps de la Pré-Renaissance et de la Pré-Réforme. Thomas d'Aquin, Guillaume d'Ockham, Jean Buridan, pour ne citer que trois puissants penseurs d'entre 1250 et 1350, prônent et valorisent la pensée individuelle et l'acuité du regard sur la Création ; ou Jean de Meung, voire Dante, aux mêmes moments, dénoncent l'hypocrisie d'une société étouffée par l'Église ; mais aucun de ceux-là n'échappe à l'idée d'une dépendance étroite envers le Créateur. La menace de l'«humanisme » comme rival de la pensée révélée et indiscutable ne se sent qu'au terme des temps médiévaux, dont on peut estimer de ce fait qu'il en marque la fin. Encore a-t-il pris d'abord les traits d'un rejet global, quasi d'un mysticisme négatif : les « Frères du libre esprit » qu'on trouve en Europe du

Nord-Ouest à l'orée du XVIe siècle passent plutôt pour de pieux, de très pieux mystiques. En effet, leur éloignement du sein de l'Église n'est pas assimilé à une hérésie, à une rupture, parce que leur action est rarement militante et n'effraie pas la hiérarchie.

C'est l'inverse, au contraire, pour les mouvements de révolte anti-ecclésiaux, systématiquement dénoncés, poursuivis, exterminés parce qu'ils s'en prenaient aux excès de la domination cléricale ou aux faiblesses de la hiérarchie établie. À nos yeux, pourtant, ces mouvements apparaissent beaucoup moins redoutables pour l'Église que le rejet dogmatique des cathares, ou l'ébranlement interne de la foi. Dans ces mouvements de contestation, parfois tout à fait radicaux, ce qui inquiétait la hiérarchie, c'était le retentissement « populaire » de beaucoup d'entre eux, l'indiscutable portée des reproches faits à la fausse vertu des clercs, à leur richesse contraire à la pauvreté du Christ, à leur prétention, aussi, à se mêler de problèmes auxquels ils étaient manifestement incapables d'apporter une réponse, comme les conditions du mariage, les héritages, voire le travail « mécanique ». La liste de ces soulèvements est longue. Comme la répression suivait sous la forme d'un accord, plus ou moins avoué, entre les deux premiers ordres pour rappeler le troisième à l'obéissance, l'historien découvre aisément la dimension « sociale » de ces mouvements. Mais cet aspect rudimentaire des « luttes de classe » n'a pas à me retenir ici ; de même, le caractère très souvent « paysan » de ces « fureurs » mériterait de m'arrêter. Elles émanent de toutes les régions d'Europe occidentale, et sous les masques divers de tous les siècles : Normandie au Xe ; Lombardie, Champagne, Picardie, Flandre, rives du Rhin au XIe ; Catalogne, Allemagne, Val de Loire, Lyonnais au XIIe ; Italie, Languedoc au XIIIe. Parfois l'Église est parvenue à récupérer une partie de ces forces libérées, comme dans les villes d'Italie du XIe siècle ; tantôt elle a fermé les yeux sur des tentatives difficiles à condamner, comme celles de Robert d'Arbrissel au XIe ou de François d'Assise au XIIIe ; certaines lui ont donné à réfléchir, car, à condition de se contenir sous un contrôle supérieur, elles visaient juste, comme celle de Pierre de Bruys qui, au milieu du XIIe siècle, demandait une lecture littérale des Écritures ; ou, au même moment, celle de Pierre Valdès qui prêchait pour reconstituer les communautés chrétiennes primitives. Mais, passé 1300 ou 1320 et l'intraitable pontificat de Jean XXII en Avignon, la répression se fit d'autant plus dramatique que les rebelles, systématiquement qualifiés de « vaudois » (du nom de Valdès), s'en prirent, la crise économique aidant, à tout l'édifice hiérarchique de l'Église. En sombrant dans l'anarchie d'un schisme pontifical qui dura trois quarts de siècle, l'Église ouvrit elle-même la voie au triomphe posthume des « hérétiques ».

Se jeter dans la rébellion anti-ecclésiale pouvait provenir d'une tentation où l'orgueil aurait tenu la première place. Mais, après tout, l'Église était armée – et elle l'a montré – pour garder en main le contrôle du troupeau et rétablir le sens de la vertu. Mais que pouvait-elle contre la force d'une bonne moitié de l'humanité baptisée : les femmes ? J'ai, plus haut et à plusieurs reprises, tenté de circonscrire la place, le rôle, le pouvoir des femmes en ces temps. Et si je n'y suis pas vraiment parvenu, c'est précisément parce que ce sont des hommes, des clercs surtout, qui en parlent à peu près seuls, et qu'ils ont obscurci ou même occulté la figure féminine. Or la femme est, pour l'homme, le personnage même de la Tentation et, d'Ève au Jugement dernier, elle se taille forcément la moitié de la vie quotidienne ici-bas. Cette tentation n'est pas celle que provoquerait l'attirance sexuelle ; il se peut que les clercs y aient été sensibles, comme les autres mâles de l'espèce, et que l'exclusion des femmes du ministère ecclésial, qu'avait prescrite saint Paul au mépris des leçons de Jésus lui-même, ait aggravé les choses. Mais c'est bien au-delà de sa place sexuelle que la femme est suspecte : admirable et attirante, mais repoussante et hostile, c'est en elle que Dieu a placé le « négatif » de son œuvre. En lui attribuant à la fois le pouvoir de donner la vie et celui de fréquenter les morts, Il a placé en face de l'homme un signe de contradiction et de réflexion. L'Église chrétienne, comme l'Islam de son côté, n'ont rien vu, et se sont réfugiés dans une condamnation absurde.

Le péché et le pardon

L'homme est à l'image de Dieu, mais il n'en est que le reflet ; il est « supérieur » à la bête parce qu'il a été doté de raison, mais il est inférieur à l'ange parce qu'il a été corrompu à la naissance. Il est donc inévitable qu'il pèche ; mais il est indispensable qu'il s'en lave. La faute originelle, l'aveu et le pardon ici-bas sont des traits constitutifs majeurs de la foi chrétienne ; on ne les rencontre pas avec une telle unité et une telle force dans les autres croyances. Une notion latente de culpabilité pèse sur l'espèce humaine, et il convient qu'elle s'en persuade. Le souci de réglementation, cher aux Méditerranéens, a conduit à établir une « grille de lecture » des erreurs et des fautes face à la Loi de Dieu, ou simplement à celle des hommes : Aristote avait commenté les « vices » ; saint Augustin les convertit en péchés ; au VIIe siècle, Grégoire le Grand en fixa la liste ; au XIIe, Pierre Lombard y introduisit la notion de fautes « capitales » parce que voulues ; mais l'expression de « péchés capitaux » n'apparut pas avant 1260, sous la plume de Thomas d'Aquin. Chacun d'entre eux est l'écho des pulsions du cœur ou de l'esprit, volontairement acceptées ou provoquées ; ils accompagneront l'homme jusqu'au Jugement dernier. C'est dire que leur rapport avec les traits de la société humaine est évident, en Occident du moins. L'orgueil, la *superbia*, est à la base de l'esprit de domination autant qu'à celle de l'esprit de rébellion contre l'Ordre ou les « ordres ». La vanité soutient les prétentions des riches hommes. L'envie est le ressort du système « seigneurial », comme l'avarice en est le produit. La colère est le symbole des rapports humains, comme la gourmandise est celui de l'insulte à la pauvreté. La luxure est l'obsession de la chair face à l'âme et va bien plus loin que l'appétit sexuel. Et l'on y joint, mais comme un bémol à ces sept péchés, l'« acédie », qualifiée de paresse au XVe siècle, et qui est l'abandon de toute initiative humaine en face des forces naturelles, sorte d'insulte aux desseins de Dieu. Toute hiérarchie entre ces errements ne peut être que le fruit d'une réflexion personnelle, si l'on excepte l'orgueil qui mène à la négation du Créateur, comme le fit l'archange déchu. Mais on se doute que les contingences du moment pouvaient privilégier tel ou tel, par exemple la luxure au rythme des variations des régimes matrimoniaux, ou l'envie et l'avarice face aux progrès de l'argent.

Si la faute originelle sera rachetée par le baptême, ce sacrement qui ouvre la voie du salut n'a qu'une valeur de rite initiatique : il n'élimine pas le péché à venir. D'ailleurs, le retrait progressif du baptême des adultes, dès le début des temps carolingiens, au profit d'enfants sans réelle conscience, ou même, lors de la confirmation, encore trop jeunes pour posséder l'entendement nécessaire à tout engagement conscient, a ramené le baptême au simple rôle de porte de la vie chrétienne ; il n'exonère en rien le nouveau croyant d'errement. Le péché sera donc un acte volontaire d'offense à Dieu, un obstacle sur la voie de ce Salut qui est le but de toute existence. La nécessité d'en avoir conscience, spontanément ou à l'invitation d'un ministre de Dieu, débouche sur le remords d'abord, la contrition ensuite, l'aveu enfin. Le sentiment qu'avouer sa faute est une forme éminente de soumission à la Divinité, un exemple de la lutte à mener contre le Mal, a conduit les premiers chrétiens à prôner la confession publique devant les autres baptisés, et dans le lieu même de la prière. Afin de s'humilier davantage, comme la justice humaine le demandait pour les délits matériels, il convenait que le fautif s'exprime à voix haute et en marquant par son aveu le sentiment qu'il reconnaissait avoir péché et s'engageait à ne pas retomber dans son errement. Naturellement, il ne fallut pas longtemps pour que se dévoilent les dangers de telles déclarations, sincères ou non, que commentaient les autres croyants, animés parfois par l'appétit de la calomnie. Ce fut peut-être la crainte que le bon usage et la sincérité du fautif s'altèrent devant la perspective d'un scandale qui introduisit l'obligation, d'une part, de se confesser au moins une fois par an et, d'autre part, que cette confession fût « auriculaire », c'est-à-dire à l'oreille du prêtre doté du pouvoir d'absolution. Ces pratiques s'étendirent peu à peu après le Xe siècle, mais ne devinrent obligatoires qu'en 1215 pour la première et 1255 pour la seconde.

Désormais érigé en sacrement pénitentiel, le pardon des péchés avoués s'associa étroitement à l'aveu, sous réserve de contrition sérieuse naturellement. Cette absolution, ardemment demandée par le mourant sous la forme d'une onction et d'un pardon ultimes, constitua l'arme la plus forte du pouvoir de l'Église sur le fidèle : pas de Salut si l'âme reste impure. Et ce pardon exige pénitence, donc expiation. Ce domaine est l'un des mieux connus de la pratique chrétienne. En effet, il ne s'agit pas seulement de s'abîmer dans d'interminables prières ou de commander une série de messes, supposées effacer les fautes du défunt. Il y faut un effort personnel : les « pénitentiels » qui nous sont parvenus, depuis le VIIIe siècle irlandais jusqu'aux XIe et XIIe ailleurs, tarifient ainsi les jeûnes et les flagellations qu'entraînaient les fautes. Mais l'expiation peut avoir un aspect plus accablant. Le don, en biens meubles ou non, la rente d'occasion ou perpétuelle, décidés au moment du pardon et, surtout, *in articulo mortis*, sont la forme la plus simple, la plus courante et, selon le niveau social du pécheur, la plus lourde de cette expiation. Ces dons vont à l'Église, intermédiaire naturel avec l'Au-delà, et il est facile d'imaginer avec quel zèle et quelles arrière-pensées moines ou chanoines ont encouragé ces pénitences, en exécuteurs testamentaires des péchés. Mais on trouvera aisément une voie moins douteuse vers le salut, une voie plus dure à suivre : le pèlerinage expiatoire vers des lieux saints, qui peut à lui seul ruiner le pénitent jusqu'à la fin de ses jours.

Ainsi va le peuple chrétien : entre souillures et espérance. En ces siècles « simples », la voie à suivre pour accomplir correctement le « passage » est soigneusement surveillée par les dépositaires de la Loi. Mais le fidèle sait-il seulement comment la reconnaître ?

La Foi et le Salut

Me voici parvenu tout en haut du chemin parcouru depuis que j'évoquai le corps, l'outillage, les pratiques ou le cadre de vie. Et mon langage s'embarrasse, faute de maîtriser la dimension métaphysique de mes personnages. Pourtant, c'est là une clef du Moyen Âge, peut-être la principale ; et je n'ai cessé d'invoquer la Foi, le Salut, l'Être suprême comme des acteurs de premier rôle en ces siècles. Peu importe qu'on puisse les dire, ou non, chrétiens ; c'est là querelle de mots. Tout ce monde baigne dans un océan de piété, de croyances spirituelles indiscutablement prégnantes : qui n'y plonge pas n'est pas de ce monde ; et je crains de m'y noyer.

Commencer par une étude de mots pourrait être un premier appui. La Foi, la *fides*, celle d'un homme envers un autre, ou d'un « fidèle » envers Dieu, n'est en rien une forme de pensée pieuse, religieuse, mais seulement l'aveu d'un contrat accepté par les deux parties, un contrat qui exclut toute notion transcendantale. On a même pu dire, sous la plume de penseurs détachés du sacré, que la foi supposait une structure de pensée assez proche de celle du « féodalisme » profane. Pour la servir, il faudra user de rites, de formules, d'obligations qui impliquent une surveillance attentive, pour baliser le chemin à suivre : la structure ecclésiale est donc le moule où placer la foi. La Croyance, la *credentia*, n'est que la confiance, plus ou moins provisoire, que l'on a envers autrui ; *credere* signifie prêter, faire « crédit », avoir « créance », et c'est un mot beaucoup plus profane que sacré. S'il vient à toucher ce dernier domaine, il se mutile lui-même, car le sacré est ce qui échappe à la raison, ce qui contient uniquement du spirituel, de l'inconnaissable : en bonne logique, la croyance ne peut s'y retrouver. Nous ne serons pas plus heureux avec la *religio* : c'est la « relecture », le scrupule, voire le respect ; ce n'est en rien la notion d'un ordre du monde. Avoir la « religion » du travail n'est qu'un engagement moral ; ce n'est pas un dogme, ni un rite. Quant à la *pietas*, c'est l'expression de la tendresse et du dévouement : les Anciens vénéraient la *Pietas* comme une divinité familière et même domestique.

Cette revue des mots nous laisse donc sans réponse unique. Dans l'attitude de l'homme médiéval, sans doute même de tout homme en tout temps, le rapport avec un Être suprême contient à la fois une confiance, un accord et un engagement de l'esprit, du souffle vital, sens premier de l'âme, *anima* ; et, comme toute manifestation humaine, il exige qu'on en approche le contenu, le contenant et l'objet. Et, en dépit des réserves que m'a inspirées le mot, j'userai de celui de « Foi » pour simplifier mon propos.

Le dogme et les rites de la foi chrétienne médiévale

Voilà un titre bien long, mais c'est à dessein, pour mieux souligner la spécificité des manifestations de la croyance en ces temps. En effet, quelques bases essentielles de la foi chrétienne proviennent de convictions qui lui sont très antérieures, issues non seulement d'aires culturelles sans liens évidents avec le monde chrétien méditerranéen – ainsi de l'Inde ou de l'Iran, sinon d'un plus extrême Orient –, mais aussi de la matrice juive primitive, ou même parfois du monde profane de la philosophie antique. Donc, l'âme est supérieure au corps et touche à l'immortel ; Dieu est *un,* sous quelque apparence qu'il offre ; toute créature est son œuvre et lui doit tout, notamment l'amour et l'obéissance. À ce socle millénaire, les chrétiens ont ajouté un élément, fondamental dans leur croyance : Dieu s'est, un court moment, fait homme ici-bas, pour racheter le monde pécheur ; cette « Incarnation » est le propre de la croyance chrétienne ; ne pas l'admettre est se placer en dehors de l'*ecclesia*, de l'assemblée des croyants. Et je me garderai évidemment de commenter ce dogme. En revanche, il est indispensable d'en dégager les effets. J'en vois trois.

Tout d'abord, si la parole de Dieu a été révélée par les prophètes dans les temps anciens, le Verbe, c'est-à-dire la parole surnaturelle, puisera son autorité et sa doctrine dans le Livre saint qui a rassemblé ces messages. La partie antérieure au Christ, le vieux témoignage (c'est le sens d'« Ancien Testament »), fait office d'un contrat d'alliance entre l'homme et un Dieu incorporel. Mais si Jésus est bien « fils de Dieu », son message, et tout ce qu'il contient de « bonne nouvelle » (c'est le sens du mot « Évangiles », fussent-ils tardifs, voire apocryphes), forme un « Nouveau Testament », une nouvelle Alliance ; il devient la base première de la croyance parce qu'il est le *Logos*, la vraie parole proférée parmi les hommes, alors que ce qui précède dans le Livre n'est qu'une préfiguration, un *muthos*, un mythe. En valorisant le Nouveau Testament, alors que les Juifs ne l'acceptaient pas, les chrétiens ont magnifié toute la partie « humaine » du message divin.

C'est de là qu'est née l'hypertrophie de la figure christique dans les convictions, dans les rites, dans les représentations. Puisque les chrétiens étaient convaincus, ou du moins le disaient-ils, que Jésus était Dieu fait homme, il fallait l'honorer, le figurer, le désigner comme s'il était homme. Et le commun ne s'interrogeait pas sur les doctes discussions qu'entraînait cette dualité en une personne. Dieu était traité en homme : on l'appelait « seigneur », les mains jointes comme on le faisait chez les humbles en face du maître ; on lui trouvait ou inventait une vie familiale ; on le figurait presque toujours sous les traits immuables d'un jeune homme barbu comme on s'imaginait qu'il avait été au milieu des Juifs, naguère ; ou bien il était peint ou décrit outils en main ; les fêtes populaires scandaient conjointement les étapes de son passage ici-bas et les vieux rites agraires de fertilité ; on plaçait côte à côte le paiement des cens ou rentes et les moments liturgiques. Cette humanisation de Dieu constituait un scandale abominable pour les Juifs ou pour les musulmans. À peu près rien n'a changé aujourd'hui de cet héritage christique ; on en est venu au cours du Moyen Âge à exonérer Jésus lui-même de tout rôle ou de toute prescription en ces domaines, au bénéfice des discours de Paul de Tarse qui ne l'avait jamais connu. Le fait qu'on ait même qualifié Paul d'« apôtre » montre qu'on avait bien reconnu en lui l'«inventeur », au sens médiéval du mot, de la doctrine chrétienne.

Le troisième effet est de nature plus philosophique. Les populations de l'Europe occidentale, qu'elle soit nordique ou méditerranéenne, ont un besoin de « réalité », un appétit du concret qui les entraînent à donner une dimension au « vrai », à la vérité comme ligne de conduite spirituelle. Cette vérité s'exprimera par des attitudes dont l'objet est de rendre accessible le spirituel : un manuscrit recopiant la Bible est corporellement *la* Bible ; l'hostie qui symbolise le sacrifice du Christ doit être montrée et mangée comme le réel corps de Jésus. Sans parler des restes, des « reliques » de saints personnages qu'il faut toucher et non pas seulement regarder. Parce qu'on n'est pas sûr du tout du caractère « authentique » d'objets ayant tenu à la personne du Christ – épines, croix, suaire –, on portera révérence aux images mêmes de Jésus ou, faute de mieux, à celles de la Vierge, des anges. Beaucoup plus aiguë dans l'empire d'Orient où elle a déclenché de furieuses querelles politiques et guerrières, l'iconodoulie, c'est-à-dire la vénération des images, a secoué le monde carolingien. En Occident, c'est la pression de la piété populaire et la tolérance monastique qui ont laissé subsister, jusqu'à nos jours d'ailleurs, dans des limites surveillées, la figure du Christ – au moins dans les scènes de la Crucifixion, élément fondamental de la théologie chrétienne. On sait l'indignation que de telles pratiques provoquent toujours chez les Juifs et les musulmans.

Pour pénétrer la masse inculte qui n'entend pas toujours correctement, voire pas du tout, les aspects spirituels de sa propre piété, et pour éviter qu'elle ne verse dans l'idolâtrie ou la « pensée sauvage », il faut lui inculquer la soumission à des rites. Dans les croyances païennes, d'ailleurs, on ne procédait pas autrement. C'est évidemment à l'Église qu'incombe ce soin ; il est d'autant plus difficile à remplir que nombreux sont les usages fort solides qui tiennent aux cultes préchrétiens chez le *vulgum*. En premier lieu, il faut qu'il reste en contact avec le divin et, pour cela, qu'il fréquente la maison où l'image et les signes de Dieu sont accessibles. Pour des motifs que les doctes trouvent aisément, le fidèle ne peut être laissé à lui-même, simplement convié à prier plusieurs fois par jour et seul, comme le musulman ou le Juif. Certes, on l'incite à louer Dieu régulièrement, mais l'Église semble beaucoup douter de ce zèle ; l'appétit du spirituel et la dévotion spontanée chez tous ces hommes simples, anciens adorateurs de la Nature ou des « vertus » humaines, lui paraissent exiger un constant soutien. La mission du prêtre qui aura reçu le soin (la *cura*) des âmes en un village ou un quartier est de veiller à entretenir cette flamme. Il aura certes la charge de délivrer les sacrements, notamment l'eucharistie, régulièrement, quotidiennement même, célébrée dans son église ; mais cet « office », cette messe doit être aussi l'occasion de prédication : il faut rappeler les étapes de la Passion du Christ, valoriser les marques de la clémence ou du courroux divins, louer les signes de la Vertu, menacer du châtiment dernier les timides ou les sceptiques. S'il y a lieu, les spécialistes savants de la Parole de Dieu, les « prêcheurs » – dominicains dans les écoles, franciscains sur les marchés –, relaieront le curé sans ouailles et sans imagination.

Car, en définitive, les ouailles en question ne sont pas zélées. Le concile du Latran de 1215 a prescrit l'obligation d'assistance en l'église paroissiale à laquelle se rattache le fidèle, ainsi que celle d'une communion par l'hostie consacrée, au moins une fois l'an, à Pâques par exemple. Mais, trente ans plus tard, l'évêque Jacques de Vitry stigmatise avec fureur la tiédeur des fidèles qu'il montre, le dimanche, plus enclins à fréquenter la taverne que l'office. On multipliera donc les formes mécaniques de la dévotion, comme pour l'intérioriser : génuflexion (un rite païen de la soumission), signes de croix (geste d'union avec la Trinité), port ou retrait de la coiffure dans le lieu saint (inversion, voulue ou non, des pratiques juives), mains jointes dans la prière comme chez l'esclave, et par opposition aux bras levés vers le ciel de l'« orant » antique. Ces gestes ne peuvent être qu'une matérialisation tout extérieure de la piété. Quant à l'invocation directe envers Dieu, elle reste confinée au *Credo*, socle minimal de la croyance, et dont la connaissance ou la récitation ne paraissent pas avoir été obligatoires avant le XIIIe siècle. Les autres « prières » – le *Pater noster* depuis le XIIe, et plus encore l'*Ave Maria* au XIIIe – témoignent de cette humanisation de la Foi dont j'ai parlé plus haut.

La nécessité de rendre visibles des réalités spirituelles que le commun semblait mal saisir a conduit l'Église à valoriser, en les rendant sacrées, c'est-à-dire moralement inviolables, des pratiques scandant la vie pieuse du fidèle. Au milieu du XIIIe siècle, Pierre Lombard en a comme fixé la liste : sept « sacrements » dont l'importance varie en fonction de l'évolution du sentiment religieux dans l'Église même. Le baptême et sa confirmation vont de soi, c'est l'entrée dans l'*ecclesia*. L'eucharistie est le « passeport » vraiment chrétien puisqu'elle magnifie le principe même de l'Incarnation. La pénitence est une arme contre le laxisme des mœurs que l'Église ressentait comme une trahison de son message. Et l'extrême-onction est l'ouverture vers le salut. Ce n'est qu'un peu plus tard que la « réception » dans l'ordre des clercs a été assimilée à un sacrement, comme le mariage chez les laïcs ; sans doute pour lutter, dans le premier cas, contre le fléchissement des vocations pieuses et, dans le second, pour saper la scandaleuse liberté matrimoniale dans l'aristocratie guerrière. De ces saintes précautions, on a le sentiment que, dans son simple souci de se préparer au Salut, le commun n'a guère adopté, baptême inclus évidemment, que l'extrême-onction comme sacrement indiscutable ; souvent, les autres sont seulement salués de loin.

Pour faire céder les derniers incrédules, disons les tièdes – car ne pas croire et le dire n'a pas de place dans l'esprit de ces gens –, il restait à l'Église une arme dont les effets semblent avoir été réels : le miracle. Il s'agit d'un événement subit, indiscutable, admirable, spectaculaire, par lequel se manifestent aux yeux même de l'incrédule la puissance et, en général, la bienveillance de Dieu. Leçon ou avertissement, réconfort ou charité, le miracle va à l'encontre des lois de la Nature, des vieilles traditions païennes, de la magie. Il se marque à la suite d'une prière, d'un toucher, de l'intervention d'un homme « vertueux », et ne concerne que des âmes pures, ou qu'on espère ainsi purifier : 80 % touchent des femmes, des enfants, de pauvres gens. Le plus souvent, il s'agit, comme le fit Jésus, de miracles guérisseurs : sur les 5 000 et quelques que l'on a sondés, 40 % concernent les aléas de la motricité, 30 % la déficience des sens. Au cours des siècles, après le XIIIe surtout, leur efficacité a été frappée de soupçon ; les miracles se sont convertis ou rétrécis en « merveilles » (*mirabilia*), c'est-à-dire en événements prodigieux, fantastiques, mais de plus en plus laïcisés, même si le populaire persiste à y voir la marque du surnaturel. L'Église luttera jusqu'à la Contre-Réforme contre ce glissement vers le paganisme ; mais son remède, se retirer en soi-même pour s'abîmer dans la vraie foi, avait peu de chance de convaincre le vulgaire.

L'Église

L'*ecclesia* est l'ensemble des croyants, et tout ce qui précède y est inclus. Mais ce troupeau doit être guidé ; et l'Église, dans le sens où j'ai le plus souvent usé du mot, est le cadre hiérarchique où se regroupent les ministres de la Divinité. Sans eux, l'*ordo laicorum* resterait sans berger, c'est-à-dire tenté par la pensée sauvage, celle qu'alimentent les croyances païennes dont j'ai souvent parlé : défilés nocturnes, repas votifs avec sacrifices, culte idolâtre envers les pierres, les arbres, les eaux. Il a fallu aux gens d'Église faire un prodigieux effort d'acculturation, soit en captant ces croyances vers des voies plus orthodoxes, par exemple en valorisant le culte des morts, soit en justifiant par des arguments de nature « sociale » des pratiques brutales, comme la « faide », la vengeance, familiale ou non, qu'absorbera le « jugement de Dieu » en champ clos. Ou encore sacraliser les processions, celles des Rogations, du Carême, du Carnaval ; transformer le chamanisme spontané en une croyance spirituelle en l'omnipotence du Créateur. D'ailleurs, dès les premiers siècles de la christianisation, un modèle de vie parfaitement conforme à l'idéal espéré était offert aux futurs baptisés, celui qu'incarnaient les communautés de moines : dépréciation du charnel, rejet des vanités du siècle, effort personnel de renoncement au Mal. Mais, en dépit de ses aménagements successifs pour rendre cet idéal accessible, l'Église s'est heurtée à un peuple que ce théocentrisme absolu rebutait parce que hors de portée pour son modeste bagage spirituel. On peut toujours s'agréger à un groupe de pénitents, s'exonérer de tout remords par de généreuses donations – mais pas au-delà : n'est pas ermite, cistercien ou même frère mineur qui veut, ou plutôt qui peut.

Il faut donc en passer par le rôle des intermédiaires, ceux qui ont la charge de mener les autres au salut ; et c'est, cette fois, l'Église « établie » qui s'offre à nous, du modeste vicaire d'une chapelle rustique jusqu'au pontife souverain à Rome. Je suppose que mon lecteur n'espère pas ici une histoire de l'Église, pas plus qu'il n'avait eu à espérer un tableau de la noblesse laïque ou le portrait d'un marchand fortuné. Il a été écrit sur l'histoire religieuse du Moyen Âge, celle de la papauté, des moines, des évêques, ou bien des écoles et des querelles dogmatiques, en dictionnaires, en tableaux, en essais, en manuels, tant d'excellents ouvrages que je me sentirais ridicule d'y ajouter. Cependant, je ne perds pas de vue mon public ordinaire, les petites gens. Qu'ils aient entendu parler du pape régnant comme d'une sorte de chef lointain, de leur évêque local, par exemple quand il venait, une fois l'an au moins, pour faire confirmer les vœux du baptême, voilà qui paraît certain. Mais les « officiaux », les « archidiacres », les « doyens de chrétienté » ne sont pour eux que des entités, même en ville. Quant aux moines, il se peut qu'ils les admirent, mais je n'hésite pas à dire que les hauts murs de la clôture leur apparaissent sans doute bien plus comme la marque d'une formidable puissance économique – et d'une domination plus matérielle que spirituelle – que d'une protection de la Vertu contre le Mal. Seuls sont visibles, réels, tout proches, le curé du village ou du quartier, flanqué de ses « vicaires », ses remplaçants éventuels, et qui vivent au milieu d'eux, dans cette « paroisse » qui est leur lieu religieux commun.

Abandonnant volontiers l'observatoire romain ou l'abbaye, l'historien du fait religieux donne aujourd'hui plus large place à la « paroisse », dont j'ai déjà parlé. Les avatars de ce moule de la foi scandent en effet l'histoire du christianisme, beaucoup plus que ne le font les querelles dogmatiques sur la Trinité, ou l'histoire des « réformes » de l'Église *in capite*. Si l'*ecclesia* est bien le groupement complet des croyants, sa signification est trop vague, et sa marque sur le sol trop large, pour que s'y reconnaissent famille, voisins ou clans. Il y faut plutôt des rassemblements d'habitants, de maisons, de cellules individuelles, mais jointives : une *paroikia* à la grecque, une *parrochia* latine, une « paroisse », ou encore une *plebs*, qui est la foule assemblée, un *plou* celtique. Que s'y installent un lieu de culte, un cimetière, des fonts baptismaux, n'est pas une évolution générale, ni naturelle ni immédiate. Ces groupements se forment sur des zones floues et fluctuantes. On est aujourd'hui à peu près convaincu que le *fundus* d'une grande exploitation de l'Antiquité tardive n'a pas forcément donné naissance à une paroisse ; que cette dernière n'est sans doute pas non plus le reflet de quelque circonscription politique ou fiscale antique, même dans les zones fortement tenues par Rome ; que le « terroir », au sens géographique d'espace nécessaire pour produire de quoi nourrir un groupe d'hommes, ne coïncide pas forcément avec un cadre religieux ; pas plus que le sol sur lequel s'exerceraient des droits « seigneuriaux ». En sorte que la formation d'un maillage de paroisses contiguës, rassemblées autour d'une église curiale, n'est certainement qu'un phénomène tardif de concrétion des rites et des usages ; guère avant qu'en 1215, au Latran, l'Église n'ait décidé que chaque croyant aurait *sa* paroisse et non pas plusieurs ou n'importe laquelle.

Les étapes successives de cette formation peuvent, cependant, être circonscrites. Du Ve au IXe siècle, lorsque la christianisation elle-même s'étendait lentement, les points de fixation du culte se dessinèrent soit sous l'influence d'un maître du sol (on parle alors d'« église privée », *Eigenkirche*, dont le desservant est désigné par un laïc), soit par incitation épiscopale, et plus encore monastique ; ensuite, un saint patron est choisi par la voix des fidèles eux-mêmes – et, naturellement, ce cas est plus aisément décelable en ville. À l'époque carolingienne, et selon l'esprit de réorganisation de la société qui est le souci de ce temps, au moins en haut de la hiérarchie laïque ou cléricale, la perspective d'une territorialisation de la notion paroissiale se fait jour : l'archevêque de Reims Hincmar introduit l'idée que le pasteur local du troupeau sera rémunéré par le versement du dixième des revenus de sa paroisse, la « dîme » (*decima*), ce qui implique évidemment la détermination d'un espace si possible admis où la percevoir. Au moment de la phase capitale de l'encellulement villageois, entre 950 et 1150, une véritable mise au net du système paroissial accompagna la réforme de l'Église : l'édifice paroissial, l'*atrium* cimétérial qui l'entourait, le sol et la dotation foncière où s'établissait l'autel (*dos et altare*) furent rangés parmi les *res sacrae*, et englobés ainsi, affirmait Gratien dans son *Décret* du XIIe siècle, dans la juridiction d'exception, le « for » dont jouissait l'Église. Sacralisation et spatialisation débouchèrent ainsi sur la disparition progressive, par rachats successifs le plus souvent, des églises privées, des églises secondaires (*Niederkirchen* et chapelles isolées) ramenées au niveau de simples oratoires. La perception de la dîme devait accompagner le mouvement, et les « synodes » sous le regard de l'évêque devaient en assurer le contrôle. Mais, sur ces deux derniers points, le résultat fut médiocre : saisie ou refus de restitution des dîmes s'opposèrent sur place par la faute de l'aristocratie laïque ; manque de zèle dans le personnel ecclésial. Toutefois, le maillage mis en place au XIIIe siècle se maintint quasi jusqu'à la fin de l'Ancien Régime. La substitution au réseau paroissial d'un réseau communal profane se dessina alors, non sans accommodements dont l'énoncé échappe à mon propos.

Un dernier élément cependant : pour le fidèle de base, la notion paroissiale équivalait à reconnaître le lieu où se dispensaient les sacrements, particulièrement le baptême ou l'eucharistie ; mais comme la paroisse était aussi, je l'ai dit, lieu de rassemblement, lieu d'asile, lieu de fêtes, la place accordée au curé dans le groupe social était fondamentale : il était comme le porte-parole de la communauté en tant qu'homme de Dieu, comme l'était à ses côtés le forgeron, le premier des artisans du village. Pour peu qu'il eût quelques mots de latin à jeter à la figure du maître, une once de culture dogmatique et un certain charisme personnel, il était pris pour le dépositaire de la connaissance, le soutien du dogme, le directeur de conscience des fidèles et du seigneur aussi. Les curés médiévaux n'ont pas bonne réputation. Jusqu'au XIIe siècle, ils étaient soit élus par leurs futurs paroissiens, avec l'appui du maître de l'endroit, parmi les clercs du lieu, ou les serviteurs de quelque couvent proche ; soit désignés par l'évêque du diocèse, qui tentait de pousser son candidat. Ce procédé rudimentaire de désignation n'implique d'ailleurs pas que le curé ait été ignare, malhonnête ou corrompu. On lui en faisait volontiers reproche ; mais il apparaît assez nettement que, au cours des derniers siècles médiévaux, le personnage du curé de village gagna dans les esprits. La recommandation du célibat, qui datait du Xe siècle, glissa à l'obligation après 1225 ou 1250 ; un minimum de culture devint une règle qu'entraînait la progressive acculturation des fidèles ; le népotisme, l'absentéisme aussi furent assez sérieusement combattus, y compris par des évêques et des archidiacres qui n'y échappaient pas toujours eux-mêmes. En bref, le curé médiéval valait mieux que la satire traditionnelle des fabliaux. Il restait un homme comme ses paroissiens, soumis aux tentations, mais servi par la Foi. Ce qui l'en distinguait était l'absolue obligation d'essayer de les mener au Salut dans l'Au-delà.

L'Au-delà

Tout être vivant est autre chose qu'un amas de cellules animées de pulsions chimiques ou électriques. Il n'est pas de culture qui n'ait décelé en lui une enveloppe matérielle et un souffle spirituel, un corps et une âme ; et l'on ne voit pas, de ce fait, pourquoi l'être humain serait seul dans ce cas (je pense que mon lecteur aura noté au passage mon opinion à ce sujet ; mais laissons là ce propos). Les paléontologues s'efforcent de trouver quand et sous quels aspects l'homme préhistorique a pris conscience de cette dualité, et comment il l'a exprimée. Mais toutes les « civilisations » dont nous avons les traces n'en doutaient pas ; elles s'interrogeaient sur le moment et les conditions où cette « alliance » s'était établie : par l'immédiat vouloir de Dieu, disaient la Bible ou les croyances orientales, voire la philosophie de Platon invoquant un démiurge. Cette notion de la préexistence de la dualité corps et âme dans l'esprit du Créateur est un point de dogme qui intéressait les savants, mais le fidèle au Moyen Âge ne voit qu'une chose évidente : le corps est périssable et l'âme survit ; la mort est le moment de la séparation des deux. Mais ils se retrouveront à la fin des temps, lorsque le croyant sera face à Dieu.

Le chemin sera long, et l'approche du moment où l'on sera « après », où le corps aura été abandonné, lorsqu'il faudra montrer son âme, est une angoisse pesante. La vie, le « passage » ici-bas, est un combat constant, une « psychomachie » entre vices et vertus que décrit Prudence au Ve siècle ; sculpteurs et miniaturistes l'illustrent volontiers. C'est un combat en champ clos, celui d'une vie d'homme, entre le Bien et le Mal, qui ne se renouvellera pas et finira par un Jugement : le corps sera écarté, et l'âme pesée – c'est dire qu'il y aura des justes et des réprouvés. Le corps ne doit donc pas disparaître, en l'attente du Jugement : il sera enfoui, dût-il pourrir en terre en attendant de ressusciter à la fin des temps. Le christianisme sera donc formel sur ce point : la crémation, l'incinération, qu'avaient adoptées bien des cultures, tant en Orient qu'en extrême Occident, sont proscrites ; elles ont d'ailleurs peu à peu disparu en Europe dès le IXe siècle, en dépit de la réputation purificatrice qui s'attachait au feu – on sait que ces pratiques connaissent aujourd'hui un regain de faveur. Quant aux âmes, en l'attente de la Résurrection et du Jugement, elles errent dans l'angoisse du Dernier Jour, dans les Limbes peut-être où sont réfugiés les Gentils, les mort-nés, l'Hadès des Grecs, le Shéol des Juifs ; ou bien elles soupirent, invisibles, dans leurs anciennes demeures au milieu des vivants, ou dans le champ des morts où repose leur dépouille mortelle.

Cette attente du Jour, celui où résonneront les trompes du Jugement, a fort naturellement provoqué chez les penseurs, les uns fort doctes, les autres simplement angoissés, une méditation confuse sur les signes avant-coureurs de la Fin du monde. Les prophètes bibliques, surtout Isaïe et Ézéchiel, puis l'apôtre Jean avaient décrit cette Apocalypse : un Antéchrist surgira, livrant un moment le monde à tous les tourments. Au XIe siècle, on plaçait le Jugement quarante jours après sa disparition ; au XIIe, on introduisait un « règne » impérial de cent vingt jours, au terme duquel seraient convertis à la vraie foi tous ceux qui la refusaient, les Juifs particulièrement ; au XIIIe, Thomas d'Aquin rejetait le thème de mille années paradisiaques avant le Jugement ; au XIVe, les malheurs du temps donnèrent large place aux trois cavaliers, annonciateurs de l'Apocalypse de Jean : la guerre, la peste et la famine. Tous ces fantasmes de piété craintive alimentèrent, surtout à la fin des temps médiévaux, la verve des poètes et l'inspiration des peintres. Mais de nombreux mouvements spirituels fondèrent sur eux leurs programmes quasi révolutionnaires : la fin des temps marquera la fin du monde des hommes ; il faut donc s'y préparer. Ainsi parlaient Tanchelm au XIe siècle, Joachim de Flore au XIIe, les flagellants et les taborites aux XIVe et XVe, et, au XVIe encore, Müntzer, le chef des paysans allemands révoltés. C'est par un abus de sens que nous groupons sous le nom de « millénarisme » cette conviction de l'imminence de la fin calamiteuse de l'Humanité, puisque ces mille ans devraient être de paix. On ne saurait donc qualifier ainsi le retour anniversaire de la Passion ; les « terreurs » de l'an mil n'ont rien à voir avec le millénarisme : simple coïncidence de mots.

Enfin, voici le Jugement. Les ressuscités se pressent dans la vallée de Josaphat, au pied du

Temple, à Jérusalem, assure la tradition biblique. Ils sortent du tombeau, l'âme plus ou moins propre réincarnée. L'iconographie a multiplié, en tous siècles, l'image de cet auguste moment : la scène ne varie pas, sous réserve de l'imagination (ou de l'humour !) de l'artiste. Dans une « gloire », Dieu, sous les traits de Jésus, parfois accompagné de Marie ou de Jean, sépare les bons des méchants ; saint Michel procède à la pesée des bonnes et des mauvaises actions ; à ses côtés, le Diable tente de faire pencher vers lui le mauvais plateau. Les élus se précipitent vers le Paradis qu'incarne le « sein d'Abraham » ; les condamnés sont poussés à coups de fourche dans la gueule du monstre Léviathan, ou directement dans un brasier. L'imagination populaire ne s'est pas beaucoup attachée à décrire le Paradis : c'est un lieu vague où flottent les âmes des bienheureux ; on se représente une sorte d'extase permanente, éventuellement des chœurs d'hymnes répétés, mais aucune jouissance particulière. Et pas de robes blanches ou d'agenouillements béats comme l'imaginera l'artiste « moderne ». Tout autre est le cas de l'Enfer : en sculptures, en fresques, en miniatures, ce ne sont que chaudières fumantes, fourches et crocs, bêtes immondes, pourriture et ténèbres, tortures raffinées, tout ce dont on a eu peur Ici-bas : le feu, le froid, la nuit, les animaux à dard, à dents, à venin. On peut se demander si, au terme des temps médiévaux, cette débauche de supplices affreux ne suscitait pas quelque doute chez tout homme un peu évolué. Tant de maux, et éternels, même pour des péchés répétés, c'était un prix excessif. Or Dieu est juste. Il a donc dû prévoir une gradation dans la peine. Dante, du moins, le chante au début du XIVe siècle. D'ailleurs Augustin, déjà au Ve, s'étonnait qu'on puisse brûler une âme, ce qui n'a en effet pas de sens. Et puis, Dieu est miséricordieux ; Il a le pouvoir de la grâce et du pardon. L'idée d'un moyen terme a donc lentement cheminé au cours des temps, entre autres par l'affinement de l'arsenal pénal d'ici-bas, proportionnant la peine et sa durée à la nature ou à la gravité de la faute. Vers 1120 ou 1150, sous diverses plumes, naît l'idée du « purgatoire », sorte de détention provisoire où expier dans le remords. L'âme pécheresse qui n'a commis que des fautes vénielles (*venia* veut dire « pardon ») restera isolée, tourmentée, accablée de contrition avant d'être lavée et reçue dans la grâce divine, cette grâce qu'ont pu également obtenir par des prières acharnées les parents du défunt.

Ce cheminement vers la vie éternelle face à Dieu, ce sont les anges qui l'accompagnent. C'est là l'une des faces les plus animées de la piété médiévale. Dès le VIe siècle, les doctes et, pour une fois, plus encore les simples disent ou montrent qu'ils savent ou qu'ils sentent à leurs côtés des êtres parfaits, invisibles et incorruptibles, que Dieu a chargés d'être leurs gardiens et leurs guides. On les dote d'une hiérarchie interne que dirigent les trois archanges restés fidèles à Dieu : Gabriel, protecteur et gardien de Marie, puis de son culte ; Raphaël, qui veille sur le Paradis ; Michel surtout, et dès le Ve siècle, le glaive de Dieu. Les anges n'ont pas de sexe, et on les figure d'ailleurs sous des traits uniformes, quasi affadis. Le besoin de sécurité, qui a crû aux XIVe et

XVe siècles, a valorisé encore davantage le rôle de protection qu'on leur attribue : on leur confie la garde des cités menacées et leurs statues veillent sur les portes de la ville.

Et ils auront fort à faire ; car l'«ennemi du genre humain », le « prince de ce monde » est là qui veille pour tenter le juste, soutenir l'impie, combattre l'œuvre de Dieu. Satan, depuis qu'il a inspiré la Faute originelle, a prise sur l'homme et lui insuffle, comme le fit l'archange Lucifer, sa figure emblématique, l'orgueil de s'opposer à Dieu. Le judaïsme ne connaissait pas cette personnalisation de Satan. Le Diable est comme une invention médiévale ; c'est aux environs de l'an mil que l'Église dénonce son rôle néfaste : il est plutôt alors la Tentation, celle qui s'infiltre dans les rêves, dans les pulsions incontrôlées. On voit en lui le côté négatif de la Création, ce qui amène les doctes à tenir la femme pour son plus fidèle allié. Certes, Jésus a repoussé toute tentation, et sa Passion a racheté le pouvoir du Démon sur l'âme humaine ; mais on doit toujours craindre la persuasion renouvelée, la tentation de vendre son âme au Diable, comme le moine Théophile, l'ancêtre de Faust, thème rebondissant de la littérature moralisante. Comment lutter contre cette force sournoise, déguisée, acharnée : l'exorcisme sur qui est « possédé » par l'esprit mauvais, la prière, le jeûne, les amulettes, la vie des saints qui ont su le repousser ? Pour lutter contre la peur, ridiculiser le Diable, comme dans les fabliaux par exemple ? Peines grandement perdues : le Diable médiéval est une créature de Dieu lui-même ; il n'est pas une entité, comme le soutiendront les dualistes ou les cathares :

il est présent et par nature aux côtés de chaque homme. Il a, ou peut prendre, mille formes grotesques ou menaçantes, ou charmeuses et tentatrices. Saint Michel et beaucoup d'autres le terrasseront sans doute – mais quand ils l'auront trouvé ! Car il se cache souvent, et fort bien, dans un repli du cerveau ou dans le cœur du pécheur que ronge la crainte de manquer son Salut parce qu'il ne l'a pas démasqué dans le sourire d'une femme, la blessure d'un cheval, ou le faux poids d'un ballot de laine. Ce doute constant comme compagnon de la vie... !

Voici donc nos « gens » au terme de leur passage. Comme on ne manque jamais de le représenter, par la plume ou le ciseau, dans les chaudrons du Diable comme dans les danses macabres, tous les « états » du monde sont mêlés, car tout homme a une âme. Que l'artiste paraisse avoir pris quelque amer plaisir à faire bouillir dans la marmite ou mener dans la danse de la Mort plus d'évêques et de hautes dames que de paysans ou de tanneurs n'est que la satisfaction d'un humble envers un orgueilleux. Au terme de leur vie, le curé le répète en chaire pour consoler les souffrants ou apaiser les aigris, tous, mis à même la terre ou honorés d'un gisant de pierre, ne seront plus que cendres d'os ; mais les survivants ne savent pas vraiment où sont parties les âmes.

Conclusion

Me voici parvenu au bout de mon chemin. L'usage académique exige une « conclusion » au terme du parcours. Mais, en vérité, je ne sais pas que « conclure ». J'ai essayé de suivre des gens très ordinaires dans leur vie et leurs soucis quotidiens, leurs soucis matériels surtout ; car, si j'ai tenté de m'avancer dans les domaines de l'esprit et de l'âme, je m'y suis senti mal à l'aise, par défaut de sens métaphysique sans doute. Je les ai pris, puis je les ai laissés, pour un millénaire ; mais ils étaient là avant, et restent là après. Que dire alors de ce petit bout de temps sur ce petit bout de terre, dans l'océan de l'aventure humaine ? Rien qui ne se sache, rien que de banal.

Seuls peut-être deux propos méritent un arrêt. Le premier est une explication, ou même une justification de mon comportement en cette enquête. Le second est une question, peut-être insoluble.

Lorsqu'il aborde un sujet, le chercheur esquisse en « introduction » ce qu'il se propose de démontrer, et termine en affirmant qu'il y est parvenu. J'ai une position un peu différente parce que en vérité je n'ai rien à « démontrer ». On aura remarqué, même, que j'ai surtout pillé les autres, sans peut-être les avoir toujours bien compris ; et ma mosaïque, qui mélange le chêne et le rat avec la soupe au chou et la Trinité, n'a rien d'original ou de neuf. Elle demande cependant explication. Mon récit procède de deux préoccupations auxquelles je tiens fort, et qu'on aura vu apparaître, trop personnellement sans doute, ici et là. D'abord, je ne crois pas à la supériorité de notre espèce, d'où qu'elle vienne, et en dépit de son comportement égoïste et dominateur ; je ne peux que m'affliger de sa totale incapacité à maîtriser la Nature, qu'elle traite avec un imprudent mépris, et je ne peux m'accommoder de sa parfaite ignorance du monde animal. C'est donc un simple être vivant, qu'on appelle « homme », que j'ai cherché, poursuivi, depuis les hochets du bébé jusqu'au moment où il mourra, et sans profondeur spirituelle, je le crains. Soucieux de me tenir à l'essentiel, j'ai voulu secouer la masse des poncifs et des *a priori* où se complaisent les laudateurs des temps médiévaux et tous ceux qui les lisent ou écoutent : non ! ni l'Université, ni les cisterciens, ni la Hanse teutonique, ni les statuts de l'Arte della lana, pas plus que la *Somme* de Thomas d'Aquin ou la cathédrale d'Amiens, ne sont « le Moyen Âge ». Je suis fatigué de n'entendre parler que de chevaliers, de féodalisme, de réforme grégorienne, de seigneurie banale, sous prétexte qu'on ne sait rien des autres – mais ces « autres » sont les neuf dixièmes de l'humanité de ces temps : peut-être pourrait-on tenter de les apercevoir ? Je m'y suis essayé ; inutile de m'accuser de mêler les siècles, de me contenter de généralisations simplistes, d'éliminer des nuances de temps ou de lieu, d'user de vocables trompeurs, de sources impures. Je le sais et l'assume. Au moins cela expliquera-t-il que tout ce qui est indiscutablement mouvant – le politique, l'économique ou l'échelle sociale – ait été systématiquement écarté, comme de simples péripéties dans l'histoire des hommes.

Voilà qui m'amène à mon deuxième propos. Cet être humain que j'ai suivi mille ans est-il le même que nous ? Ressort-il de mon analyse que seules des nuances nous en séparent ? En dépit de la conviction affichée par presque tous les historiens médiévistes, je suis convaincu que l'homme médiéval, c'est nous. Levée d'objections, naturellement : l'économie n'est pas la même, capitalisme et concurrence en tête ; la société fait reposer sa hiérarchie sur des critères secondaires en ces temps lointains (l'instruction, le service commun, public ou privé) ; le climat spirituel n'est plus le même depuis l'effacement de la vision « chrétienne » ; la vie quotidienne elle-même a été bouleversée par de nouvelles conceptions du temps, de l'espace, de la vitesse. Tout cela est indiscutable, mais superficiel : une vision d'en haut, comme le font si souvent les historiens médiévistes. Car la lecture attentive de n'importe quel journal quotidien fait éclater aux yeux ce qui est l'essentiel : comme dans les temps lointains dont je parle, la vie n'est ni dans les cours de la Bourse, ni dans les gesticulations politiques, ni dans les modes de coiffure ; on n'y parle, en réalité, que des soucis de métier et d'argent, des problèmes du vivre et du couvert, de la violence et de l'amour, du jeu et des discours consolateurs. Les bavards ignorants qui règnent sur nos sources d'information peuvent bien, de temps en temps, qualifier de « moyenâgeux » une décision ou un événement, ils ne voient pas qu'ils sont toujours « au Moyen Âge ».

J'ai balayé dans cet essai beaucoup de domaines, dont certains ne me sont pas familiers. Qu'en sera-t-il pour mon éventuel lecteur ? En vérité, je ne sais pas très bien à qui je m'adresse. Ces pages ne peuvent convenir à un érudit spécialisé dans le droit matrimonial ou dans l'alimentation, encore moins s'il l'est dans la piété et le dogme chrétiens : j'entends d'ici leurs protestations. Mais d'autre part je fais de nombreuses allusions à des œuvres, à des hommes, à des faits qui ne sont pas dans le domaine commun de la mémoire collective, celle du « lecteur éclairé ». Simpliste pour l'érudit, confus pour l'étudiant, obscur pour le profane ? Je ne sais ; j'avais envie de dire tout cela, voilà tout.

Table

Première partie
L'HOMME ET LE MONDE

Deuxième partie
L'HOMME EN LUI-MÊME

Achevé d'imprimer par N.I.I.A.G. en septembre 2008 pour le compte de France Loisirs, Paris
Numéro d'éditeur : 53002 - Dépôt légal : septembre 2008 - Imprimé en Italie